安徽大学汉语言文字研究丛书

主编 黄德宽

杨晓黎
·卷·

北京师范大学出版集团
BEIJING NORMAL UNIVERSITY PUBLISHING GROUP
安徽大学出版社

图书在版编目(CIP)数据

安徽大学汉语言文字研究丛书. 杨晓黎卷/杨晓黎著.
—合肥:安徽大学出版社,2013.3
ISBN 978-7-5664-0206-6

Ⅰ.①安… Ⅱ.①杨… Ⅲ.①汉语—语言学—文集②汉字—文字学—文集
Ⅳ.①H1-53

中国版本图书馆 CIP 数据核字(2012)第 306983 号

AN HUI DA XUE HAN YU YAN WEN ZI YAN JIU CONG SHU
安徽大学汉语言文字研究丛书
YANG XIAO LI JUAN
杨晓黎卷
杨晓黎 著

出版发行:	北京师范大学出版集团	
	安徽大学出版社	
	(安徽省合肥市肥西路 3 号 邮编 230039)	
	www.bnupg.com.cn	
	www.ahupress.com.cn	
印 刷:	合肥远东印务有限责任公司	
经 销:	全国新华书店	
开 本:	170mm×240mm	
印 张:	21	
字 数:	300 千字	
版 次:	2013 年 3 月第 1 版	
印 次:	2013 年 3 月第 1 次印刷	
定 价:	51.00 元	
ISBN 978-7-5664-0206-6		

策划编辑:康建中　　　　　　　装帧设计:刘运来
责任编辑:卢　坡　　　　　　　美术编辑:李　军
责任校对:程中业　　　　　　　责任印制:陈　如

版权所有　侵权必究
反盗版、侵权举报电话:0551-65106311
外埠邮购电话:0551-65107716
本书如有印装质量问题,请与印制管理部联系调换。
印制管理部电话:0551-65106311

总　序

黄德宽

汉语言文字学是以汉语言文字为研究对象而形成的学科,这是一门渊源久远、积淀深厚的学科。对汉语汉字的研究,我国先秦时期即已肇绪,然而作为现代意义上的汉语言文字学,其历史大体上也只有百年左右。

安徽大学的汉语言文字学学科是从上个世纪80年代之后才较快成长进步的。经过20多年的建设,目前这个学科不仅能培养硕士、博士、博士后等高层次研究人才,同时还成为全国高等学校重点学科之一,在教学、科研方面都取得了较为突出的成绩。

汉语言文字学学科的发展和进步,是本学科诸多先生艰苦努力的结果,对他们的学术贡献我们不应忘记。总结发扬他们的学术精神和学科建设经验,是新形势下进一步加强学科建设、推进学科持续健康发展的任务之一。因此,我们启动编纂了"安徽大学汉语言文字研究丛书"。

这套丛书共10种,入选的10位教师是对本学科发展做出贡献的众多教师的代表,他们基本上是本学科各个方向的带头人和学术骨干,各卷所收论文也基本上反映出各位老师的主要研究领域和代表性成果。除已经谢世的先生外,各文集主要由作者本人按照丛书的编选宗旨和要求自行选编完成。

在编纂这套丛书的过程中,我一直在思考,高等学校的学科建设到底如何开展才是应该提倡的?学科建设最为关键的要素到底有哪些？对这些问题，我担任学校校长期间没少讨论过，时下我国高校关于学科建设的经验也可谓"花样翻新"、"层出不穷"。沉静下来，就我们这个学科的发展来看，我认为最重要的恐怕还是以下几点：

一是要以人为核心，尊重学者的学术追求。学者是学科的载体、建设者和开拓者。学科的发展主要靠学科带头人、学术骨干和以他们为主组成的团队。坚持"以人为核心"的学科建设思路，就要尊重学者，尊重他们的精神追求、研究兴趣和个性特色，最大限度地为他们提供自由发挥的空间，而不是用考核的杠杆和行政的手段迫使他们按设定的路径行事；那样很容易扼杀学者的研究个性和兴趣，也不大可能产生真正意义上的高水平研究成果。汉语言文字学学科的研究特色和重点，几乎都是各位教师自身研究领域的自然体现，他们坚持自己的研究方向，形成自身的研究风格，探索自己感兴趣的课题，因此能不为流俗左右，远离浮躁喧嚣，耐得住寂寞，甘愿坐冷板凳，最终取得累累硕果。

二是要以人才培养为根本任务，教学科研相得益彰。大学最根本的职能是培养人才，这就决定了大学的学科建设必须以人才培养为根本任务，将教学、科研紧密而有机地结合起来。汉语言文字学学科的教师，长期以来坚守在人才培养的第一线，他们将主要时间和精力都花在人才培养上，而且大家都很热爱自己的教师职业，像何琳仪先生就是在讲台上走完生命的最后历程的。汉语言文字学学科近年来不仅培养出一大批优秀的本科生、研究生，而且在汉语国际教育方面成绩突出，培养了许多外国留学生，在学校合作共建的孔子学院中发挥了关键作用。翻看这些文卷，不难看出，将科研与教学和人才培养工作密切结合，用科研成果丰富教学内容，结合教学开辟新的科研领域，是汉语言文字学学科教师的共同特点。一个学科建设的成就，既要看科学研究，更要看人才培养。围绕人才培养的学科建设，应该是大学学科建设必须坚持的原则。这一点我以为是大学学科建设尤为值得重视的。

三是要日积月累，聚沙成塔。学科建设是一个漫长的积累过程。

人文学科的发展关键是学者队伍的集聚、教学经验的积累和研究领域及特色的形成,更需要长期的努力。因此,开展学科建设不能急功近利,不能只寄希望于挖一两个有影响的学术带头人而收到立竿见影的效果。学科建设应该遵循学术发展的规律,通过创造环境、精心培育,让其自然而然的生长。近年来,许多高校将学科建设当重点工程来抓,纷纷加大投入,不惜代价争夺人才,虽然也可以见效一时,但是从长远看未必能建成真正的一流学科。这方面有许多教训值得记取。我校汉语言文字学学科的成长,尽管也得到国家"211工程"重点学科建设项目的支持,不过在实际建设中,我们还是坚持打好基础,通过持续努力,不断积累,逐步推进。我们深感,这个学科目前的状况离国内一流高水平学科的要求还有不小的差距。但我们相信,只要遵循规律,持之以恒,其持续发展应该是可以预期的。

四是要开放兼容,培育良好学风。学科建设应该注重自身特色和优势的培育。强调自身特色和优势并不意味着自我封闭,而是要通过学术交流不断开阔学术视野,以开放兼容的学术情怀向海内外同行学习。我校汉语言文字学学科较为重视学术交流,各学科方向的带头人或骨干,先后在中国语言学会、中国训诂学会、中国文字学会、中国古文字研究会、中国音韵学会、华东修辞学会、安徽省语言学会等全国和地区性汉语言文字研究的学术团体中兼任学会会长、副会长、秘书长、副秘书长、常务理事等职务,促进了本学科团队与国内同行的交流。同时,我们重视加强学术交流与合作,不仅经常性邀请国内外学者来校讲学交流,还特聘著名学者参与学科建设,承担教学科研任务,逐步形成开放兼容的学科建设格局。丛书中收录的高岛谦一、陈秉新、李家浩三位先生就是本学科的长期客座教授或全职特聘教授。开放兼容的学科建设思路,其核心就是要将学科建设放在本学科发展的总体背景下,跟踪学术前沿和主流,形成学科自身学习和激励的内在机制,并确立自身的发展目标、特色追求和比较优势。学科建设要实现开放兼容,要注意协调和处理好学科内外部的各种关系,这不只是要处理好相关利益关系问题,还要形成学科发展的共同理想,尤为重要的是形成优良学风。优良的学风是学人之间合作共事的精神纽带。一个学科只有崇尚学术、求真务实蔚然成风,学科成员才能做到顾全大局、团结协作、相互兼容。良好的学风,也是学科赢得学术声誉、同仁尊重和开展合作交流的基础。这一点应该成为汉语言文字学科建设长期坚持和努力的方向。

人文学科有自身的特点和发展规律,最让人文学者神往的,当然是产生影响深远的学术大师,形成风格独特的学术流派。在当前社会和教育背景下,这好像是一个高不可攀的目标。但我以为,只要创造良好的学术环境,遵循学科建设和发展的规律,经过代代学者持续不断的努力追求,在一些有条件和基础的高校将来产生新的具有中国作风和气派的人文学科学派也不是没有可能。

我校汉语言文字学学科还有一大批默默奉献的教师和很有发展潜力的青年教师,他们是学科建设的基础和生力军。我相信,这套丛书的编纂出版对他们也是一个激励和鼓舞。见贤思齐,薪火相传,一个良好的学术环境和氛围,必将促进汉语言文字学学科不断取得新的成绩和进步。

2012 年立春于安徽大学磬苑

目 录

前　言 ……………………………………………………………（ 1 ）

第一编　汉语本体研究

"V着"前修饰成分的考察 ……………………………………（ 3 ）
汉字与传承语素关系初探 ……………………………………（ 12 ）
传承语素：汉语语素分析的新视角 …………………………（ 25 ）
以性别语素"男、女"构成的词语及其类推问题 ……………（ 35 ）
传承语素在现代汉语词语构成中使用情况的考察 …………（ 45 ）
　　——以一组与人体相关的传承语素为例
汉语词汇发展语素化问题刍议 ………………………………（ 54 ）
略论成语的派生 ………………………………………………（ 62 ）
仿拟型新词语试析 ……………………………………………（ 67 ）
四音节新词语及其成因 ………………………………………（ 72 ）

第二编　文学语言研究

鲁迅小说词语的形象色彩义解读 ……………………………（ 81 ）
鲁迅小说的体态词语解读 ……………………………………（ 95 ）
鲁迅小说的颜色词语论析 ……………………………………（106）
鲁迅小说中AABB式词语的巧用 ……………………………（116）

鲁迅小说中的冷、热词语……………………………………………………（121）
鲁迅小说中基于听觉的形象色彩词语………………………………（125）
"从成语中，另外抽出思绪"………………………………………………（134）
　　　——谈成语在鲁迅小说中的创造性运用
《红楼梦》成语运用二三例……………………………………………（139）
标点与感情………………………………………………………………（143）
试论张天翼小说的语言艺术……………………………………………（146）
情动于中而形于言………………………………………………………（155）
　　　——《桑青与桃红》用词艺术谈片

第三编　教学理论与应用

由表及里，形具神生………………………………………………………（163）
　　　——对外汉语成语教学探论
对外汉语词语教学的拓展法……………………………………………（170）
语素分析与汉语词汇教学………………………………………………（178）
寻找对外汉语词汇教学的突破口………………………………………（181）
　　　——利用传承语素进行词汇教学的思考与实践
词语的色彩义与对外汉语词语教学……………………………………（195）
双赢：对外汉语本科毕业实习的探索…………………………………（202）
朝鲜中文教科书《图像注解千字文》的功能定位及其启示……………（213）
国际汉语教师培养要重视实习教材建设………………………………（223）

第四编　言语交际认同

试论汉民族言语交际准则………………………………………………（231）
鉴貌辨色，意在言外………………………………………………………（240）
　　　——从成语看汉民族的体态语
以管窥豹，蔚为大观………………………………………………………（247）
　　　——从有关成语看汉民族的言语交际观
关于"言语社区"构成基本要素的思考…………………………………（255）

第五编　汉语国际推广

"汉语热"带来的机遇与挑战 …………………………………… (265)
澳大利亚汉语教学的调查与建议 ………………………………… (275)
汉语教学在澳大利亚 …………………………………………… (284)
从新词语看今日中国 …………………………………………… (287)
智利汉语教学现状与思考 ……………………………………… (294)
智利中文教师协会的创建与影响 ……………………………… (299)
关于孔子学院主题文化实践活动 ……………………………… (302)
孔子学院中方院长集中培训的特点与启示 …………………… (309)
提升孔子学院在当地社会影响力的思考与实践 ……………… (313)
世界汉语教学的新形势与未来发展 …………………………… (317)

前 言

　　安徽大学中文系77级同学20周年聚会时相约编辑纪念册,每个同学都要写一段类似人生感言的话。当时我受国家汉办委派,正在澳大利亚维多利亚州教育部做汉语顾问。接到电邮后几乎是不假思索,一行字跃然而出:"做点儿自己想做也还能做的事情。"这得来容易的14个字,或许也可以看作是我一直谨守的座右铭吧。

　　我在校园中长大,而且至今没有离开过校园。受中文系毕业的母亲影响,我从小就喜爱文学,读了不少中外文学名著。大三时为完成古典文学作业,我写了一篇谈《红楼梦》中成语运用的小文,得到任课教师周中明先生的好评,于是鼓足勇气将文章投寄给安徽省文学艺术研究所主办的《艺谭》。如果不计我在校刊上的几篇"豆腐干",三个月后在《艺谭》上发表的这篇文章算是我的处女作了,也是我文学语言研究的开端。

　　1982年大学毕业后,我留在安徽大学中文系现代汉语教研室工作,成为阮显宗先生的助教。一年后,经袁晖等先生推荐,我作为访问学者到复旦大学中国语言文学研究所语法修辞研究室进修现代汉语。该研究室为复旦大学前校长、著名修辞学家陈望道先生所创建,具有宽松民主的学术氛围和严谨求实的治学传统。进修期间,指导教师杜高印先生和研究室主任宗廷虎先生安排我听胡裕树先生给现代汉语研究生开设的有关课程。胡先生上课常常是让学生根据前次课所提供的阅读书目,就读书所遇到的问题谈体会与认识,然后再根据学生提出的问题进行指导。范晓先生作为合作导师每次也都参与教学活动,有时还会将自己的一些新观点提出来听取意见,课堂上研讨气氛特别热烈。此外,我还选修了研究室其他先生开设的课程,参加研究室的各种学术活动。虽然在复旦进修的时间不算太长,那却是奠定我学术研究根基的重要一年。

1990年,我开始涉足对外汉语教学,同时从事现代汉语和对外汉语的教学,这为我的学术研究注入了不少新的元素。在做现代汉语研究时,感觉总是在找题目,纠结于有无创新及研究意义的大小;从事对外汉语教学之后,一个明显的变化就是突然觉得需要研究的课题变多了。很多问题,汉语作为第一语言的使用者不会有,开展汉语研究时也就不太关注,但却在第二语言教学过程中令人尴尬地出现了,特别是蕴涵了丰富文化元素的汉语词汇,常常会成为留学生汉语学习的"瓶颈",我甚至几次在课堂上因学生的困惑和发问而"卡壳"。带着对外汉语教学遇到的大量新问题,我对现代汉语词汇思考与探索投入了更多精力,并于2007年主持完成了国家语委"十五"项目"基于对外汉语教学的汉语词汇研究"。在《语言文字应用》上发表的两篇与对外汉语教学相关的文章,其实都是我在"卡壳"后对汉语构词规律的反思与梳理,而在《世界汉语教学》上发表的有关朝鲜中文教科书的论文,则是有感于目前对外汉语教材编写存在的问题而进行的探究。

从1995年至2011年,我先后作为汉语教师、汉语顾问和孔子学院中方院长到美国、澳大利亚和智利工作了6年。在美国中部华盛顿大学外语系工作期间,我除了承担全系初、中、高三个层次的汉语教学、举办与中国文化相关的讲座外,还在该校人类学系选修了"美国当代语言学"、"语言与文化"等课程,拓宽了自己的研究视阈。在澳大利亚维多利亚州教育部做汉语顾问时,得便于所在教育部的在职培训机会,我在墨尔本多元文化教育机构Adult Mudicultural Education Services学习了"第二语言教学理论与实践"(The Theory and Practice of Second Language Teaching and Learning)系列课程,同时作为该部教学革新处语言策略组(Languages Strategy Team of Learning and Teaching Innovation Division)成员,走访了全州几十所设有汉语课程的学校,指导并参与了多项汉语教材和教学资料的建设,组织了50余次汉语师资培训活动,并担任培训主讲任务。受中国国家汉办委托,我还对澳大利亚中小学汉语教学开展情况进行了全面调研,形成了给国家汉办的专题调研报告《澳大利亚汉语教学的调查与建议》,这对自己后来的第二语言教学与研究都有着很大的帮助。

2009年3月,我被国家汉办/孔子学院总部派往智利圣托马斯大学孔子学院任中方院长。智利两年,我全身心地投入中国语言文化在南美的推广,发挥自己的专业优势并依托孔子学院平台,创办了《智利中文通讯》和"汉语俱乐部"、主办了"非汉语环境下汉语教学方法与手段探讨"的教学研讨会、主编了适于西语国家使用的中国语言文化教材《中国的十二个月》、创建了"智利中文教师协会"并被推选为首任会长。我们的工作以鲜明的专业特色和广泛的社会影响力,受到国家汉办/孔子学院总部的高度认可,2009 年和 2010 年连续两年获得"全球先进孔子学院"称号,我本人也在"第四届孔子学院大会"(2009 年)和"第五届孔子学院大会"(2010 年)上,被大会指定在"院长论坛"和"新书发布会"上发言,介绍工作经验与体会。

  汉语国际推广的经历拓展了我的研究领域,也使我更加感到深入开展汉语基础理论研究的重要性。为此,我先后师从安徽大学王文彬先生研究现当代文学名家的语言运用艺术,师从南京大学李开先生研究语言理论与对外汉语教学问题,同时还问学于鲁国尧、柳士镇、汪维辉、徐大明、张伯伟等先生。在各位先生的指教下,进一步开拓了我的学术视野,提升了自己对汉语言文字规律的认识,无论在汉语言文字理论研究方面,还是汉语作为第二语言教学研究方面,都令我获益匪浅。

  这本文集收录了我在汉语言文字研究和教学方面的代表性论文,大体上可以反映出我的学术研究和汉语作为第二语言教学的经历。需要说明的是,因为海外汉语教师的水平参差不一,在海外进行的汉语教学研究更多关注的是实用性和指导性,落脚点是为了帮助汉语教师切实解决教学难题,因此,论文集中关于汉语国际推广的一组文章从学术研究角度看虽然比较浅显,但却是体现海外汉语教学和研究特色的一个重要部分。当然,这些文章也从一个方面反映了我对汉语本体及教学理论的某些思考。

  随着我国改革开放和现代化建设的日新月异,汉语汉字研究和教学也迎来了前所未有的新机遇。孔子学院在世界各国的建设和发展,为汉语国际教育开辟了广阔的渠道,提出了新的要求。我校不仅招收对外汉语专业本科生,对外汉语博、硕士研究生和大批海外留学生,同时还承担着海外孔子学院建设和汉语国际教育的繁重任务。这本文集的出版,希望能对促进我校汉语言文字和汉语作为第二语言教学研究略尽绵薄之力,也期待得到同行和读者的批评指教。

第一编

汉语本体研究

"V 着"前修饰成分的考察

动词后附助词"着"("V 着"),是现代汉语重要的语法现象。"着"的使用,与它所附着的动词有着十分密切的关系,通过考察动词的意义和类型来研究"着"字,自然是一条重要的途径。同时,"着"字的运用也受到句子构成各要素的影响。"着"字所体现的语法意义,是整个句子内在的语法关系的反映。因而,研究句子中与"V 着"相关的成分,同样有助于对"着"字的认识。本文试考察"V 着"前的修饰成分。

出现在"V 着"前的修饰成分,是比较复杂的,有些直接修饰限定"V 着",有些则并不对"V 着"发生影响。如:

①村里人都赞美着这个勤劳的姑娘。
②这个河湾被一道沙冈环抱着。

①中的副词"都"是标举它前面词语的范围;②中的介词"被"组成的介宾短语,作用在于引出施事。以上二例"V 着"前的修饰成分,对"V 着"都不发生直接影响。类似这样的情况,不在本文讨论的范围之内。这里,我们着重考察能够制约和限定"V 着",其影响直接的修饰成分。

现代汉语中"V 着"前常出现的修饰成分,主要有以下几类词语:

(一)名词或名词性词语充当修饰成分

一般说来,现代汉语名词并不充当动词的修饰成分,"V 着"前出现的名词性修饰词语,主要有:

(1)处所、方位词语。如"村口长着一棵银杏树/他嘴角上挂着一丝不易

---

① 原载《安徽大学学报》(哲学社会科学版),1993 年第 1 期。

察觉的微笑"。

(2)一般名词作修饰成分,表示动作凭借的工具、方式等,如"双手捧着/嘴啃着"。这种修饰方式并不多见,可以认为是古汉语语法的残存,常用的名词有"手、足、嘴(口)、身、怀、背"等,现代汉语一般加介词"用"。

(3)时间名词。如"日日夜夜盼着/整日皱着眉/今天正开着",这些时间名词,或叠用表示经常性(日日夜夜),或表示一个有一定长度的时段(整日),或强调现在的时间(今天)。

(二)动词或动词性词语作修饰成分

(1)动词的一般形式。如"低头走着/并肩漫步着/使劲敲着",表示动作行为进行时,同时出现相伴随的体态动作和方式状态。充当这些修饰成分的,大多为动宾式结构。

(2)动词的重叠式。如"打打闹闹地簇拥着/来来回回走动着",均为"AABB式",表示动作行为发生时伴随着一种不断重复和持续的体态动作。

(3)固定的动词短语。有"一A一B式"的,如"一起一伏地颠簸着/一张一合地动着";"又A又B式"的,如"又蹦又跳地叫着屈/又哭又笑地诉说着"。"一A一B式"表示相伴随的体态动作交替重复,"又A又B式"表示两种相伴随的体态动作相继发生或反复交替。

(三)形容词或形容词(描述性)短语担任修饰成分

能充当修饰成分的形容词一般是状态形容词。性质形容词、非谓形容词一般都不修饰"V着"。从形式看,使用最普遍的是以下三种:①"AA式"。如"呆呆地瞅着/静静地听着";②"ABB式"。如"滴溜溜转动着/颤巍巍地拄着";③"AABB式"。如"絮絮叨叨地说着/痛痛快快地活着"。这三种形式的形容词作修饰成分,均形象性地描绘动作行为的情状态势。另外,还有两种类型的短语,就其功能和作用来看,也有着很强的描写性,相当于上述作修饰成分的形容词。它们分别是:"④(像,好像)……似的(一样、一般)"。如"像一只孤雁似的呆立着/好像针扎一样刺痛着",这一类短语就其意义而言,主要是表示比喻或说明情况的相似,充当"V着"的修饰成分,对动作行为的情态作形象化的描绘。⑤四字格成语。如"挤眉弄眼地瞟着/诚惶诚恐地陪着"。四字格成语作修饰成分的例子非常之多,虽然根据不同成语的内部结构,我们可以分析为"动词性的"、"名词性的"、"形容词性的"、"主谓结构式的"等不同类型,但认真地琢磨"V着"前出现的各种成语,其作用主要是描述动作行为的方式、情态,作为一个固定的成分,它们只是充作修饰成分的描述性短语。

(四)数量词语作修饰成分

"V着"前的数量词语,原则上不表示准确的计量,常常采用重叠形式。具体可分为三种:①"AA式"。如"一一握着手",我们只见到"一"有这种用法。②"ABAB式"。如"一勺一勺地喂着/一字一句地念着/一枚一枚地数着"。③"ABB式"。如"一口口地吐着/一声声地唤着"。数量词语的叠用,其主要作用已经由表示数量转向表示情态,修饰动作行为以某种方式重复或持续地进行。

(五)象声词作修饰成分

"V着"前的象声词,具有描绘动作行为发出的声响或伴随情态的作用。如"簌簌地抖动着/淅淅沥沥地下着/轰隆隆地响着",均能生动形象地描述伴随动作行为的各种声响和情态,修饰意味极强。

(六)副词作修饰成分

副词的功能主要是作状语。"V着"前出现的副词,主要有两种情况:一是因为整个语句和上下句语境关系所必需的,但不一定直接修饰"V着",如"都、共、一齐、也、却、更、反而"等,这些我们可以姑且不论;一是直接修饰和限定"V着"的。直接修饰限定"V着"的副词,主要是时间副词和少数处所副词(如"处处"、"随处")。根据陆俭明和马真先生《关于时间副词》一文的研究,时间副词有 130 个左右,可分为"定时时间副词"和"不定时时间副词"两大类 21 个小类。① 经我们考察,能充当"V着"前修饰成分的时间副词,在"定时时间副词"类中,只有"表现在时"的"至今";在"不定时时间副词"中有:①表示进行的"正、正在、在";②表示经常的"常常、常、时常、往往、时刻、不时、每每";③表示永常的"老、总、总是、一直";④表示延续的"还、还是、仍、仍然、仍旧、依然、依旧、照样、照常"等等。表示突发的"忽然",表示早先的"就、便"等,要在一定条件下才能修饰"V着"。

(七)介宾短语作修饰成分

"V着"前经常出现介宾短语,主要有:①"在……"、"从……"。"在"、"从"等加处所方位词语,表示事物存在或动作发生的场所、情境或方位;

---

① 陆俭明、马真著:《现代汉语虚词散论》,北京:北京大学出版社,1985 年,第 106 页。

②"向……"、"对……"。"向、对"引进对象,但这两个介词组成的介宾短语,其含义仍侧重于方位。如"向山上的女学生(那边)吆喝着/向这个骂人的女人跟前急步跑着";③"用……"。介词"用"主要是引进工具或凭依的对象。如"用愁郁的眼睛瞅着/用望远镜观望着";④"沿着……"、"顺着……"。这组介词表示动作行为发出、延及的处所、方位,如"沿着海滩散着步/顺着一排排简易的楼房走着"。上述介宾短语的四种类型,只有"用"这一组与处所方位无关,其余的均表示了处所或方位。"用"具有较强的动词义,"用"加名词表示主语发出后一动作所凭借的工具、方式或手段,似乎与前面的动作发出者关系更为密切。因而,语法学界曾有人将这种结构作为连动句的前一部分。这样,我们也可以将它放在我们讨论的范围之外。

分析"V着"前经常出现的上述各类词语,它们的作用归纳起来主要有三种,下面分别讨论。

1. 表示事物或动作行为存在、发生和进行空间的修饰成分

空间是事物存在和动作行为发生、进行的必然要素。"V着"句中的空间要素,可以用名词(处所、方位)、表处所的副词和介宾短语表示。如:

①写字台前放着落地台灯。
②他们一路赞叹着春天,赞叹着生命。
③一个好像镖客模样的男人在围墙外雄赳赳地站着。
④(主考官)皱着眉头从镜片后面审视着父亲。
⑤一个短衣女孩子正向这个骂人的女人跟前跑着。
⑥施亚南顺着一排排简易楼房走着。
⑦他平时处处留心保持着自己的风度。

例①是存现句,"V着"前的名词表示处所,是"V着"表示的某种静态动作(如"坐着、站着、躺着"等)或某种动作结束后遗留下的一种状态(写着、挂着、贴着)得以持续存在的空间。存现句"V着"前的处所词语是必需的,它对"V着"有直接的限制作用。在存现句中,"V着"前的处所词语作什么成分,一直是有争议的。我们认为从语义看,它们是修饰"V着"的,不能理解为句子的主语,其功用相当于一个表示处所的介宾结构。在它们前面加介词组成介宾短语(如:写字台前——在写字台前/房门上——在房门上),形成的是一种同义结构。凡表示事物存在的存现句,进行变换后,处所词语也都以介宾短语

的方式出现。如:"①落地台灯放在写字台前"。变换后"V着"的"着"字消失,句意不变,这表明"V着"与前面的处所词语相互依存的关系。"处所词语+V着"这一句中,"处所词语"限定事物赖以存在的空间,"V着"表明动作状态在一定空间的持续存在。例②中,处所词语的运用表明了动作行为发生的持续性。"一路(上)"是一个含义宽泛的不断变动的空间,可以是一段路程的起点与终点中的任何一点,它的使用与"V着(赞叹着)"表示的动作的不断重复出现相一致。例③中的介宾短语表明"V着"所表示的动作姿态持续存在的方位;例④中介宾短语着重于表明"审视"这一动作延伸的起点;例⑤中介宾短语着重表示"V着"这一动作行为的方向和终点;例⑥中介宾短语表示"V着"这一动作行为延移的路线。例④、⑤、⑥中出现的介宾短语虽然表示空间的侧重不完全一样,但又有一个共同点,就是表示了一个有一定延伸度的空间。而"V着"所发出的行为动作,正是在这一空间范围内持续进行或反复进行的。例⑦中的"处处"是表示处所的副词,它所表示的空间范围没有具体性,一方面概括了说话时所指事物存在或动作行为发生处所的全部范围,另一方面又指在上述全部范围中的任何一处。显然这一空间概念可以容许某种事物持续的存在,或某种动作行为持续不断地出现或进行。

表示处所方位的修饰成分,原则上在"V着"句中都可以出现。空间是事物赖以存在和动作行为发出、进行和终止过程中不可分割的要素,但是,在语言运用中却未必都要明确地标示出来。"V着"句中较多地出现方位处所词语作修饰成分,但也有许多不出现的情况。比如语义关系明确、一目了然的事实,自然可以不出现。如:"都九点了,你还躺着呢!""你别站着,请坐!"这里显然是"在床上躺着"、"在地上站着"。如果违背正常的生活逻辑,处所词语就必须出现,如"在沙发上躺着"、"在椅子上站着"。从语用方面看,由于语言环境的制约,上下文、前后句有处所暗示或明确出现过处所词语的,"V着"句中处所词语也不再出现,这在语言事实中相当普遍。

表示处所方位的词语或者不出现,若出现一般都在"V着"之前,它们对"V着"的限定性是较强的。从上述各例的分析可以看出,凡出现的处所方位词语,都是事物存在,或动作行为发生、进行所必需的。而且,这些词语所包含的空间概念,使得"V着"表示的动作状态或动作行为有着持续存在、进行或反复出现的可能。

2. 表示事物或动作行为存在、发生和进行时间的修饰成分

时间与空间都是事物存在或动作行为发生、进行的不可分割的要素,是事物存在或运动的基本属性和形式。时间表示事物存在或动作行为发生、进行的持续性和顺序性。当"V着"句中事物存在或动作行为发生、进行的持续性和顺序性需要强调时,时间词语就作为修饰成分出现。直接修饰"V着"的时间词语,主要是时间名词和时间副词。

①他早晚总想着那匹走失的马驹。
②她日日夜夜盼着丈夫归来。

例①中的"早晚(从早到晚)"为动作行为的持续,限定了一个时段;例②利用时间名词的重叠,表示了一持续延长的时段,"日日夜夜"相当于"每日每夜"。"V着"前的时间名词作修饰成分,总是表示一个时段,这个时段也就是事物持续存在或动作行为持续进行的过程。当修饰成分强调此时此刻发生的动作行为时,也要利用时间副词或讲话的语气,将时段的含义体现出来。如:

③校党委今天正开着会呢。
④会现在还开着呢。

例③中"今天"强调现在时间,加上副词"正"暗示事件此刻正在持续进行,还没中止;例④中"现在"强调了此时,而副词"还"则表明这个会议是从现在之前的某一时点延续到现在的。这两个句子都有语气词的配合使用,讲话的着眼点虽然在此时此刻,但实际上仍含有一个事件持续进行的过程,有一个时段的含义在言外。

"V着"前的时间名词作修饰成分,无论是表示明确的时段或体现一定时段含义,还是利用重叠形式表示"经常的"这一时间概念,都是以时间的延续性或一定的时间长度来体现动作行为或者事件的延续性,至于表示时点或具体时间的量的词语一般不能使用。如:

a. 他七点打着球。
b. 他三年一直住着这幢房子。

这两个句子中时间名词的使用都是不当的。"七点"表示一个时点,"三年"表示一个具体的时间的量,限制了行为持续的可能。下列通过改换的句子都是能成立的:

a₁. 他七点打球。

　　a₂. 七点了,他还打着球。

　　b₁. 他在这幢房子住了三年。

　　b₂. 他三年(以)来一直住着这幢房子。

改换后 a₁ 陈述"七点打球"这一件事情,现实中这件事情进行的情况不予注意,不用"着"字';b₁ 陈述一件过去发生的事实,也不着眼于"现实的"情况,所以不用"着"而用"了"。a₂ 则表明"打球"这一活动从"七点"之前开始,延续到说话之时(七点),"着"字要使用(如果说"七点了,他还打球",有可能已经打到七点了,有可能七点才去,有歧义);b₂ 在"三年"之后加"(以)来",则表明居住的时间从"三年"前延续到说话之时,"着"字也要用[如说"他三年(以)来一直住这幢房子","着"字不出现,句子成立,但有可能只"住"到说话之时,以后不再"住"了]。a₂b₂ 之所以可能成立,是因为已经将表时点和时间量的词语改变为表示一个时段,从而与"V着"在语法关系上达到了和谐。由此可见,"V着"对其前面的时间词语具有较强的选择性:一方面,它前面出现的时间词所表示的时间是能够包含事件持续存在或动作行为持续发生、进行的一个时段;另一方面,这个时间词要延及说话之时的"现实"(时间)。

　　时间副词比较多,但就其表达时间的范围而言,与上述是相一致的。下面我们对上文第(六)类所列能修饰"V着"的时间副词再略作分析。

　　"定时时间副词""至今",表示某一事件或行为动作,从以前某一时点开始,延续到说话之时依然如此。陆俭明、马真先生举了一个很典型的例子:"他终未回来,而她却依然不顾昏晨、不顾风雨,站在那儿等候着他——至今还在那儿等着他呢。"①这一句话中,用了时间副词"依然"、"至今"、"还",这几个依次出现的时间副词,将"等候"这一动作行为,从过去开始,延续到现在之时,并且还有可能持续下去,都表现出来了。因此,"至今"虽说是"定时",但实际表示的仍是从过去延续到现在的时段。

　　"不定时时间副词"也都体现了时间的一定长度,并延及"V着"表示的动作行为或事件存在的现实时间。"不定时时间副词"表示的不是一个有明确界限的时段,更不是一个时点,它在句中表示的时间长度,必须是可以完成一

---

① 陆俭明、马真著:《现代汉语虚词散论》,北京:北京大学出版社,1985年,第111页。

个持续进行或重复进行的行为动作,或容纳一个事物(现象)以持续的形式存在的长度。

在"不定时时间副词"中表示突发的"忽然",有时也用于修饰"V着",这似乎与上述不相一致。但是,"忽然"侧重于表示动作行为的起时状态,表示在某种情况下动作行为或情况的突然发生或出现,并且这种突然发生或出现的动作状态要短暂地持续下去。如:

⑤说到最后,他那双忧郁的大眼睛,忽然迸放着一种火焰。

在这里,"忽然"表示某种动作的突然出现,而且作短暂的持续,因此也可以修饰"V着",这种用法有着条件的限制。

时间副词"就、便",也是有条件地修饰"V着"的。如:

⑥你不是从过年的时候,就嚷嚷着要小金鱼吗?

⑦火车一进站,他便高举着接人的牌子在月台上边小跑着,边寻找着客人。

从⑥⑦两句可以看出,时间副词"就"在运用时,前面有一定的时间限制词语;"便"在使用时前面有一个与之相关的事件或动作行为刚刚发生。它们表示某一动作行为在先前已经发生或存在,持续影响到说话之时,或受先前发生的事件或动作行为的影响,紧接着而发生的动作行为。这样,这两个时间副词仍然体现了一定的时间长度和事件持续关系。

3. 表示事物或动作行为存在、发生和进行情状的修饰成分

"V着"前的修饰成分,除上述两种作用外,最常见的就是用以修饰事物存在和动作行为的情状。

在上文列举的七类常作修饰成分的词语中,大多数是表示情状的。(一)类一般名词作修饰成分,语义上表示的是凭借的工具、方式,从对"V着"的修饰作用看,也即表现了动作行为的体态方式,如"双手捧着/手拢着耳朵",均形象地表现了发出"V着"这一动作行为时的姿势。(二)类动词作修饰成分,均描述了"V着"这一动作行为进行时相伴随的体态动作。(三)类形容词语或描写性短语充当修饰成分,对事物和动作行为的状态、情势、声貌等,更作了形象生动的描绘。(四)类数量词语叠用后,表示数量的功能隐退,而转向修饰动作行为持续进行的方式情态。(五)类象声词作修饰成分,对动作行为

的声貌作了形象的描绘。可见,修饰成分中描绘状态、情势、方式和声貌的分布最广,手段也最丰富。限于篇幅,这里我们不再作进一步的分析。

通过对"V 着"前出现的各种修饰成分的初步考察,我们看到充当修饰成分的词语有比较明显的范围,其修饰作用也比较突出。"V 着"对充当修饰成分的词语具有一定的选择性,而一经出现于"V 着"之前,这些词语对"V 着"又发挥了较强的修饰限定作用。根据本文对"V 着"前各种充当修饰成分的词语分布情况的分析及修饰作用的考察,我们认为,动词后附"着"字这一语法形式,具有三个作用,那就是:①表示现实的存在性;②表示过程的持续性;③表示客观的描写性。

汉字与传承语素关系初探[①]

汉字是汉语的书写符号系统,汉字的产生和发展与汉语关系至为密切。无论是汉字研究还是汉语研究,对二者关系的考察都是十分重要的。然而,在汉字汉语的研究和教学实践中,这却一直是一个薄弱的领域。本文结合对外汉语教学和研究的实际,以《汉语水平词汇与汉字等级大纲》(以下简称《大纲》)所收汉字为例,对汉字与现代汉语传承语素的关系进行初步的考察分析。[②]

一 字、词字与语素字

(一)《大纲》用字基本情况

1990 年纳入国家汉办科研规划、1992 年推出、2001 年修订的《汉语水平词汇与汉字等级大纲》,既是我国初、中、高等汉语水平考试的命题依据,同时也是对外汉语词汇和汉字教学必须参照的纲领性文件。该大纲包括《词汇等级大纲》与《汉字等级大纲》两部分。其中《汉字等级大纲》共收汉字 2905 个,包括表示姓氏和地名的丙丁级附录 41 个。二者的基本数据如下表所示:

[①] 原载《中国文字学报》第 4 辑,北京:商务印书馆,2012 年。
[②] 传承语素是指从上古汉语的词发展而来、在现代汉语中作为构词成分而存在的语素;与传承语素相对应,中古以后出现的语素我们称之为后起语素。参看拙文《汉语词汇发展语素化问题刍议》,载《汉语学习》,2008 年第 1 期。

	甲级	乙级	丙级	丁级	总计
词汇	1033	2018	2202	3569	8822
汉字	800	804	590+11	670+30	2864+41

关于汉字大纲分级的原则,刘英林、宋绍周在《大纲(代序)》中总结为三点:一是以相对应的词汇总量及词汇分级为基础和必要条件;二是以《现代汉语常用字表》中的 2500 个常用字和 1000 个次常用字的分级为重要参考依据;三是要运用定性与定量相结合的综合集成方法,在一定范围内进行必要的定向性联想添加。"汉字的总量筛选与分级,是对外汉语教学的一种新尝试。这种尝试的根本目的,是规定对外汉语教学汉字学习的总量,对这种总量进行阶段性分级,而这种分级又要与词汇分级相衔接、相协调,同时还要考查汉字的构词能力及常用程度。为了这个目的,在编制汉字总表及分级字表时,必须进行必要的定向联想添加"。①

我们对《汉字等级大纲》的 800 个甲级字进行了逐一考察,其中 686 个汉字与传承语素相关。我们说"相关"而不是"等同",就是因为汉字与语素并不是一一对应的关系。以"别"为例。"别"有两读:bié 与 biè。"别 bié"在《大纲》中构成了"别的、别人、区别、个别、别处、别字、差别、级别、性别、辨别、鉴别、派别、识别"和"分别、告别、不辞而别、离别",分别表示"区别"与"离别"两个不同的传承语素义。"别 biè"在《大纲》中构成了"别扭"一词,是"彆"的简化字。《说文·弓部》:"彆,弓戾也。"②引申为不顺从,执拗。"彆 biè"在简化后与"别 bié"同形,这样,三个不同的传承语素用了同一个汉字。

再如"干"。"干"也有两读:gān 和 gàn。以传承语素作标准,"干"在《大纲》中记录了不同的语素义项,如"干 gān1"为"没有水分或水分很少"、"干 gān2"为"冒犯"。而"干 gàn1"指"事物的主体或重要部分"、"干 gàn2"指"能做事"。"干 gān1"简化前写作"乾","干 gàn1"、"干 gàn2"简化前分别写作"幹、榦"和"幹"。简化后几个语素只用同形的"干",在"干净、干杯、干脆、干燥、饼干、干旱、若干、包干儿、一干二净、干涉、干扰、干预、干活儿、干吗、干

---

① 国家汉语水平考试委员会办公室考试中心制定:《汉语水平词汇与汉字等级大纲》(修订本),北京:经济科学出版社,2001年,第24页,27—28页。

② 《说文解字》大徐本脱"彆"字,段玉裁据《诗·采薇》释文正义所引增补。见(清)段玉裁:《说文解字注》十二篇下,上海:上海古籍出版社,1981年,第641页。

劲、才干、骨干、干线、树干"等《大纲》词语中,同一个"干"字有两个读音,代表了四个不同的传承语素。

根据我们的粗略统计,《大纲》中686个汉字实际代表了773个语素。

(二)词字与语素字

现代汉语传承语素在上古多为一个单音节词,在书写形式上则为一个汉字,字、词和传承语素从书写形式上看基本一致。但是,就现代汉语而言,三者如何区分,一直是学界有争议的问题。如"保"与"堡"。"保"在上古有"教育、保养、守卫、城堡"等含义,后表示"城堡"义的写作"堡",成为"保"的后起分化字,"保"与"堡"常被称为"古今字"或"区别字"。再如"荼"为古"茶"字,"茶"为后起字。《说文解字》"茶"作"荼",徐铉曰:"此即今之茶字。"①《王力古汉语字典》(以下简称《王力古汉》)指出:"茶字在《广韵》属麻韵澄母,而古为定母鱼部,古读本近荼(tú)。后来舌头音分化出舌上音,鱼部演变出麻韵,作茶用的'荼',转入麻韵,念宅加切(chá),字亦作'茶'。"②"堡"和"茶"是否为传承语素,关涉到汉字字形与传承语素的关系。我们认为,作为分化字虽然在书写形式上发生了变化,但是其记录的词语或语素与本字所记实际上是相同(如"茶"之于"荼")或相通的(如"堡"之于"保"),因此,不能简单地从书写形式上来判定汉字与传承语素的关系,现代汉语传承语素与汉字字形并不总是一一对应的。

为了便于进一步讨论这个问题,我们将"词"分为"上古词"与"现代词",将"语素"分为"传承语素"和"后起语素",同时有必要将"字"区分为"词字"和"语素字"两类。所谓"词字",是指字记录的为一个词,词的书写符号就是词字。所谓"语素字",是指字记录的是一个语素,语素的书写符号就是语素字。在上古汉语阶段,单音节词是词汇系统的主体,一个字记录的就是一个单音节词,因此上古汉语阶段出现的字在绝大多数情况下也就是词字。当经历了中古时期语素化过程之后,古汉语阶段的词大都转化为现代汉语的语素,与此同时原来的词字也就相应转变为语素字。③ 考察汉语和汉字发展历史,我们会看到即使在古汉语阶段,汉字系统也是处于不断调整和优化过程之中

---

① (汉)许慎:《说文解字》,北京:中华书局,1963年,第26页。
② 王力:《王力古汉语字典》,北京:中华书局,2000年,第1063页。
③ 参看拙文《汉语词汇发展语素化问题刍议》,载《汉语学习》,2008年第1期。

的,随着词义系统的引申发展和词语的孳乳派生,相应也会产生记录引申义或派生词的分化字;而同音假借的普遍存在,使本字和假借字在文本中并存,并进而影响本字和借字关系的重新确定,出现了一些专为本字或假借字新造的字形。这些因素,导致词字不仅有本字,还有分化字和假借字,与此相应,语素字同样不仅有原生语素字,也有分化语素字和假借语素字。需要指出的是,现代汉字是经过简化和整理的书写系统,由于采取同音替代等简化方式,使字形系统与语素关系变得更加复杂,这又为汉字字形与传承语素关系的确定增加了难度。我们以"堡"、"荼"、"现"、"悦"等字为例,将上述分析讨论涉及的有关概念以图表形式表现如下:

字		原字/今字	保/堡	荼/茶	见/现	说/悦
词	上古词	保	荼	见	说
	现代词	0	茶	现	0
词字	词本字	保	荼	见	说
	分化字	堡	茶	现	悦
语素	传承语素	堡	茶	现	悦
语素字	原生语素字	保	荼	见	说
	分化语素字	堡	茶	现	悦

二 汉字与传承语素的关系

(一)汉字与传承语素的一般关系

汉字与汉语的关系十分复杂,就现代汉语传承语素而言,汉字与它的关系大体可分为以下几种:

1. 汉字与传承语素完全对应,且古今不变的。如"言",《论语·先进》:"夫人不言,言必有中。""言"为"说话、说"的意思,《大纲》中的"语言、发言、谣言、自言自语、寓言、总而言之、宣言、言论、言语、不言而喻、谗言、誓言、文言、序言"等词语中的"言"都是这个意思,汉字"言"既作为古代的词字也作为现代的语素字,二者完全一致。

2. 语言中有词而无词字,假借一个已有的字作为书写符号,通过假借实现从无字到有字的。如"然"本是词字,本义为"燃烧",借用来作为表示"这样、那样、是的、对的"以及用作形容词词尾"然"的词字或语素字,后来另造

"燃"来作为表示本义的词字,在《大纲》中分别构成了"燃烧、燃料、点燃"和"当然、忽然、突然、虽然、然后、然而、必然、不然、果然、既然、仍然、显然、自然、大自然、竟然、居然、理所当然、猛然、偶然、天然、要不然、依然、公然、固然、茫然、泰然、毅然"等两个不同系列的词语。

3. 汉字与传承语素阶段性对应,而字形发生分化或调整的。如"见",在上古有"看见、拜见、出现"等意义,我们姑且称之为"见1:看见"和"见2:出现"。在历史发展中,"见1"与"见2"的字形发生了分化,在"显示、出现"等意义上,作为后起字的"现"成为"见"的分化字,在《大纲》中分别构成了"见面、看见、听见、意见、再见、会见、接见、碰见、遇见、见解、不见、不见得、可见、见识、见效、常见、由此可见、显而易见、罕见、偏见、预见"和"表现、现代、出现、发现、实现、现在、现代化、现实、现象、现成、体现、现场、现金、现钱、现行、现状、显现、兑现、展现"两个词语系列。值得注意的是,《现代汉语词典(第5版)》(以下简称《现汉》)在"xiàn"字条目下仍列出了"见",指出其使用范围为书面语体,义同"现"的义项之一:表露在外面,使人可以看见,如"图穷匕首见"。① 对这类现象,只有结合汉字与传承语素发展阶段性对应来分析,才能真正从源头上厘清它们的关系。

(二)汉字字形与传承语素的复杂关系

汉字与传承语素的关系是由汉字与汉语的关系决定的。由于汉字的发展变化,字形系统内部关系相当复杂,这就使得汉字与传承语素的具体关系变得非常复杂。

1. 字形分化形成的复杂关系

有些词字或语素字是本字先出现的,也有些是本字后出现的。如"仓库"的"仓",上古为"谷仓"义,后引申为"船舱"义,本字"舱"实际是"仓"的分化字。"冒",本指冠冕,因此有"蒙蔽、覆盖"等从本义引申出来的义项,后来又新造"帽"字来专指本义,"冒"也只有引申义用法了。由于字形的古今变化,在利用语素理解词义时往往会令人不得要领。如果我们在分析以"冒"为语素构成的词语时,揭示了"冒"的本义,就较易理解合成词"冒充、冒功、冒领、冒名、冒牌、冒头"的意思了。"奉"在上古有"侍奉"、"俸禄"义,表示"俸禄"义

---

① 中国社会科学院语言研究所词典编辑室编:《现代汉语词典》(第5版),北京:商务印书馆,2005年,第1478页。

的后来写作"俸",《现汉》中有"薪俸、俸禄"等词,"奉"在《大纲》中则有"奉献、奉行、无可奉告"等。"懈",原来写作"解",据《王力古汉》,"解"是解开,解除,解开就松了,所以引申为松懈,"松懈"的"解"后来写作"懈"。①

有些字本来是同源分化字,但经过简化后又合并为同一个语素字,如《大纲》中"获得、收获、获取、查获、破获"等词中的"获"字。《王力古汉》:"在渔猎时代获得禽兽叫'獲',在农业时代获得谷物叫'穫'。两字同源。但收割庄稼可写作'獲',猎获禽兽不写作'穫'。今都简化为'获'。"②上古汉语原来使用"獲、穫"两个词字,汉字简化后现代汉语只用"获"一个语素字。

有些同源词字分化后,又在某些义项上发生联系。如"才、材、财"三字同源,其字形逐步分化,但在某些义项上可以通用。如"才"表示"才能",但也有"资质、品质"的用法;"财"表示"财富",但也可以通"材"和"才",表示"材料"和"才能";"材"表示"木材,材料",但也可以指有才能的人和财物。《王力古汉》:"木有用叫做'材',物有用叫做'财',人有用叫做'才'。"③表示"方始、仅"的用法,古代字形为"纔",汉字简化后写作"才",如《大纲》中表示时间短暂的副词"刚才"。在现代汉语中,"刚才"的"才"与"才能、天才、才干、才智"的"才"成为同音语素;"财"只作为钱和物质的总称,如"财产、财富、财政、财经、财会、财力、财务、发财";而"材"不再指财富,主要指"材料"义,如《大纲》中"教材、木材、器材、身材、钢材、棺材、原材料、题材、药材"等词语,但现代汉语中"材"还有一个义项,即"有才能的人",因此形成异形同音同义词"人才"和"人材"。

2. 字形简化和调整形成的复杂关系

由于汉字的简化,有些语素字被人为地造成了同形关系。如上举"别扭"的"别",为"彆"的简化字,与"分别"、"区别"的"别"构成了同形语素字。再如"松树"的"松"与"轻鬆"的"鬆"。前者为传承语素,后者见《玉篇》,为后起语素,在简化后与前者同一字形,成为同形语素字。"面包"的"面",繁体写作"麵",与今义相同,《说文解字》:"麵,麦末也。"④为麦子磨成的粉,面粉。但

---

① 王力:《王力古汉语字典》,北京:中华书局,2000年,第1256页。
② 王力:《王力古汉语字典》,北京:中华书局,2000年,第704页。
③ 王力:《王力古汉语字典》,北京:中华书局,2000年,第348页。
④ (汉)许慎:《说文解字》,北京:中华书局,1963年,第112页。

简化后,与表示"脸"的"面"同形,在《大纲》中分别为"面1"和"面2",成为同形语素字。

另外,还有一些不同的词字或语素字,由于简化或分化调整则又成为异素同形字。如"几jī"与"几jǐ"。"几jī"可区分为"几1"和"几2",前者原本是"矮桌儿",又为姓氏字;后者是繁体字"幾"的同音替代字,原本表示"隐微、事务、将近"等意思,简化后写作"几"。"几jǐ",也是"幾"的同音替代字,本为"询问数目多少"。繁体字"幾"实际应分为"幾1"和"幾2",简化后字形都写作"几"。本来是不同的传承语素,因为汉字简化而成为异素同形字。

再如"着"与"著"。"着"在《大纲》中有三读:在"接着、闹着玩儿、意味着、本着、随着、怎么着、这么着"中读"着zhe",在"着急、着凉、用不着"中读"着zháo",在"着手、着重、着想、沉着"中读"着zhuó"。三个读音不同的"着"是字形调整形成的异素同形字。关于"着"的字形分化和调整情况,《王力古汉》有个说明:"着"最早写作"箸",有"筷子"、"明显"、"留止"、"穿着"义。"箸"后来专用来指称食具筷子,而表示明显、留止的意义分化出"著"字来表示。"著"的常用义读音再分为两系:一系读去声zhù,用于显著、著作等;一系读阳平zhuó(原为入声),用于著衣、附著、著落等,而后一系的字形再变作"着"。① 这样,《现汉》表示"穿、接触"等义的"着zhuó1"和表示"派遣"义的"着zhuó2",与表示"下棋的一步"的"着zháo"、"挨上、受到"等义的"着zhāo"和"表示动作持续"的"着zhe"等就构成异素异音同形关系。这种情况使得《大纲》包括《现汉》中的一些语素字写作"着"的常用词语辨析和理解起来就变得很困难。

3.字义系统变化调整形成的复杂关系

有些字上古已经存在,但所表示的上古义或在现代汉语中消失,或后起义与上古义完全不同。我们在确定这类字与传承语素的关系时,只能根据现有词的构成情况加以判断。例如《大纲》中的甲级字"该",在上古有"具备、完备"义,引申义有"包罗、包括"义;现代汉语中的常见义项"应当、应该"、"欠"以及"指上文说过的人或事物"等,则为后起义。因此,《大纲》中的"该"作为汉字是个传承字,但其记录的语素,却不具有传承语素的资格,是个后起语素。"姐"的情况与此类似。《说文》:"蜀谓母曰姐。"②"姐"上古为母亲义,而

---

① 王力:《王力古汉语字典》,北京:中华书局,2000年,第881页。
② (汉)许慎:《说文解字》,北京:中华书局,1963年,第259页。

作为"姊"的用法为后起义,《现汉》中也不见有"姐"为母亲义的构词,我们也同样认为"姐"为后起语素。"需"上古有"等待,迟疑"等义,现代汉语中表示的"需要"的含义为后起义。"需"的上古义在现代汉语中已消失,而且现代义与上古义之间没有什么引申承续的关系,因此我们认为"需"为后起语素。

三 同音语素与同形语素

汉字与现代汉语传承语素之间的复杂关系,一个较为突出的表现,就是一个语素字对应两个或多个不同语素的现象大量存在,在传承语素中形成了许多同音语素组和同形语素组。

(一)同音语素

所谓同音语素,本文指的是同音同形异义的语素。因为异形语素写出来就是两个不同的汉字,一般不会造成歧解,我们不再专门讨论。同音语素的形成有多种原因,其中不少是由意义的分化造成的。传承语素经过不断发展,由于语义的发展和转化,导致多义语素各义项之间的联系疏离或中断,于是就出现了只有形式上相同的同音语素。如"管",在《大纲》"管理、包管、管辖、掌管、主管"和"管道、管子、血管"两个词语系列中,由于意义失去了联系,就分属于同音语素"管1"和"管2"。也有些同音语素是由于书写符号的借用而形成的。如表示长度单位的"米",是借自英语 meter 一词的音译书写符号,当这个"米"作为语素构词后,如"米制、分米、厘米、毫米、千米、万米",就与传承语素"稻米"的"米"构成一对同音语素。

粗略统计,《大纲》合成词中的同音语素有 267 个,构成了 129 个同音语素组。其中与传承语素相关的 124 组,涉及 257 个语素,占全部语素总数的 8.23%。每组大多为一对一关系,如"面子"的"面"与"面粉"的"面","别人"的"别"与"分别"的"别";也有一对多的关系,如"生日、研究生、生词"中的"生",就分别表示"出生、学习的人、陌生"等不同意思,为三个不同的语素。再如"方向、立方、方法","省略、策略、侵略","长征、征求、特征"都分别由三个同音语素构成。

在与传承语素相关的同音语素组中,又分两种情况:

(1)同音语素均为传承语素,包括"按、别、博、才、草、长、陈、从、代、待、当、道、抵、端、断、凡、方、复、概、干 gān、干 gàn、革、姑、谷、固、故、怪、官、管、果、号、核、候、忽、华、会、纪、经、纠、就、局、具、决、可、孔、控、里、率、略、面、明、命、偶、排、且、容、如、若、上、生、省、使、署、所、维、委、下、相 xiāng、向、效、以、义、易、益、营、原、运、则、征、之、支、志、质、致、自、纵、足",共87组,涉及180个同音语素,占语素总数的5.76%。

(2)传承语素与后起语素构成同音关系,包括"本、等、点、儿、法、番、汇、活、伙、竟、剧、款、况、老、连、聊、料、麻、米、批、偏、任、日、松、台、头、项、许、仪、要、元、越、阵、注、庄、装、准"等,共37组,涉及77个语素,占语素总数的2.46%。

(二)同形语素

一个汉字书写两个或多个不同语素,还可以在传承语素中形成同形语素。所谓同形语素,我们指的是同形异音异义的语素。如"没 mò"的传承义为"沉没、覆没",引申有"埋没、没收"等后起义。《大纲》中有"淹没、埋没",《现汉》中有"没落、没收、沉没、出没、吞没、隐没"等常用词语。同形语素"没 méi"表示"没有"的意思,是后起语素,在《大纲》中构成了"没关系、没意思、没有、没错、没什么、没事儿、没用、没说的、没辙、没吃没穿"等词语。"没 mò"和"没 méi"就是一组同形语素。

粗略统计,《大纲》涉及合成词的同形语素227个,构成了107个同形语素组。其中与传承语素相关的97组,涉及206个语素,占全部语素总数的6.59%。与同音语素一样,同形语素每组大多由两个同形语素构成,形成一对一关系,如"好 hǎo"和"好 hào",在《大纲》中分别构成了"好吃、好处、好看、好像、友好、问好、只好、好好儿、好久、好容易、好听、好玩儿、好些、不好意思、良好、美好、正好、最好、好比、恰好、要好、好多、好感、好坏、好说、好样的、好在、好转、幸好、恰到好处"和"爱好、好奇、好客"两个同形语素词语系列;"行 háng"与"行 xíng",则分别构成了"银行、行列、行业、外行、内行、各行各业"和"进行、旅行、行动、不行、举行、实行、送行、执行、行人、行驶、行为、行星、行政、发行、飞行、航行、可行、流行、平行、试行、一行、游行"两个同形语素词语系列。

也有一对多的关系,即每个同形语素组有三个或更多的成员。在这种由多个语素构成的组合中,大多数的语音形式还是只有两个,如"长 cháng"和"长 zhǎng1"、"长 zhǎng2",在《大纲》中分别构成了"长期、长途、延长、长度、长久、长远、漫长、万古长青、长处、长短、长寿、长征、擅长、专长、天长地久、一技之长"和"班长、部长、队长、局长、科长、校长、院长、厂长、省长、市长、团长、组长、家长、排长、师长、首长、县长"、"成长、生长、增长、滋长、助长"等三个同形语素词语系列。

也有语音各不相同的,如"差 chā"、"差 chà"和"差 chāi",在《大纲》中分别构成了"差别、差错、差距、差异、偏差、误差、相差"、"差不多、差点儿"与"出差"三个异音同形语素词语系列;"恶 è"、"恶 wù"和"恶 ě",分别构成了"恶化、恶劣、凶恶、罪恶、恶毒、恶性、丑恶"、"厌恶、可恶"和"恶心"三个异音同形语素系列;"的 dì"、"的 de"和"的 dí",则构成了"目的"、"别的、有的、当……的时候、什么的、有的是、没说的、似的、好样的、总的来说、是的、真是的"和"的确"等词语系列。还有一些更为复杂的,如上举"干",实际是同音语素与同形语素相互交织在一起的。

与传承语素相关的同形语素组可分为两种情况:

1. 同形语素均为传承语素,包括:奔 bēn/bèn(奔跑/各奔前程)、便 biàn/pián(方便/便宜)、别 bié1—2/biè(别人—分别/别扭)、参 cān/shēn(参加/人参)、差 chā/chà(差别/差不多)、长 cháng/zhǎng1—2(长期/校长—成长、朝 cháo/zhāo(朝代/朝气)、称 chèn/chēng(称心/称赞)、重 chóng/zhòng(重复/重要)、处 chǔ/chù(处理/好处)、畜 chù/xù(家畜/畜牧)、传 chuán/zhuàn(传统/传记)、答 dā/dá(答应/回答)、担 dān/dàn(担心/担子)、当 dāng1—2/dàng(当然—不敢当/上当)、倒 dǎo/dào(打倒/倒退)、调 diào/tiáo(调查/调整)、都 dōu/dū(全都/首都)、恶 è/wù(凶恶/厌恶)、分 fēn/fèn(部分/成分)、干 gān1—2/gàn1—2(干净—干扰/干劲—骨干)、更 gēng/gèng(更换/更加)、行 háng/xíng(银行/进行)、好 hǎo/hào(好吃/爱好)、会 huì1—2/kuài(晚会—体会/会计)、几 jī/jǐ(几乎/几何)、间 jiān/jiàn(房间/间接)、降 jiàng/xiáng(降低/投降)、尽 jǐn/jìn(尽管/尽力)、卷 juǎn/juàn(烟卷儿/答卷)、觉 jué/jiào(觉得/睡觉)、乐 lè/yuè(快乐/音乐)、量 liáng/liàng(商量/大量)、笼 lóng/lǒng(笼子/笼罩)、露 lòu/lù(露面/暴露)、率 lǜ/shuài1—2(效率/率领—草率)、难 nán/nàn(困难/灾难)、宁 níng/nìng(宁静/宁可)、强 qiáng/qiǎng(强大/勉强)、曲 qū/qǔ(曲折/歌曲)、散 sàn/sǎn(散步/散文)、少 shǎo/shào(多少/少年)、舍 shě/shè(舍得/宿舍)、为 wéi/wèi(认为/为了)、相 xiāng/xiàng1—2(互相/相声—照相)、兴 xīng/xìng(兴奋/高兴)、要 yāo/yào(要求/要紧)、应 yīng/yìng(应该/答应)、与 yǔ/yù(与其/参与)、载 zǎi/zài(记载/载

重)、正 zhēng/zhèng(正月/真正)、只 zhī/zhǐ(船只/只好)、种 zhǒng/zhòng(各种/种植)、子 zǐ/zi(女子/杯子)、钻 zuàn/zuān(钻石/钻研),共55组,涉及118个同形语素,占语素总数的3.78%。

2.传承语素与后起语素构成同形关系,包括:差 chā—chà 与 chāi(差别—差不多/出差)、大 dà 与 dài(大家/大夫)、得 dé 与 de—děi(得到/…得—得)、的 dì 与 de—dí(目的/别的—的确)、恶 è—wù 与 ě(凶恶—厌恶/恶心)、儿 ér 与 r(儿子/这儿)、还 huán 与 hái(退还/还是)、给 jǐ 与 gěi(供给/给以)、假 jiǎ 与 jià(假如/放假)、结 jié 与 jiē(团结/结实)、禁 jìn 与 jīn(禁止/不禁)、空 kōng 与 kòng(空气/空儿)、了 liǎo1—liǎo2 和了 le(了解—了不起/为了)、没 mò 与 méi(埋没/没关系)、模 mó 与 mú(模仿/模样)、似 sì 与 shì(似乎/似的)、挑 tiǎo 与 tiāo(挑拨/挑选)、头 tóu 与 tou(头发/石头)、折 zhé 与 zhē(曲折/折腾)、转 zhuǎn 与 zhuàn(转变/转动),共20组,涉及44个语素,占语素总数的1.41%。而与传承语素完全无关的同形语素几乎没有,如表示"的确"的"的 dí"为后起义,与助词"的 de"同为后起语素,但二者同时又与传承语素中表示"靶心"的"的 dì"构成一组同形关系。

语素是构词的单位,我们的讨论也主要限于《大纲》中可以构成合成词语部分的传承语素。但是,由于同形语素的复杂性,更由于词语教学对整体词义的重视,因而《大纲》中一部分未参与构词的成分,当其字形与参与构词的传承语素一样时,仍然会对教学产生很大的干扰,因此我们在研究同形传承语素时,也不可不重视对这部分成分的分析。

同形语素组中都属于同形传承语素,但只有一个参与构词的共有15组,包括未参与构词的一方为甲级词的3组:"教 jiāo"与"教室、教育、教材、教师、教授、教学、教训、教员、教导、教练、教堂、教研室、请教、宗教、佛教、天主教、伊斯兰教、基督教、教会、教唆、教条、教养"的"教 jiào","累 lèi"与"积累"的"累 lěi","数 shǔ"与"数学、数量、数字、少数、多数、大多数、数据、数目、分数、算数、岁数、数额、半数、倍数、次数、代数、小数、小数点、整数、总数、少数民族"的"数 shù";未参与构词的一方为乙级词的3组:"弹 tán"与"导弹、炮弹、子弹、原子弹、弹药、手榴弹、炸弹"中的"弹 dàn","切 qiē"与"一切、密切、迫切、亲切、切实、关切、急切、恳切、确切、深切"中的"切 qiè","血 xiě"与"血液、血汗、血管、鲜血、血压、高血压、心血"中的"血 xuè";未参与构词的一方为丙级词的5组:"冲 chòng"与"冲击、冲突、冲锋、冲破"中的"冲 chōng","闷

mēn"与"沉闷、烦闷、纳闷儿"的"闷 mèn","塞 sāi"与"闭塞、堵塞"中的"塞 sè","削 xiāo"与"剥削、削减、削弱"的"削 xuē","中 zhòng"与"中间、中文、中午、中学、中餐、中心、中央、中药、集中、空中、其中、之中、中部、中断、中年、中旬、中医、初中、当中、高中、中等、中立、中秋、中途、中型、中游、中原、暗中、美中不足、从中、党中央、目中无人、心中"中的"中 zhōng";未参与构词的一方为丁级词的 4 组:"缝 fèng"与"裁缝"的"缝 féng","横 hèng"与"横行、纵横"的"横 héng","陆 liù"与"陆续、大陆、陆地、陆军、登陆"的"陆 lù","盛 chéng"与"盛产、盛大、盛开、盛情、盛行、昌盛、茂盛、强盛"的"盛 shèng"。也可以说,以上各例前者为单语素成词,后者是多语素成词,即前者是单音节词,后者是单音节语素。严格地说,在词典编纂中二者应分为两个字头单列。但是由于不同的词典因编纂体例的差异,有些未必按两个字头分立来处理,而分析"同形传承语素"时却不可不辨。

在同形语素组中只有一方参与构词的,还包括一方为后起语素的 7 组,包括"地 de"与"地方、地带、地点"等的"地 dì";"铺 pū"与"床铺"的"铺"pù,"吐 tǔ"与"呕吐"的"吐 tù";"看 kān"与"好看、看病、看见"的"看 kàn";"圈 juàn"与"圈子、圈套"的"圈 quān","落 là"与"落后、落成、落地"的"落 luò","漂 piāo"与"漂亮"的"漂 piào"。

通过对汉字与现代汉语传承语素关系的上述考察,我们进一步认识到:汉语和汉字都伴随着中华文明进程而不断发展,同时,汉字自产生之日起就与汉语建立了水乳交融的紧密联系,并随着汉语的发展而不断地进行自我调整。从中古开始,双音词不断增多,古汉语经历了词汇语素化的过程,上古汉语的单音节词,在双音节化的过程中逐步转化成为传承语素。在语素化过程中,汉字的发展也与之步调一致,由词字逐步转化成为语素字。与此相伴随,传承语素的语义发展、新词新义的出现以及文字系统自身不断地调整、简化和优化,不仅使得原来意义上的字词关系转变成语素和语素字关系,而且语素与语素字的内部关系也变得更加复杂,呈现出"同音语素"、"同形语素"等各种现象。

近年来,对外汉语教学界不少学者对"字本位"问题有所探讨①,强调在对外汉语教学中要以"字"作为基本的单位,教学中"以字带词",将汉字教学作为词汇教学的中心。我们认为,"字本位"说看到的只是表面现象,这些讨论中所谓的"字",究其实质应该是传承语素字。无论是古代还是现代,汉字代表的只是语言中的词或语素,它本身只是汉语词语的替代性书写符号。对外汉语教学界部分学者依据所谓"字本位"说,强调以"字"为中心的词汇教学,实际上是将"语素字"和"语素"混为一谈,而且对汉字与语素的复杂关系也缺乏深入的研究和认识。不过"字本位"说确实触及到汉字与汉语关系中的一些关键性问题,在对外汉语词汇教学过程中,如果我们能将"字本位"上升到"语素本位",并进而揭示"传承语素"在现代汉语词语构成中所处的重要地位,应该说就有可能提出更加符合汉语汉字规律和特点的教学理论和方法。

---

① 王若江:《由法国"字本位"汉语教材引发的思考》,载《世界汉语教学》,2000年第3期。潘文国:《字本位与汉语研究》,上海:华东师范大学出版社,2002年,第305页。张德鑫:《从"词本位"到"字中心"》,载《汉语学报》,2006年第2期。吕必松:《汉语和汉语作为第二语言教学》,北京:北京大学出版社,2007年,第32页。

传承语素:汉语语素分析的新视角[①]

一、汉语语素分类的反思

语素是现代汉语词语构成的最基本的要素,一直为汉语学界和对外汉语教学界所重视。语素的研究大多限于构词的范围,其中尤以基于构词时表现特征的语素分类成果为多。

我们较为全面地考察了汉语语素的分类情况,汉语学界和对外汉语教学界关于汉语语素的分类已有二十余种,其中汉语学界关于语素的分类主要包括:(1)语音形式标准下的"单音节语素、双音节语素、多音节语素";[②](2)组合能力标准下的"成词语素、不成词语素",[③]"定位语素、不定位语素",[④]"自由语素、不自由语素(粘着语素)、半自由语素",[⑤]"可替换语素、不可替换语素/剩余语素";[⑥](3)意义标准下的"实义语素、虚义语素、弱化语素",[⑦]"实词素/实素、虚词素/虚素",[⑧]"表义语素、别义语素/化石语素",[⑨]"单义语素、多

[①] 原载《安徽大学学报》(哲学社会科学版),2012年第2期。
[②] 吕叔湘:《汉语语法分析问题》,北京:商务印书馆,1979年,第15页。
[③] 朱德熙:《语法讲义》,北京:商务印书馆,1982年,第11页。
[④] 朱德熙:《语法讲义》,北京:商务印书馆,1982年,第10页。
[⑤] 赵元任:《汉语口语语法》,北京:商务印书馆,1979年,第80页。
[⑥] 张斌:《新编现代汉语》,上海:复旦大学出版社,2002年,第156页。
[⑦] 符淮青:《现代汉语词汇(增订本)》,北京:北京大学出版社,2004年,第32页。
[⑧] 张寿康:《略论汉语构词法》,《中国语文》,1957年第6期。
[⑨] 张斌:《新编现代汉语》,上海:复旦大学出版社,2002年,第157页。

义语素";①(4)意义/功能标准下的"词根词素、词缀词素、词尾语素";②(5)内部结构标准下的"单纯词素、合成词素";③(6)与词类对应标准下的"名词性语素/名素、动词性语素/动素、形容词性语素/形素";④(7)来源标准下的"原生词素、移植词素、移用词素"。⑤ 其他的还有"语段语素和超语段语素",⑥"句法性语素和非句法性语素",⑦"生字语素、熟字语素、义项不对号语素"⑧等分法。

对外汉语教学界较多采用"成词语素和不成词语素"的划分,⑨其他还有"基本语素、语助语素、构词语素、构形语素",⑩"偏误语素和目标语素"、⑪"单用语素、自由语素和粘着语素"⑫等等。

考察已有的语素分类,不难看出,其分类主要局限于共时的层面,从历时层面所作的分类基本没有。孙银新"原生词素、移植词素、移用词素"的分类,注意到了语素的不同历史来源,包括产生于汉民族共同语系统内部、从其他民族语言移入、从汉语方言系统中引进三种,但这种分类所关注的并不是语素本身的历时发展。另外,汉语共同语系统与汉语方言系统,作为一脉相承的同根语言,在悠久的语言运用过程中很多已水乳交融,是否有厘清的必要和可能也需要讨论。

在现代汉语词汇系统中,语素大多数是由上古汉语的词演变而来的。当我们观照这样一个庞杂的词汇系统并企图揭示构成这个系统基础的语素的特点与规律时,仅仅采取惯常使用的静态的、共时描写的方式显然是不够的,

---

① 邢福义:《现代汉语》,北京:高等教育出版社,1991年,第160页。
② 叶蜚声、徐通锵:《语言学纲要》,北京:北京大学出版社,1997年,第93页。
③ 葛本仪:《现代汉语词汇学》,济南:山东人民出版社,2001年,第56页。
④ 张志公:《谈汉语的语素》,《语言教学与研究》,1981年第4期。
⑤ 孙银新:《现代汉语词素研究》,北京:中国文史出版社,2003年,第63页。
⑥ 高更生:《汉语语法研究》,济南:山东人民出版社,2001年,第46页。
⑦ 杨锡彭:《汉语语素论》,南京:南京大学出版社,2003年,第210页。
⑧ 王艾录、司富珍:《语言理据研究》,北京:中国社会科学出版社,2002年,第187页。
⑨ 吕文华:《对外汉语教学语法体系研究》,北京:北京语言文化大学出版社,1999年,第77页。
⑩ 柯彼德:《试论汉语语素的分类》,《世界汉语教学》,1992年第1期。
⑪ 邢红兵:《留学生偏误合成词的统计分析》,《世界汉语教学》,2003年第4期。
⑫ 邢红兵:《〈汉语水平〉词汇等级大纲双音合成词语素统计分析》,《世界汉语教学》,2006年第3期。

我们需要有一种历史发展的眼光。而对外汉语教学界近年来为解决汉语词语难教难学的问题，提倡进行语素教学①，帮助学生理解词义。张博在2002年国际汉语教学研讨会上谈到："词源义和本义的某些语义特征犹如生物体的遗传基因，在词语孳生和意义引申的过程中既绵延不绝，又渐次失落隐晦，因此，如果局限于孳生词或后起义，往往不能真切地观察到词语的语义特征，但是，如果纵向地分析多义词的引申义列，尤其是追溯到它的本义，或者系联声近义通的多个词语以抽绎其词源义，则会比较容易地发现被概念意义覆盖的某些基因型的语义特征。"②这种"基因型的语义特征"，产生于上古汉语的词转变身份成为语素的构词之初，只有通过对语素的历时考察才能发现。已有的语素分类无法概括并解决对外汉语词汇教学中出现的这一类常见问题，而某些因语义古今有别产生的"问题语素"，又明显呈现出带有一定规律性的共同特征，很值得我们在认真总结已有经验教训的基础上，另辟蹊径，以历史来源为标准对汉语语素进行新的分类。

二、传承语素及其特点

从历时层面对汉语语素进行考察，我们认为可以划分出传承语素和后起语素两类。所谓传承语素，是指从上古汉语的词发展而来、在现代汉语中作为构词成分而存在的语素。与传承语素相对应的是上古以后出现的后起语素。后起语素源于中古直至现代的词语，③比如东汉中后期出现的"打"，当代新出现的"打的、的哥"中的"的"等，相对于先秦即已产生的"人"、"民"等，都是后起语素。

传承语素源于上古词语，即上自先秦下至西汉出现的词语。在现代汉语词汇系统中，语素大多数是由上古汉语的词演变而来的，经历了一个从上古

---

① 参见吕文华《对外汉语教学语法体系研究》，北京：北京语言文化大学出版社，1999年，第77页；邢红兵《〈汉语水平〉词汇等级大纲双音合成词语素统计分析》，《世界汉语教学》，2006年第3期；李开《对外汉语教学中的词汇教学与设计》，《语言教学与研究》，2002年第5期。

② 张博：《本义、词源义考释对于同义词教学的意义》，赵金铭主编：《汉语口语与书面语教学——2002年国际汉语教学学术研讨会论文集》，北京：北京大学出版社，2004年。

③ 关于中古汉语起讫时间的界定，根据一般说法，我们采用从东汉至隋朝。参看《中古汉语研究》（二），董志翘、王东著：《中古汉语语法研究概述》，北京：商务印书馆，2005年。

汉语的词转换为语素的语素化过程。上古汉语词汇以单音节为主,现代汉语词汇系统的主体就是在先秦或上古汉语词汇系统的基础上,经过一个双音节化的历史进程而形成的。语素化的发生是汉语词语双音化的自然结果,其普遍发生的时段应该在汉语发展史上的中古时期。由上古汉语单音节词为主向双音节词为主过渡,这个过程与语素的形成应该是同时发生的。没有双音节化,就不可能有语素这个要素的产生,也就没有必要从西方引入语素的概念以取代中国传统语言学中的"字"。因为只有当一部分单音节词的功能转换成有结合能力的构词成分的时候,语素的形成才具备相应的基础和条件。将传承语素的源头限于上古词语,一方面与汉语词汇发展的历史阶段相一致,另一方面也符合从来源的角度分析汉语语素的实际。①

现代汉语词汇中传承语素大量存在,包含传承语素的不仅有许多从古代延续至今的传承词语,而且也有大量的新造词语,表现出能产性、聚合性和稳定性等特点。

(一)传承语素的能产性

我们对纳入《汉语水平词汇等级大纲》②(以下简称《大纲》)的全部8822条词语进行了穷尽性考察,分析出全部语素共3124个。对语素构词的详尽分析结果表明,传承语素具有很强的能产性,可以与其他语素一起构成数量众多的词语,这从我们统计的数字即可说明:③

(1)在《大纲》所收全部词语中,传承语素的总数目远远超过后起语素。我们对构成《大纲》词语的全部3124个语素进行了逐一考察。最后确定出的传承语素总数目为2426个,占全部语素总数的77.66%。

(2)传承语素参与构词的比例极大。《大纲》2426个传承语素中,未参与构词的传承语素243个,参与合成词构造的传承语素2183个,所占比例分别

---

① 杨晓黎:《汉语词汇发展语素化问题刍议》,《汉语学习》2008年第1期。
② 《汉语水平词汇等级大纲》(国家汉语水平考试委员会办公室考试中心制定,经济科学出版社,2001年),1990年纳入国家汉办科研规划、1992年推出、2001年修订,一直被视为对外汉语词汇教学的纲领性文件。
③ 我们在《传承语素在现代汉语词语构成中使用情况的考察》(《语言文字应用》2006年第3期)一文中,根据4组8个与人体相关的同义语素足/脚、面/脸、口/嘴、目/眼,考察以它们为语素构成的630余条现代常用词语,曾得出"传承语素的能产性相对较弱"的结论,总体看来这个结论是不准确的。

为10.02%和89.98%。

（3）传承语素构词的频率很高。在参与合成词构造的2183个传承语素中,可以构成甲级词,同时又可以作为甲级词或乙级词单独使用的共有299个。我们对这299个传承语素的构词进行了逐一统计,结果显示299个传承语素共可构词4411个/次（每个语素目下可以重复构词,如"大人"在"人"与"大"两个语素中分别出现,为2词次）,其中构词在10个以上的有177个。

（4）传承语素可构成很多能产的固定格式。汉语词汇中很多词语的构成在形式上呈明显的框架结构,这种框架结构也即一类词汇构成的格式。依据一定的格式,通过改换某些构词要素,能产生一系列同格式的词语,具有很强的能产性。《大纲》中的固定格式（结构）,我们统计有32个,其中只有两个与传承语素无关,即"……得很……"和"越……越……",其余30个格式涉及传承语素34个,包括:边、不、才、除、从、带、到、都dōu、对、发、方、非、分、候、话、极、既、间、就、可、来、连、面、起、时、是、说、外、为、也、一、又、愈、之。30个格式中有9个属于甲级:一边……一边、除了……以外、从……到、从……起、连……都/也……、……分之……、……极了……、……之间、一……就……;9个属于乙级:边……边、非……不可、从……出发、一方面……一方面、当……的时候、……的话、既……也、既……又、一……也;7个属于丙级:不是……而是、不是……就是、到……为止、对……来说、就是……也、一面……一面、愈……愈……";5个属于丁级:"从……看来、连……带……、非……才……、……来说……、一会儿……一会儿。

有些词语格式在《大纲》中则随词出现,没有单独列出,如"大包大揽"、"半真半假"、"不卑不亢"所携带的格式"大×大×"、"半×半×"、"不×不×"等。在当今蓬勃涌现的新词语中,利用这些格式仿拟产生的新词语很多。格式仿构成新词语,大都是利用已有的格式,在一个由传承语素构成的固定组合中嵌入新语素,词型形式化特征突出。我们曾从形成途径与方式对2000余例四音节新词语进行过观察[①],孤立存在的,或者说从形式到意义完全为新造的并不多见,原有的语言形式或语义内容与新词语有着千丝万缕的联系,大多数新词语的产生都与既有成分——传承语素密切相关,传承语素以其蓬勃的生命力在现代语文生活中扮演着无可替代的重要角色。

---

① 杨晓黎:《四音节新词语及其成因》,《江淮论坛》,1996年第4期。

(二)传承语素的聚合性

词汇本身是一个系统,是许许多多词汇成分的聚合体。构成词语的各个传承语素虽独具特性,但彼此在音、义、形关系上,在色彩和应发挥的作用方面,总是处于相互制约、矛盾统一的状况之中。既然每个语素只能在系统所制约的范围与条件下发挥作用,语素与语素之间,就必然发生各方面的系联,从而也为语素场的建立提供了可能。我们按照各个语素之间形式和内容两个方面的联系,可以分别构建语素形场和语素义场。

语素形场体现的是语素的外部形式的聚合性,包括因语音相似而产生的同音语素、因字形相似而产生的同形语素,以及因语素相同而产生的同素构词现象。

《大纲》合成词中与传承语素相关的同音语素257个,同形语素206个,分别构成了124个同音传承语素组(如"刚才"的"才"与"才能"的"才")和97个同形传承语素组(如"银行"的"行 háng"与"行人"的"行 xíng")。同音语素与同形语素是由于语素间外部形式的相似而形成的语素聚合,典型而集中地反映了传承语素以"形"为纽带而建立的相互间联系。

此外,作为一类特殊的词语聚合,同素词因彼此语素相同而形成关联,又分同序同素词(如名词"精神 jīngshén"与形容词"精神 jīngshen";名词"人家 rénjiā"与代词"人家 rénjia")和异序同素词(如"生产"和"产生")两种。《大纲》中的同素词主要为异序同素词,且全部与传承语素相关。其中有44组的语素全部由传承语素构成,有4组为传承语素和后起语素共同构成。全部由传承语素构成的有:变质—质变、产生—生产、称号—号称、出发—发出、达到—到达、担负—负担、代替—替代、弟兄—兄弟、对面—面对、儿女—女儿、犯罪—罪犯、蜂蜜—蜜蜂、合适—适合、回来—来回、互相—相互、欢喜—喜欢、黄金—金黄、回收—收回、会议—议会、感情—情感、工人—人工、国王—王国、讲演—演讲、接连—连接、开展—展开、科学—学科、来历—历来、来往—往来、力气—气力、路线—线路、面前—前面、年青—青年、期限—限期、侵入—入侵、实现—现实、私自—自私、孙子—子孙、一同—同一、下乡—乡下、心中—中心、言语—语言。由传承语素和后起语素共同构成的为:彩色—色彩、点钟—钟点、光亮—亮光、喊叫—叫喊,其中的"彩"、"点"、"亮"、"喊"为后起语素。同素构词是语素形场得以形成的重要因素,同时也体现了传承语素在形、音、义之间的密切联系。

语素义场体现的是传承语素的语义聚合性。语素从产生之初,便有其意义上的规定性。着眼于语素的语义内涵,可以系联相当数量的相关语素。意义上相关联的语素有多义语素、同义语素和反义语素。由同义语素、反义语素和多义语素的多向交叉所形成的错综复杂的语义联系,是语素聚合性形成的基础。

以一组传承语素"利、弊、害、益、损、钝、锐、快、慢"形成的语素义场为例。我们可以"利"为这一组语素的中心而将相关的语素义系联如下:"利"有两个义项,在"利益"义上,"利"与"害"、"弊"构成了反义关系,"害"与"益"构成了反义关系,"益"又与"损"构成反义关系,并组成了并列式合成词"利弊"、"利害"、"利益"、"损益"。"利"在"锋利、锐利"义上,与"钝"构成反义关系,"钝"又与"快、锐"构成反义关系,现代汉语中有基于此反义关系构词的"成败利钝"等词语。"快"除了"锋利"义,还可以表示"速度高,费时短",在此义项上,"快"又与"慢"构成了反义关系。如果我们借助某一同义语素的牵线搭桥,还可以用滚雪球的方式不断扩大。如与"快"的"快速"义相同的传承语素有"疾","疾"与"缓、徐"相对,而"缓"有三个义项[①],并依次构成了三对反义关系:①松,与"紧"相对。②宽,与"严"相对。③慢、延迟,与"疾、急"相对,而所涉及的这些反义语素,又可以有各自不同的反义或同义关系,这就为我们充分利用传承语素建构适于教学的语素网络,提供了可以延伸的场所,同时也为我们利用拓展法开展语素教学提供了广大的空间。

传承语素因其外部形式(即语音形式和书写形式)系联而形成同音语素和同形语素,因其内容(也即语素义)的关联而产生了同义语素、反义语素和多义语素,又因其形、音、义之间的关联而形成了同素构词现象。可以说,没有一个语素是我行我素、孤立于系统之外的,正是这种内在的密切联系显现出传承语素的聚合性特点。

(三)传承语素的稳定性[②]

现代汉语词汇中有大量的传承词语。传承词语从古代延续至今,具有很强的定型性,而这些词语中的传承语素自然就随着这些词语保存下来,一般

[①] 见《王力古汉语字典》,北京:中华书局,2000年,第935页。

[②] 关于传承语素的稳定性问题,笔者曾在《传承语素在现代汉语词语构成中使用情况的考察》(《语言文字应用》2006年第3期)一文中有所讨论,可以参看。

没有必要也很难用同义的后起语素来替代,是现代汉语词汇构成中最稳定的要素。

传承语素的稳定性使其在一些词语构造中占有相对优势。这种优势的突出表现是:同义的后起语素可以在与传承语素的碰撞中挤入本由传承语素独占的位置,但很难取而代之;有些虽已有了由后起语素构成的同义词语,但在现代语文生活中也只能是各司其职,在语用中发挥着各自独有的作用,如"足心"与"脚心","还口"与"还嘴"。形成这种优势的主要原因在于:

(1)语言的交际工具性质决定了由传承语素构成的词语相对稳定的特征。汉语词语具有历史传承性,代代相传的汉语词语如不是考虑到语用等特别原因,不太可能出现范围广泛的变动。

(2)历史悠久性使传承语素具有较广的使用范围。传承语素是在汉语悠久的发展历史中经历淘汰选择而流传下来的,由传承语素构成的词语往往更具有通用性和广适性,这就为其在现代语文生活中的广泛使用奠定了基础。

(3)传承语素自身的文雅色彩使其具有不可替代性。由于传承语素所具有的文雅色彩,使得即使是现代新造的词,也往往因某种特殊原因或需要而对传承语素情有独钟。如"足球"作为意译词(football)进入汉语的历史并不是很长,之所以选择了"足"而不是"脚",可能与造词者本人对严复所倡导的"信达雅"翻译理念的认同有关。

三、传承语素在对外汉语词汇教学中的应用

划分出传承语素对汉语词汇研究和教学是非常有必要的。

首先,汉语词汇系统源远流长,而传承语素是古今联系的纽带,通过传承语素的分析可以更好地认识现代汉语词汇系统。

其次,作为从上古汉语的词发展而来的传承语素,进入到词语的构成要素层面后意义发生了或多或少的变化,而这个变化造成了古今理解的差异,只有理清这种变化的情况,才能更清晰地理解现代汉语词汇词义系统。

第三,从来源角度划分出的语素类别,更加切合对外汉语教学的实际需要。近年来语素教学作为解决汉语词语难教难学的途径而为对外汉语教学界所普遍重视。传承语素的研究重视对语素本义和发展义的追溯与描写,这对词语语义的教学和疑难问题的解释具有重要的实践价值。

第四，传承语素富有深厚的历史文化底蕴，从源头上入手揭示汉语语素的形成过程、探究汉语语素的历史发展，与第二语言教学既是语言教学又是跨文化教学的特点十分吻合，在对外汉语词语教学中处于独特的地位。

传承语素用于对外汉语教学，主要可以从三个方面着手：一是利用传承语素理解汉语词语，包括理解词语的理性义和色彩义、进行同义词语辨析和多义词语教学、阐释与识别反义语素和同音语素等；二是利用传承语素拓展汉语词语，用类推或扩展的方式扩大学生的词汇量；三是利用传承语素传播文化知识，将语素文化的理念深入到第二语言教学课堂。这三个方面实际上反映了传承语素教学的三个层次。

对外汉语词语教学首先有个对词语一般含义准确把握和使用的问题，这是语言教学的基础与前提，也是语言教学的第一层次。在这一层次的教学中，作为构词单位的语素是一个不容忽略的重要内容。对语素，特别是对现代汉语构词主体传承语素的分析，是掌握现代汉语词语构成、理解和辨析词义、确定词语语法功能的基础。所以，利用传承语素理解汉语词语，是传承语素教学的第一层次。比如"衣"和"服"为同义语素，"睡衣、潜水衣"因此也可以替换为"睡服、潜水服"，但"上衣、毛衣、线衣、大衣、风衣"却不能换用为"上服、毛服、线服、大服、风服"，留学生往往对此感到很困惑。要解释清楚这个问题，传承语素的梳理就至关重要："衣"和"服"是两个上古词语，意义有所不同："衣"的本义即为"上衣"，后泛指衣服；"服"最早为动词，用于衣物，指"穿戴、佩带"的意思。尽管"衣"和"服"构成的词语都可以指服装，而且二者联合还构成了"衣服"，但上古传承的语义却根深蒂固地影响着词语构造，并顽固地抵御着来自相近语素的侵扰。既然"上衣、毛衣、线衣、大衣、风衣"等都是表示上身穿的衣服，表示一般服装义的"服"就不能换用；而"军衣—军服"、"丧衣—丧服"、"孝衣—孝服"、"便衣—便服"、"布衣—布服"、"戏衣—戏服"、"潜水衣—潜水服"等为全身的服饰，不仅仅是上衣，所以换用就可行。上述例子说明，词语教学时抓住传承语素，顺藤摸瓜、追溯源流，对我们理解词语语义、解释疑难问题，意义十分重大。

传承语素的类推教学与拓展法教学也是对外汉语教学中值得关注的问题。词汇本身是一个系统，语言中所有的词和语素都不可能脱离系统而孤立存在。教学中若能适时而恰当地利用词语间和语素间彼此在音、义、形关系上的系联，采取类推或拓展的方法开展教学活动，无论在词汇教学的深度或广度方面都是大有裨益的。利用传承语素拓展汉语词语,是传承语素教学的第二层次。以同义语素"屋"和"房"为例。"屋"和"房"在《大纲》中构成了甲级词"屋子"和"房间"。其中参与构成"屋子"的虚语素"子"构词能力很强,在甲级词中构成了"杯子"、"本子"、"句子"等14个词语,是学生接触最早并易于接受的构词方式。我们在学习甲级词"屋子"和"房间"时,便可以向学生讲明"屋"和"房"的同义关系,从而带出乙级词"房子",这样我们在将本该在中级汉语阶段出现的丙级词"房屋"提前引入初级汉语时,就显得非常自然。其他如"书屋"和"书房",虽然是没有在《大纲》中出现的超纲词,但由于"书"是甲级词,教学"房屋"时顺便以滚雪球的方式扩充,没有给学生增加任何负担,效果非常理想。当然,我们在进行同义语素关联拓展时,也要提醒学生不可随便换用,如甲级词"房间"不可换为"屋间",而乙级词"同屋"换为"同房"后,意思整个就变了。

语言是文化的载体,传承语素中更是负载并蕴涵了丰富而复杂多变的文化元素。从语素所包孕的文化义入手,挖掘并探讨语素中所反映的汉民族的各种思想、观念,既可以帮助学生总体把握汉语的特点和规律、更好地理解词语本身,同时又可以扩大学生的知识面,帮助学生从一个新的角度理解中国文化的博大精深。这是语素教学的第三层次,也最能体现语素教学与文化教学的密切关联。如学到老舍的《北京的春节》一课①,先结合教学对"新年"中的"年"这个传承语素进行讲解,包括"年"的基本义、关于"年"的种种传说、中国过新年的传统习俗等等,然后再从"年"拓展出一批由"年"作为语素构成的文化词语,如小年、新年、过年、年画儿、年三十、年饭、年夜、拜年等等。这样做同时兼顾了语言与文化两个方面,看似不经意的教学安排,但由于课前教师的周密策划和准备,在课堂教学中可以产生很好的效果。文化内容的讲解可以在学习生词时随词讲授,也可以作为活跃课堂气氛的手段抓住某种契机适时穿插其间。

---

① 姜德梧主编:《高级汉语教程》(修订本)第1册,北京:经济科学出版社,2002年,第50页。

以性别语素"男、女"构成的词语及其类推问题[①]

在讲授曹禺名剧《日出》时,留学生接触到"面首"一词,经过解释他们却想当然的根据已知词"妓女"类推出"妓男"这个现代汉语中并不规范的"新词"。"妓男"之类的类推错误,使我们感到考察以"男、女"为语素构成的词语的特点并研究如何进行正确的类推,是对外汉语教学中一个值得注意的问题。

本文讨论的对象主要来自现代汉语词汇,利用的材料包括《现代汉语词典》(《现汉》)(2002),《汉语大词典》(1997),《辞海》(1999),《新华新词语词典》(2003),《汉语水平词汇与汉字等级大纲》(2001)及散见于报刊网上的常用词语。考察的词语数目约 250 例。

一、"男、女"语素构成的词语的类别

"男、女"作为语素在现代汉语中具有相当强的构词能力。一般情况下用这组相对的性别语素构成的词也是成对呈现的,如"男客"与"女客"、"少男"与"少女"等两相对应,这是性别语素"男、女"构词的常见方式。经初步研究,我们觉得现代汉语中含有性别语素"男、女"的词语,实际情况要复杂得多。从词语构成和语义特点两方面,我们首先对这些词语进行分类考察。

(一)性别语素在前的

1. 性别语素+指人的语素

性别语素与指人的语素结合构成词语时,"男、女"语素在成对的词语中

[①] 原载《语言文字应用》,2003 年第 4 期。

往往对应并存。这些词语包括：①在现代汉语中有同素同义短语可以换用的，如"男孩/女孩"的同义形式为"男孩子/女孩子"，类似的有"男客/女客"与"男客人/女客人"，"男友/女友"与"男朋友/女朋友"，"男伴/女伴"与"男同伴/女同伴"等。②在现代汉语中没有同素同义短语可以换用，只能以唯一形式存在的，如"男人/女人"，"男子/女子"，"男性/女性"等。③有些虽在形式上对应并存，但意义上构不成反义关系，如"男儿"的词典义为"男子汉"，重在强调男性的健壮刚强；而"女儿"的词典义为"女孩子"，只用于父母对子女的称谓，与"女儿"相对存在的是"儿子"而非"男儿"。④因轻声等语音差异而形成同形不同义组合关系的，如表示"男性成年人"的"男人"(nánrén)与表示"女性成年人"的"女人"(nǚrén)，表示"妻子"义的"女人"(nǚ.ren)与表示"丈夫"义的"男人"(nán.ren)等。

2. 性别语素＋表示身份/职业的语素（词）

(1)"男、女"语素对应并存构成的词语。"男、女"语素对应并存构成的词语较为常见，在现代汉语中一般有同素同义短语可以换用，如"男/女生"与"男/女学生"、"男/女奴"与"男/女奴隶"、"男/女仆"与"男/女仆人"、"男/女星"与"男/女明星"、"男/女侍"与"男/女侍者"等，换用的部分多是同义单音节语素与双音节词语的对应调换。这可能反映了汉语词汇的某些发展规律，如由"生"到"学生"、由"女学生"到"女生"，显然受到汉语词语双音节发展规律的影响。不可换用的情况较少，如"男巫/女巫"的对应形式为"巫师/巫婆"，这应该与"巫"本来的语义特征及其限定性有关。

(2)"男、女"语素单向存在构成的词语。A.主体语素所代表的身份或职业往往有性别限定，如"女王"、"女皇"、"女记"等。传统意义上这些词语表示的身份或职业多由男性担当，突破这种性别限定，一般要用性别语素"女"加以限定和强化。这些词语的主体语素如"王"、"皇"、"记"等，在现代汉语中往往有相对应的双音节词，如"国王"、"皇帝"、"记者"等。B.有些词语的主体语素所代表的概念，本来有非常明确的性别限定，但由于指称对象的变化而实际性别限定有所突破。如"男妓"中的主体语素"妓"本来就是代表"妓女"这个概念的，当历史上以女性为主的职业被男性涉足时，就在这个已有性别定位的词语前贴上一个"男"性标签。类似的例子如"男妾"，也是由性别限定明确的"妾"的基本义，粘合上男性标签而成的。

(3)"男、女"语素可以对应并存构成词语，但习惯上通常用于女性。如对女性士兵人们更习惯于用"女兵"表达,而对男性士兵却鲜用"男兵",其他如"女工、女佣、女角"等。有些在理论上可以对应构成成组的词语,在人们的习惯上却只有单性的表达,而且以女性为多,如"女博士/博士、女教授/教授、女作家/作家、女才子/才子、女秀才/秀才、女弟子/弟子、女贵族/贵族、女将军/将军、女老板/老板、女经理/经理、女店主/店主、女看守/看守、女骗子/骗子、女贩子/贩子、女疯子/疯子、女痞子/痞子、女白领/白领、女英雄/英雄、女霸主/霸主、女名人/名人"等。这些词语的主体语素一般没有很强的性别限定,只有用于女性时才增加性别语素"女"予以强调,它们的通常形式,如"博士、教授、作家、才子"等,并不具有性别上的排他性。类似这样的用于男性的单向词语较少,如"男护士/护士、男护理/护理、男保姆/保姆"等。尽管上述词语理论上可以用"男、女"构成相对应的词语,但是性别标志呈现的只是单一性。对这类情况起决定作用的,主要还是长期以来职业、身份、社会分工形成的性别倾向和传统的思维定式。

3. 性别语素+通用语素

所谓"通用语素",是指没有身份、职业、传统习惯等限定的常见语素。当性别语素与通用语素结合时,大多为"男、女"语素对应并存。常见的类型包括:①服装类,如"男/女式"、"男/女装"、"男/女衣"、"男/女袜"、"男/女帽"、"男/女鞋"、"男/女裤"等。②人声类,如"男/女声"、"男/女高音"、"男/女中音"、"男/女低音"等。③其他:如"男/女方"、"男/女家"、"男/女队"、"男/女色"、"男/女权"、"男/女厕"等。

单向存在的情况较少,且其中大多数词语由语素"女"构成,语义上含有对女性的某种歧视,如"女流"、"女辈"、"女气"、"女人气"等。

此外,还有一种由性别词语"男子/女子"的简称与主体词语缩略形式组成的词语。这类性别语素与主体语素实际都是缩略形式的词语,其特点有二:一是"男、女"语素对应并存;二是缩略形式与全称形式并存,如"男子足球/女子足球"缩略为"男足/女足"、"男子单打/女子单打"简称作"男单/女单",常见的"男双/女双"、"男篮/女篮"、"男校/女校"、"男监/女监"等,都属于此类。

(二)性别语素在后的

1. 指人的语素+性别语素

指人的语素与性别语素结合一般构成并列式词语,这种情况下性别语素

"男、女"在形式上并不对应。如"妻女"指"妻子和女儿","父女"、"母女"分别表示"父亲和女儿"、"母亲和女儿",性别语素"女"实际为"女儿"的简称;相对应的"男"却以"子"或"儿"称代,如"父子"、"母子"和"妻儿","子"或"儿"实际为"儿子"的简称。虽然有的词语表面上看"男、女"语素可以对应并存,但对应组并不构成反义关系,如"儿男"指"男子汉"或"男孩儿",而"儿女"的同义词为"子女",即"儿子和女儿"。

2. 表示身份/职业的语素+性别语素

表示身份/职业的语素主要包括两种。一种为身份、职业性限定语素,如"修女"指天主教或东正教中出家修道的女子,"妓女"指以卖淫为业的女人,其中"修"、"妓"代表的是某种身份职业。"舞女、歌女、织女、婢女、使女、侍女、三陪女、牧羊女"等皆属此类。

另一种为借有特征的处所语素表示某种身份和职业,如"吧女"指在酒吧间工作的女招待,"宫女"指被征选在宫廷里服役的女子,"村女"指在乡村里生活的女子。

3. 通用限定性语素+性别语素

性别语素前为通用限定性语素时,性别语素多为单向存在,且以"女"性语素为主。限定性语素或为表示性态特征的语素,如"美女、丑女、靓女、妖女、疯女、淑女、烈女、贞女"中的"美、丑、靓、妖、疯、淑、烈、贞"等,都是对女性形态或品格予以限定的语素;或为身份、类别性语素,如"孙女、外孙女、侄女、外甥女"等词语中,限定性语素表示亲属辈分关系;"孤女、幼女、独生女、私生女、闺女、妇女"等词语中的限定语素则是划分不同类别的标准。

对应并存的情况较为少见,有以完全对举的方式出现的,如"少男/少女"、"长男/长女"、"大男/大女";有以稍加变通的形式存在的,如"美女/美男子"、"俊男/俊女子"等。

4. 其他

性别语素在后的还有一些特殊的类型。一种是语素"女"与语素"男"同义的"子"构成一组对应关系,如"幼女/幼子、养女/养子、继女/继子、义女/义子、亡女/亡子、才女/才子、孝女/孝子、爱女/爱子、令女/令子、长女/长子、次女/次子、孙女/孙子、侄女/侄子、独生女/独生子、私生女/私生子"等,这些词语沿袭了古代汉语的某些表达习惯,语素"子"带有一定的文言色彩。

另一种是含有语素"女"的词语同无性别语素的词语构成一组对应关系,

如"外甥女/外甥、外孙女/外孙、长孙女/长孙、曾孙女/曾孙、重孙女/重孙、内侄女/内侄、表侄女/表侄、侄孙女/侄孙"等,这实际上反映了"甥、孙、侄"等语素指称对象性别偏移的历史变化。

二、"男、女"性别语素词语的结构和语义特点

现代汉语中以"男、女"为语素构成的词语,内部构造与语义构成大致呈现出以下特点:

(一)丰富多样的内部构造

1. 从组合关系看

性别语素在前的多具有对称性与开放性特征,如性别语素居于词首时往往可以构成对比模式,如"男人/女人"、"男方/女方"。由简称构成的词语"男足/女足"、"男校/女校",以及习惯上加性别语素强调的词语"女博士"、"男护士"等,也都是由性别语素居前限定的。这种类型体现了一定的开放性构词特征。从总体上看,相对于构词模式较为固定、封闭的性别语素在后的词语,性别语素在前的词语在语言生活中出现的数量、频率居于多数。

2. 从结构类型看

与现代汉语双音节化趋势相一致,由"男、女"构成的词语以双音节词为主体,内部构造基本上为合成词中的复合式构词。其构造类型虽然包括了多种,如附加式("女气")、重叠式("男男女女")、并列式("子女")、主谓式("男女有别")等,但偏正式结构为构词主体,如"男方、男家、男科、男生、男声、男士、男性、女皇、女眷、女权、女色、女神、女王"等。[1]

3. 从词序上看

有男女语素同时共现的词语总是先男后女,其中以四音节词语为多,如"男女老少、男女平等、男女有别、少男少女、大男大女、善男信女、红男绿女、男盗女娼、男耕女织、男尊女卑、男欢女爱、男婚女嫁"等。也有其他音节的,如"男女、男女队、男女授受不亲、男主外女主内、男大当婚女大当嫁"等。[2]

---

[1] 李红印:《语素"男、女"的意义和用法》,赵金铭等编:《对外汉语教学探讨集》,北京:北京大学出版社,1998年,第255—256页。

[2] 常敬宇:《汉语词汇与文化》,北京:北京大学出版社,1995年,第19页。

(二)特征明显的语义构成

1. 重男轻女的深层观念

(1)性别语素在前的词语居多,反映了社会对性别差异的重视。因性别语素在前的多具有区别性与限定性特征,特别易于显现人们根深蒂固的性别文化观念。如"记者"本为两性均可从事的职业,但传统观念中更倾向于认为这种职业适于男性,因此人们在提到女性记者时,总是习惯于在通用词语"记者"前添加语素"女"以示不同寻常,近年来更以定型性的双音节词"女记"取代临时性的组合"女记者",反映了社会对此传统意识的普遍认同。类似的例子如"女老板"、"女名人",在看似客观平常的词语组合中,蕴涵着不言而喻的性别差异观念。

(2)由"男、女"构成的词语一般都为名词性的通用词语,除了主体语素或词语本身已带有感情色彩以外(如"女痞子"、"私生女",贬义色彩随"痞子"、"私生"而来,与添加的性别无关),在因性别而产生的贬义词语中,我们见到的仅为与女性有关的词语:或直接对女性表示歧视,如"女流"、"女辈";或借用语素"女"表达对不争气的男子的蔑视,如"女气"、"女人气"、"女儿气"等,这是本质上蔑视女性的反映。

(3)有些表现性别差异的熟语,同样明确无误地表达了"男尊女卑"的性别歧视。如"男主外女主内"、"男耕女织",虽然反映的是农业社会分工的某些特点,流露出的却是女性地位的卑微;"女子无才便是德"、"女人头发长见识短"、"嫁出去的女,泼出去的水"、"三个女人一台戏"、"唯女子与小人难养"等,则是赤裸裸地对女性的歧视;"男儿有泪不轻弹"、"男儿膝下有黄金"、"男子汉大丈夫"等,更使男性优越意识表露无遗。

2."重女轻男"的表层显现

"重女轻男"是男女语素构词中一个颇值得玩味的语言现象,其主要表现在构词能力和词语的分布上。语素"男"的组词能力远远弱于"女",由"女"构成的词语占了多数。①《现汉》以"男"为末一个语素的词条为零,作为第一语素的词条也仅有 15 条,与居于词首 30、词末 40 条的"女"相比,只占了总数的 18%。造成这种不均衡分布的原因,是语素"女"相对于"男"构词时"你有我

---

① 李红印:《语素"男、女"的意义和用法》,赵金铭等编:《对外汉语教学探讨集》,北京:北京大学出版社,1998年,第 255—256 页。

有,我有你无,我多你少"的优势情况。

(1)"男"有"女"有。《现汉》由语素"男"构成的 15 个词条,"男子汉"是唯一没有对应词语的。其余有 9 条与语素"女"构词对应并存,如"男方/女方、男家/女家、男人(nán rén 男性成年人)/女人(nǚ rén 女性成年人)、男人(nán.ren 丈夫)/女人(nǚ.ren 妻子)、男生/女生、男声/女声、男士/女士、男性/女性、男子/女子";3 条为同语共现,如"男盗女娼、男男女女、男女";1 条为"男、女"语素形式上对应并存,但彼此不构成反义关系,即"男儿"/"女儿"。而传统医学早已有之,现作为新词语登陆现代语文生活的"男科",虽在词典中难觅与之相对的"女科",但报刊网页上早已频繁出现。在这种情况下性别语素不构成词语运用和语义上的根本差异。

(2)"女"有"男"无。当"男、女"语素以单向的方式存在时,我们发现基本上都以语素"女"构词。主要反映在下列诸种:A. 当主体语素所代表的概念与现代汉语中的词语同义并存时,出现于主体语素前的只有语素"女"。如"国王"本为没有性别限定的中性词,但由于国王的宝座传统上主要由男性把持,"女王"便在女性登上御座的同时应运而生,专指女性国王。相同的情况如"女皇"、"女记"等。B. 性别语素在后的词语一般都以语素"女"构词。"女"前出现的多是表示特别身份、职业的语素或形容词性语素,表明了社会对女性传统分工的共识和对女性价值的评判标准,如"吧女、宫女、舞女、歌女、使女、侍女、婢女"反映了社会对女性职业范围的圈定,而"淑女、烈女、贞女"等则体现了一种源远流长的传统道德评价。

(3)"女"多"男"少。这种情况主要出现在具有开放性构词的词语系列。如戏曲中的女性角色我们常称之为"女角",男性角色却少有"男角"的说法。"女佣、女店主、女看守、女白领、女教授"等词语习惯上只有单性表达,基本上少见男性语素与之对应,这主要是社会分工性别差异的倾向性体现。

3. 男女平等的对称表达

作为记录万事万物的符号,词语应当尽可能无所遗漏地囊括所有的指代对象。"男、女"作为人类基本的两大性别,词语以性别对应的方式出现也可以说是语言的必然。汉语中有大量"男、女"语素对应并存的构词,主要出现于性别语素在前的情况,如"男友/女友"、"男生/女生"、"男方/女方"、"男足/女足"、"男主人/女主人"等。性别语素在后时双向并存的不多,且在使用时限于对举的方式,如"大男/大女"、"长男/长女"等。一般说来,这些对称表达的性别词语系列反映的只是客观的性别差异,不存在因性别形成的职业、身份分工差异和传统的性别歧视观念。只在这种情况下才真正体现出"男女平等"。

三、"男、女"性别语素词语的类推及其相关问题

(一)对性别语素的认识

通过上述的考察和分析,我们对以"男、女"为语素词语的类推所呈现的一般性规律及应遵循的限定性条件有如下认识:

1.性别语素在前的

(1)性别语素在前的大多可以类推,如"男孩/女孩"、"男家/女家"、"男仆/女仆"、"男篮/女篮"、"男傧相/女傧相",与之组合的常见成分包括了指人的语素、通用语素、表示身份与职业的语素、词语缩略形式及一般词语等多种类型。

(2)不可类推的一是对女性有歧视倾向的词语,如"女流、女辈、女气";二是主体语素所代表的概念有某种程度的性别倾向,如"女记、女皇、女王、女神、女兵、男妓"等,其中的"记"(记者)、"王"(国王)、"皇"(皇帝)、"神"(神仙)、"兵"(士兵)、"妓"(妓女)等主体语素具有传统上的性别和身份认同。

2.性别语素在后的

(1)一般不能作词典学意义上的严格类推。少量的例子如因"少女"而来的"少男",一般也多出现于对举的情况,如"少男少女的性误区"、"少男少女沙龙"等。

(2)某些情况下可以修辞上的仿拟手法类推构词。如某网页推出的"窈窕淑男","淑男"即为仿"淑女"而造。类似的例子如仿"家庭妇女"而出现的"家庭妇男"、因"处女"而产生的"处男",以及"舞男、歌男、吧男、白毛男"等。

(3)有一些规律性较强的可以比照类推的特殊类型。如表示亲属称谓时,含有语素"女"的三音节词语,常同无性别语素的双音节词语构成一组对应关系,可以比照类推,如"长孙女/长孙、外孙女/外孙、侄孙女/侄孙、曾孙女/曾孙、重孙女/重孙、内侄女/内侄、表侄女/表侄、外甥女/外甥"等;另外,"女"同与"男"等义的"子"常能构成一组可对应类推的关系,如"才女/才子、孝女/孝子、令女/令子、爱女/爱子、亡女/亡子、养女/养子、继女/继子、义女/

义子、长女/长子、次女/次子、幼女/幼子、父女/父子、母女/母子、孙女/孙子、侄女/侄子、独生女/独生子、私生女/私生子"等。

(二)教学中应注意的相关问题

1. 教师应有利用"男、女"语素类推扩词的自觉意识

尽管《汉语水平词汇汉字等级大纲》在列出的 8822 个常用词语中,有"男、女"语素的词语只有 15 个,仅占总数的 0.17%,但实际语文生活中"男、女"语素词语的大量而频繁地出现、使用,非常需要我们在日常教学中来加强这类词语的导入。"男、女"在甲级词中已有要求,零起点的学生在基础汉语课的 50 学时以内一般也会学习到这两个成词语素。这意味着用"男、女"语素类推扩词可以运用到我们对外汉语教学的各个阶段,以便学生拓展语词、多快好省地扩大词汇量。

2. 要根据具体情况确定类推的数量和方式

在开始阶段一般采用随机、零星的方式进行,当学生有一定感性认识与词语积累后可以采取集中讲授的方式,这时候类推规律的阐述往往能起到纲举目张的作用,既帮助了学生把以往所学的零星词语合理地串到一起,又能为学生今后自如自主地学习打下一定的基础。一般讲,对开放性构词的类型要讲清原理,做到举一反三;对数量有限的封闭性构词类型则要视具体情况,可以一次性完成词语类推,也可以采取分批处理的方式。①

3. 要注意对类推规律中特别现象的解释与归纳

如甲级词中的"女儿"与常用词"男儿"语义上的不对称性,表示男性成年人的"男人"与轻声结尾指称"妻子"义的"女人"因语音差异而形成的同形不同义组合等等,都是类推中的特例或孤例。教学中我们切不可因这类词不具有普遍性而忽略不讲,因为这类似是而非的语言现象往往是学生认为汉语难学的重要原因。讲清了汉语中的个别现象,不但为学生今后可能遇到的类似问题扫清心理障碍,而且也能培养学生灵活掌握汉语,既遵循规律又不囿于成规的辩证观念。

4. 要注意类推规律的动态发展

语言是不断发展变化的动态系统,类推规律也不是静止不变的。我们说性别语素在后的一般不能有严格意义上的类推,常常是利用仿拟手法构成一

---

① 杨晓黎:《对外汉语词语教学的拓展法》,《华东师范大学学报》,1998 年第 6 期。

些对应表达。但仿拟构词既然是新词语产生的重要途径，一些今天看似带有戏谑、幽默色彩的临时组词，可能很快就会以固定的形式出现在我们的语文生活中，如"处男"、"舞男"、"男眷"一类。因此我们在教学时要善于区别有不同发展走向的词语，尽量给学生一些具有前瞻性的分析、提示，切不可毫无变通地照搬词典与教科书的规定。

5.利用"男、女"语素类推扩词时要注意挖掘其蕴含的丰厚的文化资源

融文化教学于日常的语言教学之中已成为对外汉语教学界的共识，"男、女"语素构词所体现的中国文化传统，涉及社会的许多领域，也较为集中地体现了汉民族的性别意识，如表示特别身份、职业的语素和形容词性语素对性别分工的固有认识及价值判断，语素"男"远远弱于"女"的构词能力所能引发的一系列话题等等，都是我们利用词语进行文化教学时不可忽视的方面。

传承语素在现代汉语词语构成中使用情况的考察[①]
——以一组与人体相关的传承语素为例

语素分析是对外汉语词汇教学中不容忽视的重要一环。利用同义的常用词或语素对应解释词语中的某个带有文言色彩的语素,是对外汉语教师经常采用的简便易行的词语教学方法。我们在教学实践中遇到了这样的问题:向学生解释了语素"面、口、餐、赤、足、窃"相当于现代汉语中的常用词"脸、嘴、饭、光、脚、偷",因此"面色、插口、早餐、赤足、窃听"一类词语,可以同义替换为"脸色、插嘴、早饭、光脚、偷听"。但是学生随后会在词语学习过程中出现以下不正确的类推,如"面具→脸具、亲口→亲嘴、快餐→快饭、画蛇添足→画蛇添脚"等。由此引起了我们对这类语言现象的思考。

这种现象的发生,可能反映出带有文言色彩的语素与相对应的常用同义语素之间在参与构词时有某些不同的规定性。为更好地研究现代汉语词语的构造,有效地解决留学生词语教学中遇到的这一问题,有必要将这类具有文言色彩的语素作为一个类别予以考察。经初步分析,我们注意到这类语素一般源于古代文言词语、在现代汉语中只作为构词成分存在而不具有或很少具有独立使用的功能,同时在现代汉语词汇系统中有与之相对应的成词语素。为论述方便,我们将这类语素称为"传承语素",与之相对应的同义语素称为"一般语素"。本文以四组八个与人体相关的同义语素(足/脚、面/脸、

---

① 本文初稿曾在第八届国际汉语教学讨论会(2005年7月,北京)上宣读。载于《语言文字应用》,2006年第3期。

口/嘴、目/眼)为例,考察以它们为语素构成的 630 余条现代常用词语,[①]探讨传承语素在现代词语构成中的使用情况及体现的相关特征。

一、传承语素是现代汉语词语构成中不可替代的要素

现代汉语词语中传承语素大量存在,包含有传承语素的大多为从古代延续至今的传承词语。传承词语的定型性较强,构成传承词语的语素难以为同义的一般语素所替代。就我们考察的对象而言,传承语素主要分布在书面语色彩浓厚的词语、记载传统民俗文化的专门性词语,以及被视为历史文化活化石的成语之中。

(一)书面语色彩浓厚的词语

由传承语素构成的词语遍布于现代汉语的各种语体,其中又以书面语体最为集中、常见。由于书面体更趋于追求文雅的风格,词语应用与之保持着一致性,由传承语素构成的词语也相应较多使用,如"足迹、涉足、口授、缄口、目睹、骋目、面庞、颜面"等。这类词语中与传承语素"足、口、目、面"构成双音词的另一语素本身也往往具有文言色彩,如"迹、涉、授、缄、睹、骋、庞、颜"等,都曾是古代汉语中的常用单音词,在这些书面语色彩浓厚的词语中作为语素保持着其文言语义,语体色彩的一致性制约着这些词语对传承语素的选择。

(二)记载传统民俗文化的专门性词语

汉语词语中有相当部分是记载传统民俗文化的专门性词语,如"相面、修面、面具、口技、绕口令"。作为汉文化的积淀与反映,这类词语从一个侧面印证了中国社会的传统风貌,打下了民俗文化的深深印记。这类历史上已经有固定表达习惯且具有深厚文化底蕴与民俗特征的词语,已成为现代汉语词汇系统的重要组成部分,这些词语中的传承语素自然随着这些词而保存下来,一般没有必要也不可用同义语素来替换改造,如"看面相"不可替换为"看脸相","相面"不能说成"相脸","绕口令"也不能替换为"绕嘴令"。与此相类,戏曲中的"脸谱、花脸、勾脸",也不可替换为"面谱、花面、勾面"。传统文化对汉语词语形成与发展的巨大影响力与渗透力,由此也可略见一斑。

---

① 本文所选词语主要出自《辞海》、《现代汉语词典》、《当代汉语新词词典》等。

(三)作为历史文化活化石的成语

汉语成语是汉语词汇系统中一个较为特殊的部分,它不仅凝聚着悠久绵长、博大精深的中国文化,而且也为中国文化所规定与制约,其继承性、凝固性和结构规约性均较一般词语强,被视为历史文化的活化石。

成语结构的定型性使传承语素得以稳定沿用,如"手舞足蹈、无所措手足;目中无人、赏心悦目;面红耳赤、笑容满面;口蜜腹剑、出口伤人"等。虽然那些具有通俗易懂特征的同义一般语素因语境优势而获得进入成语结构的可能条件,如"目中无人"口语中可转换为"眼中无人/眼中没人/眼里没人"这类松散而又凝固的语言组合形式,但人们在语言感受上一般是将后者排除于成语之外的。传承语素的保留和选择成为成语的重要特性之一,甚至影响到具有表现力的新成语的构造,如同为与人体相关的同义语素"腹/肚",新出现的"啤酒肚、将军肚"等三字语中用"肚",创造成语时却选用了传承语素"腹",如"胎死腹中"。《汉语水平词汇与汉字等级大纲》在2001年的修订本中删除了原大纲丁级词中的名词"饮水",而增加了"饮水思源"这一成语,也应该是考虑到了传承语素在现代常用词语构造中的分布情况。①

以上情况表明,尽管现代汉语词汇中已经有与传承语素同义的一般语素存在,但是因在表现书面语体风格上的独特作用和某些类型词语的历史沿革性,传承语素依然是现代汉语词汇构成中不可替代的要素。

二、传承语素作为构词要素的选择受相关因素的制约

一些词语的构造是选择传承语素还是同义的一般语素,往往受到词语类别、语体色彩、表达需要等相关因素的制约。通过对本文选择的研究对象的考察,我们发现熟语中的惯用语、谚语、歇后语及"类成语",选择语素多倾向于一般语素,而传承语素进入熟语的,则有一定条件的限制;在熟语之外的其他词语中,一般语素在构词选择时也处于明显优势。

(一)熟语中语素选择的情况

熟语中的惯用语、谚语与歇后语,一般为形象的口语表达形式,所用语素多为日常生活中使用频繁的一般语素,如"眼中钉、做手脚、抓破脸、卖嘴皮;

---

① 参见该大纲的修订说明部分。

横挑鼻子竖挑眼、搬起石头砸自己的脚、伸手不打笑脸人、小孩嘴里掏实话；眼睛长到头顶上——只看上不看下、脚底抹油——溜得快、脸打肿了——充胖子、人嘴两张皮——怎么说都有理"等。

传承语素进入这类熟语的,往往有一定条件的限制:惯用语一般限于以固有的双音词形式进入,如"留活口、难张口、探口风、口头禅、爱面子、有眉目"中的"活口、张口、口风、口头、面子、眉目";独立作为语素出现的,则大都为一般语素,如"站住脚、说漏嘴、眼中钉、抹下脸"等。

谚语中使用传承语素的,多为古书流传至今的"俗话、常言"类,多见于书面,如"士别三日,当刮目相看；只手难掩天下目；拿得住的是手,掩不住的是口",使用时往往在前面加上"俗话说"、"常言道"一类词语。

歇后语情形略显复杂,传承语素多出现在后半部分:或以固有的双音词形式进入,如"吃罐头没刀——不好开口；大象吃蚊子——无从下口"中的"开口、下口";或前半部分为形象表述,后半部分则为带有传承语素的解释说明性成语,如"哑巴吃官司——有口难辩；井底的蛤蟆——目光短浅";或前半部分和后半部分同时出现传承语素和同义的一般语素,二者互为诠释,如"白糖嘴巴刀子心——口蜜腹剑；面孔上抹糨糊——扳了脸"。出现在前半部分的传承语素相对较少,如"口传家书——言而无信；口吃报纸——咬文嚼字",这可能是受到后半部分成语的影响所致。

熟语中还有一部分"类成语",即格式类似成语、结构凝固、表现力强、可以仿拟派生的四字格词语,如"大手大脚/毛手毛脚/轻手轻脚/搓手顿脚；喜眉笑眼/贼眉鼠眼/直眉瞪眼；眼快手快/眼高手低"等,是以"～手～脚"、"～眉～眼"、"眼～手～"为基本形式构成的一组语词,从其内容、来源和使用情况考察,都具有明显的口语色彩,显得较为通俗、随意,因此其语素选择更倾向于一般语素。

(二)熟语之外的其他词语中语素选择的情况

熟语之外的其他词语,是指现代汉语词汇系统中不属于固定词语的部分,这是现代汉语词汇的主体。这类词语中的传承词,因历史的继承性决定其以传承语素的选择为常,无须赘述。那些来自包含有传承语素词语的简称形式,也往往顺势使用了传承语素,如由"足球彩票"简化而成的新词语"足彩",以及"足协、女足、男足、国足"等,"足"便是由"足球"简缩而成。

除此之外,其他词语的构造在语素选择上则以一般语素为多见。就我们考察的对象,这又可分为三种情况:一是口语色彩明显的,或为实语素与实语素的组合,如"平脚、脚后跟、打嘴、嘴快、翻脸、麻脸、眼屎、眼皮";或为实语素与虚语素的组合,如"脚丫子、嘴巴子、脸盘子、眼珠子、脸蛋儿、脚腕儿、眼睁睁、眼巴巴",这类组合中的虚语素,一般为"子、儿"等名词后缀以及构成形容词生动形式的双音后缀(ABB式)。

二是有方言色彩的,如"打脚、脚片、嘴头、嘴损、眼岔、眼见得、脸膛",这类词语来源于民间口语的性质,使其对语素的选择从整体上看更倾向于具有口语色彩的一般语素。尽管也有相当部分的方言词语含有传承语素,如"口淡、面盆",但这类方言词语往往是古代词语或语素在某种方言中的遗存。

三是新产生的词语,如"名嘴、乌鸦嘴、电子眼、黑脚、洗脚屋、变脸、阴阳脸"等,这些词语是社会生活变化情况在词汇系统中的如实反映,选择常用的一般语素就成为必然。

三、传承语素与相关的一般语素可以替换并存

在现代汉语词汇中,传承语素与相对应的一般语素可以是共生共存的。它们有时表现为同义替换关系,有时表现为异义并存关系。同义互换丰富了汉语词汇的表现形式,而异义并存则从一个侧面表现出汉语词汇的复杂多变和丰富性。

(一)同义替换

同义替换是指传承语素与相对应的一般语素可以进行语素替换而不改变任何一种词语形式的基本含义。

有些同义替换是双向的,它包括了两种不同的情形。一是在替换时受到一定条件限制的,如"跌足"与"跺脚",在"足"与"脚"同义互换的同时,另外的构词语素也要发生相应的变化,将带有文言色彩的语素"跌"同义替换为口语色彩较强的"跺",从而形成词语内部的连带性替换,类似的例子如"足迹"与"脚印","目眩"与"眼花";二是在替换时不受连带条件限制的,如"足尖/脚尖、足癣/脚癣、足心/脚心、平足/平脚;忌口/忌嘴、改口/改嘴、顺口/顺嘴、张口/张嘴"等,这种情况下是否使用带有传承语素的词语,往往取决于个人或地区的语言表达习惯。

有些同义替换则仅局限于传承语素单边,同义的一般语素不可逆向换

用。如大多数用"足"做语素的双音节合成词都可以用"脚"替换,形成平行词语,如上文列举的一组词,但能用"脚"的很多不能逆向换为"足",如"足癣"与"脚癣"为一组同义词,"脚气"为"脚癣"的通称,但"脚气"却不可用"足气"来同义替换;"裹足"与"裹脚"同义,但"裹脚布"却不能同义替换为"裹足布"。再如一般词语中大量存在的方言词语"脚脖子、脚孤拐、脚劲、脚片、脚丫子、打脚",都不能用传承语素换用。

(二)异义并存

所谓"异义并存",是指包含有传承语素的词语表面上看与相对应的一般语素构成替换关系,而实际上意义却发生了很大的变化,这表现出汉语词汇的复杂性。

并存的一组词语,如果是单义词,必然是整个词义的变化,如"亲口"表示"话出于本人的嘴",换为"亲嘴"后,表示的是"两个人以嘴唇相接触以示亲热";"足下"在书信中表示对朋友的敬称,"脚下"却指的是"脚底下";"国足"指"国家足球队","国脚"表示的则为"国家队运动员",词语间异形异义,无疑应作为两个独立的词分别掌握。

多义词的情形则较为复杂,如"手足无措"也可同义变换为"手脚无措","手足"、"手脚"无别。但"手足"还表示"弟兄"的比喻义,如"情同手足"、"手足之情",却是"手脚"的义项中没有的,而"手脚"还可以表示"为了实现某种企图而暗中采取的行动"这个义项,如"做手脚","手足"也没有,对这类情况我们应仔细分辨,视各自呈现的异同分别对待。

四、几点初步的认识

经初步考察,我们可以看到,传承语素有着历史继承性、非成词性和文白对应性的特征,是现代汉语词汇系统中有别于一般语素分类的特殊聚合。传承语素在现代汉语词语构成中既具有优越性,也有其局限性和运用的复杂性。传承语素意义稳定、色彩文雅、内蕴丰富等特点,使其在汉语构词中历久弥新,显示出其鲜活的生命力与独特价值;而传承语素在语言发展过程中表现出来的某些封闭性与修辞意味较弱等特征,则在一定程度上影响其在现代词语构造中发挥更大的作用;另外,传承语素和与之对应的一般语素在现代汉语词汇中的存在状态,又表现出它在实际语言运用中的复杂性。

(一)传承语素的优越性

传承语素在一些词语构造中地位独特,并占有相当优势。这种优势的突出表现是:同义的一般语素可以在与传承语素的碰撞中挤入本由传承语素独占的位置,但很难取而代之。我们考察了由传承语素"足、面、口、目"构成的古今词语,有些词语,如"口具(当面陈述)、口面(争吵)、目笑(目视之而轻笑表示轻视)、目禁(用眼色制止别人说话或行动)、面朋(非真诚相交的朋友)、面花(喻欢笑之容)"一类,在现代词语中已消失,但并没有相似的由其对应语素构成的同义词语;有些虽已有了由一般语素构成的同义词语,但在现代语文生活中也只能是各司其职,在语用中发挥着各自独有的作用,如"足步"与"脚步","还口"与"还嘴"。形成这种优势的主要原因在于:

(1)语言的交际工具性质决定了由传承语素构成的词语相对稳定的特征。汉语词语具有历史传承性,代代相传的汉语词语如不是考虑到语用等特别原因,没有必要、也不太可能出现范围广泛的变动,特别是由古代单音词演变而来的双音节词语和习用已久的成语。

(2)传承语素自身的文雅色彩使其具有不可替代性。由传承语素构成的词语往往具有文雅色彩,这种色彩对汉语词语的同义选用乃至造词均产生了相当的影响。在同义词语选用方面:由传承语素和对应语素构成的同义词语虽有交替使用的情况,但语用中的制约性选择却是显而易见的,特别是在语体风格色彩方面,如"足"、"脚"互换后,由"足"构成的词语多具有书面体色彩,如"平足、足癣、足心、足步"等,文雅而正式,而由"脚"构成的则多具有口语体色彩,如"平脚、脚癣、脚心、脚步"等,通俗而随意;再如"目下"和"眼下",两词都有"目前"的意思,但语体色彩明显不同。在造词方面:由于传承语素所具有的文雅色彩,使得即使是现代新造的词,也往往因某种特殊原因或需要而对传承语素情有独钟。如"足球"作为意译词(football)进入汉语的历史并不是很长,之所以选择了"足"而不是"脚",可能是由于翻译者本身的文人雅性使然。

(3)历史悠久性使传承语素具有较广的使用范围。由一般语素构成的词语很多有情感色彩,如"嘴脸、嘴碎、卖嘴、多嘴、说嘴、贪嘴、偷嘴、走嘴"等带有贬义,这就对其使用范围与场合造成了一定限制;而传承语素是在汉语悠久的发展历史中经历淘汰选择而流传下来的,因此由传承语素构成的词语往往更具有通用性,如"口碑、面目、眉目"等,这类词语多为中性词语,感情色彩相对而言不是很浓,这就为其在现代语文生活中的广泛使用奠定了基础。

(二)传承语素的局限性

相对于使用灵活、开放性较强的一般语素,传承语素则具有一定的封闭性。从整体上看,一般语素在现代汉语构词中的能产性比传承语素要强,如"眼库、眼量、眼缘、眼热、眼球、眼球经济、眼球效应、上眼药、养眼、义眼、电眼、电子眼、爱眼日、报眼广告、名嘴、黑嘴、乌鸦嘴、打嘴仗、变脸、阴阳脸、唱黑脸、臭脚、捧臭脚、黑脚、洗脚屋"等,都是近年新产生的词语,而由传承语素构成的新词语数量较少,如"惹目、口感、面膜、面乳、插足"等。

另外,由传承语素构成的词语修辞意味相对较弱,其灵活构词、生动表现的程度不及与之相对应的一般语素。以相关的体态动作为例:包含有一般语素"脸"的词语对面部做形容描写的,有"圆脸、方脸、长脸、国字脸、瓜子脸、寡妇脸、小白脸、黑脸(包公)、红脸、白脸"等,而由传承语素"面"构成的词语却鲜见此类生动描写;再如表示嘴部动作的"努嘴(向人撅嘴示意)、撇嘴(表示轻视的动作)、咂嘴、张嘴、咧嘴",以及用"眼"构成的一组词语"眼波、眼馋、眼神、眼花、眼尖、眼跳、眼泡、眼皮、眼窝、眼眶、眼袋、眼圈、眼影"等,都有很强的形象色彩,而与之对应的传承语素则不具备这类特点。

特别值得一提的是,用一般语素构成的词语往往还可以成对或成组出现,形成对比,如"嘴软/嘴硬;嘴紧/嘴松;眼生/眼熟"等可以以反义形式成对出现;"嘴快/嘴直;还嘴/回嘴;嘴乖/嘴甜;嘴严/嘴稳/嘴紧;嘴刁/嘴尖/嘴损;拌嘴/吵嘴/斗嘴/争嘴;犟嘴/强嘴/顶嘴;掌嘴/打嘴/打嘴巴"等,则可以以同义形式成对或成组出现。这为语言运用提供了更多的选择,而传承语素则不构成或较少构成类似词语形式。

此外,由于传承语素所具有的文雅色彩,与普通大众的语言词汇选择有一定距离,因而在以人民群众为创作主体的惯用语、谚语、歇后语的构造中传承语素处于明显弱势。

(三)传承语素的运用复杂性

传承语素来源于古代,服务于现代,既凭借其本身无可替代的优越性成为现代汉语词语构成的不可或缺的要素,又因其局限性而受到语言运用规律的制约。

(1)传承语素与相对应的一般语素有的可以替换,但替换往往是有条件的。第一,二者的对应关系明显,即基本意义相同,词性也相同,如"面"和

"脸"都有表示"头的前部"的义项且都为名词,这时方可以替换。第二,可以替换而形成的同义词语,选用时则往往有色彩上的差异,如"足心"与"脚心"所表现的语体色彩的不同,"嘴头"因其方言色彩而有别于"口头"。第三,多义词的替换情况千差万别:多义词中有的义项不能替换,包括引申义本身发生了变化的不能替换,如"面"由表示"脸"的名词变为有副词义的"当面",如"面谈、面授、面洽、面叙、面议"等;有的义项虽然可以替换,但替换后情况比较复杂,要作具体的辨析,如"面"表示"脸"这个义项时,有时可以替换,如"面色=脸色"、"脸子=面子('情面'义)",但"脸子"还有个义项,表示"不愉快的脸色",就不可随意替换。

(2)传承语素的构词方式虽总体上和对应的一般语素相同,如偏正式(平足、口形)、动宾式(立足、改口)、并列式(手足、耳目)、主谓式(口红、面熟)、简称构词(国足、女足)等,但也有一些古汉语的遗存,如偏正式中以"名素+动素"构成的"口授、目送"一类,现代汉语中已不多见。

传承语素与相对应的一般语素之间呈现出的错综复杂关系,正是留学生词汇学习过程中形成干扰的主要原因所在。

在对外汉语词汇教学中,语素分析处于举足轻重的地位,而传承语素作为汉语语素中一种独特的类别,需要引起我们更多的关注。本文对与人体有关的一组传承语素的考察表明,传承语素在现代汉语词语构成过程中不仅依然担负着重要的角色,而且有着自身比较突出的特点。传承语素在语义和构词方面具有历史的继承性,在语体色彩上体现出书面语的典雅性,在具体运用中它们又受到现代汉语构词规则及相关因素的制约。我们应该在上述认识的基础上,根据传承语素的相关特点释疑解惑,从而科学有效地指导留学生的词语学习。

汉语词汇发展语素化问题刍议[①]

一、语素化与汉语词汇的发展

陆俭明先生在谈到当前汉语词汇研究滞后的原因时曾指出:"现代汉语词汇研究不能割断源流,必须跟考察词的历史发展紧密结合,必须很好总结和继承训诂学方面的合理因素和某些分析方法,而不像语音、语法,可以只进行纯共时平面的研究。"[②]汉语词汇系统源远流长,词汇成员间的联系千丝万缕,或承续古往,或引自域外,或造于当代,当我们观照这样一个庞杂的词汇系统并企图揭示这个系统的特点与规律时,仅仅采取惯常使用的静态的、共时描写的方式显然是不够的,我们需要用一种历史发展的眼光来审视这个系统。我们知道,现代汉语词汇最显著的特点是词语构成的双音节化,而双音化并非自古如此,上古汉语词汇是以单音节词为主体的。汉语词语何时开始了它的双音化进程,学者们多有关注。我们认为,探讨这个问题的关键是对词语构成本身要素的认识,也就是对词的构成材料——语素形成的研究。语素作为现代汉语词语构成的最基本的要素,它的来源与形成的过程,与汉语词语双音化的过程相生相伴,密不可分。在现代汉语词汇系统中,语素大多数是由上古汉语的词演变而来的。从上古汉语的词转换为语素的过程,也就是本文所讨论的语素化问题。语素化的发生是汉语词语双音化的自然结果。

[①] 本文曾在"语言与文化 2006 学术研讨会(银川)"上宣读,并在安徽省语言学会第 13 届年会(2006 阜阳)上讨论,发表于《汉语学习》,2008 年第 1 期。

[②] 见曹炜《现代汉语词汇研究·序》,北京:北京大学出版社,2004 年。

从某种意义上说,语素化问题是汉语词汇发展研究最根本的问题。从语素化着手研究汉语词汇的发展,有利于更好地认识汉语语素的特点,有利于揭示汉语词汇发展和构成的规律。

二、词的语素化及其形成条件

探讨语素化问题,首先要明确的是作为构词成分的语素应该具备哪些基本特征。我们认为,合成词中典型的构词语素具备两个基本特征:第一,非独立性,即一般不单独使用,不具备单独充当句子成分的功能;第二,结合能力,合成词中语素的价值只在与其他成分结合时才能体现出来。至于语素中那种"能单用的,单用的时候是词,不单用的时候是构词成分"[①],这类语素之所以能作为词单用,是由于它们原本就是传承下来的词,从这个意义上也可以说,单用时这类词实际上并没有经历语素化的过程,只是以它原来的形态使用着。只有某个词与其他语言片段组合并发展成为一个合成词时,这个词才真正进入语素化过程。因此,我们认为,作为构词成分的语素的"非独立性"与"结合能力",是在语素化过程中形成的:如果不失去独立性,它还是一个词,不是语素;如果某个成分虽然失去了独立性,却没有结合能力,它就不具备构词功能,只是一个因历史积淀而存在于某个词中的"惰性语素",就不具有构词语素的一般性特征或典型性特征。

那么,作为构词成分的语素的"非独立性"与"结合能力"是怎么产生的呢?我们认为,最早的环节可能就是短语的词化,即从一个短语慢慢变成一个凝固的词,在这个过程中逐渐让两个相结合的词互相依存,谁也离不开谁。如"民人"(《诗经·大雅·桑柔》)与"人民"(《诗经·大雅·抑》)、"绍介"(《战国策·赵策》)与"介绍"(《礼记·聘义》)、"朋友"(《论语·学而》)与"友朋"(《左传·庄公二十二年》),开始只是两个单音词的自由组合,前后也可以颠倒,类似现代汉语中的并列短语。经过若干时间的使用,两个成分慢慢互相依存,凝固性也随之加强,单独说"民"、"介"、"绍"、"友"、"朋"都不足以传达其相互依赖而形成的词义内容和色彩。正是随着短语凝固性的加强,组成短

[①] 吕叔湘:《汉语语法分析问题》,北京:商务印书馆,1979年,第19页。

语的各个词的独立性渐弱,互相依存性增加,才得以完成由短语向合成词的转化。与此同时,原来作为短语构成要素的词也逐渐丧失其各自的独立性而获得了互相结合的能力,当这种能力在与别的词的互相结合中同样表现出来时,就使得原本是短语的构成要素的词实现了向语素的转变,语素的特征就是在这个过程中开始逐步显露的。也就是说,在词的结合过程中,当它发展到不仅和"原配"结合,而且以它为基本的元素,还可以同其他成分结合变成另外的词的时候,它的功能就凸显出来,变为一个典型的语素了,比如由"绍介"而到"媒介"、"介意",由"民人"而到"民兵"、"民谣"等等。

董秀芳通过对汉语双音词的历时考察,得出了从古代汉语短语降格而来的双音词是汉语双音词的主要历史来源,大多数双音词的产生是短语词汇化结果的结论。① 董秀芳所谓"短语词汇化"的过程,实际就是语素形成的过程,也就是语素化的过程。因为短语词汇化,表面看来是由一个短语凝固而形成一个词,是一个词化的过程,但透过现象我们可以发现,词化的过程实际就是短语中原来相互结合的各个词的身份降低,转换成语素的过程。短语之所以词化,是因为在长期凝固的过程中,构成短语的两个词各自的独立性丧失,互相依存性加强。词的独立性丧失,正是语素化的重要特征。因此,从某种意义上说,短语词汇化的说法,只适应对早期词汇发展现象的描写,它仅仅说明了汉语中部分词产生与发展的过程。我们认为,只有揭示短语词汇化过程中汉语词汇构成的最基本要素——语素的形成和发展,对汉语词汇发展史的研究才具有实质性的意义。

三、关于语素化普遍发生的时段

语素化是一个动态的过程,它经历了原有语言单位作为词的功能的减弱直至退位,而作为一个构词成分功能的逐步增强直至定型的发展。从汉语词汇系统的整体发展来看,要揭示这样一个过程,最重要的是对汉语词汇史上语素化现象普遍发生的时段的确定,也就是要确定在汉语词汇系统发展的过程中语素化是从何时开始大范围、普遍发生的。我们认为,从总体上看,汉语

---

① 董秀芳:《词汇化:汉语双音词的衍生和发展》,成都:四川民族出版社,2004年。

词汇双音节化大量出现的时期也就是语素化普遍发生的时段。

上古汉语词汇以单音节为主,现代汉语词汇系统的主体就是在先秦或上古汉语词汇系统的基础上,经过一个双音节化的历史进程而形成的。由上古汉语单音节词为主向双音节词为主过渡,这个过程与语素的形成应该是同时发生的。没有双音节化,就不可能有语素这个要素的产生。因为只有当一部分单音节词的功能转换成不能独立的构词成分的时候,语素的形成才具备相应的基础和条件。这个历史过程发生的时段,我们认为定在中古比较合适。① 也就是说,语素化的普遍发生应该在汉语发展史上的中古时期。

我们对汉语词汇系统中语素化普遍发生时段的确定,主要基于以下理由:

第一,汉语词汇双音节词的普遍出现是在中古时期。所谓双音节词的普遍出现,是指上古汉语的词由单音节转换为双音节这个现象的普遍发生。程湘清在对《尚书》、《诗经》、《论语》、《韩非子》中的双音词进行考察后得出结论,汉语词汇从以单音词为主过渡到以复音词为主的变化,虽从先秦就已开始,但其总体还是以单音节为主,上古汉语双音形式的数量相对较少。据程湘清统计,去掉专词、虚词等,单以一般双音词计,《论语》共 180 个,占总词数的 12%;《孟子》共 333 个,占总词数的 14.9%。而到了东汉的《论衡》,总字数 21 万,全书复音词总数达到 2300 个;南朝宋人刘义庆的《世说新语》,全书 6 万余字,复音词总数达到 2126 个。② 可见从上古汉语到中古汉语,双音词的数量增长迅速,并成为词汇丰富与发展的主要渠道。需要指出的是,"双音节"化与"双音词"不是一个概念,上古汉语的双音组合,严格说来很多只是短语。潘允中指出上古复音词的三个特点:一是两个语素仍保持它们的独立性,如"恭敬",可合用,又可单用;二是语素次序不很稳定,如"恭敬"又可说"敬恭";三是复音单纯词有时可以单个字出现,如"蝴蝶"—"蝶梦",这是少数。③ 王力也指出:"汉语大部分的双音词都是经过同义词临时组合的阶段的。这就是说,在最初的时候,只是两个同义词的并列,还没有凝固成为一个

---

① 关于中古汉语起讫时间的界定,根据一般的说法,我们采用从东汉至隋朝。
② 程湘清:《汉语史专书复音词研究》,北京:商务印书馆,2003 年,第 87 页,105 页,182 页。
③ 潘允中:《汉语词汇史概要》,上海:上海古籍出版社,1989 年,第 28—29 页。

整体,一个单词。"①同义词组合的不固定性,是先秦古籍中的常见现象,除上举诸例外,再如"心腹"(《左传·哀公十一年》)与"腹心"(《左传·成公十二年》)、"荡摇"(《左传·成公十三年》)与"摇荡"(《庄子·天地》)等,单音词之间的组合非常灵活。语素是构词的单位,上古汉语双音组合中的构成部分与我们所谈到的"语素"并不是一个概念。只有当双音组合逐渐凝固为词,其所构成的单位才可称得上"语素"。上述统计数据表明,这种由词向语素身份转变现象的普遍发生,应该是在中古时期。当一个单音词成为双音节词中的一部分,它的身份就发生了本质的变化,就完成了从词到语素的身份转换。总之,词语从单音节向双音节发展为语素化创造了契机,只有双音节化普遍发生,语素化才有得以形成的丰厚土壤。

第二,双音词的产生和发展经历了从以语音造词为主到以语法造词为主的阶段,以语法造词为主是语素化发生的前提条件。语音造词产生的一般为单纯词,包括叠音词和联绵词,是上古比较盛行的造词方式,如《诗经》中的"桃之夭夭,灼灼其华"(《周南·桃夭》);"参差荇菜,左右流之"(《周南·关雎》);"绸缪束薪,三星在天"(《唐风·绸缪》)。这类双音节的单纯词,无法进行构词分析,也就谈不到"语素"的概念。语法造词是使用虚词和语序这两种汉语的主要语法手段来构成双音合成词,是一种"合成"的构词方式。用虚词方式构成的如"有殷受天命,惟有历年"(《尚书·召诰》);"天油然作云,沛然下雨,则苗勃然兴之矣"(《孟子·梁惠王上》),是指在单音实词前后附加上虚词成分而构成双音词;用词序方式构词在先秦主要是联合式和偏正式,如"诸侯不仁,不保社稷"(《孟子·离娄上》);"子曰:君子上达,小人下达"(《论语·宪问》)。"总的看来,由词的引申、转化、音变而产生新词,在上古是一种非常能产的构词方式,但到中古以后,就逐渐让位给合成这种方式了。这也是汉语词汇系统在历史发展中的一大变化"②。据程湘清的统计,《论衡》语法造词数占全书总词数的 95.61%,语音造词数只占 4.39%,同《论语》、《孟子》相比,《论衡》的语音造词数所占比例分别下降了 50% 和 64.9%。《世说新语》中全书复音词总数 2126 个,语音造词只有 129 个,语法造词 1784 个,用两种

---

① 王力:《古代汉语(修订本)》第 1 册,北京:中华书局,1981 年,第 86 页。
② 蒋绍愚:《古汉语词汇纲要》,北京:北京大学出版社,1989 年,第 294 页。

或两种以上构词方式合成的综合式 213 个。语法造词的比例增长迅速,从而为语素化提供了前提条件。①

第三,从构词方式看,汉语的各种构词方式在中古时期已经基本具备,从而为利用语素构词提供了广阔的空间。先秦语法造词的方式以联合式和偏正式为主,只有极少数的动宾式和主谓式。而到了《论衡》中,现代汉语的各种构词方式已经基本具备,包括联合式、偏正式、补充式、动宾式、主谓式以及附加式、重叠式等等。多样而完备的构词方式为语素化的进程奠定了坚实的基础,也充分显示了中古汉语在汉语词汇发展史上的关键性地位。当然,这几种造词方式的发展并不平衡,由两个同义词复合而凝固成的合成词在中古产生得很快。《论语》和《孟子》中的联合式分别占一般双音词总数的百分比为 26.7% 和 34.5%,而《论衡》中的联合式造词却达到全书复音词总数的 61.04%②。联合式"这种词产生的原因,是随着语言的发展,汉语中同音词和一词多义的现象增加,同一个词的义位也逐渐增多。为了区分词义,就要用合成词把词义确定下来"③。联合式合成词的大量增加,适应了汉语词汇意义发展的需要,使汉语词汇在中古得到了稳定而快速的发展。

第四,汉语词汇系统在中古发生了重大转变,传承语素作为承上启下的活跃成分在语素化进程中扮演了重要角色④。所谓"传承语素",是指上古汉语中的词,在发展过程中逐步实现了身份的转换,由上古汉语的常用词逐渐转变为通常主要作为构词成分使用的语言单位。中古以后汉语词汇的发展有三个途径:一是上古汉语的词语传承;二是新造词;三是外来词,包括东汉以后随着佛教传入而输入的佛教词语,以及近代来自西洋、日本的词语等等。但综观整个词汇发展的历史,上古词语的传承始终是汉语词汇发展的主体,一直作为词汇发展大潮中的主流在持续流淌,并因此形成了汉语词汇系统古今融合、无法分割的现状。但随之而来的一个问题是:主体没变又如何来适

---

① 程湘清:《汉语史专书复音词研究》,北京:商务印书馆,2003 年,第 177—178 页,182 页。

② 程湘清:《汉语史专书复音词研究》,北京:商务印书馆,2003 年,第 89 页,179 页。

③ 蒋绍愚:《词汇化:汉语双音词的衍生和发展》,成都:四川民族出版社,1989 年,第 295 页。

④ 杨晓黎:《传承语素在现代汉语词语构成中使用情况的考察》,《语言文字应用》,2006 年第 3 期。

应语言的重大转变呢？我们以为，正是语素化的发生适应了语言变化的现实，而传承语素作为语素化发生的主体，贡献尤为显著。语素化构词，帮助汉语词汇完成了具有里程碑意义的转变，也确立了语素化本身在汉语词汇发展史上的重要地位。

第五，中古以后的书面语系统，其主流形态始终是模仿上古文献而形成的文言文系统，这就使中古以后的每一个时代，上古汉语传承词的语素化，既具有历史的基础，又有着现实的条件。文言文是模仿上古汉语形成的一个独特的书面语系统，由于这个书面语系统一直是中国文人的主要的书面语言和书写体系，所以它一脉相承，延续不断，至今人们若写文言文，还是要模仿先秦。但现实语言生活从中古开始毕竟发生了巨大变化，于是，一个独特而重要的语言现象出现了：白话文系统与文言文系统并存。一方面，白话文系统中的语素化在充满生机地推进、发展，而另一方面，长期位于主流形态的书面语系统中的上古单音词却始终保持不变的身份，两个系统既有联系，又有区别，互相影响。两套系统的并存使得中古以后的语素化过程既能和历史紧密相连，又具有现实的语言根据和基础。这种变与不变的统一，就形成了从上古汉语到中古汉语，再到近代汉语、现代汉语既一脉相传又各具特色的丰富多彩的局面。

需要说明的是，虽然语素化的普遍发生时段我们定在中古，但作为一个具体的词，何时启动它的语素化进程，却有着各自不同的情况：或由于现实语言的变化，或由于记录事物的需要，或由于某部作品的流传，或由于某个名人的使用，都可能使某个词突然开始流行，并进入语素化过程，这是词汇发展的正常现象，所以我们不可能采取一刀切的方式来简单划定。因为任何词汇的演进都是渐变的，总体发生的过程与个体启动的时间不可能完全重合，我们在研究中也只能是总体把握其发展进程。毕竟，语素化的进程非常漫长，融入语素化进程的每个语素都曾经是独立、完整的个体，因此不可能出现齐步走的现象，有些可能发生在东汉末，有些可能发生在元明清，有些甚至到近代才开始汇入语素化大潮。而上古汉语的词之所以可以在"五四"运动前的任何时代根据语言发展的需要随时转换为语素，就是因为有一个传承久远的文言文系统一直在保持和延伸，从而使得这个进程的启动，在任何时候都有它的合理性。即使进入现代汉语，文言文不再作为交际工具使用，仍然有各种各样的可能再次激活上古汉语中的某一个词,让它转换成语素。因为中国文化具有生生不息的延续性,先秦经典一直在通过种种渠道代代传播,那些生活在当代的文化人,对先秦作品依然非常熟悉,随时都可以从死的语言中,挖掘出活的要素,如先秦汉语中常见的叠音词语和"～然"类词语在鲁迅小说中就大量使用。鲁迅曾说过,文学语言也可以"在旧文中取得若干资料,以供使役"[①]。这种传承,使得汉语词汇既有厚重的历史支撑,规范与影响着现代口语,同时又充满了鲜活的创造力。

---

① 鲁迅:《鲁迅全集》第1卷,北京:人民文学出版社,1981年,第286页。

略论成语的派生[1]

汉语成语按其产生、发展和联系的方式,可以分为原形成语与派生成语。原形成语是指已经定型的最原始的一代成语,是成语的核心和基础;派生成语是由原形成语派生出来的新成语。所谓成语的派生,就是在符合成语内部结构规律和语言习惯的基础上,为了增强成语的表现力,通过活用而由原形成语产生新成语的方法。它是成语丰富数量、扩大使用范围、使表意渐趋精密的主要途径,在成语发展中占有十分重要的地位。了解成语派生的方法及其规律,有助于我们更好地学习和运用成语。

成语派生的现象相当复杂,可归纳为以下 8 种主要方法。

一、格式法

成语是语言长期发展中形成的凝固结构,有着相对稳定的格式。格式法,即按照各种固定格式派生成语的方法。成语派生格式所见极多,以下是常见的几种:

1. "A×C×"格

这是运用最普遍的一种派生格式。经初步统计,成语中的固定格式约有 40 种,其中"A×C×"格近 30 种,约占总数的 75%。

有用数词对举的。"七×八×"、"九×一×"、"一×半×"、"千×万×"、"三×两×"等,它们都用不表示实在数目的数词构成,能形象地表示一种情状。如"七×八×"表示混乱没有秩序、"九×一×"表示数量悬殊的对比、"千

---

[1] 原载《学语文》,1990 年第 4 期。

×万×"极言其多、"一×半×"极言其少,等等。

有用同义或近义词作固定成分的。或为字面相同的,如"不×不×"、"自×自×";或为字面不同的,如"改×换×"、"说×道×";也有是字面义不同,但作为相近成分使用的,如"日×月×"、"山×水×"等。

另外,还有一种是用反义成分构成的。如"大×小×"、"前×后×"、"有×无×"等,有鲜明的对照作用。

2."AB××"格

这种格式用副词"不"开头的较多。如"不分××"、"不甘××"、"不堪××"、"不可××"。也有其他形式的,如"自由××"、"纵横××"等。

3."×B×D"格

如"×天×地"、"×长×短"、"×言×语"。

4."ABC×"格

如"一无所×"、"自食其×"。

后三种格式派生的成语较第一种要少,但也反映了格式法的广泛性与多样性。

二、调字法

调字法在整个成语派生中所占比例较大,它们往往是在某种语境中的灵活运用。随手拈来,不拘定序,构成形式上的差异,并进而成为派生成语。

用调字法派生的成语,以一二字与三四字互换为常见,而且多适用于联合关系的成语。如"圆凿方枘→方枘圆凿"、"志士仁人→仁人志士"、"力尽筋疲→筋疲力尽"、"藏形匿影→匿影藏形"、"倒海翻江→翻江倒海"、"慷慨激昂→激昂慷慨"。也有其他关系的,如"春色满园→满园春色"、"倒持泰阿→泰阿倒持"等。

除上述一二字与三四字前后两部分互换的情况外,也有用其他的调字方式派生的。如"水滴石穿→滴水穿石"为一二字互换、三四字互换;"烟云过眼→云烟过眼"为一二字互换;"云谲波诡→波谲云诡"为一三字互换;"旋乾转坤→旋转乾坤"为二三字互换;"每下愈况→每况愈下"为二四字互换,等等。

三、裂分法

裂分法，也即把原来由前后两部分组成的成语分裂开来，成为一个或两个新的成语。这种方法十分简便，也较为流行，又分两种情况：

(1) 前后两部分分别派生为成语

鹬蚌相争，渔翁得利 ┬ 鹬蚌相争
　　　　　　　　　 └ 渔翁得利

四体不勤，五谷不分 ┬ 四体不勤
　　　　　　　　　 └ 五谷不分

司马昭之心，路人皆知 ┬ 司马昭之心
　　　　　　　　　　 └ 路人皆知

(2) 前或后的某一部分派生为成语

由前一部分抽出而成的，如：

鞠躬尽瘁，死而后已→鞠躬尽瘁

天网恢恢，疏而不漏→天网恢恢

一叶障目，不见泰山→一叶障目

由后一部分抽出而成的，如：

十年树木，百年树人→百年树人

文武之道，一张一弛→一张一弛

城门失火，殃及池鱼→殃及池鱼

四、缩合法

所谓"缩合"，也就是节缩合并较长音节的词语，用来避免形式繁冗，而意义并无改变。用缩合法派生的成语情况多种多样。

有的属于有规律的节缩，如"宁为鸡口，无为牛后→鸡口牛后"；"仁者见仁，智者见智→见仁见智"；"差之毫厘，谬以千里→毫厘千里"；"愚者千虑，必有一得→千虑一得"等,都是由前后两部分的八字成语截取每一部分的后两个字而成。

也有的属于规律性不强的。即字面虽从原形成语抽出,但抽字的位置灵活多变。如"同声相应,同气相求→声应气求"、"尺有所短,寸有所长→尺短寸长"、"翻手为云,覆手为雨→翻云覆雨"、"前车之覆,后车之鉴→前车之鉴"、"成也萧何,败也萧何→成败萧何"、"有志者,事竟成→有志竟成"、"天下本无事,庸人扰之→庸人自扰",一般都是取关键性的字,而省略一般成分。如"翻手为云,覆手为雨"之为"翻云覆雨",是在语义上照顾了"变化无常"的特点,取主要动词"翻"、"覆",以"云"、"雨"相配而成。当然,也有些是为了顺应成语向四字格发展的趋势而忽略了字面意义的,如"盲人骑瞎马→盲人瞎马",删去了关键性动词;"像煞有介事→煞有介事",缩合后便无法从字面得到解释了。

五、镶嵌法

与缩合法相对,镶嵌法是在原形成语上嵌字入内,或为向四字格集中,或谋求表义的精密。

有将字镶于原成语之前的,如"不可终日→惶惶不可终日"、"鸟兽散→如鸟兽散"、"杀风景→大杀风景"。

也有把字嵌于成语中的,如"一字师→一字之师"、"井底蛙→井底之蛙"、"无风起浪→无风不起浪"、"不分皂白→不分青红皂白"。

六、义衍法

义衍法也就是语义派生法,它通过变换个别或一组语义上有关联的成分而派生新成语。

反义派生,如"急流勇退→急流勇进"、"知难而退→知难而进"、"事半功倍→事倍功半"、"屈指可数→指不胜屈"。

同义或近义派生,如"地广民稀→地广人稀"、"天壤之别→天地之别"、"刮目相待→刮目相看"、"窃窃私语→窃窃私议"、"含血喷人→血口喷人"。

七、音变法

音变法是通过语音的变化而派生新成语的方法,包括同音派生与近音派生两种。

同音派生,也就是由声韵调完全相同的语素替换派生的,如"信口开合→信口开河"、"势不两立→誓不两立"、"发人深省→发人深醒"、"皮之不存,毛将焉(安)傅←皮之不存,毛将焉附"。

近音派生的情况较为复杂,有声韵相同而语调不同的,如"与狐谋皮→与虎谋皮"、"人浮于食→人浮于事"、"青天霹雳→晴天霹雳"、"以力服人→以理服人"、"难(nán)兄难(nán)弟→难(nàn)兄难(nàn)弟",这种音变方式比较常见。也有采用其他音变方法的,如"飞黄腾踏→飞黄腾达"、"夺胎换骨→脱胎换骨",变换的语素韵母相同,声母相近,语调不同。

八、趋白法

所谓"趋白法",就是促使保留了大量文言成分的成语逐渐向白话文方向发展,以派生出适应社会发展与人们交际需要的通俗易懂的新成语。如"稳操左券"中的"左券",指古契约的左联,常在支配者一方,所以这个成语比喻有充分的把握。由于社会发展,"左券"这个当时很普通的词今天变得难以理解了,于是"稳操胜券"也就应时而生,较之"稳操左券",一字之变,显明易懂了许多。他如"进退维谷→进退两难"、"落荒而走→落荒而逃"、"有案可稽→有案可查"、"揠苗助长→拔苗助长"等等,均属这种类型。

用趋白法产生的成语大多与原成语并存,但也有一些原形成语逐渐为新成语所取代,如"衣冠枭獍"之为"衣冠禽兽"等。

成语的派生是一个长期的历史过程,这些规律从不同方面制约着成语的发展演变。限于篇幅,这里我们不再作详细的阐述。

仿拟型新词语试析[①]

在日趋发展的现代汉语词汇系统中,利用修辞方式构成大量的新词语,已引起国内一些学者的关注。我们观察并分析了十一届三中全会以来出现的5000余例新词语,其中通过仿拟手法构成的新词语,不仅占有相当大的比例,而且呈现出许多值得注意的特点。

采用仿拟手法构成新词语,实际包含两种不同的情况:一种是在具体的语言环境中,为了修辞的目的,利用仿拟格而产生的偶发性新词语。这类新词语有些会超越原语言环境,被更多的人认可并使用,逐步获得一般词语的性质;有些只是偶尔出现或偶尔重复出现,很快便被遗忘和淘汰。另一种情况则是依据汉语词汇中已有的词语,利用仿拟手法来构成表达新事物、新概念的词语,可视为用仿拟构词法构成的新词语。利用仿拟构词法产生的新词语有着一般新生词语的性质。这里我们不打算讨论以上两种仿拟类型新词语的区别和特征,而是着重分析仿拟型新词语的基本构成方式和主要特点。

仿拟构词的方式可分为下列三种:

一、格式仿

汉语词汇中有些词语的构成在形式上呈明显的框架结构,这种框架结构也即一类词汇构成的格式。依据一定的格式,通过改换某些构词要素,能产生一系列同格式的词语。"格式仿"就是通过仿拟词汇系统中这类典型格式而构成新词语的方法。

[①] 原载《修辞学习》,1993年第5期。

格式仿产生的新词语四音节的居多,所仿格式有些是词汇系统中固有的,有些则是近年新造、经反复使用而获得习用性特征的新格式。格式仿构成新词语,大都是在一个固定格式中嵌入新语素,如:由"大×大×"格式仿拟出"大男大女"、"大明大摆"、"大操大办"、"大包大揽"等;由"小×小×"格式仿拟出"小改小革"、"小夫小妻"、"小打小闹"、"小修小补"等;由"能×能×"格式仿拟出"能上能下"、"能官能民"、"能爱能恨"、"能说能写"等;由"×吃×喝"格式仿拟出"胡吃海喝"、"肥吃海喝"、"国吃国喝"等。这些新仿拟的词语,均在原格式中嵌入一定的语素,词型格式化特征突出。它如"半×半×"(半官半商)、"无×不×"(无商不活)、"奖×罚×"(奖优罚劣)、"×规×约"(党规民约)、"×买×卖"(坐买坐卖)、"×进×出"(高进平出)等,都是常用来仿拟新词语的格式。格式仿利用已有的格式,形式特征明显,改换语素灵活便利,是一种常用的仿拟构词的手段。

另一种仿拟则是依据一定的句法形式,即所仿格是汉语中一种常见的句法模式。它们大都是汉语词汇系统中沿用时间长、出现频率高、生成能力强的句法模式,因而往往带有一定的文言句式的色彩。如"以 NVN"式,介词"以"在这种句法模式中表示"凭借、依据",是一种文言格式。仿拟的"以权谋私、以车谋私;以商养文、以学养文;以言代法、以党代政、以会代训、以考代评;以工挤农、以工补农、以工建农;以文补文、以优吃劣"等新词语,凝练典雅,概括性强,具有明显的文言特征。再如仿"引 NVN"式构成的"引滦入津"、"引水入城"、"引黄济津"等,也具有类似的特征。

二、语义仿

语义仿即利用词语间语义上存在的多种联系来仿拟构词。语义仿构成的新词语,一般是利用类义、对义、反义等关系。

利用类义关系仿拟的新词语,如由"奖学金、奖学"仿拟出"奖教金、奖教",由"酒醉"仿拟出"饭醉",由"国策"仿拟出"市策",由"超生"仿拟出"超怀",由"空姐"仿拟出"海姐",由"廉政"仿拟出"廉职、廉业"等等。上述仿拟词语与被仿词语都是同类事物,利用同类事物的相关性,类推联想,仿拟出新词语。

对义仿拟则是由记录某一事物、现象、行为的词语,仿拟出另一与之相对应的新词语。如以性别为对应关系,由"公关小姐"仿拟出"公关先生"、"礼仪小姐"仿拟出"礼仪先生"、"家庭妇女"仿拟出"家庭妇男"、"主妇"仿拟出"主夫"、"空姐"仿拟出"空哥"、"休妻"仿拟出"休夫"等等。这些仿拟的新词语,与现实中出现的因性别导致的种种分野的突破有直接关系。而"影帝"与"影后"、"歌皇"与"歌后"、"托姐"与"托哥"之类的对义词语,很难说清仿与被仿的关系,有时似乎是由对一事物的命名,自然连及与之相对的另一事物的命名。

某些相对应的概念,也会产生对义仿拟构词。如由"民办"仿拟出"官办"、由"民风"仿拟出"官风"等,"民"与"官"便是建立在相对应的概念基础上的仿拟。

对义仿拟中有一种现象颇值得玩味。如由"会餐",增加语素限定而派生"精神会餐",随之又"逆仿拟"出"物质会餐"。"物质会餐"就是"会餐",这种"逆仿拟"显然是追求字面形式上的对称所作的有意调整。类似的还有由"年货"派生出"精神年货",逆仿拟出"物质年货";"职业"派生出"第二职业",逆仿拟出"第一职业","儿童"派生出"超常儿童",逆仿拟出"常态儿童"等等。这些逆仿拟出的新词语与源词相比,没有什么实质不同(物质年货=年货),之所以会出现对源词所作的改变,根本目的就是为了与所派生新词语形式上的对应。

反义仿拟是语义仿中最普遍存在的一种现象,许多仿拟型的新词语,都是通过反义仿拟而构成的。如以"冷"与"热"相仿拟构成的"冷板凳"与"热板凳"、"冷货"与"热货"、"冷脸子"与"热脸子"等;以"大"与"小"相仿拟的"大环境"与"小环境"、"大我"与"小我"、"大气候"与"小气候"等;以"新"与"老"相仿拟的"新秀"与"老秀",以"优"与"劣"相仿拟的"优生"与"劣生"等等。反义仿拟,一般是中心语素不变,利用限制性语素正反义关系相仿拟。除上举外,像"软"与"硬"、"洋"与"土"、"有"与"无"、"公"与"私"、"合"与"独"、"正"与"负"、"快"与"慢"、"上"与"下"、"短"与"长"、"明"与"暗"、"强"与"弱"、"高"与"低"等反义语素的变动,都是仿拟构词的重要手段,这里不一一列举。反义仿拟是汉民族辩证思维观点在语言运用中的反映,相反相成,由正(反)及反(正),成为仿拟构词一种十分普遍运用的方法。

除将正反义语素相调换仿拟构词外,还有一些仿拟词语是在源词上增加反义或否定义语素而仿拟构词的。如由"三七开"仿拟出"倒三七开"、"发言权"仿拟出"不发言权"、"效应"仿拟出"副效应"、"文化"仿拟出"负（反）文化"、"广告"仿拟出"反广告"等等。"倒、不、副、负、反"等都是增加的语素，利用它们的加入而仿拟出反义新词语。

三、谐音仿

利用词语之间的同音或近音关系仿拟构成新词语，也是一种仿拟构词的手段。如由"爱（艾）滋病"仿拟出"爱资病"，前者为音译，"爱滋"（AIDS）并非汉语中的字面意义，而后者只是谐其音，取"爱资（资本主义）"的字面义。由"气管炎"仿拟出"妻管严"，"气"与"妻"、"炎"与"严"，音相近或相同，但字不同，义无关，而"气管"之"管"是名词（管状物），"妻管"之"管"为同音同字异义的动词（管理、管制之"管"）。由"跳龙门"仿拟出"跳农门"，利用"龙"与"农"的谐音，而两词表达的改变境遇的意义也有相通之处。他如仿"企管干部"而构成的"妻管干部"，仿"资产阶级"而构成的"知产阶级"，仿"抬轿"而构成的"抬教"等等。谐音仿大多是取人们司空见惯的习用词语，通过改变一两个同音语素，从而构成一个与源词谐音的新词语。这类新词语往往生动形象，诙谐有趣。

仿拟型新词语有着以下明显的特色：

（一）仿拟型新词语比一般词语更具典型性

这表现在被仿拟的词语或在形式上或在意义上特别典型，富有概括性和表现力，因而仿拟出的新词语也具备类似的特点。如"一国两制"作为一种解决国家复杂事务的创造性构想的提出，其意义深远，极富启发性，在词语构成方面，"一×两×"与汉语四字格常用格式"一×二（双）×"相吻合，格式化特征突出，因此，从内容与形式两方面看都具有十分突出的典型性，随之即仿拟出"一院两制、一校两制、一厂两制、一街两制、一球两制、一地两制、一村两制"等一系列新词语。仿拟型新词语，一般在形式上扣住典型的格式或表达方式，意义上多概括和表现社会政治、经济、文化生活等方面的典型现象，比如"无商不活"、"以商养文"、"廉职（业）"、"国吃国喝"、"超怀"、"公关先生"、"主夫"、"奖教"等仿拟型的新词语，表现的都是新时期的典型的社会现象，因而这些新词语也就颇具典型性。

(二)仿拟型新词语具有对应性

仿拟型新词语一般与被仿词语之间存在对应关系,这种关系可以是一对一(如"主妇"与"主夫"),也可以是一对多(如"一国两制"与相对应的各种"一×两制"新词语)。对应性是构成仿拟型新词语的前提条件,而值得注意的,却是上文所举的逆仿拟现象。比如像"物质年货"这类仿拟词语,还有"软文化"、"硬投入"、"小环境"等等,这种逆仿拟造词现象充分体现了对"对应性"的有意识的追求。"安乐死"与"优生"本来毫无关系,由于"生"与"死"是两个相对的概念,于是追求字面的对应而仿拟出"优死",以替代"安乐死"。尽管这一新词语使用面还不太广,但将来完全有可能流行并最终取代"安乐死"。仿拟型的新词语中以类义、对义、反义等关系构成的语义仿新词语更是对应性的突出体现。格式仿中,许多新词语内部甚至也表现了同(近)义、类义、对义、反义的对应关系。

(三)仿拟型新词语体现了仿拟构词手段的丰富性

从仿拟型新词语的构成方式看,仿拟与被仿拟词语之间,涉及形、音、义三个平面,每一个平面都可以成为仿拟构词的触发点。而仅就"语义仿"而言,语义上的同(近)义、类义、对义、反义都可以作为联想的线索,这就使仿拟构词具备丰富的手段,构成新词的能力也较强。因此,仿拟新词语也就成为了新词语家族中引人注目的一支。

(四)仿拟型新词语在传情达意方面往往显示出鲜明的感情色彩

有的仿拟型新词语带有褒美、称扬倾向,如"老秀"、"优死"、"抬教"、"精神年货"等;有的仿拟词语带有嘲讽、戏谑的色彩,如"家庭妇男"、"脏皮士"、"喇叭亏";有的仿拟词语则带有较强的否定、贬抑的含义,如"劣生"、"虚业"、"胡吃海喝"、"以房谋私"、"顺风人情"等。鲜明的感情色彩,反映了这类新词语的构成与"仿拟"这一修辞手段运用的内在联系。

四音节新词语及其成因[1]

在日趋发展的现代汉语词汇系统中,多音节新词语的大量涌现已引起人们的注意,而在多音节新词语中,四音节新词语又占有十分显著的地位。据计算机统计,全日制十年制《语文》课本(人民教育出版社1978～1980,共20册)中出现的词语共18177条,其中四音节词语841条,仅占总数的4.6%[2]。中学《语文》课本的词语基本上反映了新时期以前四音节词语在汉语词汇中的分布情况。韩明安主编的《新语词大词典》新时期(1977～1990)部分共收词目5439条,四音节词语达2154条,占总数的39.6%;于根元主编的《1991·汉语新词语》和《1992·汉语新词语》分别收词335条和448条,其中四音节词语分别为129条和172条,占总数的38.5%和38.4%。这些资料则表明四音节词语在新词语中已成为最重要的部分。如果对1997～1992新增词语按音节多少进行统计,可以看到单音节新词语的增加是零,双音节277条,占总数(783)的35.4%;三音节156条,占19.9%;四音节301条,占38.4%;五音节以上49条,占6.3%。四音节新词语为数最多,已超过了双音节。而在中学《语文》课本中,单音节词占16.7%,双音节占73.4%,三音节占5.2%,四音节占4.6%,五音节以上者占0.1%。通过比较不难看出,在新词语中,双音节优势已让位于四音节词语了。周洪波《汉语新词语的结构与搭配》一文分析了3034条新词语,我们据文中提供的数据统计,其中双音节占34.2%,三音节占23.5%,四音节占37.6%,五音节占4.4%,也显示出"四音

---

[1] 原载《江淮论坛》,1996年第4期。
[2] 参见《汉语词汇的统计与分析》,北京:外语教学与研究出版社,1985年。

节词语的大量产生,是新词语发展的一个新的特点"。[①] 这一现象很值得我们作进一步的探讨。

我们从形成途径与方式对 2000 余例四音节新词语进行了观察,孤立存在,或曰从形式到意义完全为新造的并不多见。大多数新词语的产生往往与既有成分密切相关,原有的语言形式或语义内容与新词语有着千丝万缕的联系。这种联系体现在词语的形成方式上,大致有如下几种:

(一)通过改造原词语形式而形成新词语

对原词语形式的改造包括添加、缩减、叠音等几种。

1. 添加

即在既有成分基础上通过增加一定成分形成四音节新词语。其形式主要有:

①形+既有成分——微处理机、大卫生观、新凝聚剂、较老年人

②动+既有成分——下毛毛雨、上新台阶、扯顺风旗、戳脊梁骨、吃大锅饭、插一杠子、打翻身仗、打小报告、打小算盘、打花胡哨、念草木经

③副+既有成分——不发言权

④既有成分+名——计算机病、文化衫人、著作权法、公务员法、标准化法

⑤既有成分+词缀(类词缀)——巧克力式、排油烟机、运动服热、中草药热

以上添加成分大多是在三音节的名词性词语之上加上限定性语素,如"微"、"大"、"新"、"较"、"不"等,或由动词、名词及词缀同三音节词语组合而形成四音节新词语。

2. 缩减

即对既有语言成分的某些部分予以缩减而形成四音节新词语。如:

①全部缩减——保优扫假(保护优质产品,扫除假冒劣质产品)、关停并转(关闭、停产整顿、合并、转产。为企业整顿的四项重要措施)、简政放权(精简政府机构,向基层下放权力)、欺行霸市(欺压同行,称霸市场)。

②部分缩减——安老计划(指台湾将要在十年内实施的安抚老人的计

---

① 参见周洪波文:《汉语新词语的结构与搭配》,《语法研究和探索》(七),北京:商务印书馆,1995 年。

划)、冤假错案(冤案、假案、错案的合称)、红黄黑道(红道、黄道、黑道的合称)。

③利用数字缩减——两铁一平(铁交椅、铁饭碗、平均主义的简称)、三资企业(指外商独资企业、中外合资企业、中外合作企业)、四有人才(有理想、有道德、有文化、有纪律的人才)、五个教育(指学前教育、基础教育、成人教育、家庭教育、中等职业教育)。

④利用外文首字母缩减——三 A 革命("三 A"指工厂自动化、办公室自动化、家务自动化。英语"自动化"Automauon 一词第一个字母是 A,故利用其首字母缩减)、三 C 革命("三 C"指通信化、计算机化、自动控制化,C 是计算机 Computer,通信 Communication,控制 Control 三词英文的第一个字母)、PP 效应(指在市场机制和行政控制下运行的企业,往往要受权力 power 和私利 profit 的干扰,支配)。

这些缩减而形成的新词语,以四音节形式为准则,抓住原词语的主要语素和特点,缩减方式多种多样,有的只限于一定文化环境和社会阶层中使用。

3. 重叠

即重叠既有语言成分而形成四音节新词语。如"方方面面、摊摊点点、条条框框、松松垮垮、安安心心、矮矮实实、吃吃喝喝、笨笨磕磕"等。

(二)通过仿照原词语形式而形成新词语

汉语不少词语有着形式上的鲜明特征,许多四音节新词语就是仿照这些原有的词语形式而生成的。如:

1. 数字仿照

即按照事物的逻辑顺序和对比关系,联想派生出以一定数字为特征的新词语。例如"第一产业、第二产业、第三产业、第四产业、第五产业";"一维方式、二维方式、三维方式、四维方式";"一等公民、二等公民、三等公民";"第二职业、第二课堂、第二资源、第二厨房、第二货币、第二渠道",以及"二次开发、二次竞争、二次污染"等等,词组之间明显是以数字为基本出发点仿照构成的。

2. 格式仿照

即以汉语词语中典型格式为仿照对象,构成表达新事物、新概念的词语。这些格式主要是四字语型。

(1)仿成语固有格式。利用成语固有格式,通过改换相关语素,构成新词语的能力很强。常用格式,如"大×大×"(大男大女、大操大办、大明大摆、大进大出、大包大揽);"能×能×"(能上能下、能官能民、能说能写、能爱能恨);"一×两×"(一国两制、一院两制、一校两制、一厂两制、一球两制、一地两制),"×吃×喝"(大吃大喝、国吃国喝、胡吃海喝、肥吃海喝)等。

(2)仿文言四字语格式。现代汉语中保存了不少古汉语四字语格式,这种格式长期使用,是古汉语典型句式的残留,往往成为仿照构成新词语的基本格式,如"V/A 而不 V/A"(哀而不伤、艳而不俗、概而不论);"以 NVN"(以权谋私、以房谋私、以车谋私;以商养文、以言代法、以考代评、以文补文、以优吃劣);"引 NVN"(引水入城、引黄济津、引滦入津)等等。

(三)利用词语间语义关系而形成新词语

许多四音节新词语,则是因为语义上与原词语有着这样或那样的关系而生发出来的。我们姑且分为"语义衍连"和"语义聚合"两大类,略作分析。

1. 语义衍连

即新词语之间的语义上有着相同、相近、相对、相反或相关涉等各种不同关系。这些新词语有的可能是由语体色彩、修辞色彩的差异而变换出的,有的则可能是因为地域或文化层次的不同对同一事物或概念采取了各具特色的表达。因此,相关词语之间是否一定存在生发关系尚不能断定。

(1)语义相同或相近的。如"换位思考—变位思考"、"领航商品—领头商品"、"人身保险—人寿保险"、"光子纤维—光学纤维"、"客席教师—客座教授"、"信息贩子—信息倒爷"等,这些词语之间往往是通过同、近义语素的变换而构成新词语的变体。

(2)语义相对或相反的。如"留守女士—留守男士"、"家庭主妇—家庭主夫"、"红皮户口—蓝皮户口"、"手段消费—目的消费";"精神消费—物质消费"、"精神年货—物质年货";"精神会餐—物质会餐"、"精神食粮—物质食粮";"慢速国家—快速国家";"上情下达—下情上达";"短线产品—长线产品";"无错离婚—有错离婚"。这些新词语之间的语义上有着相对或相反的关系,它们之间的生发关系则比较明显。

2. 语义聚合

即依靠一个基本语素,通过改换与之相关的语素,产生大量构成聚合关系的新词语,这是新词语产生的主要途径。如:

(1)基本语素在前的。如以"电子"为基本语素,通过语义聚合,构成"电子词典、电子报纸、电子家庭、电子耳朵、电子盆景、电子秘书、电子图书、电子通信、电子信函、电子香烟、电子烟雾、电子银行、电子游戏、电子邮政、电子字典"等。以"知识"为基本语素,构成"知识爆炸、知识老化、知识贬值、知识产权、知识产业、知识工程、知识结构、知识竞赛、知识苦力、知识更新"等。它如"科技××"、"绿色××"、"空间××"、"立体××"、"人才××"、"人工××"、"人体××"、"生态××"、"生物××"、"太空××"、"智能××"、"商品××"、"无烟××"、"信息××"、"超前××"、"礼仪××"、"市场××"、"电视××"、"丝绸××"、"文化××"、"艺术××"、"音乐××"、"智力××"、"彩色××"、"电脑××"、"经济××"、"环境××"、"企业××"等等。

(2)基本语素在后的。如以"工程"为基本语素,通过改换"工程"前的限定语素,产生了"希望工程、同心工程、康复工程、价值工程、遗传工程、系统工程"等。以"意识"为基本语素,产生了"内陆意识、盆地意识、绿色意识、公仆意识、参与意识、环保意识、国际意识"等。它如"××效应"、"××现象"、"××精神"、"××文学"、"××明星"、"××小姐"、"××先生"、"××企业"、"××消费"、"××学校"、"××香波"、"××旅游"、"××特区"、"××回流"、"××市场"、"××公司"、"××心理"、"××产业"、"××浪潮"、"××文化"等等。

以上分析了四音节新词语的形成方式和途径。这些方式和途径有的自然也同样适合于双音节或其他多音节新词语,只不过在四音节新词语中表现得尤为集中和典型。

四音节新词语与原有的语言形式或意义内容之间的密切联系,使得新词语相互关联,形成了一个个大小不等的聚合。以成对、成片或曰成族的形式出现,客观上推进了四音节词语以前所未有的速度猛增。

四章节新词语之所以大量涌现,主要有以下原因。

1.四字格作为汉语词语习用的形式,在新词语的形成中依然发挥优势

四字格词语音节整齐,形式匀称,平稳均衡,明快上口,作为汉语词语的典型格式长期以来被广泛使用。而汉语成语90%以上为四音节,则更强化了四字格在汉语词汇系统中的特殊地位。因此,在新词语的形成过程中,四字格这一优势顽强地体现出来,从而构成大量四音节新词语。如通过原词语形式的改造形成四音节新词语就是很典型的反映。

2. 四字格是一种相对经济的表达形式,更宜于传达丰富的语义内涵

汉语词汇经过了由单音节而双音节的发展,扩大了词语的信息包容量。四字格不仅具有一般双音节词语这一特点,而且表意更加丰富、信息容量更大,有时它包含的是一个意群,甚至完整的语句。因而,就词语长度与内涵的相对比较看,四字格貌似繁复,实则经济,与社会的快节奏发展相适应。这样,就出现了许多运用这种相对经济的形式构成的四音节新词语。

3. 四字格作为汉语词语的构成模式,具有较强的能产性

许多四字格词语,尤其是四字成语,长期使用,不断反复,从而成为派生新词语的基本范式。仿照这种范式,可以通过改换一定的语素,形成一系列同模式的新词语。这种同模式的新词语不仅因语素的更换而表达出新义,而且还获得不同格式所特有的附加义,上文列举的格式仿造均属此例。大量的四字格词语的模式化,使利用格式构成新词语十分便利,四音节新词语也就大量出现了。

4. 词语构成内在基础的变化,对四音节新词语的大量出现起着决定性作用

现代汉语词汇发展的一个明显的趋势,就是双音节或多音节词语素化。从古代汉语到现代汉语的发展过程中,以单音节词语为语素构成了大量的双音节词语。现代汉语双音节词语占绝对优势,新时期新词语的构成,则是在双音节词语基础上,由于双音节词语的语素化,从而决定了新词语多音节化的必然性。汉语构词追求偶对的倾向由来已久,因而在以单音节语素为主的基础上,形成了双音节词语的优势;在以双音节语素为主的基础上,自然就形成了四音节优势。上文语义衍连和语义聚合而形成的大量新词语,无不表明新词语构成的内在基础的变化对四音节词语大量出现的决定性意义。而在三音节语素之上添加一定的语素构成的四音节新词语同样也表明了这一道理。

第二编

文学语言研究

鲁迅小说词语的形象色彩义解读①

美国20世纪著名的人类学家和语言学家爱德华·萨丕尔认为:科学语言是"符号的代数",而文学语言是"一种文学的代数;它是和一切所知语言的总和联系起来的,正像一套严整的数学符号联系着正常语言所能传递的一切有关数学关系的绕了弯的报告"。因为"科学的真理不是个人的,不会被表达它的特殊的语言媒介所沾染"。而"文学的表达是个人的、具体的","个人表达的可能性是无限的,语言尤其是最容易流动的媒介"。② 文学创作活动的中心是创造非现实的审美对象,创作主体必须通过语言符号这个"最容易流动的媒介"去激发读者丰富的联想和想象,才能最终完成文学作品从符号到形象之间的转化,从而构成文学创造的一个完整过程。正是基于这样的认识,我们试图通过对鲁迅小说词语呈现状态的微观考察,进入鲁迅创造的文学世界。

文学语言作为一个符号系统,最能体现作家形象塑造成就和创作个性风采的则是那些形象色彩词语。形象色彩词语是指词语中包含有形象色彩义的词语类聚。形象色彩义又叫"词的形象色彩",是指词语除了代表一定的对象这种理性义之外,还同时具有的对于所指对象的某种形象感觉。它以主体对客体的感性认识为基础,通过蕴含了形象要素的词语作为载体来表达创作主体对客观存在的主观感觉与体验,从而引发审美主体的各种联想,再现或诱发一种潜在的形象感觉。

词语的形象色彩义的形成,很多是在它的造词之初,即伴随着其所依附

---

① 原载《北京大学学报》(哲学社会科学版),2005年第2期。
② [美]爱德华·萨丕尔:《语言论》,北京:商务印书馆,1985年,第200—201页,198页。

的载体而自然生成的。当词的理据为描绘或修饰性质时,汉语词语每每附着有形象色彩,而这类词语也自然成了作家写人状物时不可缺少的语言材料。经我们初步研究,鲁迅小说文本中的形象色彩词语,大体上可以分为基于构词理据的形象色彩词语与基于体态动作的体态词语两大类型。前者主要包括基于听觉的象声词语、感叹词语,基于视觉的颜色词语,基于肤觉的冷热词语系列,听觉、视觉同时发挥作用的叠音词语;后者可以大体分为与形状体态相关的和与运动状态相关的两类。从某种意义上说,信息直接传递过程中非语言形式的体态语较之语言形式的言语表达更能显示其蕴含的形象色彩。但文学写作的特殊性决定了创作者与阅读者、审美主体与审美客体间的交流只能是间接的,必须通过词语符号这个语言的中介物来进行。这样,现实中的体态语就转换成了小说文本中的体态词语。

就我们对鲁迅小说词语形象色彩义的解读来看,鲁迅小说的形象色彩词运用体现了以下主要特色:

一、多层面发掘,构筑丰富的形象色彩词语汇系统

鲁迅小说文本中类型完备的形象色彩词语系列,可以说是中国现代小说语言运用的典范。鲁迅不仅善于"从活人的嘴上,采取有生命的词汇",[①]也善于从古代语言中拈掇富有生气的精华,从而形成其小说文本丰富的语汇系统。作者往往从活的语言中提炼出形象色彩鲜明的象声词、感叹词和各类体态词语用于其小说创作,看似信手拈来,实际则反映了他的文学审美追求。在评价陀思妥也夫斯基时,他说:"显示灵魂的深者,每要被人看作心理学家;尤其是陀思妥也夫斯基那样的作者。他写人物,几乎无须描写外貌,只要以语气,声音,就不独将他们的思想和感情,便是面目和身体也表示着。又因为显示着灵魂的深,所以一读那作品,便令人发生精神的变化。"[②]从这段评论,我们可以看出鲁迅小说对形象色彩词的发掘和运用,是一种自觉的审美追求。

---

① 鲁迅:《人生识字胡涂始》,《鲁迅全集》第 6 卷,北京:人民文学出版社,1981 年,第 296—297 页。

② 鲁迅:《〈穷人〉小引》,《鲁迅全集》第 7 卷,北京:人民文学出版社,1981 年,第 103 页。

鲁迅小说文本所展示给人们的环境往往是沉闷、压抑的,人物形象也每每给人以窒息的感受。可与之形成强烈反差的是音像感很强的象声词语的使用。在沉闷与压抑之中对声响的描摹更能产生震撼力,收到强烈的审美效果。鲁迅有时在同篇中反复使用同一个象声词语,将需要强化的内容表现得引人注目。《肥皂》中留给人印象最深的大概就是那"咯支咯支"的声音了,它通过不同的人物之口,反反复复地出现了七次,从而加大了作品讽刺的力度,也一次比一次更有力地震脱了遮在四铭、何道统等一帮假道学脸上的面纱。

鲁迅小说文本中的体态词语与形状体态相关的包括静态的与动态的两种。以静态方式呈现的词语所显示出的形状、体态,一般是为词语所代表的本体所固有的,其中尤以对人物外貌的描写引人注目。如阿Q的"癞头疮"、高干亭的"尖劈形的瘢痕"、"皱纹间时常夹些伤痕"的孔乙己、"管牢的红眼睛阿义"、"蓬头散发的象一个刘海仙"的假洋鬼子等。这类体态词语的处理,无不紧扣人物的性格塑造,于不经意中蕴藏着作者的艺术匠心。以动态方式呈现的体态词语所显示出的形状、体态,则是由本体在特定的环境中自然产生的,如"两手搭在髀间,没有系裙,张着两脚,正象一个画图仪器里细脚伶仃的圆规"的杨二嫂;"摆开马步,准备和黑狗来开战"的阿Q。被摹写的本体与摹体间形状相同或类似,能给人以直观的感受,形象意味是不言而喻的。与运动状态相关的体态动作,包括了面部表情与身体动作两大类型。鲁迅小说文本中的面部表情类体态词语囊括了颜面肌肉变化、哭、笑、眼、眉、牙(齿)、口、舌、鼻、耳等多种动作,尤以表现颜面肌肉变化和眼眉动作的最为丰富。如写祥林嫂的颜面肌肉变化,是鲁迅在祥林嫂形象塑造方面着墨较多的部分。从"口角边渐渐的有了笑影,脸上也白胖了",到"死尸似的脸上又整日没有笑影",直至"消尽了先前悲哀的神色,仿佛是木刻似的"。祥林嫂人生三个阶段的颜面变化,生动逼真地昭示了她多舛的悲剧命运。

鲁迅善于从古代语言中吸取有价值的形式,创造出一个"感心"、"感耳"、"感目"的艺术世界。叠音词是古代文学语言中很富表现力的形象色彩词类型,也是汉语所独具的构词形态,在《诗经》中就已得到广泛运用。刘勰对此曾有精彩论述。[①]《诗经》叠音词"写气图貌"和"属采附声"的功用,使之成为

---

① (南朝·梁)刘勰:《文心雕龙·物色》,见郭晋稀著:《文心雕龙注译》,兰州:甘肃人民出版社,1982年,第479页。

汉语言中一种独特的形象色彩词语类型,为历代文学语言所继承和发扬。鲁迅对其也情有独钟,在他的小说文本中大量使用各式叠音词语写貌拟声,形成了一个规模颇大的色彩义类聚,包括 AA 式、ABB 式、AABB 式、ABAB 式、ABAC 式、ABCB 式等多种类型。这些叠音词语既是取自现实活的语言素材,也是对《诗经》语言精华的吸取。用 AA 式叠音词语描写人物动作和心理、刻画人物性格,是鲁迅常用的写作手法。如不像当年敏捷精悍,"缓缓"四顾的吕纬甫(《在酒楼上》);儿子死后"昏昏"地走去关门的单四嫂子(《明天》);求药心切,从灶下"急急"走出的华大妈(《药》);将虱子"恨恨"地塞在嘴里,又因不及王胡咬得响而赖疮疤"块块"通红的阿 Q;"怔怔"地立在街头的祥林嫂与"匆匆"逃离的"我"(《祝福》);"呆呆"地坐在儿子坟前的华大妈与同是在儿子坟前"吃吃"低语的夏四奶奶(《药》)。ABB 式构词形式中的 BB 成分一般是对 A 成分的形状加以描写和强化,因此 ABB 式叠音词语给人以鲜明的形象生动感,常被作者用于描写人物、突出人物个性。"气愤愤"较"生气"或"气愤"有着更强的主观色彩表述,也更毕肖于人物的神情。鲁迅小说文本中出现的"气愤愤的直走进来"的陈老五、"气愤愤的跑上前"拉开哭棺不止的单四嫂子的王九妈、因小 D 谋了自己饭碗而"气愤愤的走着"的阿 Q,无不因这一叠音词语的运用而使人物生动起来。AABB 式一般为双音形容词的重叠。一般讲,当 AABB 式在句中用为定语、谓语时,形象描写的作用明显加强;用为状语、补语时,则在形象描绘的同时,表示程度的加深。鲁迅小说文本中的 AABB 式词语大多用为描绘意味极强的状语,它们常被用来表现人物的身份地位和性格特征,在变化的词形中蕴含形象的批判与揭露。如"板着脸正正经经地回答"其流氓伙伴黄三提问的假道学高老夫子、咸亨酒店里"唠唠叨叨"的短衣主顾、"含含糊糊"边喝酒边嚷的蓝皮阿五、"局局促促"向何小仙问医的单四嫂子,以及"躲躲闪闪"、没见过世面的水生等等。

用"～然"的形式构成的形象色彩词语,具有较强的状貌功能,是一种先秦汉语常见的格式,在《论语》、《孟子》等先秦著作中,"～然"和"～如"(功能与"～然"相当)的词语运用十分突出。鲁迅小说文本中"～然"类词语的大量运用,显然是赋予这种古老语言格式以新的生命力。用"～然"形容词来描写人物面部表情,展示特定场合神态各异的众生相,在鲁迅小说文本中有突出的表现,也是作者经常使用的语言材料。阿 Q 从城里回来后,"据阿 Q 说,他是在举人老爷家里帮忙。这一节,听的人都肃然了……什么假洋鬼子,只要放在城里的十几岁的小乌龟子的手里,也就立刻是'小鬼见阎王'。这一节,听的人都赧然了。'你们可看见过杀头么?'……这一节,听的人都凛然了。但阿Q又四面一看,忽然扬起右手,照着伸长脖子听得入神的王胡的后项窝上直劈下去道:'嚓!'王胡惊得一跳,同时电光石火似的赶快缩了头,而听的人又都悚然而且欣然了。"作者连续使用了"肃然"、"赧然"、"凛然"、"悚然"、"欣然"等五个"～然"的形容词,分别传递出恭敬、难为情、严肃而可敬畏、害怕、愉快等语义信息,生动传神地勾勒出一幅未庄社会的群生相。另外,"～然"形容词也常通过面部表情为主的体态语的直观展现来透视人物心理。《白光》中的老童生陈士成在第十六回落榜后终于"愤然"了,这实在是"竟没有一个考官懂得文章,有眼无珠"!升官梦破灭了,渴望凭空发财的欲望又在内心升腾,平时总在揣测的探宝谜语"左弯右弯……"重在耳边响起,"他耸然了"。然而,作为埋藏银子提示的白光却忽隐忽现,陈士成"爽然"地站在房里,茫然不知所措。他终于又开始痴狂参半地挖掘了,结果却是挖出了一块还带着一排零落不全牙齿的下巴骨。"他栗然的发了大冷","惨然的奔出去了",直到跃入白光闪烁的万流湖里。这里,作者连续使用了"愤然"、"耸然"、"爽然"、"栗然"、"惨然"等一系列表示情状的形容词语,形象地表现了疯狂追逐功名利禄的陈士成由希望而失望而绝望的心理变化。

二、多义项呈现,拓展形象色彩词的表意功能

形象色彩词语在鲁迅小说文本中表意丰富多彩,或因人物、环境的不同,或因人物心理的变化,同一类别的形象色彩词语运用往往呈现出多义性,显示出表意的细微而深刻的差异。

象声词"哈哈"发自不同人物之口,传递出不尽相同的信息:

"咯支咯支,哈哈!"(《肥皂》)

"她最爱和名人唱和,也很赞成新党,象础翁这样的学者,她一定大加青眼的。哈哈哈哈!"(《高老夫子》)

"哈哈。自然真的。我家的王升的家,就和她家同村。"(《伤逝》)

"连先前竭力欺凌她的人们也哭,至少是脸上很惨然。哈哈!……"(《孤独者》)

>"母亲又不在这里。竟没有出过疹子。哈哈哈!"(《弟兄》)

连夜赶来"讲正经事"的何道统,贤良女校教务长万瑶圃,涓生不得已时访问的一个久不问候的世交,对封建宗法社会尔虞我诈一套极端厌恶的魏连殳,因弟兄靖甫排除了患猩红热的可能而庆幸的张沛君,都分别使用了"哈哈",但由于发音者的身份、个性与心境不同,"哈哈"所呈现的形象色彩在鲁迅小说文本中也分别表现为:淫猥、虚伪、冷漠、嘲讽和愉悦。

当感叹词"哦哦"在高老夫子口中重复出现时,则显露出其表意的模糊不定和多重性。

>"这就是本校的植物园!""哦哦!"
>"这就是讲堂。""哦哦!"
>"学生是很驯良的。……""哦哦!"

以上三句是贤良女校的教务长万瑶圃与新来的历史教员高干亭之间的一段对话。表面学贯中西、内里不学无术的高老夫子第一次来女校上课,他应聘的深层目的本是来看看女学生,可真要走上讲坛,那内心的慌乱是不言而喻的。一面是主人不迭声的介绍,一面却是不学无术者心乱如麻的应对。"哦"可以表示解码者对编码者发布信息的领会,"哦哦"似更可加强心领神会后的肯定。然而,当"哦哦"以超常的方式表现,并连续不断地作为独立的句子使用时,感叹词发出者的心慌意乱、急不择词之态就异常鲜明地跃然纸上了,读者也不由自主地会发出嘲讽与鄙夷的嗤笑。再如《肥皂》中的四铭,买了肥皂后只敢以"唔唔"回答夫人的话:"'上了街?''唔唔'";"'这实在是好肥皂。''唔唔'",表现了一个心怀鬼胎者极力掩饰内心慌张的拙劣之态。感叹词语在汉语的词类系统中属于特殊的一类。无论在语音形式或语音所联系的表义内容方面,都较其他词类灵活。鲁迅正是利用了感叹词语所具有的灵活性特征,不拘一格地予以创造性使用,增添了小说文本的形象色彩。

即便是同一体态词语,鲁迅也使它具有丰富的表现力。如"点头"和"摇头"在他的作品中传达的不仅仅是"赞同"和"否定",在不同人物、不同心态下,它们可以传达不尽相同的微妙而复杂的信息。"点头"的动作在鲁迅小说文本中出现较多,传递的信息也包括了同意、附和、赞许、会意、威胁、招呼、慌乱等多种。眼看着白盔白甲的人来抢赵家的东西又没有自己的份,阿Q"终于禁不住满心痛恨起来,毒毒的点一点头"。"点头"在这里的含义颇令人玩味。本来就不懂革命为何物的阿Q,却未忘"造反是杀头的罪名"。既然假洋鬼子不许我造反,那你就等着瞧吧,"我总要告一状,看你抓进县里去杀头"。辛亥革命的悲哀,由阿Q的头部动作也可略窥一斑。而基本含义为否定的"摇头",在鲁迅作品中经常传递出的信息却是难以言表的情绪与心态。如"我"与闰土久别重逢后的交谈。说是交谈,闰土却很少说话,"他只是摇头"。"摇头"的动作表达的是苦不堪言的悲哀。"他大约只是觉得苦,却又形容不出"。呈现在读者眼前的活脱脱是一个被生活蹂躏得已然麻木,逆来顺受的木偶人。再如方玄绰借款遭拒后回忆自己也曾同样对待老乡时的"嘴唇微微一动,又摇摇头"(《端午节》),有惭愧也有自嘲;卫老婆子描述祥林嫂再嫁时异乎寻常的哭闹表现时"摇一摇头,顺下眼睛,不说了"(《祝福》),有同情也有不解;孔乙己在孩子们还想吃茴香豆时伴随着"多乎哉?不多也"的"自己摇头"(《孔乙己》),表现的是孔乙己既乐善好施又囊中羞涩的尴尬;而《风波》中赵七爷的"摇头",看似表露的是对七斤没了辫子将要治罪的同情与无奈,实际更有一种幸灾乐祸的心态寓于其中。而《明天》中王九妈面对单四嫂子"把头点了两点,摇了两摇"的动作,则表现了一种回天乏力的无奈,而这种无奈的表露方式,正是体态语言为有声语言所无法替代的魅力所在!

在鲁迅的小说文本中,形象色彩词语大都并非是一种简单的纯自然的呈现,不同的形象色彩词,一经与不同环境和人物结合,就成为一种有意味的形式,细心品味,会让人产生一种妙不可言的审美感受。形象色彩词表意的丰富性,是由这类词语的属性所决定的。形象色彩词诉诸人们的感觉,"感觉是客观世界的主观形象。它一方面属于主体,是在主体中产生的,同时,它又是客观存在的事物的反映。感觉中的主观形象是客观世界的模写"。[①] 当这种主观形象转化成形象色彩词之后,其直观、具体的形象性特征,就决定着这类词语义位的模糊性和表意的不确定性。因此,人们可以轻而易举地借助联想和想象赋予它以多重含义。鲁迅小说文本中形象色彩词多义项呈现,正是对这类词语属性的合理开掘,大大拓展了形象色彩词表意的功能。

---

① 曹日昌:《普通心理学》(上册),北京:人民教育出版社,1980年,第100页。

三、"融合新机",激活形象色彩词的生命力

语言创造,是小说独创性的重要方面。鲁迅曾指出:"现在却有人以为'汉以后的词,秦以前的字,西方文化所带来的字和词,可以拼成功我们的光芒的新文学。'这光芒要是只在字和词,那大概像古墓里的贵夫人似的,满身都是珠光宝气了。人生却不在拼凑,而在创造,几千百万的活人在创造。"①"拼凑"的文字不可能书写变革创造中的现实,人生在创造,语言同样也在创造。鲁迅小说语言的创造性,与他这种清醒、深刻的理性认识密切相关。就形象色彩词而言,鲁迅不仅是"拿来",更重要的则是创造性地融入许多新要素。不仅上述对形象色彩词表意功能的内部开掘为形象色彩词的运用带来新要素,而且在这些词语呈现的外部关系的组合上,也显示了作者语言运用的创造力,如同一形象色彩词语的重复叠现;同一词语同中有异,异中有同;同一类别形象色彩词的铺排连贯和不同色彩词语的超常搭配而形成的对比和反差等等。创造性的"融合新机",更加激活了形象色彩词的生命力,不仅使小说语言鲜明生动、富有张力,而且也使小说人物和环境"皆现身纸上,声态并作,使彼世相,如在目前"。②

同一形象色彩词语的重复叠现,在鲁迅小说中出现频率极高。作者常用的写作手法之一是用同一叠音形式反复来表现同一人物的心理、神情举止和性格特征。

华大妈在枕头底下掏了半天,掏出一包洋钱,交给老栓,老栓接了,抖抖的装入衣袋,又在外面按了两下;便点上灯笼,吹熄灯盏,走向里屋子去了。

老栓慌忙摸出洋钱,抖抖的想交给他,却又不敢去接他的东西。

"抖"所传递出的基本语义信息是动作主体因受外界刺激而产生的一种胆战心惊的状态。华老栓处于半殖民地半封建社会的底层,在他身上有着因封建统治阶级长期实行的愚民政策而形成的落后、麻木的一面,也有着作为

---

① 鲁迅:《难得糊涂》,《鲁迅全集》第 5 卷,北京:人民文学出版社,1981 年,第 373 页。
② 鲁迅:《中国小说史略》,《鲁迅全集》第 9 卷,北京:人民文学出版社,1981 年,第 221 页。

贫苦人民本质的朴实、善良的一面。他因救子心切而寄最后的希望于人血馒头,可当他握着并不容易"掏"出的活命钱,又想到未知能否拯救他儿子性命的竟是另一个鲜活的生命之躯时,他内心的情感波动是不难想象的。单音词"抖"的重叠出现,在音节延伸的同时描画着老栓并不单纯的心理曲线,而"抖抖"的重复出现,更强化了作者意在凸现的人物内心活动,形象逼真地刻画出愚昧无知却又朴实善良的华老栓的复杂心理。再如《孤独者》中的魏连殳常常呈现给人们的便是那"默默"的神情:"却只是默默地";"主客便只好默默相对";"默默地连吸了两枝烟";"默默地想着";"默默地喝酒"。"默默"的神情显露出的正是魏连殳那几近消逝了生命之火的精神世界。他曾经崇仰和主张过资产阶级民主主义,但由于辛亥革命的失败,他很快消沉、颓废,将自己拘囿在空虚的个人主义的狭窄天地,成了绝望的战败者和真正寂寞的孤独者。令人感到窒息的"默默"并非无声无息,它传递着审美客体难以言表的万语千言,有着丰富而深刻的意味。

同一词语于同中写异,异中求同,也是鲁迅小说语言的一大特色。《阿Q正传》中同一叠音词"怯怯"让我们读出赵太爷和阿Q特定情形下的不同心态:

"老Q,"赵太爷怯怯的迎着低声的叫。

钱府的大门正开着,阿Q便怯怯的进去。

比较两个"怯怯",我们不难发现这样一个看似矛盾的现象:地主豪绅的代表赵太爷与贫苦农民阿Q本属于尖锐对立的两大阵营,可他们"怯怯"的心态,竟然都与革命有关。一贯作威作福,凌驾于阿Q之上的赵太爷所表现出的"怯怯的"心态,产生于对莫测的革命的恐惧,感受到这一场风暴将对他和他的家族的危害,由昔日的横蛮,一变为卑怯,应该说是属于一种特定阶段的正常心理;而阿Q的"怯怯"就远非赵太爷简单:竟然是为了取得革命的资格去向本应作为革命对象的假洋鬼子之流乞求。这是辛亥革命带来的悲哀,也是叠音词语"怯怯"再一次进入读者眼帘时所必然引发的深刻思考。阿Q与赵太爷共同表现出的"怯怯的"心态,于同中写异,使人物心理不仅在重叠的词语形式上被强化,而且在同中有异的对比中被深化。而用相同的叠音词语刻画不同人物的神态举止,则为异中求同,用于显现某类人物所独有的共性特征。如《孔乙己》中的小伙计和《在酒楼上》的堂倌共有一副"懒懒"的腔调;自以为是的封建卫道者七大人(《离婚》)、郭老娃(《长明灯》)说话时总喜欢"慢慢"开口;而受过新思想影响的"疯子"(《长明灯》)、魏连殳(《孤独者》)、子君(《伤逝》)等的双眸中偶然迸射出的那"闪闪"的光,都似一幅幅题旨相通的系列写生画,展现出鲁迅小说人物画廊的独有风采。

通过词语间的搭配组合而显现形象色彩,在鲁迅小说中常常表现为一组色彩词语的铺排及色彩词语的对比使用。鲁迅小说文本中包括了现代汉语的基本颜色词系列:黑、白、红、黄、绿、蓝、青、灰、紫。其中,"黑"、"白"、"红"是鲁迅经常使用的色彩。但从一般意义上讲,孤立的单音节的色彩词本身,很难表现具有独特审美内涵的形象色彩,而当一组色彩词语铺排呈现或对比使用时,富有审美意蕴的形象色彩便自然产生了。

一条土黄的军裤穿上了,嵌着很宽的红条,其次穿上去的是军衣,金闪闪的肩章……到入棺,是连殳很不妥帖地躺着,脚边放一双黄皮鞋,腰边放一柄纸糊的指挥刀,骨瘦如柴的灰黑的脸旁,是一顶金边的军帽。(《孤独者》)

深蓝的天空中挂着一轮金黄的圆月,下面是海边的沙地,都种着一望无际的碧绿的西瓜,其间有一个十一二岁的少年,项带银圈,手捏一柄钢叉,向一匹猹尽力的刺去……(《故乡》)

主人始终穿洋服,硬领始终雪白;主妇……牙齿是始终雪白的露着……桌上铺了雪白的布。(《幸福的家庭》)

"土黄"的军裤、"红"色的条带、"金闪闪"的肩章、"黄"色的皮鞋、金边的军帽、配上一张"灰黑"的脸,主人公在棺材里"很不妥帖地躺着"。这种不妥帖的感觉,应该说有相当的原因是由这组不和谐的色彩词排列引发的。与之相反,"深蓝的天空"、"金黄的圆月"、"碧绿的西瓜"、"项带银圈"的少年、寒光闪闪的钢叉,因一组浑然一体的色彩词语的搭配组合,勾画出充满了诗意的海边夜景。一组"雪白"的相同色彩词语的相继出现,既强化了作品主人公意在渲染的"幸福的家庭"的外在特征,也增添了作品人物形象的色彩意蕴。

用色彩词语与所修饰的中心词之间形成一种超常搭配,在看似怪异的组合中引起人们的思考,也堪称鲁迅的独特手法。《狂人日记》写一伙欲吃人者,若能"逼我自戕……他们没有杀人的罪名,又偿了心愿,自然都欢天喜地的发出一种呜呜咽咽的笑声",这里的"呜呜咽咽"令人瞩目,因为"呜呜咽咽"

所修饰的是令人愉悦的"笑声",而且是在"欢天喜地"的状态下发出的。作者采用这种超常搭配的手法,实际是通过改变词语运用的思维定式,产生一种出人意料的艺术效果,从而入木三分地揭露吃人者的虚伪与丑恶,并引起善良人们的高度警惕。

鲁迅小说文本语言的创造,是在中国文学变革这一宏观背景下完成的。"五四"新文学运动为现代作家文学语言的创造提供了历史的机遇。语言既是符号的系统,也是观念的系统。文学革命不仅是文学思想和观念的变革,在很大程度上也是语言系统和叙述方式的变革。中国古代文学、西方文学和大众语言文化都是鲁迅小说文本语言和叙述方式的源泉,鲁迅从这些源泉中吸取了大量有用的东西。他认为:"没有拿来的,人不能自成为新人;没有拿来的,文艺不能自成为新文艺。"[1]在"拿来"的同时,鲁迅更着眼于创新。他指出:"采用外国的良规,加以发挥,使我们的作品更加丰满是一条路;择取中国的遗产,融合新机,使将来的作品别开生面也是一条路。"[2]"采用"和"择取"是为了"发挥"和"融合新机",因为,"依傍和模仿,决不能产生真艺术"。[3]所以,"诗歌小说虽有人说同是天才即不妨所见略同,所作相像,但我以为究竟也以独创为贵"。[4] 正是对独创的执著追求,使他能够"融合新机",创造出具有鲜活生命的文字,成为一代文学大师。

四、赋予象征义,增强形象色彩词的内蕴力

形象色彩词语是听觉、视觉、动觉、肤觉、味觉和嗅觉形象在词语符号层面上的聚合。这些符号化了的形象,在特定的作品和情节之中,往往委婉曲折、隐含不露地寄寓着作者深切的思想感受,成为某种思想情感的形象标志,使得形象色彩词这些符号化了的形象因此而具有了象征性。鲁迅小说文本中形象色彩词的象征意义,如老拱们的"呜呜"声、阿Q口中的"嚓"声、色彩词语"黑"与"白"及其有关词语系列、基于肤觉词语中的"冷"和"热"等等,在

---

[1] 鲁迅:《拿来主义》,《鲁迅全集》第6卷,北京:人民文学出版社,1981年,第40页。
[2] 鲁迅:《〈木刻纪程〉小引》,《鲁迅全集》第6卷,北京:人民文学出版社,1981年,第48页。
[3] 鲁迅:《记苏联版画展览会》,《鲁迅全集》第6卷,北京:人民文学出版社,1981年,第482页。
[4] 鲁迅:《不是信》,《鲁迅全集》第3卷,北京:人民文学出版社,1981年,第230页。

描写具体的环境气氛和人物声态情貌时,都暗示和引导着读者去体会其"言外之意",使符号化的形象色彩词在保留其感性审美体验的同时,增强了一种闪烁理性光芒的内蕴力。

《明天》中的酒色之徒红鼻子老拱一类,整天泡在咸亨酒店买醉、唱黄色小曲。老拱们唱小曲的声音,鲁迅都是用"呜呜"来形容的。"老拱挨了打,仿佛很舒服似的喝了一大口酒,呜呜的唱起小曲来";"夏天夜短,老拱们呜呜的唱完了不多时,东方已经发白";"只有阿五还靠着咸亨的柜台喝酒,老拱也呜呜的唱"。用"呜呜"来模拟老拱的声音,可能是如周遐寿所说:"老拱的名字却含有意义,这就是说猪猡。鲁迅常说起北方老百姓的幽默,叫猪作'老拱',很能抓住它的特色,想见咕咕的叫着用鼻子乱拱的神气。"①形象感应该说是极强的。意味深长的是文本的结尾:"另有几条狗,也躲在暗地里呜呜的叫。"让人和动物共用同一个象声词语,猪一般无赖的"呜呜"声与狗相仿,谐谑中蕴含着对丑恶现象的鞭挞,堪称鲁迅的一大妙笔。

《阿Q正传》中的"嚓",象征意味也是极为明显的。阿Q最初的"嚓"声,震耳欲聋,而其得意是源于辛亥革命开始时对农村阶级关系的震动,说明农民并不缺乏革命的热情;然而,革命的领导者非但没有支持和引导农民积极参与进来,反而接受了农村中反动势力对革命的投机,让一帮投机者把守农民跨入革命的门槛,以致阿Q的"嚓"声渐渐变调、变弱,最终成了自己走入法场的伴奏,"这是绕到法场去的路,这一定是'嚓'的去杀头"。连续不断的"嚓、嚓"之声似不绝于耳的警铃,伴随着阿Q由中兴而末路的人生之途,也由弱而强地引起人们对资产阶级领导的辛亥革命的深刻思考。

在鲁迅小说的颜色系列中,一些颜色词语使用频繁,十分醒目,构成了一些作品的基本色调,具有明显的象征意义。如《狂人日记》的主色调为冷色,出现的色彩词语以"青"为主:"前面一伙小孩子,也在那里议论我;眼色也同赵贵翁一样,脸色也都铁青。""那青面獠牙的一伙人,便都哄笑起来"。"一到说破他们的隐情,那就满脸都变成青色了"。同时辅之以"白"、"黑":"他们的牙齿,全是白厉厉的排着";"黑漆漆的,不知是日是夜"。"白厉厉"是绍兴方言,专指牙齿白而密的样子。②作者借患有"迫害狂"病症的狂人之眼之口,

---

① 周遐寿:《鲁迅小说里的人物》,北京:人民文学出版社,1957年,第19页。
② 参见倪大白《鲁迅著作中方言集释》,沈阳:辽宁人民出版社,1978年,第5页,57页。

展示了一幅令人不寒而栗的吃人图。作者用笔寓意深刻,道出了封建阶级虚伪而残忍的吃人本质。而"黑漆漆"反映出的则是浓黑一片的人吃人的封建制度。"不知是日是夜"的感觉正可以作为"暗无天日"的注脚,而"暗无天日"所带给人的形象画面是没有任何亮点的。全篇中唯一出现的暖色调"红",也是与滴滴下落的鲜活的人血紧密联系在一起:"狼子村现吃;还有书上都写着,通红斩新。"黑格尔认为,颜色"宜于表现观念性较强的内容"①这一组表现阴冷色彩的词语聚集,配合了作品意在突出的揭露封建制度人吃人的主题,以极富象征意味的渲染与描写,借助人们对色彩的习惯联想,由表及里地暴露了吃人者的可怖嘴脸及魑魅魍魉横行的世界的阴森可怕。

鲁迅小说文本的象征意义,有许多学者作过研究,但是这些研究旨在揭示一部作品的主题或某些特别意象蕴含的象征意义,象征是作为一种艺术手法而引起研究者关注的。如《狂人日记》中的"吃人"、《药》中的"人血馒头"、《长明灯》中的"长明灯"等都属于典型的象征性意象,是成功运用象征艺术手法的范例。这里通过形象色彩词语的意义解读,我们发现许多符号化了的形象色彩词语,在鲁迅小说文本中同样寄寓着深刻的意义,是一种象征性的形象符号。这种形象色彩词语的象征性,实际上是将艺术表现的象征手法,延伸到词语运用层面而获得的。从这个意义上来说,某些修辞研究者主张"象征"也是一种修辞方法是颇有道理的。②

鲁迅小说文本中形象色彩词运用的这些特色,既反映了鲁迅文学创作的审美观,也表现了他的文学语言价值观和独特的个性风采。鲁迅对文学语言有着明确的价值取向。他认为:文学语言应该"博采口语","将活人的唇舌作为源泉",必要时也可以"在旧文中取得若干资料,以供使役";③"力避行文的唠叨",④追求简洁明了。这种价值取向使他在中国现代文学语言的变革和创造上享有崇高的地位。他的小说文本中对形象色彩词的运用,总体上符合他的文学语言价值观,也体现了他对文学语言的审美追求。在论述中国文字文学的形成时,鲁迅认为:"其在文章,则写山曰峻嶒嵯峨,状水曰汪洋澎湃;

---

① [德]黑格尔:《美学》第 3 卷(上册),北京:商务印书馆,1981 年,第 236 页。
② 参阅[新加坡]林万菁《论鲁迅修辞:从技巧到规律》,香港:万里书局,1986 年,第 311 页。
③ 鲁迅:《写在〈坟〉后面》,《鲁迅全集》第 1 卷,北京:人民文学出版社,1981 年,第 286 页。
④ 鲁迅:《我怎么做起小说来》,《鲁迅全集》第 4 卷,北京:人民文学出版社,1981 年,第 512 页。

蔽荟葱茏,恍逢丰木;鳟鲂鳗鲤,如见多鱼。故其所函,遂具三美:意美以感心,一也;音美以感耳,二也;形美以感目,三也。"①对中国古代书面文学"三美"的艺术总结,形成了他品评古代文学作品和指导自身创作实践的审美标准。形象色彩词在鲁迅小说文本中的丰富表现和创造性运用,正是鲁迅追求文学语言具备"意美"、"音美"和"形美"等美感特征的结果。

有学者指出:"对鲁迅文学文本进行真正语言学上的,——特别是现代语言学上的研究,到目前为止,几乎可以说还是一片空白。""而真正的语言学研究,作为文学的内部研究之一的'语言——文学'研究,应当是确实在'语言'——'文学'的两相构造中来研究两者的关系,真正把语言作为文学的构成材料来对待和研究"。②本文对鲁迅小说形象色彩词语运用特色的分析,虽然还是初步的,但至少可以证明,从语言层面解读文本,是一条可以通达鲁迅小说世界的路径。鲁迅的研究者、欣赏者和希望从鲁迅作品中有所借鉴的创作者,如果继续沿着这条路探索下去,我们相信会获得更大的收获。

---

① 鲁迅:《汉文学史纲要》,《鲁迅全集》第9卷,北京:人民文学出版社,1981年,第344页。
② 彭定安:《二十一世纪的鲁迅研究预想》,《鲁迅研究月刊》,1999年第12期。

鲁迅小说的体态词语解读[①]

体态语言学研究表明,在言语交际活动中,"包括身体动作、面部表情、空间利用、触摸行为、声音暗示、穿着打扮和其他装饰品等内容"的非语言形式的体态语,[②]较之语言形式的言语表达具有更加直观的信息传递功能和更为鲜明的形象色彩。"没有任何语言比人体语言更能表达人的个性"。[③]但文学文本的特殊性决定了创作者与阅读者、审美主体与审美客体间的交流只能是间接的,必须通过词语符号这个语言的中介物来进行。作为以人为中心的小说创作,对现实中最能展现人物举止风貌、情感心理的活生生的形体语言,只能通过词语符号形式来间接表现。"体态形貌"在这里不仅是小说描写的对象,而且也是一种传递语言信息的符号系统,人物在现实生活中的体态语在文本形态中相应转换为体态词语。因此,"体态词语"是现实体态语的符号转换形式。在小说创作中,体态词语不仅是创作者构筑一个绘声绘色、具体可感的艺术世界的基本材料,同时也是引发审美者无限联想,并进入这个艺术世界的醒目路标。

鲁迅小说文本中的体态词语十分丰富且特色突出,为我们提供了广阔的解读空间。就分布而言,鲁迅小说中的体态词语,反映了汉民族体态动作的各个方面,尤以表现面部表情和身体动作的最为常见。如面部表情类体态词语便囊括了颜面肌肉变化、哭、笑、眼、眉、睫毛、牙(齿)、口、舌、鼻、耳等动作多种,特别以表现颜面肌肉变化和眼睛动作的最丰富。身体动作类中以头部

[①] 原载《文学评论丛刊》,第6卷2期,2003年。
[②] [美]朱迪.C.皮尔逊:《如何交际》,长沙:湖南人民出版社,1987年,第87页。
[③] [美]朱利·法思特:《人体语言》,上海:上海文化出版社,1988年,第42页。

动作和手部动作多见,包括点头、摇头、低头、探头、伸头、抬头、磕头、歪头、昂头、回头;拱手、摇手、缩手、背手、牵手、松手、捏拳、屈指、掐指、伸指、叉腰等多种形式。就运用而言,鲁迅小说文本中的体态词语的使用也反映了"以传情性体态为主体","同义体态较为丰富","发挥体态动作的综合效应"等汉民族体态语的主要特点。① 创作者总是尽可能地用最恰切的语言符号来还原创作主体意在反映的真正属于审美客体的形体动作,并引导审美主体由此走入人物的内心世界。就我们初步的解读来看,鲁迅小说体态词语的运用非常具有特色和创新性,既反映了他的文学创作审美观,也表现了他的文学语言价值观和独特的个性风采。

一、特征体态的鲜明展示

鲁迅小说中反映人物外貌的体态词语运用,往往抓住人物富有象征性意义的体态特征,提炼或赋予其独特的意义,使其成为展示人物性格特征的形象"标示"。"癞头疮"是阿Q形象塑造中不可或缺的体态词语。鲁迅通过人物这一典型的外部形态特征的生动描写,充分展示其内在的性格特征。作者用不无调侃的笔调、漫画似的手法,将这个特征勾勒出来:"最恼人的是在他头皮上,颇有几处不知起于何时的癞疮疤。"阿Q也为自己的癞疮疤遗憾,以致"讳说'癞'以及一切近于'赖'的音"。然而,当别人有意犯讳取笑,而自己又反抗失败时,他的精神胜利法发挥作用了,"'你还不配……'这时候,又仿佛在他头上的是一种高尚的光荣的癞头疮,并非平常的癞头疮了"。"癞头疮"的描写及处理,紧扣人物的性格塑造,于不经意中蕴藏着作者的艺术匠心。与阿Q的"癞疮疤"描写相类似的还有高老夫子眉棱上"尖劈形的瘢痕"、祥林嫂"额上的伤疤"等等。这些与外貌相关的体态词语所显示出的形状、体态,一般是为词语所代表的本体所固有的。有些虽不为本体所固有,但它在人物描写的过程中,是以相对稳定而突出的外形特征而存在的,如长衫、银圈之类与服饰打扮相关的词语。"孔乙己是站着喝酒而穿长衫的唯一的人"。咸亨酒店的"长衫主顾"属于"要酒要菜,慢慢地坐喝"一族。而只能如

---

① 杨晓黎:《鉴貌辨色意在言外——从成语看汉民族的体态语》,见胡文仲主编:《文化与交际》论文集,北京:外语教学与研究出版社,1994年,第386—394页。

"短衣帮"们花一文钱买碟茴香豆下酒的孔乙己,却不愿脱下带有读书人象征的"长衫",从而成为酒店中的另类。"长衫"是孔乙己穷酸性格塑造上不可忽视的重要一笔。而《故乡》中"项带银圈"的少年闰土,代表了童年生活的美丽,也衬托出 20 年后"多子,饥荒,兵,匪,官,绅"层层逼迫下的中国农民的深重灾难。

在对同一类型人物或具有同一心理的人物形象塑造方面,鲁迅小说体态词语的运用往往形成了一些较为常见的典型模式。如"恭恭敬敬"的举止神态、挺直了身子的躯干动作,在鲁迅小说中常被用做修饰性状语,展现身份低微的人在有一定社会地位或比自己地位略高的人物面前所表现出的尊崇、恭顺的模样,如对城里来的七大人,答话时"赶忙挺直了身子,必恭必敬"的尖下巴少爷(《离婚》),假洋鬼子发表演讲时"挺直的站着"、"必恭必敬的听说话"的赵白眼和三个闲人(《阿Q正传》);"拱手"且常伴随着弯膝动作的,则用来表现有封建遗老气味的人物,如"一以国粹为归宿"的贤良女校教务长万瑶圃与新国粹主义者高老夫子见面时,"万瑶圃连连拱手,并将膝关节和腿关节接连弯了五六弯……础翁夹着皮包照样地做",当高老夫子逃离课堂后与毛家大儿子等见面时,也是"满屋子的手都拱起来,膝关节和腿关节接二连三地屈折";"踱"的动作除描写慢步行走的样子外,还附加有一本正经的信息,常为一帮有身份地位且自视颇高的人物发出。如"踱到烛台面前"的假道学四铭(《肥皂》)、"踱出门外"查看祥林嫂被劫情况的四叔(《祝福》)、"踱开去"打量阿Q的赵太爷,以及"踱进店面隔壁的房子里,要酒要菜"的长衫主顾(《孔乙己》)。再如落魄失意者吕纬甫与孔乙己都有"乱蓬蓬"的须发,同样失去了儿子的华大妈和夏瑜母亲都有"半白头发",《孔乙己》中的小伙计和《在酒楼上》的堂倌共有一副"懒懒"的腔调;自以为是的封建卫道者七大人(《离婚》)、郭老娃(《长明灯》)说话时总喜欢"慢慢"开口;而受过新思想影响的"疯子"(《长明灯》)、魏连殳(《孤独者》)、子君(《伤逝》)等的双眸中偶然迸射出的那"闪闪"的光,等等。典型的模式化的体态词语,使得鲁迅小说人物既就班别类又独具风采。

对不同类型的人物,鲁迅总是恰如其分地选择仅属于表现其个体的体态词语,从而使人物形象更为鲜明。四婶、卫老婆子、祥林嫂是《祝福》中属于不同阶层的妇女形象。作者在描写她们说话的神态时,选用了三个不同的词语表现形式:"愤愤"、"絮絮"、"切切"。高高在上的四婶埋怨卫老婆子荐人不当时是"愤愤的说";卫老婆子再次举荐祥林嫂时是"絮絮的对四婶说";而祥林嫂渴望从"我"口中证实她对神权的怀疑时则是"极秘密似的切切的说"。它们在同篇中分别用于刻画不同的人物性格,展示各异的神态举止,给人以如闻其声、如见其人的感觉。再如同是女性的发式,新潮的女学生们是"蓬蓬松松的头发"(《高老夫子》),《幸福的家庭》中的时髦少妇也是"前头的头发始终烫得蓬蓬松松像一个麻雀巢",而女佣"老妈子"则是"头上梳着的喜鹊尾巴似的'苏州俏'"(《示众》),既给人以贴切生动的视觉感受,又不无真实地传递了有关人物生存状态和心理状态的信息。

鲁迅小说的体态词语运用,紧扣各色人物,摹形写态无不反映出人物的心理和性格特征,使人物的内心世界以鲜明的体态语言展现出来,从而"活"在读者面前。

二、不谐之谐的奇妙组合

谐调是语言运用和修辞的原则之一。所谓"谐调",强调的是词语搭配组合、词语选择与题旨情境的和谐一致。谐调的词语组合,符合人们习惯的审美标准。但是,体态语言学研究发现,在交际活动中,有声语言信息和体态语传递的信息有时是一致的,有时则并不一致。在小说文本中将这种不一致的体态词语信息细致入微地表现出来,往往构成语言描写和体态词语运用的"失调"。合理运用这种不谐调,就会产生文本理解的独特效果,使得小说语言的表现力大为增强,信息传达的方式更为多样,内涵更加丰富。

鲁迅小说体态词语的运用,或直接描写"言行的不一",在看似违背词语组合的原则中产生一种出人意料的艺术效果。

"你现在也还是粉嫩粉嫩……"方头说。"放你妈的屁!"灰五婶怒目的笑了起来。(《长明灯》)

直到她说到呜咽,她们也就一齐流下那停在眼角上的眼泪,叹息一番,满足的去了,一面还纷纷的评论着。(《祝福》)

"怒目的笑了起来"描画的是茶馆女主人灰五婶与年轻人调笑时的神态。开心的"笑"与表示生气状的"怒目"看似不协调地搭配在一起,生动有趣地展示了一幅佯怒实喜、喜以怒现的写真图。而"特意寻来"听祥林嫂悲惨故事的鲁镇人们,"满足的去了"且兴犹未尽地"评论",与伴随着的"眼泪"、"叹息"相互映照,更突出了周围人们的无聊与冷漠。类似的例子再如当阿Q说自己已不在举人老爷家帮忙时,"听的人都叹息而且快意"的未庄人们。此外,《狂人日记》中不乏笑的描写。写一伙欲吃人者,若能"逼我自戕……他们没有杀人的罪名,又偿了心愿,自然都欢天喜地的发出一种呜呜咽咽的笑声"。这里的"呜呜咽咽"让人瞩目,因为"呜呜咽咽"所修饰的是令人愉悦的"笑声",而且是在"欢天喜地"的状态下发出的。作者这种超常搭配引人注目,入木三分地揭露出吃人者的虚伪与丑恶,并引起善良人们的高度警惕。类似的如"其中最凶的一个人,张着嘴,对我笑了一笑",对大哥谈到吃人心肝可以壮胆的狼子村佃户,"笑吟吟的睁着怪眼睛看我","有的是仍旧青面獠牙,抿着嘴笑"。突破常规的词语搭配组合,人物体态传递的真实信息,伴随着令人悚然、心悸的"笑",给审美主体带来的心灵震撼是显见而巨大的。再如与"我"相见时,"脸上现出欢喜和凄凉的神情",而"态度终于恭敬起来了"的闰土(《故乡》),让人读出了善良而悲苦的中国农民的无奈!

或在独特的情境中,通过体态词语的不谐,强化视觉与心理感受,从而表现人物的独特生存和心理状态。

即使在坐中给看一点怒色,她总是不改变,仍然毫无感触似的大嚼起来。(《伤逝》)

老拱挨了打,仿佛很舒服似的喝了一大口酒,呜呜的唱起小曲来。(《明天》)

涓生对子君开始不满,并出现了微愠之色。但子君似乎毫无反应,只陶醉于自己所建立的功业——"每日的'川流不息'的吃饭中"。"嚼"本是一个普普通通的动词,但当它用于描写一个柔弱文静的女子吃态时,一幅因不和谐而生动鲜明起来的画面便油然产生了。一般讲,体态动作反映了一个人的性格身份,所以当惯常用于某人的体态词语发生了变化,因形式的不和谐而带给人们的视觉冲击更能强化作者意在表现的内容的和谐一体。类似的例子如假道学四铭的一般步态为"踱",晚饭前他也先是"反背着两手在空院子里来回的踱方步",而当他因黑夜的降临感奋起来时,"踱"的步态就无法与其内心"要大有所为"的心境和谐一致了,"他意气渐渐勇猛,脚步愈跨愈大"(《肥皂》)。由"踱"而"跨"的改变,真实生动地反映了人物内心情绪的起伏跌宕。用"呜呜"来形容酒色之徒红鼻子老拱一类唱小曲的声音,是鲁迅颇具匠心的创造。周作人曾撰文说:"老拱的名字却含有意义,这就是说猪猡。鲁迅常说起北方老百姓的幽默,叫猪作'老拱',很能抓住它的特色,想见咕咕的叫着用鼻子乱拱的神气。"[1]意味深长的是文本的结尾:"另有几条狗,也躲在暗地里呜呜的叫。"猪一般无赖的"呜呜"声与狗相仿,谐谑中蕴含着对丑恶现象的鞭挞,堪称鲁迅的一大妙笔。

或通过不同人物体态词语传达信息的鲜明对比来展现人物内心世界。《幸福的家庭》中的主人公"他"是一个贫困的青年作者,为了捞几文稿费维持生活,费尽心机按绅士淑女的口味来构思一个"幸福的家庭"。然而,当他正陶醉于自己的构想时,自己主妇的"两只阴凄凄的眼睛"出现了,这与他硬着头皮又构思下去的"笑迷迷的"理想主妇形成了巨大的视觉反差。而酷似"五年前的她的母亲"的三岁的女儿,此刻也还是"笑迷迷的",但"恐怕将来也就是……两只眼睛阴凄凄的"。作者在《幸福的家庭》中反复、交叉地使用"笑迷迷"、"阴凄凄"这两个都用来形容人的眼睛,但表现的人物内心感受却截然有别的词语来描写他理想中的家庭主妇、现实中的家庭主妇,以及也将长成为家庭主妇的小女儿,采用体态词语间的反差与对比,强烈地突出主人公理想与现实间的差异。

三、形式与意义的隐显呈现

鲁迅小说中体态词语运用的隐显手法,包括结构上的隐显呈现与意义上的明暗表达两种情况。结构上的隐显呈现主要是利用对汉语词汇系统中体态词语凝固形式的突破,来取得一种警奇、鲜明的表达效果,并于变与不变之间表现人物的心态变化。

> 沛君不但坐不稳,这时连立也不稳了……他坐着,却似乎所坐的是针毡。(《弟兄》)

这里描写的体态动作,实际是通过对成语的拆用来完成的。张沛君平日里被同事们视为"兄弟怡怡"的楷模。然而,当怀疑其弟可能患了猩红热,自

---

[1] 周遐寿:《鲁迅小说里的人物》,北京:人民文学出版社,1957年,第19页。

己将面临养活弟弟一家的尴尬境况时,他内心深处的自私自利之念便无法遏制地浮现出来。与其内心的焦虑相映衬,作者连续使用了一组铺衍开来的成语。且看他在等待医生时的情景,"沛君不但坐不稳,这时连立也不稳了","他坐着,却似乎所坐的是针毡","他吃惊,有些失措,吃吃地说",很明显,这里是四字成语"坐立不安"、"如坐针毡"、"惊慌失措"的拆用。突破成语的凝固性结构,铺衍成句,实际形成隐显两种结构。隐结构是成语原来的方式,显结构是经过变形处理的成语。显隐两种结构呈现出的疏与密、松弛与紧凑的反差对比,突出了沛君一反常态的举止、心境,形神毕现地勾勒出人物貌似兄弟情亲,内心却充溢着自私自利。成语的变形使用与人物心态行为的异常变形相映衬,象征意义十分明显。作者以显托隐,显隐交错,利用对原形成语形式的突破,突出并强化作者意在表现的现实性内涵。再如"一见她的眼盯着我的,背上也就遭了芒刺一般"的"我"(《祝福》);因阿Q说"他和赵太爷原来是本家","倒也肃然的有些起敬"的几个旁听人;旁观教员们因索欠薪而被国军打得头破血出之后,竟也"不费一举手之劳的领了钱"的方玄绰;以及"饭菜必须另外叫来,但又无味,入口如嚼泥土"的"我"(《在酒楼上》),"我看出他话中全是毒,笑中全是刀"的狂人等等,其隐结构分别为读者熟悉的"芒刺在背"、"肃然起敬"、"举手之劳"、"味如嚼蜡"、"笑里藏刀"。成语结构上的显与隐,依托于隐结构的习用性。模式化的板块形式虽经拆散后成为一个平平常常的句式,但浮现于读者脑际的仍为不自觉转化而来的原形词语,使超时代的凝固性词语,转化成活生生的现实,并在转化中赋予新的内容,真可谓"化腐朽为神奇"。

意义上的明暗表达指的是作者在描绘人物形象时,使用写实性的白描,通过现实情景中人物神态自然而然的展现,引发审美主体对客观真实性产生主观质疑,从而由表及里地挖掘作者意在表达的真实目的,深化对作品人物的理解与把握。

"怎么死的?——还不是穷死的?"他淡然的回答,仍然没有抬头向我看,出去了。(《祝福》)

"孔乙己,你当真认识字么?"孔乙己看着问他的人,显出不屑置辩的神气。(《孔乙己》)

"淡然"作答的是一个与死去的祥林嫂同属于社会底层的短工,他的"淡然"的神情初始令人惊异,细细审视后却给人以莫大的震撼。两个连续使用的以问代答的句式给我们提供了解读的线索:"还不是穷死的?"因贫穷无助而至死亡,在短工们看来也是天经地义的,他们或许正在重复着祥林嫂的生活轨迹,麻木地听凭命运的摆布并习以为常,让人体察出"心死"之哀。"不屑置辩"表现的是对人的极端轻视。穷愁潦倒的孔乙己意识不到自己实际所处的社会地位,反而轻视别人,显得可笑而又可悲。但应该注意的是,此处对"不屑置辩"的使用其实并非是语言静态系统中贮存着的已知义的简单呈现,而是借助人尽皆知的固显意义来反衬、突出在特定语境中所形成的隐含义。作者采用了镜观的手法,通过反射本体的镜像透视来观照人物自身,洞察人物灵魂。孔乙己不屑于别人,殊不知自己才正是众人不屑的对象。作者把人物尚浑然不觉的一角挑破了给世人看,淋漓中透着不忍,嘲讽里含着悲泪,隐中见显,既展示了作者对人物的矛盾心态,又惟妙惟肖地刻画出了一个备受科举制度摧残的旧知识分子形象。再如《示众》中充满了快意的"笑嘻嘻"的一群看客,吉光屯的孩子们"笑吟吟的"跟着大人们戏弄、敌视封建礼教的叛逆者疯子,都让读者读出了深埋在字里的悲哀,油然生发出一种欲笑无由、欲哭无泪的锥心之痛。

四、视觉功能的形象强化

具象性是东方民族的思维特点。属于形象思维范畴的由联想和想象而形成的比喻,具有使事物描写形象化的特殊功能。当比喻与本身便为诉诸视觉的体态词语配合使用时,体态词语的形象感与生动性就会得到强化。在体态词语前后加上形象化的比喻,以强化体态词语的视觉功能,是鲁迅小说文本中常见的写作手法。

  他流下泪来了,接着就失声,立刻又变成长嗥,象一匹受伤的狼,当深夜在旷野中嗥叫,惨伤里夹杂着愤怒和悲哀。(《孤独者》)
  他一出门,就放开脚步,象木匠牵着的钻子似的,肩膀一扇一扇地直走。(《高老夫子》)

"象一匹受伤的狼"是描写魏连殳在祖母丧仪上的痛哭之状。作者运用了比喻的手法,把魏连殳的失声长嗥,比作旷野中一匹受伤的狼,惨烈而悲愤。而"象木匠牵着的钻子似的"走姿,则形象逼真地显现了表面学贯中西,内里不学无术的高老夫子第一次去女校上课时紧张却故作矜持的心态。再如写到柳妈探问祥林嫂额角伤疤的来历时,"柳妈的打皱的脸也笑起来,使她蹙缩得象一个核桃"(《祝福》)。"蹙缩得象一个核桃"的笑脸,足以让人们想象一个老妇人的诡谲而快意的神态。他如"两手搭在髀间,没有系裙,张着两脚,正象一个画图仪器里细脚伶仃的圆规"的杨二嫂;"胖到象一个汤圆"的毛家大儿子(《高老夫子》);"连嘴都张得很大,象一条死鲈鱼"的瘦子(《示众》);"蓬头散发的象一个刘海仙"的假洋鬼子(《阿Q正传》),"又粗又笨而且开裂,象是松树皮了"的中年闰土的手,"惴惴的,有如在白天出穴游行的小鼠;否则呆坐着,直是一个木偶人"的祥林嫂(《祝福》),以及"很象久饿的人见了食物一般,眼里闪出一种攫取的光"的夜行人(《药》)等等。人物的形貌体态,经过喻体的形象强化,更为醒目地呈现出来。

此外,鲁迅小说中还有不少直接运用比喻构成的体态词语。"××脸"便是一个较常出现的写人模式。如"猫脸"、"弥勒佛似的更圆的胖脸"(《示众》),"死尸似的脸"(《祝福》),"蟹壳脸"(《离婚》),"三角脸"(《长明灯》),"瓜子脸"(《在酒楼上》),"阎王脸"(《端午节》)等等。其他如"花白的鲇鱼须"、"樱桃似的小嘴唇"(《长明灯》),"钩刀样的脚"(《离婚》),"钩刀般的鞋尖"(《示众》),"死鱼似的眼睛"(《孤独者》),以及"仿佛是木刻似的"祥林嫂的面部表情和中年闰土"仿佛石象一般"的神态。这些修辞方式的运用使特定环境中人物形象的某种状态,得到生动、形象、逼真的表现。

采用描摹性手法加强体态词语的形象性,在鲁迅小说中也有突出的表现。鲁迅所使用的描摹性手法,包括摹形、摹声、摹色等。

  穿的是新夹袄,看去腰间还挂着一个大搭连,沉甸甸的将裤带坠成了很弯很弯的弧线。(《阿Q正传》)

  爱姑便坐在他左边,将两只钩刀样的脚正对着八三摆成一个"八"字。(《离婚》)

  好容易才捉到一个中的,恨恨的塞在厚嘴唇里,很命一咬,劈的一声,又不及王胡响。他癞疮疤块块通红了⋯⋯(《阿Q正传》)

"很弯很弯的弧线"、"八"字形的脚姿,都是对客观存在的实物的描摹,在修辞方式中被摹写的本体与摹体间形状相同或类似,能给人以直观形象的感受。类似的例子如"两块肩胛骨高高凸起,印成一个阳文的'八字'"的小栓(《药》)等等。"劈的一声"是阿Q对王胡捉虱子时"放在嘴里毕毕剥剥的响"不服气而发出的更为用力的声响,是只属于阿Q的"勋业"之一。鲁迅善于使用摹声的手法,使他的小说文本充满了声响,诸如"咿咿呜呜"的念书声(《端午节》),"叽叽咕咕"的说外语声(《肥皂》),"咿咿呀呀"的唱戏声,"吃吃"、"嘻嘻"的窃笑声(《高老夫子》)。在这此起彼伏的音响声中,"～的一声"也是鲁迅喜欢使用的表达方式。如阿Q遭假洋鬼子打时"拍的一声"、被秀才打时"蓬的一声"、临刑前"耳朵里嗡的一声",以及七大人打喷嚏时"呃秋的一声响"(《风波》),无不给人以如闻其声的感觉。而"癞疮疤块块通红了"则是运用摹色的方法,即如实描摹客观物体的颜色。比如《伤逝》中子君的面色变化。子君开始出现时,是"带着笑涡的苍白的圆脸";当"我"向她求爱时,"她脸色变成青白,后来又渐渐转作绯红";同居后,"子君竟胖了起来,脸色也红活了"。可当"我"表示已不再爱她时,"她脸色陡然变成灰黄,死了似的"。"苍白→青白→绯红→红活→灰黄",颜色词语的逼真摹写,概括了人物从朦胧而无畏地冲出封建牢笼到理想破灭,感到绝望后的心理变化。

  鲁迅还通过同一个体态词语的反复强化来增加体态词语的形象功能。《明天》中的单四嫂子因失去了唯一的爱子而陷入无以自救的悲惨境地。"单四嫂子的眼泪宣告完结了,眼睛张得很大"。夜深了,"单四嫂子张着眼,总不信所有的事"。天亮了,"单四嫂子张着眼,呆呆坐着"。昼夜轮回,单四嫂子的眼睛始终"张着",她看到了什么?她又能看到什么呢?作者采取重复使用同一个体态词语的方法,提示人们:等待单四嫂子的只能是祥林嫂已经身体力行的一切,吃人的社会正张开了它的血盆大口!再如"怒目而视"是阿Q在受人欺负后,最常采用的体态动作。当意识到还口还手总是吃亏时,他"渐渐地变换了方针,大抵改为怒目而视了"。当闲人取笑他的癞头疮时,"他怒目而视了";怀疑男女间有什么勾当,他也"为惩治他们起见,所以他往往怒目而视"。阿Q自卑却也自尊,他的胸中常常满怀着不平之气,但他反抗的方式却又是那般可怜,所能采取的只能是敢怒而不敢言的"怒目主义"。尽管如此,"怒目而视"仍是阿Q性格中闪光的一面,更是其灵魂尚可拯救的证明。鲁迅抓住了这弥足珍贵的微弱光点,用悖于常规的方法反复使用,目的便在于挖掘并发扬光大阿Q作为贫苦农民反抗压迫的本质一面,从而唤起世人疗救民族痼疾的热情。此外,子君那"苍白的圆脸,苍白的瘦的臂膊"(《伤逝》),相同的色彩词语都是反复出现,从而增添了作品人物形象的色彩意蕴。

鲁迅也善于铺排使用动感强烈的词语,通过成组动词密集型连贯排列,将人物的动作行为成系列地呈现出来,使体态词语的形象功能发挥到了极致。

> 那人一只大手,向他摊着;一只手却撮着一个鲜红的馒头……老栓还踌躇着;黑的人便抢过灯笼,一把扯下纸罩,裹了馒头,塞于老栓;一手抓过洋钱,捏一捏,转身去了。(《药》)

"摊、撮、抢、扯、裹、塞、抓、捏"等本身就是动感很强,极易构成形象画面的动词。当它们连续地出现,反复作用于审美客体时,刽子手康大叔的贪婪、残忍,通过动词群所显示的系列体态动作便暴露无遗了。此外,当阿Q遇见小尼姑时,"他迎上去,大声的吐一口唾沫……伸出手去摩着伊新剃的头皮……扭住伊的面颊……再用力的一拧,才放手"。"迎、吐、摩、扭、拧"等极富动感的词语,集中展现了阿Q的二流子气及惧强凌弱的劣根性。再如《祝福》中卫老婆子描述的"用绳子一捆,塞在花轿里,抬到男家,捺上花冠,拜堂"的祥林嫂再嫁场面,强烈的形象色彩因"捆、塞、抬、捺、拜"等一组动词的鱼贯出现而得以鲜明展现。

体态词语在小说文本的创作中,直接地体现为人物形象的描写,是人物现实体态语的符号再现。因此,体态词语以其构词理据的独特性而成为小说文本呈现的言语链中最重要的一环。从现代语义学方法和观点出发,"体态词语"这个概念的运用,不仅使非语言形式的体态语合理地进入文学语言的解读视野,而且也从根本上维护了由语言层面解读文本的一致性原则。鲁迅小说体态词语的运用,为我们利用这个原则解读小说文本提供了一个范例。作为现代文学大师的鲁迅,他在文学语言方面取得的成就和经验值得我们做全面的总结和研究。上文对鲁迅小说体态词语的解读表明,鲁迅不仅善于运用文学语言的一般规律,生动形象地描写各色小说人物,而且尤其善于利用体态词语的独特性,将各色人物的性格、命运和心理活动直观而醒目地展示出来,创造性地将现实体态语汇转化为文学创作的有效手段,并赋予它们深刻而丰富的内涵。我们有充分的理由相信:通过对鲁迅小说体态词语的解读,可以从一个新的角度加深对鲁迅及其作品人物的理解。

鲁迅小说的颜色词语论析[①]

鲁迅小说包括了现代汉语的基本颜色词系列：黑、白、红、黄、绿、蓝、青、灰、紫。作者恰似一个高明的绘画大师，目光敏锐地观察现实中千差万别的颜色，如臂使指地调动各种"色彩"，再化为他小说语言中一个个记录描写不同颜色的词语，从而达到展现各色各样的艺术情景，描绘千姿百态的人物形象的目的。

颜色词语在鲁迅的小说文本中形成了一个规模颇大的形象色彩义类聚。通过对鲁迅小说颜色词语的解读，我们认为颜色词语所蕴含的形象色彩在鲁迅的小说文本中主要是通过三种途径获得的：一是由颜色语素与其他语素共同构成复音节的颜色词语，通过语素组合后产生的色彩细微差异，生动显现所描绘对象的具体特征；二是借助特定的语境，通过颜色词语现时或历时的动态变化来揭示人物的心理、性格及命运的发展和变化；三是利用颜色词语的对比和铺排构成作品基本色调，以营造独特的艺术情景或表达某种象征意义。本文将从这三个方面，对鲁迅小说文本中的颜色词语进行讨论分析。

一

一般讲，孤立的单音节的颜色词本身，虽然是色彩的语言符号表现形式，但蕴含的文学形象色彩义却是有限的。鲁迅在小说文本创作中往往以单音节的颜色语素为主体，通过与其他语素组合，构成复音节的颜色词语，从而增强其形象色彩意蕴。颜色词语的构造方式在鲁迅小说文本中主要表现为：

[①] 原载《南开学报》(哲学社会科学版)，2003年4期。

1. 形容语素+颜色语素

淡黑、灰黑、昏黑、花白、洁白、灰白、青白、惨白、斑白、鲜红、大红、淡黄、灰黄、暗绿、嫩绿、深蓝,等等。

2. 实物语素+颜色语素

乌黑、漆黑、雪白、月白、血红、松花黄、土黄、金黄、银白、铁青、碧绿、墨绿、葵绿,等等。

3. 单音节颜色语素+重叠的后加成分

黑漆漆、黑沉沉、乌油油、白厉厉、白皑皑、红焰焰、黄澄澄、黄焦焦、绿莹莹,等等。

颜色语素在现代汉语词汇系统中的组词能力很强。鲁迅小说中丰富的颜色词语构造方式,为作者发掘利用汉语颜色词语提供了多种可能,使作者在文学创作中能得心应手地选词择语,挥洒自如地描绘出色彩斑斓的艺术世界。如在颜色语素前加上包括形容语素与实物语素在内的修饰性语素,可以生动表现基于中心色的某些细微变化,是鲁迅经常选用的语言材料。例如"白"是鲁迅喜欢使用的颜色类型,在他的小说文本中用于描写人物面部颜色的便有白而发黑的"青白"、白而发青的"苍白"、白而发暗的"惨白"、白而发灰的"灰白"等等:被封建科举制度毁了一生的孔乙己是"青白脸色"(《孔乙己》);颓唐落伍,只能找份家教勉强糊口的吕纬甫是"苍白的长方脸"(《在酒楼上》);在儿子坟前的夏四奶奶有着"惨白的脸"(《药》);而16次县考再次落榜后的陈士成则是"脸色越加变成灰白"(《白光》)。同样为没有血色的"白","青白脸色"让人读出了孔乙己的贫寒与忧郁,"苍白的长方脸"显示了吕纬甫的艰难与辛酸,"惨白的脸"映照着夏四奶奶的悲凄与哀怨,"脸色越加变成灰白"则生动刻画了陈士成的绝望与正在承受着的心灵的熬煎。在鲁迅笔下,"颜色在表现所选对象的全部个别特殊细节方面,有着最广阔的发挥作用的场所"。① 除了表现面部颜色,以"白"为主体语素构成的词语"花白"、"斑白"、"灰白"等还常用来描写不同人物发须颜色的差异,如陈士成那"斑白的短发"(《白光》)、孔乙己"乱蓬蓬的花白的胡子"、秃头看客"耳朵左近还有一片灰白色的头发"(《示众》)等等,都为人物形象的塑造添上了引人注目的一笔。而身着"月白背心"的祥林嫂(《祝福》)、三太太买给孩子们看的"雪白的

---

① [德]黑格尔:《美学》第3卷(上册),北京:商务印书馆,1981年,第236页。

小兔"(《兔和猫》)、单四嫂子等候天明时窗缝里透进的"银白色的曙光"(《明天》)等等,则分别选用了"月"、"雪"、"银"等名词性修饰成分,使"白"色与具体物象相结合,既准确区别了同一色彩的细微差异,又给人以鲜明生动的视觉感受。

上举第三种构造方式,由一个单音节颜色语素 A,加后缀 BB 重叠而成的颜色词,是汉语形容词的生动形式,其形象意味较为突出。

(1)我看出他话中全是毒,笑中全是刀,他们的牙齿,全是白厉厉的排着,这就是吃人的家伙。(《狂人日记》)

(2)黑漆漆的,不知是日是夜。赵家的狗又叫起来了。(《狂人日记》)

"白厉厉"是绍兴方言,专指牙齿白而密的样子。① "单音节形容词 A 与后缀 BB 的搭配是习惯性的。不同的方言有所不同,不同的人也有所不同"。② 这里,作者借患有"迫害狂"病症的狂人之眼之口,描绘了一幅令人不寒而栗的吃人图。作者用笔寓意深刻,道出了封建阶级虚伪而残忍的吃人本质。"黑漆漆"的一般形式为"漆黑",形容非常黑、很暗的样子。转化为其生动形式"黑漆漆"后,形容词原有的语义内涵得以更为形象地表现,极为逼真地描绘出狂人所处的暗无天日的险恶环境。

后缀重叠式颜色词语在鲁迅小说中有着广泛而创造性的运用。如"屋里面全是黑沉沉的"狂人住所(《狂人日记》)、老栓取药时"黑沉沉的一无所有"的街面(《药》)、单四嫂子屋里照着宝儿脸的"黑沉沉的灯光"(《明天》)、吉光屯社庙正殿供奉着的"绿莹莹"的长明灯(《长明灯》)、阿Q想入非非时照着他张开的嘴的"红焰焰"的烛光(《阿Q正传》)、陈士成掘宝时照例出现的"黄澄澄的细沙"(《白光》)、乡绅地主七大人吸食白面后"黄焦焦"的鼻孔(《离婚》)、魏连殳入棺时不知道是什么品级的"金闪闪的肩章"(《孤独者》)、"我"顺访S城时旅馆外"白皑皑的绝无精彩"的天,以及水乡两岸"乌油油"的结实的罗汉豆(《社戏》)等等,这些ABB式色彩词语较原形词语更富有表现力,在人物和情景的描绘中被赋予鲜明的形象色彩。

---

① 参见倪大白:《鲁迅著作中方言集释》,沈阳:辽宁人民出版社,1978年,第5页。
② 吕叔湘:《现代汉语八百词》,北京:商务印书馆,1999年,第716页。

二

  颜色词的形象意义不仅表现为对现实世界的艺术再现,而且颜色总是因情境而变化的。在独特的艺术情境中,色彩的细微变化往往可以直观而深刻地反映人物心理、性格和命运的变迁。鲁迅小说颜色词语的运用,尤能体现出作者在这个方面的独特之处。通过一组颜色词的使用展现人物面部的瞬间变化,进而揭示人物内心世界的变化流程,是鲁迅小说文本中经常使用的手法。

  (3)孔乙己是站着喝酒而穿长衫的唯一的人。他身材很高大,青白脸色……他们又故意的高声嚷道:"你一定又偷了人家的东西了!"……孔乙己便涨红了脸,额上的青筋条条绽出……孔乙己喝过半碗酒,涨红的脸色渐渐复了原,旁人便又问道,"孔乙己,你当真认识字么?"孔乙己看着问他的人,显出不屑置辩的神气。他们便接着说道,"你怎的连半个秀才也捞不到呢?"孔乙己立刻显出颓唐不安模样,脸上笼上了一层灰色。(《孔乙己》)

  孔乙己是一个备受科举制度摧残却仍恪守儒家信条的旧知识分子形象。病态的"青白脸色",是其穷愁潦倒的标志。"没有法,便偶然做些偷窃的事"。可一旦被人当众揭破,"君子固穷"一类的说教便强烈地刺激着他,"涨红"的脸,反映了他痛苦而无奈的心路历程。他在无望的社会里借助酒精麻醉自己尚未泯灭的良善,以至半碗酒下肚,"涨红"的脸色又渐渐复了原,变为没有血色的"青白",甚至对调侃他的人显出了不屑置辩的神情。直到问话的人穷追猛打,直逼他内心最怕揭破的一角时,用酒精筑起的防线才轰然倒塌,"脸上笼上了一层灰色"。这里,作者使用了一组表现面色变化的色彩词语,"青白→涨红→青白→灰色",细致入微地显露了人物微妙而复杂的内心世界。而长时间不见后再次出现的"脸上黑而且瘦,已经不成样子"的孔乙己,更为审美主体的想象留下了巨大的空间。再如《伤逝》中子君的面色变化。子君开始出现时,是"带着笑涡的苍白的圆脸";当"我"向她求爱时,"她脸色变成青白,后来又渐渐转作绯红,——没有见过,也没有再见的绯红"。同居后,沉醉于安宁和幸福的"子君竟胖了起来,脸色也红活了"。可当"我"表示已不再爱她时,"她脸色陡然变成灰黄,死了似的"。"苍白—青白—绯红—红活—灰黄",概括了人物从朦胧而无畏地冲出封建牢笼到理想破灭后深感绝望的心理变化。

鲁迅还善于用颜色词语描摹人物面色的阶段性变化,从而表现小说人物的人生变化轨迹。

(4)虽然我一见便知道是闰土,但又不是我这记忆上的闰土了。他身材增加了一倍;先前的紫色的圆脸,已经变作灰黄,而且加上了很深的皱纹;眼睛也象他父亲一样,周围都肿得通红。(《故乡》)

(5)有一年的冬初,四叔家里要换女工,做中人的卫老婆子带她进来了,头上扎着白头绳,乌裙,蓝夹袄,月白背心,年纪大约二十六七,脸色青黄,但两颊却还是红的。(《祝福》)

(6)她仍然头上扎着白头绳,乌裙,蓝夹袄,月白背心,脸色青黄,只是两颊上已经消失了血色。(《祝福》)

"我"一别故乡20余年,儿时的伙伴闰土成了游子时时忆起的"美丽的故乡"的象征。他有着充满活力的"紫色的圆脸"、"怕羞的"眼睛,"心里有无穷无尽的希奇的事"。然而,现在的闰土已"不是我这记忆上的闰土了"。健康的"紫色"的圆脸变作"灰黄",眼睛周围也已"肿得通红","多子,饥荒,苛税,兵,匪,官,绅,都苦得他象一个木偶人了"。这里,作者通过一组颜色词语的变化,记载了岁月沧桑的磨难在闰土身上所刻下的印记。(5)(6)是祥林嫂两次在鲁镇出现时的外貌描写。比较一下便可看出,除了两颊的颜色,鲁迅在(6)中几乎是对(5)的原文照搬。惜墨如金、笔法多变的作者为何使用这种看似呆板的手法,原因恐怕只有一个,以大框架的不变来突出其中的一个细微变化:"两颊却还是红的"变为"两颊上已经消失了血色"。第一次逃来鲁镇做工的祥林嫂,带着对不公平待遇的抗争与对新生活的渴望,那两颊上的红色,显示了她对生活的热情。到了第二次出现,祥林嫂因再嫁的丈夫去世及儿子的夭折,已经失去了所有的生活信念,没有血色的青黄的脸,真切地映现出她死水般的失去了生命波澜的内心世界。

有时同一色彩词语,会因主人公心境的变化被赋予多重含义。

(7)待到回家,大概已经昏黑。就在这样一个昏黑的晚上,我照常没精打采地回来。……摸火柴点起来时,是异样的寂寞和空虚!正在错愕中,官太太便到窗外来叫我出去。"今天子君的父亲来到这里,将她接回去了。"……我似乎被周围所排挤,奔到院子中间,有昏黑在我的周围。(《伤逝》)

这里连续出现了三处由形容语素"昏"与颜色语素"黑"共同构成的表示程度的颜色词"昏黑"。"昏黑"呈现在人们眼前的是一片黯淡模糊的黑色。这是一种极易影响人的情绪,令人心绪不宁的过度色彩。第一处"昏黑"的使用是对自然色的客观描摹,作用仅在于交代了事情发生的时间。第二处"昏黑"的使用便带上了"我"的主观色彩。与子君已不再相爱,通俗图书馆关门后因不愿早早回到"比冰还冷的冷屋中"便"更久地在外徘徊",直到天色"昏黑"。"昏黑"的景色衬托着"我""昏黑"的心境。然而,当子君真的悄无声息地离"我"而去,"这似乎又不是意料中的事,我便如脑后受了一击,无言地站着"。"我"开始感到了"异样的寂寞和空虚",看不清新的生路的"昏黑"弥漫在我的周围,而且也将毫无疑问地笼罩"负着虚空的重担,在严威和冷眼中走着所谓人生的路"的子君的一生。这里,鲁迅根据"我"的细微心理变化巧妙地赋予"昏黑"这个词语以丰富的形象色彩,由自然界的摹写而过渡到内心世界的描绘,再到社会环境的投射,三处"昏黑"的使用恰似三级跳,其产生的艺术感染力是微妙而巨大的。鲁迅还用相同的颜色词语来反衬人物心理的微妙变化。如《高老夫子》中赫然炫示在书桌之上"翻开着的大红纸的帖子"——"国学家"高干亭引以为高傲资本的贤良女校的大红聘书,在其课堂出丑,狼狈逃回家中后,"正要坐下,又觉得那聘书实在红得可恨,便抓过来和《中国历史教科书》一同塞入抽屉里"。大红聘书由令人赏心悦目到面目可憎,反映了人物心态的前后变化,也是对这个所谓学贯中西的假国学家的绝妙讽刺。

三

对人物活动环境的描写,在小说创作中有着举足轻重的地位。颜色词语则是创造独特艺术情景和环境氛围的不可或缺的要素。在鲁迅小说中,颜色词语往往以两相对比或成组铺排的方式呈现,通过不同色彩恰当地调配组合,来渲染并突出具有浓郁情感色调的艺术情境。

(8)庵和春天时节一样静,白的墙壁和漆黑的门。(《阿Q正传》)

(9)一条土黄的军裤穿上了,嵌着很宽的红条,其次穿上去的是军衣,金闪闪的肩章,也不知道是什么品级,那里来的品级。到入棺,是连殳很不妥帖地躺着,脚边放一双黄皮鞋,腰边放一柄纸糊的指挥刀,骨瘦如柴的灰黑的脸旁,是一顶金边的军帽。(《孤独者》)

(10)深蓝的天空中挂着一轮金黄的圆月,下面是海边的沙地,都种着一望无际的碧绿的西瓜,其间有一个十一二岁的少年,项带银圈,手捏一柄钢叉,向一匹猹尽力的刺去……(《故乡》)

例(8)是"黑"、"白"二色的对比。在人们对光谱的感知中,黑与白色最为突出。这里,作者用了白描的手法,将"白"的清冷、惨淡与"黑"的凝重、神秘同时呈现,从而渲染出特定的环境氛围。鲁迅作品中常有以黑白作为对比色出现的情况,如华老栓去买人血馒头时"黑沉沉"的街面与"一条灰白的路","黑东西"人血馒头与拗开后窜出的"一道白气"(《药》);陈士成眼前的"白光"与"黑圆圈"(《白光》);"白着眼睛讲得正起劲"的假洋鬼子与其穿着的"一身乌黑的大约是洋衣",赵家遭抢时那"漆黑"的夜与"白盔白甲"的人,阿Q赴法场时"一件洋布的白背心,上面有些黑字"(《阿Q正传》),等等。例(9)给人们展示的是一幅色彩极不和谐的画面:"土黄"的军裤、"红"色的条带、"金闪闪"的肩章、"黄"色的皮鞋、金边的军帽,配上一张"灰黑"的脸。主人公在棺材里"很不妥帖地躺着"。这种不妥帖的感觉,应该说有相当的原因是由这不和谐的色彩排列而引发的。作者通过一组颜色词语对比使用构成一种不协调的情景,衬托并突出审美客体一生所承受的深重压抑与无奈!与之相反,例(10)展现给人们的却是一幅美丽谐和的田园画境:"深蓝的天空"、"金黄的圆月"、"碧绿的西瓜"、"项带银圈"的少年,寒光闪闪的钢叉。这充满了诗意的海边夜景,因一组浑然一体的色彩词语的搭配组合而显得魅力隽永,这就是主人公童年美好的"故乡"。

(11)主人始终穿洋服,硬领始终雪白;主妇是前头的头发始终烫得蓬蓬松松象一个麻雀巢,牙齿是始终雪白的露着……桌上铺了雪白的布。(《幸福的家庭》)

例(11)以一组"雪白"的重叠复现,强化了作品主人公意在渲染的"幸福的家庭"的外在特征——高雅、纯净、明亮,给人的视觉冲击是极为明显的。

相同色彩词语的重复叠现,在鲁迅小说中的出现频率颇高,如《阿Q正传》中用以描写革命党的"白盔白甲"出现了6次,《肥皂》中的"葵绿"色用了10次之多。其他如《长明灯》中"绿莹莹"的火光,魏连殳死后的一片白色:"白的孝帏"、"白长衫"、"白衣服"(《孤独者》),子君那"苍白的圆脸,苍白的瘦的臂膊"(《伤逝》)等等,都是由相同的颜色词语反复出现,从而增添作品形象的色彩意蕴,营造独特的艺术情境。

从鲁迅小说颜色词语的总体考察来看,一些颜色词语的频繁使用构成了鲁迅作品的基本色调,具有一定的象征意义。如"白"、"黑"、"青"等颜色词的大量呈现,使得鲁迅许多小说笼罩在灰暗阴冷的色调之中。仅以"黑"称呼的人或动物便有看管社庙的"老黑"(《长明灯》)、"黑的人"康大叔(《药》)、凶狠的"黑狗"(《阿Q正传》)、可恶的"黑猫"(《兔和猫》)等等。像"花白、洁白、灰白、惨白、斑白、雪白、月白、白厉厉、白皑皑、银白色、灰白色、青白色、黑色、淡黑、灰黑、昏黑、乌黑、漆黑、铁青、黑漆漆、黑沉沉"等词语,在鲁迅作品中俯拾即是。即使是暖色词语,在使用时也往往被作者复合上色彩暗淡的修饰语素,如"灰黄、土黄、黄焦焦、暗红色"等。由于色彩词语本身所具有的审美特性,这些极易让人产生抑郁、沉闷、凄凉情绪的冷色调词语,与鲁迅结集《呐喊》的主旨一致——"夹杂些将旧社会的病根暴露出来,催人留心,设法加以疗治的希望"。① 作者将自己对社会及病态人生的种种感受形象化地寓于颜色词语的运用之中,使读者通过这些颜色词语运用所形成的主色调,更为真切地感受到作家笔下的现实和人生,从而获得审美的升华。

《狂人日记》的冷色调是以色彩词语"青"为主构成的:"前面一伙小孩子,也在那里议论我;眼色也同赵贵翁一样,脸色也都铁青。""那青面獠牙的一伙人,便都哄笑起来"。"他便变了脸,铁一般青"。"一到说破他们的隐情,那就满脸都变成青色了"。同时辅之以"白"、"黑":"他们的牙齿,全是白厉厉的排着。""这鱼的眼睛,白而且硬,张着嘴,同那一伙想吃人的人一样"。"黑漆漆的,不知是日是夜"。"屋里面全是黑沉沉的"。唯一出现的暖色调"红",也是与滴滴下落的鲜活的人血紧密联系在一起:"狼子村现吃;还有书上都写着,

---

① 鲁迅:《南腔北调集·〈自选集〉自序》,《鲁迅全集》第4卷,北京:人民文学出版社,1981年,第455页。

通红斩新。"黑格尔认为,颜色"宜于表现观念性较强的内容",①这一组表现阴冷色彩的词语聚集,配合了作品意在突出的揭露封建制度人吃人的主题,以极富象征意味的渲染与描写,借助人们对色彩的习惯联想,由表及里地暴露了吃人者的可怖嘴脸及魑魅魍魉横行的世界的阴森可怕。再如《白光》,也基本为黑、白二色交杂:"斑白的短发","灰白"的脸色,榜文前在眼前泛泛游走的"乌黑的圆圈",如一柄白团扇的"白光",摸锄头时撞上的"一条黑影",掘宝时露出的"满是先前一样的黑土","朝笏一般黑魆魆的挺立着"的西高峰,高峰周围放出的"浩大闪烁的白光",以及经县委员相验的"身中面白无须"的尸体,氤氲着阴冷、凄厉的氛围。利用"黑"、"白"、"青"等冷色调的颜色词语描写人物及所在环境,使颜色词语所固有的词汇意义同时负载着创作者所要表现的"观念"和审美评价,从而使这种颜色词语获得了一定的象征意义,并为审美主体真切而直观地感受创作者的独具匠心并进入其艺术世界提供了可能。

(12)暮色下来,绿莹莹的长明灯更其分明地照出神殿,神龛,而且照到院里,照到木栅里的黑暗。(《长明灯》)

"绿莹莹"一般用来形容晶莹碧绿的样子。木栅里关着的是叛逆者疯子,而吉光屯社庙的正殿供奉着的长明灯,则象征着几千年的封建文明和迷信。作为旧中国缩影的吉光屯世界,因梁五帝点起的长明灯而骄傲:"唷,那火光不是绿莹莹的么?外路人经过这里的都要看一看,都称赞……唷,多么好……""绿莹莹"的长明灯,保佑着吉光屯的村民们不变为泥鳅,保佑着全屯平安。"绿莹莹"所强化出的绿而发光的亮色,象征着封建统治的顽固和阴森可怖。

作为表现事物外在特征的因素之一,颜色是客观物体的形象性得以产生的重要手段。文学作品虽然不能像绘画那样把缤纷的色彩直接诉诸人们的视觉感官,但作为"利用词句使想象力活动的技术",②文学作品却可以通过负载着深厚文化内涵、色彩本身即可表现一定的观念差异和对立的颜色词语,达到生动描绘社会人生的目的。对色彩本身有着深入研究和独特见解的

---

① [德]黑格尔:《美学》第3卷(上册),北京:商务印书馆,1981年,第236页。
② [德]叔本华:《叔本华论文集》,天津:百花文艺出版社,1987年,第22页。

鲁迅,在利用语言手段塑造艺术形象时,自觉地吸收了中外绘画的特点,随类赋彩,并加以恰当的调配组合,使他的小说人物具体可感、神采各异,充分表现了创作者的审美追求,为中国乃至世界文坛贡献了一系列具有鲜明时代特征的文学形象。

鲁迅小说文本中颜色词语的运用,从一个侧面反映了鲁迅小说的创作个性和语言风格。从语言学角度对鲁迅小说文本中颜色词语进行的穷尽式解读,不仅使我们对鲁迅小说文本整体的认识有所深化,同时也更为深切地感受到鲁迅作为一代文学大师的特殊魅力。

鲁迅小说中 AABB 式词语的巧用[①]

鲁迅对文学语言有着明确的价值取向。在论述中国文字文学的形成时,他认为:"其在文章,则写山曰崚嶒嵯峨,状水曰汪洋澎湃;蔽芾葱茏,恍逢丰木;鳟鲂鳗鲤,如见多鱼。故其所函,遂具三美:意美以感心,一也;音美以感耳,二也;形美以感目,三也。"[②]对中国古代书面文学"三美"的艺术总结,形成了他品评古代文学作品和指导自身创作实践的审美标准。AABB 式词语在鲁迅小说文本中的丰富表现和创造性运用,正是鲁迅追求文学语言具备"意美"、"音美"和"形美"等美感特征的结果。

一

鲁迅小说文本中的 AABB 式词语常被用来表现人物的身份地位和性格特征。变化的词形使对象的具体性状得以强化,从而达到"写气图貌","并以少总多,情貌无遗"[③]的艺术效果。

(1)白问山却毫不介意,立刻戴起玳瑁边墨晶眼镜,同到靖甫的房里来。他诊过脉,在脸上端详一会,又翻开衣服看了胸部,便从从容容地告辞。(《弟兄》)

(2)所以他并不回头,板着脸正正经经地回答道——"不要胡说!我

[①] 原载《修辞学习》,2003 年 5 期。
[②] 鲁迅:《汉文学史纲要》,《鲁迅全集》第 9 卷,北京:人民文学出版社,1981 年,第 344 页。
[③] (南朝·梁)刘勰:《文心雕龙·物色》,见郭晋稀著:《文心雕龙注译》,兰州:甘肃人民出版社,1982 年,第 479 页。

正在豫备功课……"(《高老夫子》)

中医白问山一直被崇洋迷外的沛君看不起,"曾经对他说过好几回攻击中医的话",但他的社会地位至少不会低于公益局的小办事员沛君。他在不计前嫌地为邻人诊断后,"从从容容地告辞",较之基本式"从容",叠音词语"从从容容"既呈现出中医所惯有的不慌不忙、四平八稳之态,又充分淋漓地展示了他因同寓之人的求医而获得的心理满足与自信。(2)中的假国学家高老夫子"正正经经"回答的是其流氓伙伴黄三"怎么外面看看还不够,又要钻到里面去看"的提问。高老夫子为了去看女学生而应聘女校教书,但这层卑劣的真实用意是隐藏于心底的,断不能公之于众。附加在重叠形态"正正经经"之上的"装模作样"、"故作正经"等语义信息,不无谐谑讽刺,入木三分地揭露了所谓名人绅士们的虚伪丑态。

(3)但我现在就是这样了,敷敷衍衍,模模胡胡。(《在酒楼上》)
(4)但我现在就是这样了,敷衍,模胡。(改编)

每读《在酒楼上》,吕纬甫给人留下最深印象的大约就是"敷敷衍衍"、"模模胡胡"、"随随便便"了。受母之托,带着一丝未泯的人间真情去给当年的老邻居顺姑送花。当不明就里的顺姑弟弟恶狠狠地似乎就要扑过来咬"我"时,"我支吾着退走了,我现在是敷敷衍衍……";未送出的两朵剪绒花就托旁人转送顺姑妹妹,"这些无聊的事算什么?只要模模胡胡";对教"ABCD"或是《女儿经》之类的新学旧学之争,"我是别人,无乎不可的。这些无聊的事算什么?只要随随便便……"我们可以将(3)(4)两句进行比较:改写后的(4)句,人物的性格特征较(3)明显模糊许多,原文意在突出吕纬甫由昔日的"敏捷精悍"变为今日的仿佛看破红尘,迂缓麻木的颓唐者形象也无疑大为减色。"敷敷衍衍,模模胡胡"传递出的有一种无乎不可,对一切都漫不经心,已没有什么生活热情与抗争勇气的语义信息,这是在音节的重复缓慢的叠现中自然而然产生的,也是基本式"敷衍,模胡"所无法替代的。其他如咸亨酒店里"唠唠叨叨"的短衣主顾(《孔乙己》),在七大人的威严面前"恭恭敬敬地退出去"的庄木三(《离婚》),"含含糊糊"边喝酒边嚷的蓝皮阿五(《明天》),"局局促促"向何小仙问医的单四嫂子(《明天》),"吞吞吐吐"劝说丈夫买彩票的方太太(《端午节》)等等,无不在重叠的形态中传递出耐人咀嚼的丰富信息。

二

鲁迅的小说语言活泼自然,富有节奏鲜明的音乐性特征。这种为人们带来听觉享受的音乐性特征,是作者在遣词造句、谋篇布局方面艺术追求的结晶。品味鲁迅小说的语言艺术,随处都能发现作者在这方面独具匠心。四音节 AABB 式词语的艺术性运用,即以其独特的韵律节奏,成为鲁迅小说语言追求音乐性效果的范例。

(5)"将长明灯用厚棉被一围,漆漆黑黑地,领他去看,说是已经吹熄了。"(《长明灯》)

(6)"他们会报丧似的急急忙忙钻狗洞,巴结人……"(《离婚》)

"漆漆黑黑"的一般重叠形式应为"漆黑漆黑"。作者之所以要突破词语的常规变化形态,完全是为了与茶馆女主人灰五婶说话时的语气、节奏保持一致,与人物自身的经历和身份相吻合。"漆漆黑黑"的重叠表现出说话者语速加快甚至略带夸张的神情,对象特征在音节的重复叠现中显得更加跳脱生动。例(6)中,爱姑在让威震一方的七大人评判她与夫家的是非曲直时用了"急急忙忙",音节的重叠不仅表现出她急于倾吐满腹的委屈和不满,而且也因语言节奏的加快在形式上强化了这种情感,全句词语搭配体现的快节奏,使得语言层面上表现的节奏与人物情感节奏达到和谐自然的统一。

(7)(七大人)转脸向着一个尖下巴的少爷道,"对不对?""的的确确。"尖下巴少爷赶忙挺直了身子,必恭必敬地低声说。(《离婚》)

(8)四爷将手在桌上轻轻一拍,"这种子孙,真该死呵!唉!""的确,该死的。"阔亭抬起头来了。(《长明灯》)

(7)(8)的应答同为逢迎、附和。以豁达自居的阔亭的"的确",与其抬起头的动作相一致,显得随意、轻松;而尖下巴少爷的"的的确确"的回答,则伴随着挺身的动作和"毕恭毕敬"的"低声"语调,人物谄媚逢迎的神情举止因词语音节的复沓叠现得以鲜明的表现,一问一答之间语言节奏的转换,体现出人物间独特的关系,传递出隽永的讽刺意味。

AABB 式叠音词语和谐地汇合于充满了声响的鲁迅小说文本。诸如"咿咿呜呜"的念书声(《端午节》),"叽叽咕咕"的说外语声(《肥皂》),"咿咿呀呀"的唱戏声、"冬冬皇皇"的敲打声(《社戏》),"毕毕剥剥"的鞭炮声(《祝福》),"唧唧足足"的鸡叫声(《肥皂》),"窸窸窣窣"的摩擦声(《药》),以及看似怪异的"呜呜咽咽的笑声"(《狂人日记》),无不给人以如闻其声的听觉享受。

三

作为汉语所独具的构词形态,AABB式词语具有和谐匀称的视觉美感。鲁迅充分利用了这种具有浓郁民族特色的词语形式来增强词语的艺术表现力。AABB式词语所具有的视觉美感在鲁迅小说中可以细分为色彩感,如"红红绿绿"的戏台人物(《社戏》);动态感,如"躲躲闪闪"的水生(《故乡》);形象感,如"摇摇摆摆"的白光(《白光》)。其中以体现形象感的最为常见。如:

(9)他好容易曲曲折折的扪出手来,手里就有一个小小的长方包,葵绿色的,一径递给四太太。(《肥皂》)

(10)他觉得劈柴就要向床下"川流不息"的进来,头里面又有些桠桠叉叉了,便急忙起立,走向门口去想关门。(《幸福的家庭》)

伪善、无耻的封建卫道士四铭,因街头光棍们对孝女"咯吱咯吱遍身洗一洗,好得很哩"的下流话影响而真的买了肥皂,送给耳后满是积年老泥的太太。可他内心深处卑鄙龌龊的欲念,却是紧紧掩盖在"圣人之徒"的严正面纱之下的。"曲曲折折"地从其"布马褂底下的袍子的大襟后面的口袋"中很不容易才掏出的肥皂,惟妙惟肖地活现了一个可笑可耻的假道学形象。(10)中的"桠桠叉叉"本用来形容树枝杂乱交错的样子。主人公"他"正在为一个想象中的幸福家庭设计舒适的生活,可现实中买卖劈柴的讨价还价,无情地嘲讽着这个被现实所击败,却又反过来为黑暗的现实涂脂抹粉的青年作者。虚幻的世界开始在现实面前动摇,"桠桠叉叉"生动直观地表现出他那茫然困惑、剪不断理还乱的思绪。而作为分句谓语出现的"桠桠叉叉",又在句法结构层面上一定程度地强化了其形象描绘作用。其他如心术不正的高老夫子站上女校讲台后首先注意到的便是女性特征明显的"蓬蓬松松"的头发。讲课中间两次瞥往台下,也都看到了"半屋子蓬蓬松松的头发"。再如祥林嫂被婆家劫回后,"平平正正"放在岸上的淘萝(《祝福》)、陈士成掘宝时在房里闪起的"摇摇摆摆"的白光(《白光》)、戏台下"疏疏朗朗"站着的闲汉(《社戏》)、"满眼是凄凉和空空洞洞"的魏连殳住所(《孤独者》),无不给人以鲜明生动的形象感觉。

《药》是一篇脍炙人口、寓意深远的名作,也较为集中地体现了 AABB 式词语"形美以感目"的功能。

(11)老栓正在专心走路,忽然吃了一惊,远远里看见一条丁字街,明明白白横着。

(12)老栓便把一个碧绿的包,一个红红白白的破灯笼,一同塞进灶里。

值得注意的是,"明明白白"并不是双音形容词"明白"的重叠形式,而是由跟"暗"相对的单音词"明"与表示"明亮"义的"白"分别重叠后再并列而成的。"明明白白"的街道,却成为革命者夏瑜即将血染的刑场,也是愚昧麻木的看客来观赏杀人"盛举"和懵懵懂懂的华老栓来"收获许多幸福"的场所。"明明白白"这一重叠形式对作者积郁于心底的忧愤与感伤无疑给予了形象的强化和宣泄。(12)中的"红红白白",突出了色彩的杂乱。雪白的灯笼纸罩,因裹过人血馒头而红迹斑斑,伴随着"碧绿"的荷叶及随后升起的"红黑"的火焰,"红红白白"的纸罩在革命者的壮死与愚昧者的求生、作者的极度失望与主人公的渺茫希望之间翻腾,视觉效果极为鲜明。其他如"层层叠叠"的坟冢以及坟场中间那"歪歪斜斜一条细路",凸显了集中着死刑、瘐毙者与穷人的墓地的拥挤与无序,而夏瑜坟前"跄跄踉踉退下几步,瞪着眼只是发怔"的夏四奶奶,则表现了怀念却并不理解儿子的革命者母亲的痛苦与迷茫。

AABB 式词语在《诗经》中就已得到广泛运用,并为历代文学语言所继承和发扬。在鲁迅看来,"《诗经》是经,也是伟大的文学作品"。[1] 他在小说文本中大量使用 AABB 式词语"写气图貌"、"属采附声",[2]立足于现实语言的基础,吸取《诗经》语言的精华,创造出一个"感心"、"感耳"、"感目"的艺术世界。

---

[1] 鲁迅:《从帮忙到扯淡》,《鲁迅全集》第 6 卷,北京:人民文学出版社,1981 年,第 344 页。
[2] (南朝·梁)刘勰:《文心雕龙·物色》,见郭晋稀著:《文心雕龙注译》,兰州:甘肃人民出版社,1982 年,第 479 页。

鲁迅小说中的冷、热词语[①]

鲁迅小说文本中有一个颇具规模的冷、热词语系列,这个系列的词语具有鲜明的形象色彩义。一些与人的生理感觉没有紧密联系,纯然用于描情写意的部分特别引人注目。比如"冷"这个词语系列的运用就非常具有意蕴:对祥林嫂"笑容却冷冷的"鲁镇人(《祝福》),旁人知道"我"为假辫子后的"一声冷笑"(《头发的故事》),庄木三一提到要惩治他亲家便要露出的"冷冷地微笑"(《离婚》)等,这些由"冷"组成的词语深刻而形象地表现了人物的心理和情态。

通读《孤独者》,魏连殳留给人最为深刻的印象大约就是那"冷冷的"神情与"冰冷"的微笑了:

(1)恐怕大半也还是因为好奇心,我归途中经过他家的门口,便又顺便去吊慰。他穿了毛边的白衣出现,神色也还是那样,冷冷的。

(2)他在不妥帖的衣冠中,安静地躺着,合了眼,闭着嘴,口角间仿佛含着冰冷的微笑,冷笑这可笑的死尸。

"冷冷"的神色是通过颜面肌肉的变化呈现的,传递出的是一种对人或事物冷淡、不关心的信息。"我"失业后百无聊赖常常访问魏连殳,是因为"听人说,他倒很亲近失意的人的,虽然素性这么冷";话不投机时,"单见他又显出许久不见的冷冷的态度来";言及势利的房东,"他说着,冷冷地微笑了";"我"劝他别看得人间太坏,"他冷冷的笑了一笑"。魏连殳是一个为黑暗社会所战败,失去了理想信念的知识分子,他裹在亲手造就的独头茧里不可自拔,是一

[①] 原载《修辞学习》,2007年第2期。

个"惨伤里夹杂着愤怒和悲哀"的充满了变态心理的孤独者。他以看破一切的玩世不恭,"冷冷地"面对着他曾经付出过青春热情的社会,直至生命的终结。"冷"成了他生命的基调,也是他对社会、对自身轻蔑的写照。再如文本中以"冷"为构词语素的词语系列:"他那词气的冷峭,实在又使我悚然";"他一面点灯,一面冷静地说";"我愿意为此求乞,为此冻馁","你或者不至于倒抽一口冷气罢";"独自冷清清地在阴间摸索";"挂着一轮圆月,散出冷静的光辉"。这里,"冷峭"、"冷静"、"冻馁"、"冷气"、"冷清清"等等,共同构成了《孤独者》的寒气逼人的阴冷氛围。

与魏连殳的"冷"有所不同的是《伤逝》中由热而冷的人物心理变化。涓生和子君曾经充满了火一般追求新生活的热情,"我已经记不清那时怎样地将我的纯真热烈的爱表示给她","因为她爱我,是这样地热烈,这样地纯真"。然而,新生路的迷茫、经济的压力,很快使他们疏远、隔膜起来,"冰冷"成了他们生活的主色调。先是为生活所迫放走爱犬阿随后,子君"在她的凄惨的神色中,加上冰冷的分子了"。接着,"天气的冷和神情的冷,逼迫我不能在家庭中安身。但是往哪里去呢?大道上、D公园里,虽然没有冰冷的神情,冷风究竟也刺得人皮肤欲裂。我终于在通俗图书馆里觅得了我的天堂"。但图书馆总有关门的时候,于是我无奈地"又须回到吉兆胡同,领略冰冷的颜色去了"。子君虽然也很冷漠,但"我近来的超过她的冷漠,已经引起她的犹疑来"。我想暂时掩饰,"改作勉强的欢容。但是这又即刻来冷嘲我,并使我失却那冷漠的镇静"。当子君现出我从未见过的怨色时,"我那时冷冷地气愤和暗笑了"。夜间,"蜷伏在比冰还冷的冷屋中","冰的针刺着我的灵魂,使我永远苦于麻木的疼痛"。我盼望着子君"勇猛地觉悟了,毅然走出这冰冷的家"。然而,当子君真的如我所愿离开吉兆胡同后,可以想象出的环绕着子君的"严威和冷眼"却时时使我难以心宁:"现在她知道,她以后所有的只是她父亲——儿女的债主——的烈日一般的严威和旁人的赛过冰霜的冷眼。""在严威和冷眼中走着所谓人生的路,这是怎么可怕的事呵!"很快,我在受到了"冷落"的世交处得知了子君的死讯。子君终于走了,"她虽是想在严威和冷眼中负着虚空的重担来走所谓人生的路,也已经不能"。"然而子君的葬式却又在我的眼前,是独自负着虚空的重担,在灰白的长路上前行,而又即刻消失在周围的严威和冷眼里了"。解读《伤逝》,给人以强烈震撼的莫过于这令人不寒而栗的"冷"了:"冰冷的神情"、"冰冷的颜色"、"冰冷的家"、"冷冷地气愤和暗笑"、

"比冰还冷的冷屋",以及那刺着我的灵魂的"冰的针"、"恶毒的冷嘲"、"冷漠的镇静"、"女工的冷眼",子君所承受的"赛过冰霜的冷眼",共同组成了作品的凄冷的色彩。

鲁迅小说文本中的冷热词语也有相当一部分是与人体的生理感觉有联系。基于皮肤感受的冷觉和热觉是人的基本感觉,当这种感觉以词语符号的形式出现,用以表达人们具体、细微的冷暖感受时,因联想而产生的形象感便油然而生了。鲁迅小说文本中的这类词语,有些直接与自然气候的温度高低相联系,表示人体对自然冷暖的生理感觉与自然状态;有些则是通过与冷热相关的显示季节变化或自然现象的描述,让人产生与温度觉有关的联想,如"深冬雪后,风景凄清"所传递出的寒冷(《在酒楼上》);还有一些,虽然属于生理上的冷暖感觉,但这种感觉往往不是因为自然界的影响,而是由于人的心理因素所造成,是为特定的审美客体所独有的,比如:

(3)她看见他嘴里这么说,眼光却射在她的脖子上,便觉得颧骨以下的脸上似乎有些热……本来早就知道是积年的老泥,但向来倒也并不很介意。现在在他的注视之下,对着这葵绿异香的洋肥皂,可不禁脸上有些发热了,而且这热又不绝的蔓延开去,即刻一径到耳根。(《肥皂》)

(4)这立刻使他手脚觉得发冷。"可以医么?"他愁苦地问。(《弟兄》)

(3)中四铭太太脸上的"发热",是在丈夫的眼光直射下对自己耳朵后积年老泥的羞惭,是一种人皆有爱美之心的天性显现。平日间夫妻形同陌路,自然对老泥谁也不介意。可突然间丈夫因街上孝女动了邪念而对毕竟也是女人的妻子关注起来,这就使不明真相的太太受宠若惊,并因自己素日的不讲究而愧怍了。与此相应,她脸上开始发热了,并迅速蔓延到耳根。这种由心理的变化而导致的生理上的反应,是属于四铭太太个人的,也是鲁迅小说文本中经常采用的塑造艺术形象的手法。同样表示脸上或身上发热的再如《明天》中的无赖蓝皮阿五乘人之危,以帮寡妇单四嫂子抱孩子为名,"从单四嫂子的乳房和孩子中间,直伸下去,抱起了孩子。单四嫂子便觉乳房上发了一条热,刹时间直热到脸上和耳根"。这儿的"热",是属于准烈妇单四嫂子的。其他如"我深愧浅陋而且粗疏,脸上一热,同时脑里也制出了决不再问的定章"(《社戏》);"'唉唉!'他吃惊的叹息,同时觉得脸上骤然发热了"(《幸福的家庭》)"高老夫子脸上登时一热,忙看书本";"高老夫子回到自家的房里许久之后,有时全身还骤然一热"(《高老夫子》)等等,都直接或间接地反映了人物心理的微妙变化。(4)的"发冷"与(3)的"发热"可谓异曲同工。得知其弟可能得了难以医治的猩红热而惊恐不安的张沛君"手脚觉得发冷",明显是由于心理的作用而出现的属于个体的温度感受。类似的如狂人的感觉:"其中最凶的一个人,张着嘴,对我笑了一笑;我便从头直冷到脚跟,晓得他们的布置,都已妥当了。"(《狂人日记》)

有时,鲁迅还善于使用冷热对比或词语复现的手法,加强词语的形象色彩。

(5)有一日很温和,微风拂拂的颇有些夏意了,阿Q却觉得寒冷起来。(《阿Q正传》)

(6)我开始去访问久已不相闻问的熟人,但这也不过一两次;他们的屋子自然是暖和的,我在骨髓中却觉得寒冽。(《伤逝》)

(7)这是包好!这是与众不同的。你想,趁热的拿来,趁热吃下。《药》)

(5)的自然温度与人体感觉是相异的。一贫如洗的阿Q卖光了毡帽、布衫、棉袄,加之饥肠辘辘,觉得寒冷也属自然。"温和"与"寒冷"的对照出现,凸显了无以为生的阿Q的困窘。(6)则为外界自然温度与内心感受相左。在冬季拥有暖和住所的熟人们自然看不上靠去通俗图书馆取暖的史涓生,他在不难想象的冷落中感到冻彻骨髓的寒冽便在情理之中了。(7)是刽子手康大叔关于人血馒头的一迭声叫嚷:"包好,包好!这样的趁热吃下。这样的人血馒头,什么痨病都包好!"革命志士的滚滚热血,成了愚昧群众的治病之药,"趁热"的连续使用,给予读者的心灵以强烈的震撼。

冷、热词语本是客观生理感觉的记录,在小说文本中却被赋予了"观念性"内容,作者的审美创造通过词语的艺术运用得到淋漓尽致的体现。这就为从词语的形象色彩义解读入手,进入文本这个艺术世界并准确理解作品人物和作家的创作主旨提供了可能。

鲁迅小说中基于听觉的形象色彩词语[①]

汉语词语的形象色彩义以听觉形象、视觉形象、动觉形象、肤觉形象、味觉形象、嗅觉形象等为表达对象,其中基于听觉的象声词语、感叹词语和叠音词语,着眼于事物音响的描绘与摹写,是小说文本中负载形象色彩的主要词语形式。它们不仅是创作者构筑一个绘声绘色、具体可感的艺术世界的基本材料,同时也是引发审美者无限联想,并进入这个艺术世界的醒目路标。

一、象声词语

象声词语是指用语音来模拟自然音响或描写事物情态的词语。它以语音因素为手段,通过诉诸感官的声音途径,由外而内地引发审美主体对发出该声音的事物形象的丰富联想,从而创造一个充满音像感的艺术世界。

鲁迅的小说文本充满了声响,诸如"咿咿呜呜"的念书声(《端午节》)、"叽叽咕咕"的说外语声(《肥皂》)、"冬冬皇皇"的敲打声、"咿咿呀呀"的唱戏声(《社戏》)、"橐橐"的皮鞋声(《伤逝》)、"潺潺"的水声(《故乡》)、"沙沙"的落雪声(《在酒楼上》)、"吱吱"的烟油声(《离婚》)、"剥剥"的敲门声(《幸福的家庭》)、"嘘嘘"的吹茶声(《长明灯》)、"吃吃""嘻嘻"的窃笑声(《高老夫子》),以及"毕毕剥剥"的鞭炮声(《祝福》)与"呜呜"的风声(《故乡》)、哭声(《孤独者》)。在这此起彼伏的音响声中,不甘寂寞的动物们也活跃其中:"苍蝇的悠长的吱吱的叫声"(《兔和猫》),"小鸟雀啾唧的叫着"(《在酒楼上》),"嘶嘶"的

[①] 本文为提交"纪念《修辞学习》创刊25周年学术座谈会暨华东修辞学会第14届学术年会"(2007年4月,厦门)论文,载于《中国现代文学论丛》,第2卷2期,2008年1月。

蛇鸣、"咻咻"的小鸭、"鸭鸭"的大鸭(《鸭的喜剧》),"唧唧足足"的母鸡和小鸡(《肥皂》),以及小狗阿随那"咻咻的鼻息"(《伤逝》)。此外,"～的一声"也是鲁迅喜欢使用的表达方式。如《阿Q正传》里阿Q咬虱子时"劈的一声"、遭假洋鬼子打时"拍的一声"、被秀才打时"蓬的一声"、临刑前"耳朵里嗡的一声"。再如《药》的结尾处乌鸦那令人悚然的"哑——的一声大叫"、七大人打喷嚏时"呃秋的一声响"以及空碗落地时"扑的一声"(《风波》)、茶碗盖子翻转时"噫的一声"(《长明灯》)、白兔跳起时"耆的一声"(《兔和猫》),无不给人以如闻其声的感觉。鲁迅小说文本所展示的环境每每给人以窒息的感受,可与之形成强烈反差的是音像感很强的象声词语的使用。在沉闷与压抑之中对声响的描摹更能产生震撼力,从而获得突出的审美效果。

象声词语在鲁迅小说文本中的用法极具特色。第一,鲁迅善于在同篇中反复使用同一个象声词语,将需要强化的内容表现得引人注目。如《阿Q正传》中的"嚓",它伴随着阿Q从中兴到末路,直到大团圆结局,反复多次地在文本中出现。第一次是在神气活现地向众人描述城里杀革命党的情形时,"忽然扬起右手,照着伸长脖子听得入神的王胡的后项窝上直劈下去道:'嚓!'"充满了被得到新敬畏后的得意之情;最后一次是在去刑场的路上,对革命心向往之的阿Q竟被做革命党不上20天的把总作为"惩一儆百"的靶子送上了断头台,而糊里糊涂的阿Q最后才省悟,"这是绕到法场去的路,这一定是'嚓'的去杀头"。"嚓"作为一个普普通通的象声词语,并无特殊之处,但当它与特定的人物联在一起,当创作主体予以它特别的使用时,"嚓"的形象意味便自然产生了。连续不断的"嚓、嚓"之声似不绝于耳的警铃,伴随着阿Q可悲可叹的人生之途,也由弱而强地引起人们对资产阶级领导的辛亥革命的深刻思考。

第二,用同一个象声词语表示不同情境下的感受。《弟兄》中的张沛君平日里被同事们视为"兄弟怡怡"的楷模,然而,当怀疑其弟可能患了猩红热,自己将面临养活弟弟一家的尴尬境况时,他内心深处的自私自利之念便无法遏制地浮现出来。与他内心的焦虑相映衬,"札札地作响"的闹钟更令他烦躁不安;然而,当其弟的危险不再存在后,同一个闹钟,却是"愉快而平匀地札札地作响";他入睡了,可日里所思的昧了良心的种种,竟幻为噩梦再现,"他忽而清醒了……桌上的闹钟似乎更用了大声札札地作响"。由不安而愉快而刺耳,"札札地作响"的闹钟声因人物心理感受的不同而生成了不同的听觉效果,也传递了人物在不同情境下的独特感受。

第三,当同一个象声词语来自不同的声源时,表现的含义也每每有别。如"哈哈"的使用:《高老夫子》中连夜赶来"讲正经事"的何道统,因四铭关于街头孝女的故事而挑逗起心中的淫荡之火,抑制不住地大笑不止,"哈哈哈!两块肥皂!""你买,哈哈,哈哈!""咯支咯支,哈哈!"一副令人作呕的流氓相跃然纸上;《伤逝》里涓生不得已访问一个久不问候的世交时,那个"以正经出名的拔贡"在表示自己提供的子君已死的信息确凿无误时用了"哈哈。自然真的",于不经意中显露出的是轻蔑与冷漠;而张沛君因弟兄靖甫排除了患猩红热的可能而愉悦非常时自语,"竟没有出过疹子。哈哈哈!"尽管在这发自内心的哈哈声中人们还可以分辨出隐含着的庆幸与解脱。

第四,让人和动物共用同一个象声词语,谐谑中蕴含着对丑恶现象的鞭挞。《明天》中的酒色之徒红鼻子老拱一类,整天泡在咸亨酒店买醉、唱黄色小曲。老拱们唱小曲的声音,鲁迅都是用"呜呜"来形容的。"老拱挨了打,仿佛很舒服似的喝了一大口酒,呜呜的唱起小曲来";"夏天夜短,老拱们呜呜的唱完了不多时,东方已经发白";"只有阿五还靠着咸亨的柜台喝酒,老拱也呜呜的唱"。而意味深长的是文本的结尾:"另有几条狗,也躲在暗地里呜呜的叫。"猪一般无赖的"呜呜"声与狗相仿并呼应,堪称鲁迅的一大妙笔。

第五,让象声词语与所修饰的中心词之间形成一种超常搭配,在看似怪异的组合中引起人们的特别关注。《狂人日记》写一伙欲吃人者,若能"逼我自戕……他们没有杀人的罪名,又偿了心愿,自然都欢天喜地的发出一种呜呜咽咽的笑声"。这里的"呜呜咽咽"令人瞩目,因为"呜呜咽咽"所修饰的是令人愉悦的"笑声",而且是在"欢天喜地"的状态下发出的。作者之所以采用这种超常搭配的手法,实际是通过改变词语运用的思维定势,产生一种出人意料的艺术效果,从而入木三分地揭露吃人者的虚伪与丑恶,并引起善良人们的高度警惕。

二、感叹词语

感叹词语表示感叹或呼唤应答的声响。与模拟事物声音的象声词语不同,感叹词语是通过模拟发出声音的具体人的语气口吻,从而再现人物的神情声貌。鲁迅小说文本中的感叹词较多出现的有"唉、阿、哼、呸、咳、吓、噢、呵、哦、哈、喂、唔"等,在使用上也颇有自己的特色。

感叹词连用,是鲁迅最常使用的创作手法之一。可以是相同的感叹词叠现,也可以是不同的感叹词同时出现。

(1)唉唉,见面不见面呢?《祝福》
(2)他迎上去,大声的吐一口唾沫:"咳,呸!"《阿Q正传》

"唉唉"连用,在鲁迅小说文本中时常出现。(1)是"我"在被祥林嫂关于"死掉的一家人,都能见面的"等一连串追问下感到语塞,不知如何回答是好时所表现出的一种犹豫、尴尬。作为一个受到民主思想洗礼的知识分子的"我",同情祥林嫂的不幸遭遇,生怕回答不好会"增添末路的人的苦恼"。感叹词"唉唉"的连用,显现了他的踌躇、惶急,以及内心的苦闷与沉思。其他如表现祥林嫂伤感的"唉唉,我们的阿毛如果还在,也就有这么大了"、"唉唉,我真傻"(《祝福》);以及"唉唉,我的思路怎么会这样乱"、"'唉唉',他吃惊的叹息"(《幸福的家庭》);"唉唉,那是怎样的宁静而幸福的夜呵"(《伤逝》);"唉唉,这实在是好肥皂"(《肥皂》);"唉唉,恭喜!爱姑也在这里……"(《离婚》),都起到了强化语气的作用。(2)是阿Q在被他历来看不起的王胡拉到墙上去碰头,接着又遭假洋鬼子的哭丧棒拍打,觉得全身晦气时,迎面碰到了静修庵里的小尼姑。于是,阿Q身上的劣根性显露了:自己受了屈辱后又去欺负比自己更弱小的人。作者先让他使用了一个开口度较大的"咳",以震耳的声音引起四方看客的关注,再跟上一个足以显示其高高在上的"呸",伴之以飞舞的唾液,栩栩如生地绘出了可怜、可笑、可厌的阿Q相。

感叹词叠现,在鲁迅小说文本中是一种值得注意的用法。这类感叹词反复以同结构的句子或词语形式出现,从而强化在典型情境下产生的典型人物的特殊心理。如《肥皂》中的四铭,买了肥皂后只敢以"唔唔"回答夫人的话:"'上了街?''唔唔'";"'这实在是好肥皂。''唔唔'",表现了一个心怀鬼胎者极力掩饰内心慌张的拙劣之态。再如表面学贯中西,内里不学无术的高老夫子第一次去女校上课,尽管他应聘的深层目的是来看看女学生,可真要走上讲坛,他内心的慌乱还是难以避免的。这时,一面是主人不迭声的介绍,一面却是应对者连续不断地"哦哦"之声。当"哦哦"以超常的方式表现,并连续不断地作为独立的句子使用时,感叹词发出者的心慌意乱、急不择词之态就异常鲜明地表现出来了。

感叹词语在汉语的词类系统中属于特殊的一类。无论在语音形式或语音所联系的表义内容方面,都较其他词类有更多的灵活性。鲁迅正是利用了感叹词语所具有的灵活性特征,不拘一格地予以创造性使用,从而增添了小说文本的形象色彩。以"喂"的使用为例。

(3)"喂!一手交钱,一手交货!"(《药》)

(4)"喂喂,老杆,你不要闹这些无聊的玩意儿了。"(《高老夫子》)

(5)他们是没有受过新教育的,太太并无学名或雅号,所以也就没有什么称呼了,照老例虽然也可以叫"太太",但他又不愿意太守旧,于是就发明了一个"喂"字。(《端午节》)

用来表示招呼的声音是"喂"的基本用途。(3)是粗鲁、凶残的刽子手康大叔对善良胆小的华老栓吼出来的招呼之语。"喂"后紧跟的叹号,加重了吼的力度,活现了一个杀人不眨眼的刽子手的狰狞嘴脸。(4)的"喂喂"是老杆——高老夫子的狐朋狗友黄三在得知高老夫子将去女学校教书时,为表现彼此间关系的亲密而使用的叹词。当"喂喂"重叠出现时,单音节所能产生的较为洪亮的音响明显减弱,一对流氓伙伴间沆瀣一气的亲密感便自然而然地为读者所感知。(5)是鲁迅对感叹词的创造性运用。用感叹词"喂"来替代"太太"一类名词,看似荒谬,不合情理,实际正吻合了方玄绰"差不多"的口头禅。一切都是得过且过,"差不多"就好,大到对社会现实的回避,小到对夫人的称谓。"喂"在方家的通行、运用,体现了方玄绰的性格特征,是作者在看似不经意处给主人公个性添上的不可或缺的一笔。

三、叠音词语

叠音词语指构词上具有叠音形式的词语类聚,是汉语所独具的构词形态。叠音形式借声音的繁复重叠使具体性状得以强化,从而使形象感得以鲜明突出。鲁迅小说文本中的叠音词语主要有 AA 式、ABB 式和 AABB 式。

1. AA 式

用 AA 式叠音词语描写人物动作和心理,刻画人物性格,在鲁迅小说文本中出现频率极高,是鲁迅小说文本的一大特色。在鲁迅小说的人物画廊中,创作主体通过一个个形象意味极浓的叠音词语,为我们展示了神采各异的人物形象系列：将虱子"恨恨"地塞在嘴里，又因不及王胡咬得响而疮疤"块块"通红的阿Q；在讲台上"慢慢"地翻开书本，"慢慢"地讲下去，不得已时抬眼"看看"屋顶的高尔础（《高老夫子》）；失去工作后阴影似地"悄悄"回到居所的魏连殳与泉流似地"滔滔"说话的大良祖母（《孤独者》）；"怔怔"地立在街头的祥林嫂与"匆匆"逃离的"我"（《祝福》）；以及那"胖胖"的七大人（《离婚》）、"瘦瘦"的阿顺（《在酒楼上》）、"忿忿"抗争的爱姑（《离婚》）、"恨恨"数落儿子的秦益堂（《弟兄》）、"默默"吸烟的闰土（《故乡》）、恼羞成怒时"愤愤"大叫的四铭（《肥皂》）……

AA式叠音形式在鲁迅小说文本中的使用特色主要有以下四点：

第一，用同一叠音形式反复来表现同一人物的心理、神情举止和性格特征。《孤独者》中的魏连殳常常呈现给人们的便是那"默默"的神情：对寒石山社会在他祖母的丧仪上所搞的一套虚伪的陈规陋俗，他虽然厌恶之至，"却只是默默地，遇见怎么挑剔便怎么改"；友人来访，"但套话一说就完，主客便只好默默相对"；"我"冒渎了魏连殳"孩子总是好的"的"奇警"之论，魏连殳尽管气愤，也只是"默默地连吸了两枝烟"；听到"我""近来客人不多了么"的提问，"他连喝两口酒，默默地想着"；忆起祖母大殓时的情景，他没说两句话，又是"想着，默默地喝酒"。"默默"的神情显露出的正是魏连殳那几近消逝了生命之火的精神世界。他曾经崇仰和主张过资产阶级民主主义，但由于辛亥革命的失败，他很快消沉、颓废，将自己拘囿在空虚的个人主义的狭窄天地，成了绝望的战败者和真正寂寞的孤独者。令人感到窒息的"默默"并非无声无息，它传递出的是审美客体难以言表的万语千言，也是创作者塑造形象时不可或缺的传神之笔。

第二，用相同的叠音词语刻画不同人物的神态举止，异中求同，显现某类人物所独有的共性特征。《孔乙己》中的小伙计和《在酒楼上》的堂倌共有一副"懒懒"的腔调；自以为是的封建卫道者七大人（《离婚》）、郭老娃（《长明灯》）说话时总喜欢"慢慢"开口；而受过新思想影响的"疯子"（《长明灯》）、魏连殳（《孤独者》）、子君（《伤逝》）等的双眸中偶然迸射出的那"闪闪"的光，都似一幅幅题旨相通的系列写生画，展现出鲁迅小说人物画廊的独有风采。

第三，将不同的叠音形式，精心地经营于同篇之中，使人物形象更为鲜明突出。四婶、卫老婆子、祥林嫂是《祝福》中属于不同阶层的妇女形象。作者在描写她们的说话神态时，选用了三个不同的叠音词语："愤愤"、"絮絮"、"切切"。高高在上的四婶埋怨卫老婆子荐人不当时是"愤愤的说";卫老婆子再次举荐祥林嫂时是"絮絮的对四婶说";而祥林嫂沦为乞丐后渴望从"我"口中证实她对神权的大胆怀疑时则是"极秘密似的切切的说"。"愤愤"、"絮絮"、"切切"同为形象感极强的叠音词语,她们在同篇中分别用于刻画不同的人物性格,展示各异的神态举止,给人以如闻其声、如见其人的感觉。

第四,AA式叠音形式也常被作者用来烘托环境气氛,表现人物性格。如《明天》中守寡的单四嫂子失去唯一的希望宝儿后那"静静的在地上立着的纺车";祥林嫂尚存生命之火时那"点点"下来的微雪,死后出现的"团团"飞舞的雪花(《祝福》);魏连殳失业后曾经热闹非凡的圆桌上蒙着的一层"薄薄"的灰尘,卖书后"空空"的书架,"微微"发抖的灯火(《孤独者》);陈士成落榜后那"拂拂"的凉风,"缓缓"出现的月亮,"软软"相劝的月光,"远远"的就在前面的白光(《白光》);以及夏瑜坟前"支支"直立的枯草、坟上那"圆圆"的排成一个圈的花环(《药》),无不联系着性格表现的需要,为体现人物性格而描景绘物,构筑特定的环境、氛围。

2. ABB式

ABB式构词形式中的 BB 成分一般是对 A 成分的形状加以描写和强化,因此 ABB 式叠音词语能给人以鲜明的形象生动感。

鲁迅小说文本中的叠音词语常被作者用于描写人物,突出人物的性格特征。"气愤愤"较"生气"或"气愤"有着更强的主观色彩表述,也更毕肖于人物的神情,于是,文本中出现了"气愤愤的直走进来"的陈老五(《狂人日记》)、"气愤愤的跑上前"拉开哭棺不止的单四嫂子的王九妈(《明天》)、因小D谋了自己饭碗而"气愤愤的走着"的阿Q。其他如在警察催促下"懒洋洋"地踱出家门挂旗的国民(《头发的故事》)、中兴后"懒洋洋"地走出赵府的阿Q(《阿Q正传》)、来鲁四老爷府上拜年的"醉醺醺"的卫老婆子(《祝福》)、"恶狠狠"地似乎就要扑过来的阿顺弟弟(《在酒楼上》)、"慢腾腾"向众人问话的伪善者四爷(《长明灯》)、"交运"之后被大良祖母认定为"气昂昂"的魏连殳(《孤独者》)、显不出喜怒的四铭太太"死板板"的脸、流着油汗的学程那"亮晶晶"的胖脸(《肥皂》)、满头"光油油"的秃头看客(《示众》)、"油光光"发亮的七大人的脑壳和脸(《离婚》),以及花白胡子"乱蓬蓬"的孔乙己(《孔乙己》)、须发"乱蓬蓬"的吕纬甫(《在酒楼上》),无不因这些叠音词语的使用而使人物生动起来,同时也增加了形象的厚度和立体感,给人以如见其面的真实感受。

此外，采用ABB式词语两相对照，或字面与字里相互对照的方法来突出理想与现实间的差异，是鲁迅小说文本中经常运用的创作手法。如"笑眯眯"和"阴凄凄"都可以用来形容人的眼睛，作者在《幸福的家庭》中反复、交叉地使用这两个词语来描写主人公——一个为了捞几文稿费维持生活，费尽心机按绅士淑女的口味来构思一个"幸福的家庭"的贫困的青年作者——理想中的家庭主妇、现实中的家庭主妇，以及也将长成为家庭主妇的小女儿：主人公正在构想"笑眯眯的"理想主妇，自己主妇"两只阴凄凄的眼睛"出现了；酷似"五年前的她的母亲"的三岁的女儿此刻也还是"笑眯眯的"，但"恐怕将来也就是……两只眼睛阴凄凄的"。现实、理想、未来，在青年主人公的内心翻腾，"笑眯眯的"理想与"阴凄凄的"现实，看似不和谐地融为一体，巨大的反差映衬出人物心理的无奈与痛苦。

有时，作者使用一种并非反语的ABB式词语，却每每让人感到无法从正面理解，必反其义解读后而方得其意。

(6)车上的坐客依然坐着，车夫已经完全爬起，但还在摩自己的膝髁。周围有五六个人笑嘻嘻地看他们。(《示众》)

(7)孩子们跑出庙外也就立定，牵着手，慢慢地向自己的家走去，都笑吟吟的，合唱着随口编排的歌。(《长明灯》)

"笑嘻嘻"、"笑吟吟"呈现的都是一副愉悦高兴的样子。它们在上列各句中用于写实性的白描，是现实情景中人物的真实表现。可就是这真实，就是这不加造作的属于审美客体的愉悦，让审美主体读出了内中的悲哀。(5)的场景出现在北洋军阀黑暗统治下的街头，描写的是一群无聊的旁观的看客。谁也不知道被示众者犯了什么事，只为了看个热闹。这种盲目的围观，直到又一件值得围观的事发生：一个人力车夫跌倒了。又很快围起了五六个人，"笑嘻嘻"的，充满了快意，这是何等麻木、冷漠的一群呵！"笑嘻嘻"的使用，平常而撼人心魄。如果说看客们的无聊与冷漠还只是令人忧闷，(7)中孩子们的"笑吟吟"就着实令人难以平静待之了。《狂人日记》中鲁迅还以其进化论的观点，借狂人之口呼吁"救救孩子"，把孩子视为民族的希望。可吉光屯里在长明灯下长大的孩子们，竟也跟着大人们戏弄、敌视封建礼教的叛逆者疯子，在其中一个以苇子当枪，"吧"的一声要枪毙疯子后，都"笑吟吟的"，充满了喜悦之情。这是一幅多么可怕的图像呀！"笑吟吟"所展示出的璀璨，正是我们民族的危难所在。此外,当老栓提了茶壶,"笑嘻嘻"地听着刽子手康大叔的血腥之论,华大妈也黑着眼眶,"笑嘻嘻"地送出加上了一个橄榄的茶碗来对人血馒头的提供者表示感谢时,人们在"笑嘻嘻"中读出的只能是两张笑不如哭的已然变形的脸;其他,那"笑吟吟的睁着怪眼睛看我"的佃户(《狂人日记》)、七斤剪辫子风波平息后重又对他"笑嘻嘻"地招呼的村人(《风波》),都让读者在似乎自然而然的笑中读出了深埋在字里的悲哀。

叠音词语在鲁迅小说文本中是一个规模颇大的色彩义类聚,除上面分析的 AA 式、ABB 式外,经常出现的还有 AABB 式、ABAB 式、ABAC 式等。

AABB 式一般为双音形容词的重叠形式。形容词重叠后较之未加变化的基本式,语义色彩上都或强或弱地有了变化。一般讲,当 AABB 式在句中用为定语、谓语时,形象描写的作用明显加强;用为状语、补语时,则在形象描绘的同时,表示程度的加深。鲁迅小说文本中的 AABB 式词语大多用为描绘意味极强的状语,有时也用为定语、谓语,它们常被用来表现人物的身份地位和性格特征,在变化的词形中蕴含着形象的评判与揭露。如高老夫子对其流氓伙伴黄三"正正经经地回答"时所表现出的虚伪,讲课时首先注意到女学生"蓬蓬松松的头发"时所暴露出的无耻,以及《在酒楼上》通过吕纬甫挂在口边的"敷敷衍衍"、"模模糊糊"、"随随便便"所展现出的主人公因岁月流逝而磨平性情棱角的庸碌等等。其他,ABAB 式:如自诩年轻时一双手"粉嫩粉嫩"的灰五婶(《长明灯》)、肩膀"一扇一扇"地去女学校上课的高老夫子(《高老夫子》)、"一抖一抖"地画圆圈的阿 Q(《阿 Q 正传》)、"一锄一锄"往下掘宝的陈士成(《白光》);ABAC 式:"团头团脑"的慰老爷、七大人(《离婚》),"探头探脑"地挨进来的赵贵翁一伙(《狂人日记》),对小尼姑"动手动脚"的阿 Q、"瘟头瘟脑"了许多日的王胡(《阿 Q 正传》),在七大人面前"必恭必敬"的尖下巴少爷(《离婚》),等等,无不具有形象描绘的作用。

形象色彩词语是小说文本呈现的言语世界中最基本的要素。它既参与构筑作为审美客体的和谐一体的文本世界,又具体而微地显露出作家创作的心路历程。因此,对小说文本中形象色彩词语的解读,是读者进入创作者审美世界的津梁。基于听觉的形象色彩词语在鲁迅小说语言中具有独特的审美价值,这些词语使得鲁迅小说不仅生动地再现了现实生活的情境,而且极大地丰富了作品的美学内蕴,是现代小说语言创造性运用的典范。

"从成语中,另外抽出思绪"①
——谈成语在鲁迅小说中的创造性运用

"文学就是用语言来表达的造型艺术"。② 创造性的文学语言的运用,使文学大师们的个性风采和创造精神得以最为直观地展现,鲁迅就是这样一位伟大的文学大师。

鲁迅的文学语言艺术成就是多方面的,而成语在他的小说中的运用,很典型地反映其语言创新的特色。作为汉民族语言精华的成语,有其自身独特的凝固结构与文化内涵,更有着约定俗成的使用规范。鲁迅对成语的创造性运用,就在于既充分利用成语的这些特点,又突破其固有结构模式、负载的内涵和既定的规范,使之服从于文学形象创造的需要,重新获得鲜活的艺术生命。

改变成语的固定结构,把成语铺衍开来使用,使之以隐显两种结构出现,是鲁迅运用成语的创造之一。《弟兄》中的张沛君平日里被同事们视为"兄弟怡怡"的楷模,"你们简直是谁也没有一点自私自利的心思"。然而,当怀疑其弟可能患了猩红热,自己将面临养活弟弟一家的尴尬境况时,他内心深处的自私自利之念便无法遏制地浮现出来。与他内心的焦虑相映衬,作者连续使用了一组铺衍开来的成语。且看他在等待医生时的情景:"沛君不但坐不稳,这时连立也不稳了";"他坐着,却似乎所坐的是针毡";"他吃惊,有些失措,吃吃地说"。很明显,这里是四字成语"坐立不安"、"如坐针毡"、"惊慌失措"的拆用。突破成语的凝固性结构,铺衍成句,实际形成隐显两种结构。隐结构是成语原来的方式,显结构是经过变形处理的成语。隐显两种结构呈现出的

---

① 原载《修辞学习》,2000 年第 1 期。
② [苏联]高尔基:《论文学(续集)·论散文》,北京:人民文学出版社,1979 年,第 387 页。

疏与密、松弛与紧凑的反差对比,突出了沛君一反常态的举止、心境,形神毕现地勾勒出人物貌似兄弟情亲,内心却充溢着自私自利。成语的变形使用与人物心态行为的异常变形相映衬,象征意义十分明显。再如《狂人日记》中描写狂人的心理,"我看出他话中全是毒,笑中全是刀,他们的牙齿,全是白厉厉的排着,这就是吃人的家伙"。把"笑里藏刀"衍用为"笑中全是刀",一方面是为了协调音节、增加语言的节奏感,另一方面由"藏刀"到"全是刀",也是意义的加强和显豁,更切合狂人此刻对吃人者的愤激心态及勇于向一切陈规挑战的叛逆者性格。很明显,成语结构上的显与隐,依托于隐结构的习用性:模式化的板块形式虽经拆散后成为一个平平常常的句式,但浮现于读者脑际的仍为不自觉转化而来的原形成语,真可谓藕断丝连,形散神系。作者以显托隐,显隐交错,利用对成语固有形式的突破,来取得一种警奇、突兀的表达效果,并于变与不变之间表现人物的心态变化。

对成语固定语素的变换,是鲁迅运用成语的创造之二。为了突出人物个性,鲁迅常常将成语中的关键语素略加变动,以取得画龙点睛之妙。比如写孔乙己:"可惜他又有一样坏脾气,便是好喝懒做。"(《孔乙己》)"喝"是孔乙己给人留下的印象最为深刻的动作,也是与全篇的环境氛围与叙述者的身份最相贴近的行为。变"好吃懒做"为"好喝懒做",一字之易,便把孔乙己穷困潦倒、沉溺于酒以及那虚妄可怜的自尊自大之态恰到好处地揭示出来。《孤独者》中的魏连殳,在社会的重压下,以自我毁灭的方式进行报复,侮辱、凌虐曾经伤害过他自尊的势利之徒,以寻求个人虚荣心的满足。他似乎胜利了,作了杜师长的顾问,一帮势利小人又开始环其左右,自然而然的,"他近来就浮而不实,不把人的好话当好话听"。"浮"表现的是人的一种"轻浮急躁"的心境。魏连殳是一个充满了变态心理的孤独者,他曾为社会所抛弃,现今又因了他自己实际所厌恶的一切而得到了社会的认可。表面的荣耀与其内心深处的痛苦纠缠在一起,为人处世就必然是浮浮躁躁,很难有诚恳实在的心态。"浮而不实"是对特定情境下的魏连殳的真实写照,也是塑造人物形象时不可或缺的传神之笔。较之原形成语"华而不实",作者改动之艺术功力令人叫绝。有时通过小说人物自身对成语的运用来展现人物个性。《离婚》堪称以记录人物语言尽现人物性格的典范之作。主人公爱姑泼辣、顽强,不受封建礼教束缚,敢作敢为,勇于反抗。她的言辞尖锐而辛辣,其中成语的灵活使用也为她鲜明性格的展现增色许多。且看她与同船知情路人的一段表白:"要撇掉我,是不行的。七大人也好,八大人也好。我总要闹得他们家败人亡!慰老爷不是劝过我四回么?连爹也看得陪贴的钱有点头昏眼热了⋯⋯"当慰老爷威胁她必须接受调停,到府里打官司断不会有好结果时,爱姑的回答掷地有声:"那我就拼出一条命,大家家败人亡。""家败人亡"常用做"家破人亡",但"败"较之"破"语音更为铿锵,更可衬托出爱姑快人快语、不顾一切奋战到底的决心;"头昏眼热"则是从"头昏眼花"变易而来,一字之变,就把爱姑对父亲在抗争中为金钱所诱惑,缺乏坚定性的不满,毫不掩饰地表达出来。

对汉语成语运用规范的突破,是鲁迅运用成语的创造之三。对约定俗成的遵守,是使用成语的前提,但对传统的突破与创新,却是鲁迅小说创造文学形象的重要手段。《狂人日记》写一伙欲吃人者,若能:"逼我自戕⋯⋯他们没有杀人的罪名,又偿了心愿,自然都欢天喜地的发出一种呜呜咽咽的笑声。"这里的"欢天喜地"令人瞩目,因为与笑相随的是一种呜呜咽咽的声音。是哭还是笑,是悲还是喜,是真还是假,读者其实已了然在心,一幅由系列成语参与绘制的众生图此前已作了生动展示:"他们这群人,又想吃人,又是鬼鬼祟祟","自己想吃人,又怕被别人吃了,都用着疑心极深的眼光,面面相觑","大门外立着一伙人⋯⋯都探头探脑的挨进来","有的是仍旧青面獠牙,抿着嘴笑"。鬼鬼祟祟的行为、面面相觑的目光、探头探脑的动作、青面獠牙的笑,惟妙惟肖而又简洁明快地勾勒出了吃人者的冷酷和奸诈,透示出一种令人悚然的重压,同时也是对夹杂于"欢天喜地"中的不协调音的绝妙注释。作者之所以采用这种超常搭配的手法,实际是改变成语运用的思维定式,以产生一种出人意料的艺术震撼力,从而入木三分地揭露吃人者的虚伪与丑恶,并引起善良人们的高度警惕。

成语因其高度凝聚性而言简意赅,运用成语正是为了求得这种言简意赅的表达效果。鲁迅小说的成语运用有时却一反常规,将同一组成语反反复复地使用,甚至连及成语所在的整个句子也反复出现,通过变简约为繁复而收到文学创作的最佳效果。《离婚》中当爱姑即将与封建礼教的代表人物七大人见面时有一段内心独白,"知书识理的人是最讲公道话的,我要细细地对七大人说一说";及至直接交锋,她直言:"七大人是知书识理,顶明白的","不像我们乡下人。我是有冤无处诉","知书识理的人什么都知道。他就是着了那滥婊子的迷,要赶我出去"。毋庸讳言,较之鲁迅笔下软弱可欺、逆来顺受的单四嫂子或祥林嫂,爱姑的抗争勇气令人钦佩,但她终于以屈从而告终,根源便在于她对"知书识理"者的幻想。她把满腔希望寄托于封建势力的代表人物和封建衙门,只因为她相信那都是些知书识理的人,而知书识理的人是可以明辨是非的。这是愚昧的错误,也是那个时代带给爱姑们的无法回避的悲剧。三个"知书识理"的反复使用,淋漓尽致地渲染了人物的心理,揭示了人物性格所由产生的社会文化背景,既有作者对封建卫道士们的辛辣讽刺,也满含着作者对被愚弄被压迫人民的深切同情,具有撼人心魄的警世之力!阿Q是鲁迅笔下最为成功的形象之一,"精神胜利法"是阿Q性格中最为突出的特点。阿Q在受人欺负后,最常采用的体态动作便是"怒目而视"。阿Q在意识到还口还手总是吃亏时,才"渐渐地变换了方针,大抵改为怒目而视了";当闲人取笑他的癞头疮,"阿Q照例的发了怒,他怒目而视了";怀疑男女间有什么勾当,"为惩治他们起见,所以他往往怒目而视"(《阿Q正传》)。阿Q自卑却也自尊,他的胸中常常满怀着不平之气,但他反抗的方式却又是那般可怜,所能采取的只能是敢怒而不敢言的"怒目主义"。尽管如此,"怒目而视"是阿Q性格中闪光的一面,是其灵魂尚可拯救的证明。鲁迅抓住了这弥足珍贵的微弱光点,用悖于常规的方法反复使用,目的便在于挖掘并发扬光大阿Q作为贫苦农民反抗压迫的本质一面,从而唤起世人疗救民族痼疾的热情。

为了加大描写的力度,鲁迅在重复使用同一个成语时,甚至不惜把成语所在的整个句子重复使用。当阿Q意识到"怒目主义"并不能救他之后,他又拿出了精神胜利的新的法宝。在被闲人们打了以后,"闲人这才心满意足的得胜的走了",阿Q心里想,"我总算被儿子打了","于是也心满意足的得胜的走了"。当闲人识破这个法宝,逼着他自己说出是"人打畜生"后,"这才心满意足的得胜的走了"。不到10秒钟,阿Q也"心满意足的得胜的走了"(《阿Q正传》)。这里,作者在"同"与"异"处颇下功夫,而且匠心独运。或异人同语:闲人与阿Q可以说是对立的双方,打人与被打的心境定然有异,但作者却用了同样的语句来描写他们此时此刻的感受,这就在人们惊异于悖乎常理的同时又陷入了更深层次的思考;或同语异义:"心满意足"本是对人所拥有的一种快乐心境的描述,此处选用,且不论闲人是否达到了心满意足的程度,至少阿Q的心满意足,与成语的原意相违。作者此处采用看似矛盾的手法,且反反复复地使用,既可以看做对阿Q病态心理所下的最好注脚,也反映了作者对已然麻木的国民心态的讽刺与同情。

通过反射本体的镜像透视来观照人物本身,洞察人物灵魂,是鲁迅成语运用的最具创造性的发明,也是与其"戚而能谐,婉而多讽"①的艺术风格相一致的。《孔乙己》中当喝酒的人取笑:"'孔乙己,你当真认识字么?'孔乙己看着问他的人,显出不屑置辩的神气。""不屑置辩"表现的是对人的极端轻视。穷愁潦倒的孔乙己早已被置于极端轻视之中,但他竟品味不出别人的轻蔑与嘲笑,意识不到自己实际所处的社会地位,反而轻视别人,不屑于同人争辩,实在是可笑而又可悲。但应该注意的是,作者此处对"不屑置辩"的使用其实并未满足于成语的显露义,或曰语言的静态系统中贮存着的已知义的简单呈现,而是借助人尽皆知的固显意义来反衬、突出在特定语境中所形成的隐含义。作者采用了镜观的手法,人物本体所呈现出的言行举止,恰恰为人物自身的写真。孔乙己不屑别人,殊不知自己才正是众人不屑的对象。作者用一把寒光逼人的利刃,把人物尚浑然不觉的一角挑破了给世人看,淋漓中透着不忍,嘲讽里含着悲泪,显中见隐,隐从显出,既展示了作者对人物的矛盾心态,又惟妙惟肖地刻画出了一个备受科举制度摧残却仍恪守儒家信条的旧知识分子形象。

　　千百年相沿习用、最具模式化特征的汉语成语在鲁迅小说中成了富有无限活力与表现力的语言形式,鲁迅先生对此一语破的:"成语和死古典又不同,多是现世相的神髓,随手拈掇,自然使文字分外精神,又即从成语中,另外抽出思绪:既然从世相的种子出,开的也一定是世相的花。"②"从成语中,另外抽出思绪",是鲁迅创造性运用成语的奥秘所在,也是鲁迅作为伟大的思想家、文学家留给后代的宝贵经验。汉语成语作为民族历史文化的"活化石",在文学创作中有着可供挖掘的巨大潜力;而能否将成语的作用发挥到极致,则取决于选用者本人对成语的创造性把握。利用极具历史文化意蕴的材料绘制历史画卷又敢于进行创新,用最富民族特征的形式创造民族形象又不拘泥于形式本身,这是鲁迅在成语运用方面的成功实践,而这种实践最为典型地体现了鲁迅作为一位伟大作家创造性地运用语言的个性风采和艺术魅力。

---

　　① 鲁迅:《中国小说史略》,《鲁迅全集》第 9 卷,北京:人民文学出版社,1981 年,第 220 页。
　　② 鲁迅:《集外集拾遗·〈何典〉题记》,《鲁迅全集》第 7 卷,北京:人民文学出版社,1981 年,第 296 页。

《红楼梦》成语运用二三例[①]

成语是瑰丽的,它因凝聚了汉民族语言的精华而熠熠生辉;《红楼梦》的语言是丰富而优美的,独具匠心的成语运用,更使它在作品的艺术形式上放出异彩,而且在主题表达、结构安排、艺术形象塑造、突出人物个性等方面,都起到了不可或缺的作用,达到了内容与形式的完美统一。

"百足之虫,死而不僵",在《红楼梦》中出现了两次。一次是第 2 回"冷子兴演说荣国府"时对贾雨村的一段话:"古人有言:'百足之虫,死而不僵',如今虽说不似先年那样兴盛,较之平常仕宦人家,到底气象不同。"还有一次是 74 回探春在抄检大观园后的一段哀叹:"这可是古人说的:'百足之虫,死而不僵',必须先从家里自杀自灭起来,才能一败涂地呢!"这一成语的前后两次运用,同是对贾府情状的描述,但是,由于说话者的身份、地位、时间、环境的不同,他们对同一事物的观察感受及其作用也就迥然各异。

就人物本身看,冷子兴是贾府掌管收地租的周瑞的女婿、都中古董行里的生意人,凭着他丈人的关系,略知贾府内情。但他属于下层市民,与贾府基本上是没有利害关系的;而探春则是贾府千金,众姐妹中最精明强干的封建正统派,与贾府有着生死攸关的切身利害关系。就说话的时间与环境看,冷子兴演说荣国府仅是全书的开始,贾府虽然已有衰亡之趋势,但还不十分明显。上元归省堪称贾府繁荣的最高潮。"只见园中香烟缭绕,花影缤纷,处处灯光相映,时时细乐声喧,说不尽这太平景象,富贵风流。"到了 74 回,贾家就逐渐走向衰落了。府内大小矛盾急剧发展,追欢逐乐之辈比比皆是,等到王熙凤逼死尤二姐,矛盾愈益尖锐,自相欺凌残杀,一直发展到抄检大观园。由

[①] 原载《艺谭》,1981 年第 2 期。

于上述的差异,冷子兴与探春就必然站在不同的立场,从不同的角度对比作出了不同性质和程度的反映。一个是酒后闲谈,幸灾乐祸,完全是以局外人的口吻在评说;一个则是抄检大观园之后的焦虑中,悲悲切切,倾注了无限的惆怅之情。在这里,我们不得不佩服贾探春的清醒与敏锐,她悟到了盛极必衰的道理,预感到家族的覆灭危在旦夕,因而选用了这个形象的成语,痛切地揭示了这个赫赫扬扬已将百载的封建大家族,外面架子虽然未倒,"内囊却已尽上来了"的惨状。如果说,我们从冷子兴的第一次运用这一成语对贾府衰亡的趋向有了一个初步的、一般的认识,那么,探春第二次重用时,我们就愈加深刻体会到了这个成语的又一层分量与新的内涵,前呼后应,相互映照,令人咀嚼不已。

人物语言的个性化,是《红楼梦》语言的基本特征,更具有感人的艺术魅力。王熙凤是全书中塑造成功的形象之一。在她性格突出的语言中,成语的运用非常精确。试看44回"变生不测凤姐泼醋",由于贾琏和鲍二媳妇勾搭,引起凤姐嫉妒,搅得贾府天翻地覆,以致逼死人命。这时,你看凤姐的反应:"死了罢了,有什么大惊小怪的";"也不许劝他,也不用镇唬他,只管叫他告!——他告不成,我还要问他个'以尸诈讹'呢!"死了人命,还说人家"大惊小怪";别人告状,竟要反问个"以尸诈讹",这种蛮横无理的语言,跃然纸上,活画出这个贾府管家少奶奶的凶狠嘴脸。她出身于一个垄断了大清帝国对外贸易和外交关系、专跟西方资产阶级的海盗和冒险家打交道的金陵世家,自幼见多识广,熟谙官场的一切。嫁到贾府后凭借其政治势力,可以直接操纵官吏,恣意对人民群众进行残酷迫害,这种情况已成为当时一种普遍的社会现象。正如第4回应天府的那个门子所说:"如今凡作地方官者,皆有一个私单,上面写的是本省最有权势极富贵的大乡绅名姓,各省皆然。倘若不知,一时触犯了这样的人家,不但官爵,只怕连性命也难保呢!"第15回凤姐弄权铁槛寺,利用贾府权势,生生拆散张金哥夫妇,用血淋淋两条人命换来白花花三千两银子,"从此凤姐胆识愈壮,以后所作所为,诸如此类,不可胜数"。像逼死旺儿媳妇这样一个"下贱"仆妇的事,在她看来微不足道,何必大惊小怪?两句成语的运用把王熙凤依权仗势、草菅人命的狠毒阴险的性格特征披露无遗!

结构的严密性是成语的基本特征。但是,作者为了增强语言的表达力,还往往把成语加以巧妙改动。第33回"手足耽耽小动唇舌,不肖种种大承笞挞",写忠顺亲王府来向贾政告状,说宝玉藏了戏子琪官,此时宝玉听了吓得"目瞪口呆",而贾政却气得"目瞪口歪"。显而易见,"目瞪口歪"是为了增强修辞效果,从"目瞪口呆"改造而来的。一字之改,却表现了两个人物各自不同的心理和神情。贾政是封建正统派的官僚,他关心的自然是宝玉的功名,他逼着儿子把"《四书》一气讲明背熟",以便从科举入仕途,显声扬名,光宗耀祖。而宝玉所厌恶的则正是儒家的这一套。然而,宝玉毕竟是贵族阶级的公子哥儿,他的具有资产阶级因素的反封建的个性,只是从封建主义母腹中产生的胚胎,他对君权、亲权的尊重是难以一时改变的,对封建主义的背叛也不可能是彻底的,尤其是不敢正面反抗。因此,当宝玉听说了告状之事后,面对着如狼似虎的父亲,目瞪口呆之状是可以想见的。而目瞪口"歪"则是极生动形象地刻画了贾政这个封建卫道士在听到自己的儿子不求上进,竟与"下贱"的戏子私下交往,做如此伤风败俗、大逆不道的事情时,由惊异到失望,再到怨恨,直至愤怒变形的全部心理变化过程。如果说,贾政以前对宝玉还有一种"恨铁不成钢"的父子之情,那么,到此时,他已感觉到一切都是无可挽回的了。知子莫若父。这样的一个孽根祸胎,家里的混世魔王、不肖逆子,在反封建轨道上越滑越远了。与其让他发展到弑父弑君,不如早点除掉这个心中的隐患!我们仿佛看到,在那愤怒变形的歪脸上,正喷射出阵阵杀气。两种思想的尖锐交锋与较量的序幕已全面拉开了!一字之差竟蕴蓄着如此深广而丰富的内容,又如此细腻地表现了迥然各异的人物的心理、神态,真是起到了臻入化境的奇妙作用。

《红楼梦》中人物语言所运用的成语,有时不仅注意到切合人物的身份、地位、教养,并且还注意到人物之间的关系和人物性格的映照作用。在51回,薛宝琴做了10首怀古绝句,众人称妙,薛宝钗却因后两首根据《西厢记》、《牡丹亭》而来,不符合她这个封建卫道士的正统思想,遂巧妙地说道:"前八首都是史鉴上有据的,后两首却无考,我们也不太懂得,不如另做两首为是。"黛玉忙拦道:"这宝姐姐也忒'胶柱鼓瑟'、'矫揉造作'了。两首虽于史鉴上无考……那三岁的孩子也知道,何况咱们?"真是一针见血,痛快淋漓,完全符合她"孤高自许,目下无尘"的性格特征。黛玉是一个反抗封建礼教束缚,具有争取男女平等和婚姻自主的民主主义要求的封建礼教叛逆者,"清贵之家"的出身,使她具备了很深的文学素养;寄居贾府的特殊境遇,又造成了她一种清高孤傲的个性。在势力的环境中,她保持着自己纯洁的人格,光明正大,坦率外露,当然也就看不惯城府极深、虚伪世故的薛宝钗。而薛宝钗这个出身于宝商之家,自幼受到严格的封建教育的淑女,"好风凭借力,送我上青云"是她终生的理想。为了争夺"宝二奶奶"的地位,她表面"罕言寡语,安分随时",实际却处处设防,多方铺路。在滴翠亭,她曾巧施"金蝉脱壳"之计,把丫头对自己的防嫌之心嫁祸于黛玉身上;在贾母给她做生日,让她点戏时,她也完全按贾母的爱好取舍;甚至当王夫人逼死金钏儿,自己都觉着良心受谴时,宝钗竟会说出:"金钏儿要有这样大气,也不过是个糊涂人,也不为可惜。"冷酷之情,令人悚寒。声色不露、逢迎拍马,处处表现出她的老谋深算与虚伪阴险。如果说,"胶柱鼓瑟"、"矫揉造作"的运用,显示了黛玉高超的文学修养,切合其"目下无尘"性格特征,那么,这两个连用成语的内涵,却又正是对宝钗这个伪君子性格的概括!叛逆与效忠、辛辣与圆滑、磊落与奸诈、美好与丑恶在此相得益彰,妙笔生辉!

《红楼梦》运用成语之妙随时可见。这里,有半主子赵姨娘"心有余而力不足"的哀叹,有对处于"膏粱锦绣"之中竟如"朽木死灰一般,一概不闻不问"的李纨的描述,更有宁府少奶奶秦可卿预示贾府必然衰亡的"乐极生悲"、"否极泰来"的警语。以上无不增添了作品的艺术魅力。

标点与感情[1]

标点作为书面表达的一种辅助性工具,本身当然难以表现作品的感情活动。但在一定的语言环境中,它作为由作者内在情绪转化出来的节奏的特殊标志,是随着作者思想感情的形成而形成的。作者以标点将其作品的节奏外化,传达每一个感情的节拍,读者则通过标点的媒介,深入体会作品的节奏,把握作者内心情感的起伏跌宕。

用标点符号表现感情节奏的变化,领域极为宽广。有的只是符合一般常规的自然运用:

(1)在沙面漫步和休息,你会想起许多许多的事情:看见靠椅,想起了战斗和劳动的可贵;看到树木,想起了赋予万物生命的阳光;看到土地,想起中国神圣的版图;看到江流,想起历史的法则和时间的裁判……

秦牧《沙面晨眺》

这里先用冒号表示较大停顿,后接分号构成一组组结构相似、语气一致的句子,逗号则在每组内部表示顿歇,可以说都配合了作者所要表达的情绪,不仅在视觉上给人以美感,而且在听觉上传达给人们以音乐的旋律。

用标点表现情感节奏的变化,有的不一定能从形式上明显地、极有层次地表达出来,而必须通过一定的上下文去把握作者感情的律动,感受作品尽在不言中的情绪波澜跳跃。

(2)(侍萍走到周萍面前)"你是萍……凭……凭什么打我的儿子?"

曹禺《雷雨》

---

[1] 原载《艺谭》,1984年第2期。

侍萍看到了亲生儿子周萍,情绪冲动,语调应该是高扬的。但是,冷酷的现实又不允许她说出这一切,她感到悲痛和失望,语调开始低落,省略号就配合了内心情绪的变化。最后,语调又渐趋高起,用问号达到高潮,撼动着每一个读者的心。句中的省略号、问号都有效地配合了作品抑扬顿挫的感情节奏,包孕了丰富而深刻的内容。

以上可以算是用标点表现感情节奏的一般方法,它遵守标点用法的一般规则,服从常见句式的需要,在文艺作品中大量存在。同时,在优秀的作家作品中,我们还常常看到,饱和了作家思想感情的文字内容,往往促成一种鲜明的节奏。为了符合感情节奏的需要,也可以在标点的运用上作种种变化。或调整句式,从长短分合中显示节奏的律动;或用标点加重所要强调的部分,让读者在视觉上和听觉上更清晰地把握作者思想感情的脉络。可以说,这是对标点的一种积极运用。

(3)没有,真的没有,没有没有没有没有……

哪怕是一次受骗的爱呢?哪怕是永不能见面的神交呢?哪怕是……

没有没有没有没有没有……

张抗抗《塔》

(4)惨象,已使我目不忍视了,流言,尤使我耳不忍闻。

鲁迅《纪念刘和珍君》

(3)例是用复词"没有"构成短促的叠句,节奏表现为情绪的直泻,一个意群跟随一个意群,潮水般地奔腾而下,以至于意群间应有的停顿也不见了。(4)例相反,"惨象"和"流言"后面本都不用断开,但用逗号隔开后,就起到了节奏的强调作用。"惨象"和"流言"对仗,揭露了反动政府和走狗文人的凶残无耻的嘴脸;"目不忍视"和"耳不忍闻"并举,不仅描绘出烈士殉难的惨状,而且表现了作者强烈的愤怒之情。这里,作者的感情深沉、饱满,促成鲜明的节奏,一方面造成了书面上的整齐美,另一方面将重要的意群特别提出,使得意义更加鲜明。

一般说来,语言运用比较注重意义间的连贯,以句为单位排列。可是有时,为了节奏的特殊需要,也偶尔用标点将正常的句子断开,甚至全然不顾语法的要求。如:

(5)"上半天",他放松了胡子,慢慢地说:"西头,老富的中风,他的儿子,就说是:因为,社神不安,之故。这样来,将来,万一有,什么,鸡犬不宁,的事,就难免要到,府上……是的,都要来到府上,麻烦。"

鲁迅《长明灯》

作者为了符合这个所谓"年高德韶"的郭老娃身份,用了一系列标点断开正常的句子,以表现这个老朽者语调的徐缓,节奏也就自然放慢了。

上面,我们是从句子长短分合的角度来阐述标点对表现感情节奏的积极作用。而就声音的强弱来说,标点也可以用来表现感情节奏的顿挫抑扬。

(6)冲儿,你说的不是——四凤? 曹禺《雷雨》

句中的破折号是为强调情感活动而附加的。繁漪听说冲儿爱上了一个姑娘后,就猜测可能是四凤,却又害怕真是这样。于是,犹疑、焦虑,情感十分复杂,借破折号,她放慢了发问的节奏,使在急于知道的事情之前有个顿歇,以积蓄最后一个需要加强的音节的力量。

作为语音停顿的标记,一般说来,每个停顿处用一个标点符号即可。但我们发现,在文艺作品中,尤其是近年的作品中,标点重叠使用的现象愈加广泛。

(7)生活条件很差!疾病严重!!生命垂危!!!

徐迟《哥德巴赫猜想》

(8)唯有热水瓶可以救国!??!!! 切勿失此爱国机会!??

张天翼《洋泾浜奇侠》

把标点叠用,有的可以加强重力音节,以突出感情的力度,如(7)例;也有的如(8)例,因为连用了几个作用不同的标点,而在人的心理上造成一种复杂的情调,在绵长的节奏律动中让人感到一种跌宕的节拍。

在语言运用中,通常不允许随意将意群割断。但是,在一定的语言环境中,由于感情强烈,也会出现把一个完整的语言单位拆开的现象,即采取加强每一个语素字面重音的方法,表现感情节奏的起伏跌宕。

(9)"恋?爱?哼!我年轻时候比你们还恋的爱!" 路遥《人生》

(10)"热、烈、欢、迎!"他一字一顿地说,伸出手来。

简嘉《女炊事班长》

(9)例和(10)例中,"恋?爱?"和"热、烈、欢、迎",都是因为要突出每一个重力音节而用标点断开的。断开后,就便于在强调新的重音之前,得到顿歇,以准备表达相继到来的、更为加强的感情活动。

试论张天翼小说的语言艺术[①]

张天翼的小说不仅以其鲜明的艺术风格在中国现代小说史上独树一帜,而且在语言运用方面,也取得了令人瞩目的成就。

张天翼善于捕捉生活中各种各样的音响,观察现实中千差万别的颜色,并诉诸文字,化为他小说语言中异常丰富的象声词和色彩词,使他的作品语言获得了绘声绘色的艺术效果。

象声词是对自然音响的直接描摹。它的适当运用,往往能恰到好处地使人感到生活的节奏和旋律,间接地创造音响效果,是构成艺术语言音乐美的重要因素。在阅读张天翼的小说时,我们不时地会听见"叮叮当当"的车铃声、"劈劈拍拍"的鞭炮声、"戛戛戛"皮鞋声,甚至连咬牙发出的"嘶嘶"声,作者也都注意到了。一切有利于描写和表达的声响,哪怕是稍纵即逝的,都被作者敏锐地捕捉住,化为他的小说的语言要素。平静的文字,由于这些象声词的运用,顿时生动活脱起来,给人以"如闻其声,如见其人"的艺术感觉。

张天翼运用象声词,不仅仅因声响以求生动,而且还借助它们渲染环境气氛,描绘人物心理,突现人物性格。

小说《抢案》用描摹枪声的"拍"这个象声词作为开头,一下子就把紧张和恐怖的气氛渲染出来了。作者曾说过:"一篇东西的开头——在我是一桩顶吃力,顶困难,也是顶苦的事。"[②]捕捉住这"拍"的一声枪响,并且作为开头,深蓄着作者的艺术匠心!枪声作为"抢案"的开始,不仅产生了"先声夺人"的艺术效果,而且也是贯穿整个作品的一条线索:漆黑的夜晚、疏密远近的枪

[①] 原载《安徽大学学报》(哲学社会科学版),1990 年第 4 期。
[②] 沈承宽等编:《张天翼研究资料》,北京:中国社会科学出版社,1982 年,第 141 页。

声,显示着事件的发展。这里,枪声充分渲染出了"抢案"的气氛。

《包氏父子》中有这样一段描写:

老包耐心儿等着,墙上的挂钟不快不慢地——的答,的,答,的,答。一分钟。二分钟。三分钟。五分钟。八分钟。

挂钟慢悠悠的摆动声,一方面以动写静,暗写卑微的老包被冷遇的尴尬场面;另一方面那"不快不慢"的"的,答"声,形象地表现了时间的缓慢流逝,与急切等待的心情相互映衬,更加有力地表现出老包沉浸于望子成龙的心态中所特有的异乎寻常的"耐心",同时也与那位胖先生悠闲自得地画出"满纸乌龟",形成一个鲜明的对比,产生了强烈的讽刺效果。

《脊背与奶子》中作者着意描绘青色筋条挥动时的"哗、哗"声,随着筋条的"哗,哗"作响,任三嫂坚强的性格和不屈的反抗精神一步步升华,而族绅长太爷——表面道貌岸然,内里肮脏透顶的毒辣残忍的压迫者形象,就越来越清晰地表现出来,而且在筋条的"哗哗"声中,突出了两个人的性格特征。

有时,张天翼还巧妙地利用声响,侧面描写某些场面,以收到婉曲含蓄的效果。《笑》中九爷侮辱发新嫂的场面,是作者耻于正面描述的,但通过恶霸强三的耳朵,一切又可以让人想象到:

九爷在他屋子里大声嚷着,象老虫发了脾气。

匐!敲着桌子什么的。匐,匐!

匐隆匐隆匐隆!一阵乱步子!

女人的尖叫。

从"匐,匐"的敲桌声响,你可以想象到恶魔的暴跳如雷,而"匐隆匐隆匐隆"的乱步声,一个无力挣扎和反抗的弱女子形象历历在目。这黑暗角落里发生的一切都是通过声响侧面表现的,象声词的恰当运用不仅真实可感地呈现了这肮脏的场景,而且显得含蓄、得体。

如果说象声词的运用,使张天翼的小说语言金声玉振,有着强烈的音乐美,那么,色彩词的运用,则使张天翼的小说语言色彩斑斓,获得了形式上的绘画美。

从语言学角度看,色彩词无非是一个个记录描写不同颜色的名词或形容词。但是,在张天翼的笔下,表示不同色调的词语,恰似画家手中的各种颜料,淡妆浓抹,溢彩生辉,成为展现各色各样的艺术情景,描绘千姿百态的人物形象的重要材料。在他的作品中,"颜色在表现所选对象的全部个别特殊细节方面,有着最广阔的发挥作用的场所"。①

运用色彩词描写典型的艺术环境,渲染特定的艺术氛围,从而表现人物内心的感受和情绪,在张天翼的小说中,显得格外突出。《新生》对校园这样描写:

> 校园里的一排柳树开始在那里抽芽,给黯红色的云彩照着,望去就象是一块弄脏了的绿色纱布。灰色校舍也仿佛给紫色的水冲洗了一遍似的,显出了一种怪不调和的颜色。

"黯红色"的云彩、"绿色"的纱布、"灰色"的校舍、"紫色"的水,一连串色彩词相继出现,颜色是极不谐调的。这里,作者完全是从色调感觉中写环境,并以此表现主人公那沉闷、空虚和无聊的情绪,与整部作品所要表现的内容十分和谐。

《包氏父子》中包国维在郭纯家鬼混后,回到自己家中时的心情是极端失望和灰暗的。于是作者用"熟猪肝色的板壁"、"深棕色的桌子"、"灰黑色的地"、"黑纱似的"、"黯影"等一连串"黑黝黝的"色彩暗淡的形象,将感官承受的沉重压抑,直观地表达出来。这种灰暗、阴霾、凝重的艺术氛围,是由于色彩词的巧妙运用而获得的,鲜明形象地衬托出包国维此时此刻的心理感受。

用色彩词描写环境,不仅仅在于它可以真实地再现现实世界中色调深浅明暗的各种关系,以达到形象化的目的,还由于色彩词本身所具有的审美特性,可以引起人们丰富的艺术联想,从而表现出更为深刻的内容。考察张天翼小说的色彩词,我们发现灰暗阴冷是其主要色调,如"白"、"雪白"、"乳白"、"青白"、"灰白"、"苍白"、"黑"、"灰黑"、"黯黑"、"紫黑"、"墨黑"、"灰"、"灰紫"、"青灰"、"酱色"、"深棕色"、"土色"、"古铜色"、"淡蓝"、"惨绿"等等。作者不仅大量使用冷色调的颜色词,而且对那些带有暖色、亮色的词语,也往往加上暗淡的修饰语。如"黄"色是鲜亮温暖的,但"灰黄"、"黑黄"、"蜡黄"、"土黄"则显得沉抑。从审美心理来看,阴冷的色调通过艺术联觉可以使人产生抑郁、沉闷、凄凉的情绪,造成心理上的重负。张天翼大量使用这类色彩词

---

① [德]黑格尔:《美学》第3卷(上册),北京:商务印书馆,1981年,第236页。

语,对于形象地描绘黑暗的社会环境,表现"灰色的人生"是极为重要的。作者将自己对社会、人生的感受形象化地寓于色彩词的运用之中,使读者通过这些色彩词语,更为深切地感受作家笔下的现实和人生,从而获得审美的升华。

张天翼小说中的色彩词有很多是直接用来描写人物的。他特别善于利用色彩词细致入微地描绘各色人物的脸谱。如"金黄的脸"、"土黄色的脸子"、"黑黄色的腮巴"、"白里泛红的腮巴"(《蛇太爷的失败》)"蜡黄的脸"、"熟杏子"般的脸、"青灰色"的脸、"白得带灰色"的脸(《移行》),"石灰色的脸"、"白漂的脸"、"山楂"色的脸(《笑》)、"苍白的脸"、"酱色的脸"(《清明时节》)、"黄得象豆腐干"似的脸(《小帐》),"红黑色的脸"(《儿女们》),凡此等等,面色各异,人物不同的生活履历、不同情况下的心理状态,都活生生地跃然纸上。正如作者所说:"有些脸谱是跟那人物之为人、命运等等,有拆不开关系的。则一写这个人物,就同时想象到了他那副模样。我要写的人物是一个忧郁易怒的脚色,就想到他大致是个瘦瘦的,脸色有点苍白,有一双细长的手,手指现出了分明的青筋。如果他凡事不肯随便,又弄得很孤独,则我还会想象到他有洁癖,这些,他性格上只要多一个特征,他的脸谱上就可能有多一点特征。这两点不能乱配。假如把这个主人公写成一个胖子,脸上红润润的发着油光,可就写得牛头不对马嘴了。我们对着一个生人,有时我们看得出他是饱经风霜的,或是营养不良的,或是保养得很好的,这也是凭他的脸。"①

有时作者还利用色彩词语的夸张对比,勾画人物嘴脸,具有强烈的讽刺效果。如《笑》中对九爷的面部是这样描写的:

> 九爷那张脸渐渐往发新嫂跟前靠近——灯照得他的脸子半面黑半面红,那上面又粗又大的汗毛孔也瞧得清清楚楚,两个嘴角给腮巴上的纹路扯了开来,规规矩矩露出了他那排歪头孔脑的牙:陷进去的几颗是黑的,突出来的几颗是黄的。闪着亮的是那两颗金牙——古铜色。

"半面黑半面红",漫画似地放大了人物的丑恶嘴脸,"黑的"、"黄的"、"古铜色"等色彩词语的运用,则廓大了九爷那几颗"歪头孔脑"的牙,讽刺效果尤为强烈。正像鲁迅指出的那样:"廓大一个事件或人物的特点固然使漫画容

---

① 沈承宽等编:《张天翼研究资料》,北京:中国社会科学出版社,1982年,第200页。

易显出效果来,但廓大了并非特点之处却更容易显出效果。"①

色彩词的运用,使张天翼的小说语言异彩纷呈,摇曳生姿。作者深知颜色"宜于表现观念性较强的内容"。② 因此,在利用语言手段塑造艺术形象时,能自觉地吸收绘画的特点,发掘语言词汇中所蕴藏的颜色——色彩词,随类赋彩挥洒自如地描绘着社会和人生,获得了极大的成功。

通过上面的分析,我们不难看出象声词和色彩词之所以能在张天翼小说中取得较好的艺术效果,一方面是因为作者善于发现这些词汇本身所具备的生动性和形象性,充分发掘它们内在的美的因素;另一方面则在于作家紧扣着艺术环境的创造、人物形象的刻画来艺术性地处理它们,从而使这些平常词语产生了耐人咀嚼的艺术魅力。

调动各种修辞手段为语言的艺术化服务,是张天翼小说语言的又一特点。特别是那异常丰富而新颖的比喻手法,更使他的作品显得生动形象而富于情致。

比喻本来就是个想象的艺术,喻体本身无所谓固定的格式,"或喻于声,或方于貌,或拟于心,或譬于事"。③ 它既要求作者足踏生活的大地,又要求作家驰骋想象的翅膀,化静态为动态,化抽象为具体,引导读者在自己创造的艺术世界中徜徉。

张天翼的比喻,想象力极为丰富,喻体也多种多样。如描写人物不同的感觉所用的比喻,就足以说明这点。当《移行》的女主人公想到那位跟屁虫似的男人,"她就有吃了一勺蓖麻油似的感觉";脱离革命之后,她想到别人会"挖苦她,骂她","一连五六天,她欠了一笔印子钱似的感觉老钉着她,逗得她难受……";"她想到她脱开了那边,她就有种异样温度的水淋着全身似的感觉"。通过这些比喻,很形象地描绘出女主人公复杂而微妙的心理感觉。《清明时节》中描写人物受压抑时,作者这样比喻:"一瞧见那个篱笆,就觉得给十几床厚被褥连头带脚压着似地,有点透不过气来。"当谢老师谄媚不成,反遭无趣,看到那副邀宠的对子,更觉羞辱、痛苦,"瞥一眼那个,'慕隐乡长大

---

① 鲁迅:《漫谈"漫画"》,《鲁迅全集》第6卷,北京:人民文学出版社,1981年,第234页。
② [德]黑格尔:《美学》第3卷(上册),北京:商务印书馆,1981年,第236页。
③ (南朝·梁)刘勰:《文心雕龙·比兴》,见郭晋稀著:《文心雕龙注译》,兰州:甘肃人民出版社,1982年,第464页。

人……',就觉得触动了一个致命的创口"。这些,都是通过形象的比喻来描写人物心理的不同感受。作者依据心理联觉(通感)的纽带,通过描写人物的味觉、视觉和触觉,将不同情景下不同人物所产生的各种复杂、微妙、难以名状的心理感受,十分生动地表现出来,这些比喻使描写"具有较明确的形象,便于感性观照,它把一般抽象的字的不明确性消除掉,通过意象比譬,使它化为感性的(具体的)"。①

张天翼的比喻不仅以其丰富而细致的笔触吸引读者,而且以其新颖而奇巧的比喻方式,形成了自己的特点。

他的新颖,主要表现在喻体的新鲜。在张天翼的小说比喻中,喻体很少有前后雷同的现象,而且也鲜见别人用惯的比喻,富有极大的创造性,常给人耳目一新之感。如他写各种人物的脸,或"象个玻璃瓶似的放亮"(《脊背与奶子》),或"象结着许多蜘蛛网"(《儿女们》),或"红得象生牛肉"(《欢迎会》),或"涂得象颗熟杏子"(《移行》),喻体应该说是很新颖的。他写声音,有"每个音都象一条细钢丝似的穿过她的心脏波动着,哆嗦着"(《出走以后》),有"声音好象一个皮球——到处弹着跳着蹦到了厨房里又折了回来"(《在城市里》),有"声音象一根丝,一下子高一下子低地飘着,打门缝里挤进了这客厅"(《在城市里》)等等,此外,我们从他的比喻中可以看到"客人的嘴紧闭着,撮着象一只风干的蘑菇"(《友谊》);"那支烟给揉得皱着弯着,歪头孔脑的活象一条蚯蚓"(《在城市里》);"这位老先生半闭着眼,烦燥地嘟哝一句什么,仿佛青蛙关在坛子里的叫声"(《砥柱》)等,喻体十分新鲜活泼。

新颖的比喻,表现了张天翼丰富的想象力和创造力,而"新颖"与"奇巧"往往是联系在一起的,作者借助"任意配搭的巧智,为着避免平凡,尽量在貌似不伦不类的事物之中找出相关联的特征,从而把相隔最远的东西出人意外地结合在一起",②"物虽胡越,合则肝胆",③既体现了"新颖",又获得了"奇巧"。张天翼比喻的"奇巧",大致表现在美丑互喻、大小互喻等几个方面。

美丑互喻,即以美丑形象相互比喻。一般讲,喻体与本体之间在性质上

---

① [德]黑格尔:《美学》第 2 卷,北京:商务印书馆,1981 年,第 130 页。
② [德]黑格尔:《美学》第 2 卷,北京:商务印书馆,1981 年,第 132 页。
③ (南朝·梁)刘勰:《文心雕龙·比兴》,见郭晋稀著:《文心雕龙注译》,兰州:甘肃人民出版社,1982 年,第 466 页。

有其一致性,常用美好的事物来比喻人们喜爱的东西,而用丑陋的事物来比喻人们厌恶的东西,使美者更美、丑者更丑,这是运用比喻的传统手法。汉·王逸在《离骚经序》中总结《离骚》用喻时就说:"离骚之文,依诗取兴,引类譬喻,故善鸟香草,以配忠贞,恶禽臭物,以比谗佞,灵修美人,以媲于君,宓妃佚女,以譬贤臣,虬龙鸾凤,以托君子,飘风云霓,以为小人。"这都说明喻体与本体在美善丑恶性质上的一致性。但是,在张天翼的小说中,我们却看到不少喻体与本体在美丑性质上相对立的关系,如:《团圆》中用"图画里画的竹叶子"来比"报纸上缀满"的"臭虫血"。臭虫血涂抹在报纸上,本是一个令人作呕的"丑"的形象,而图画里的竹叶子,扶疏摇曳,流青溢翠,是绘画作品中常出现的"美"的主题。它们在形状上也许可以找到一丝联系,但在性质上是决然相反的。《小帐》中用"艳妆"的"美丽可爱"的女人比"大头苍蝇"也是如此。让人生厌、避之不及的"大头苍蝇"与"美丽可爱"的"艳妆"女人之间可以联系上的东西委实不多,美与丑的不和谐十分突出。这都是以美喻丑的例子。也有以丑喻美的,如《在城市里》将墙壁上的字画比作"霉斑",显然是用丑喻美。

美丑互喻,不同于一般艺术描写中的反衬,以丑衬美,或以美衬丑,而是利用某些事物外在形式间的微不足道的联系,将性质相矛盾的东西"化二为一",在同一体中造成美善与丑恶的极端矛盾性,形成强烈的不和谐感,在矛盾与不和谐中,产生幽默和讽刺的效果。正如黑格尔所说:"讽刺不能令人享受到表现所应有的自由的无拘无碍的美,而是以不满的心情保持着作者自己的主体性和抽象原则与经验的现实世界之间的失调。"①

与美丑互喻相似,作者还常常采用小大互喻的方法,以小喻大,或以大喻小。例如用"辣椒"比"宝塔"、用"大洋里的小划子"比喻"瓜子壳"(《脊背与奶子》),都是小大互喻。小与大互喻,虽然形象上有某些联系,性质上却处于两端,它借助移置的手法,获得了幽默的效果。

我们说张天翼的比喻十分奇巧,还表现在作品中的一些比喻,本体和喻体似乎毫无联系,有的甚至与理相悖,却被作家艺术地合为一体,在奇特中显出巧妙,获得了"喻巧而理至"②的效果,如:"心脏上象长了一颗鸡眼"(《包氏父子》);"仿佛这屋子给放在一大锅沸水里在翻上翻下"(《菩萨的威力》);"风

---

① [德]黑格尔:《美学》第 2 卷,北京:商务印书馆,1981 年,第 267 页。
② 沈承宽等编:《张天翼研究资料》,北京:中国社会科学出版社,1982 年,第 137 页。

是在锅子里煮过的,烫着他们的脊背、脸"(《仇恨》)等等。就事理而言,鸡眼长在心脏上是断乎不通的。同样,屋子如何能在一大锅沸水里翻腾,风又怎能在锅子里煮过?虽然用喻与事理不符,但其对人物心理感受的表现力是很强的,因此也更体现了作者用喻的大胆奇特!

总之,张天翼的比喻不仅以其丰富多彩而引人注目,同时还以其新颖奇巧而风格独具,表现了作家运用修辞的娴熟技巧。

张天翼的小说语言不仅有绘声绘色的描述、新颖奇巧的比喻,而且在平常词语艺术化方面,也是有着独到之处的。作者像一位高级厨师,巧妙地调配着那些平常的语言材料,使之鲜味倍增,脍炙人口,显示了作家语言运用的出色本领。《清明时节》中,作者有这样一段描写:

> 娘儿俩也吃得很少,老是不放心的瞟着他,太太一面颤动着咀嚼筋,一面用着骂街的姿势咒罗家里,她呼吸得很急,发命令似地主张着要打官司。
>
> 老爷用力地插了一句话,一个个字都象是打气管里猛吹出来的:
> "女人家晓得什么!"

谢老师在罗家受辱,愤怒、无奈、屈辱与痛苦煎熬着他,他的情绪又影响着他的太太和女儿,一个"瞟"字,就写出了娘儿俩小心翼翼、不知所措之情,唯恐再触动了这位怒火中烧的家长,而太太终于抑不住怒气,那"颤动着咀嚼筋"的动作、"很急"的呼吸、"骂街的姿势"、"发命令似地主张"都恰如其分地勾勒出了人物的愤怒之态,而"老爷"的话是"用力地插"进来,每一个字又都是"猛吹出来"的,一"插"一"吹",将其因屈辱愤怒至极不可自已的神情及自以为是、迁怒他人的口吻,惟妙惟肖地表现了出来,至此,前面的"瞟"字又有了着落,前后照应,异常生动巧妙。

在张天翼的小说语言中,一个平常的词,有时经他稍一处理,就获得了意想不到的效果,例如《在城市里》一个普通的人称代词的艺术处理,很能说明作者运用语言的技巧。

> 倪大爷一回来——他就没安定过,舅爷那副匆匆忙忙的样子,似乎把他定下来的一些什么都得捣泛起来了,她的心时不时会怔忡一下,手指也有点发抖,肚子里老是打不定主意:她什么时候跟他谈呢?于是她拿起一张牌莫名其妙地晃着,迟疑不决地看着温嫂子。那个可不知道什

么时候已经不在她身边了,"怎么 Ta 就走呢?"她想。连自己也不明白这个 Ta 指的是温嫂子还是倪大爷。

"Ta"作为"他"或"她"的标音符号,用在这里并非无意义的文字游戏,这个"Ta"在语音上代表第三人称,但在性别上是模糊的。作者巧妙地利用"Ta"的模糊性,传达了打牌的芳姑太太神思恍惚、心不在焉的心态。

一个平平常常的词语之所以能获得耐人咀嚼的艺术魅力,其根本原因是作者给了它形象的生命,使它成为特定的艺术情境中最为适切的表达形式,而要做到这一点,不仅要求作家有较高的艺术修养,同时还必须拥有异常丰富的语言素材及驾驭语言的高超能力,正如马雅可夫斯基所说:"一个字安排得妥当,就需要几千吨语言的矿藏。"张天翼的小说语言,确实为我们提供了许多平常词语艺术化的经验。此外,张天翼特别注意语言使用的实际,往往通过改换规范的书面语形式,力求描写的生动性和人物对话的口语化、性格化。作者曾说过:"我去注意人们的谈话,才知道一般人嘴里未必个个都说得象文章里写的那么漂亮,那么合文法,而且常有些可笑的口头语。我既然想写现实世界里的真正的事,就得用真正的话,并且叫大家看得懂。"张天翼小说语言这一方面的成就,早已得到高度的评价,本文不再赘述。

张天翼的小说语言活脱自如、幽默风趣、隽永峭利,形成了鲜明的特色,表现了他独特的创造个性。研究张天翼的小说语言,不仅对其作品的认识和探讨有重要意义,而且还可以为艺术语言的研究和当代小说的创作提供宝贵的借鉴。

情动于中而形于言
——《桑青与桃红》用词艺术谈片①

《桑青与桃红》是海外著名作家聂华苓的一部长篇小说。作品以桑青一生的流浪逃亡为主线,深刻反映了一部分失根的中国人的痛苦经历。不知路在何处的迷惘、东逃西躲的恐惧、无家可归的悲怆,构成了贯穿整部作品的情感基调,也是主人公形象撼人心魄的底蕴所在。"情动于中而形于言",②涌动于《桑青与桃红》始终的情感之潮,在其由内而外的孕育、呈现的过程中,也自然而然地不断探寻着适合于自己宣泄、表现的最佳方式,并进而形成了作品独具特色的语言表达。正如作者在《前言》中所说的:"我在《桑青与桃红》中对于语言也作了一个'不安分'的尝试。"所谓"不安分",实际上就是对大家已然熟悉的、静态的语言系统所作的符合作品情感需求的动态处理,或曰一种语言的创新。这种创新,突出体现在词语的选用和锤炼方面。

注意通过声色词语的使用来渲染一种情绪、氛围,是《桑青与桃红》词语选用方面的一大特色。声色词语,也就是用来表示声音和颜色的语词。由于声色词语本身所具有的审美特性,可以引发人们的艺术联想,因而早已受到中外作家的重视。老舍就曾指出:"语言是人物思想、感情的反映,要把人物说话时的神色都表现出来,需要给语言以音乐和色彩,才能使其美丽、活泼、生动。"③读《桑青与桃红》,我们不时可以感受到主人公心弦的颤动、倾听到桑青(桃红)悲切的哀鸣,这种出神入化的艺术效果的产生,在很大程度上得

---

① 本文载于《世界华文文学论坛》,1999年第4期。
② (梁)萧统:《文选序》,北京:中华书局,1977年,第1页。
③ 老舍:《出口成章》,北京:人民文学出版社,1984年,第8页。

力于拟声词的使用。拟声词是对现实声音的直接描摹,它的恰当运用往往可以经济快捷地把人们引入一个作品所创造的真实世界,并通过千差万别的音响的提示、导引,为读者探寻人物心灵之路提供较为可靠的保证。因为"每一件文学作品首先是一个声音的系列,从这个声音的系列再产生出意义"。①小说第三部写桑青一家为逃避通缉,躲在台北一个阴暗的阁楼上,惶惶不可终日,精神濒于崩溃的边缘。这时候任何一点响动,都会令他们胆战心惊。然而,"阁楼屋顶的声音又响起来了。好象腐朽的屋梁折裂了。又象老鼠啃骨头"。"啃到我的头顶就停住了","从屋角沿着屋檐啃过来了。咔吱咔吱"。夜半那莫名其妙的声音本来就让人不安,更何况是发生在一家逃犯的屋顶。拟声的"咔吱咔吱"形式上是对屋顶音响的直接摹写,实际传达出的却是女主人公终日绷紧的心弦几近折断的凄凄悲鸣。而她的丈夫——因亏空公款遭到警方通缉的逃犯沈家纲,整日坐在榻榻米上修一个始终修不好的钟,"拿着一把小钻子咯吱咯吱拨着钟的齿轮"。"咯吱咯吱"作用于人们听觉的是一种令人心烦的噪音,桑青哀求:"请不要修了","在阁楼时间没有用"。然而,"家纲不理会我的话。继续用小钻子拨着钟的齿轮"。"咯吱咯吱"的声音在文字上没有再现,但是,读者却会更加真切地听到那不绝如缕的声音,那是一种无望的宣泄,又时时刻刻在折磨着主人公的心灵。这里,作者尝试着通过诉诸感官的语音途径,"由外向人物内在发射,而照明人物的内心世界;人物不是平面的速写,而是立体的、透明的雕像,让读者去感受,去认识人物"。②

在颜色词的使用上,作者也以其细腻的心理感觉和丰富的艺术想象力,为我们勾勒了一幅幅展现主人公心路历程的动人画卷。马克思说过:"色彩的感觉是一般美感中最大众化的形式。"③文学作品虽不能像绘画那样直观地再现色彩,但却可以通过视觉表象的信号——颜色词,来形象生动地再现生活,并以其含蓄、隽永的象征意义,引发读者的联想。在《桑青与桃红》的颜色系统中,"黑"与"白"构成了贯穿全篇的主色调。而且,作者常常将黑白两种颜色放在一起使用。木船搁浅瞿塘峡,"两排石头冒在水上,象两排牙齿,有的是白色,有的是黑色"。险象环生的峡谷,处处充满了杀机,黑白交叉的

---

① [美]韦勒克、[美]沃伦:《文学理论》,北京:三联书店,1984年,第166页。
② 聂华苓:《浪子的悲歌·前言》,北京:中国青年出版社,1980年,第2页。
③ 《马克思恩格斯全集》第13卷,北京:人民出版社,1962年,第145页。

色彩,显现出的是一种阴郁、恐怖的意蕴。再如台北阁楼上,"一条白猫垂着黑尾巴在对面屋顶走过去了"。引人注意的是,作者对这只并不需要与同类相区别的阁楼上下唯一的猫,没有满足于第一次出现时的限定与修饰,而是反反复复地描写、强化:"院子里很黑。一只白身子黑尾巴的猫蹲在墙角";"猫。白身子黑尾巴";"桑娃站在院子里两手抱着白身黑尾的猫";"白身黑尾的猫蹲在榻榻米上";"白身黑尾的猫舔着桑娃的手"。显然,我们无法把这种看似啰嗦的语言现象解释为修饰成分的简单重复,作者的匠心当在"黑"与"白"两种色彩的强化。在颜色词系统中,"黑"与"白"属于冷色调。从审美心理上看,阴冷的色调通过艺术联觉可以使人产生阴郁、沉闷与凄凉的情绪,造成心理的重负。而阁楼上躲避通缉的日子,人们不难想象出它的单调、沉郁与恐怖。在主人公的情感世界中,恐惧与哀伤占据了主导地位,且终日弥漫于心际。目之所及,最能与其心理感受相协调,也最能触之生情的颜色莫过于"黑"与"白"了。黑白二色的反复使用,抒发着主人公对人生、社会的真切感受,也传递出她茫茫世界竟无片土安身之所的惶恐与迷惘。也有单独使用的,如小说的《楔子》中出现的第一个人物便是美国移民局的"黑先生",因为他"黑西装,灰底黑条领带,大阴天也带着墨镜"。美国移民局的人是桃红避之唯恐不及的灾星,而其带有某种象征意味的黑色着装,于威严中透出一股凛凛杀气,这对主人公所造成的心理重荷当是显而易见的。

此外,聂华苓还特别善于在对比中调动色彩所传达给人们的全部感觉。僵尸吃人令人闻之色变。然而,"打开棺材。原来是一个活生生的睡美人。粉红洒金衣服。黑黑的长发"。窝藏主人公一家的蔡婶婶死了,停尸间内却一改整部作品色调系统的单调:"停尸间挂着白布帘子"。"一件件寿衣套在一起。红。黄。绿。蓝。紫"。"墙角有一堆镶黑花边的柠檬黄女人睡衣"。活着的人生社会如地狱般阴森、恐怖,唯有黑白相伴;死去的世界仅一步之遥,却色彩缤纷,令人神往。主人公生不如死的悲惨心态,通过颜色词的选用惟妙惟肖地展现在读者面前,因颜色词而营造的艺术氛围应该说是独特而深刻的。另外,聂华苓对色彩词的偏爱及其对比手法的运用,还突出表现在她对作品主人公的命名上。表现同一女主人公双重人格的名字"桑青"与"桃红",本身就是一对色彩词语。"青"即黑,是冷色调,深沉而厚重;"桃红"是暖色调,它带给人们的感受常常与奔放、轻佻等连在一起。色调系统的这种艺术联觉恰与桑青、桃红所各自代表的形象相关:桑青背负着的是传统的重负,她的恐惧与痛苦在很大程度上是由于其尊严尚未泯灭所致;而逃亡美国后摇身一变成为桃红的女主人公,传统的价值与伦理之厦轰然倒塌,放浪不羁,由纵欲而导致精神分裂。正如小说的《楔子》中桃红向美国移民局的人否定自己就是桑青时的辩词:"桑青是桑青。桃红是桃红。完全不同。想法,作风,嗜好,甚至外表都不同。""桑青关在家里唉声叹气;我可要到外面去寻欢作乐"。作者借助"宜于表现观念性较强的内容"①的颜色为作品的主人公命名,揭示二者迥然相异的人生体验与心态,可谓匠心独特,令人叫绝。

利用语气词善于传情的功能特征表现人物的情绪、心态,是聂华苓词语运用的又一特色。语气在交际、交流思想感情的活动中起着极为重要的作用,而语气词则为帮助语气表达的主要手段之一。从语言学角度看,语气词是虚词,没有明确的词汇意义,它大多附着在句子末尾,表示感叹、疑问、祈使等多种语气。由于其必须依附于实词才能在作品中存在,因而常常被人们忽视。然而,虚词不虚。刘淇《助字辨略·总论》道:"构文之道,不过实字虚字两端,实字其体骨而虚字其性情也。"②虚词在达意传情方面的功用,有很多是实词无法替代的。《桑青与桃红》中的语气词运用,每每能做到闻其声而知其人,用一词而情毕现,从而恰到好处地配合了人物情感的抒发。让一组相同的语气词连续出现,是聂华苓语气词运用的独到之处。或用来表现一种强烈的情绪:船困瞿塘峡,流亡学生对着乌鸦——黑暗势力的象征,大声叫喊:"山呀,水呀,野兽呀!乌鸦呀!你们毁得了人吗?你们毁了人的身体,毁不了人的精神呀!……咱们中国人经过多少大难呀!人死不了呀!"稍作分析、比较就可发现,语气词"呀"的出现与否,并不影响文义的表达,但在情感色彩的渲染方面却为不可或缺的一笔。用了"呀",文句间的停顿明显拉长,情感的厚度也随之加大。特别是当相同的语气词集束出现时,一种不发不快、集结已久的心底之情便如火山爆发般呈现在读者面前,似熔岩奔突、恣情狂泻。或用来呈现一种焦虑、恐慌的心情:当查户口的出现在阁楼下,躲在楼上的沈家纲发出了切切哀鸣:"来了吗? 来了吗? 他们来了吗?""他们会来吗?"孤立地看,表示疑问语气的"吗"用于句尾,仅仅构成了一个个普普通通的疑问句,没有特别之处。但当它们发生在特定的环境中,又通过一串串相同的词句反

---

① [德]黑格尔:《美学》第3卷(上册),北京:商务印书馆,1981年,第236页。
② 刘淇:《助字辨略·自序》,北京:中华书局,1954年,第1页。

反复复刺激人们的视觉神经时,作者刻意营造的艺术氛围便自然而然地形成了:无边的黑暗笼罩着阁楼,漫漫长夜,再无希望的曙光。也有的是用来反映一种无可奈何的绝望心态:主人公所乘之船在浪头上颠簸,纤绳在纤夫们肩头颤抖,船老板在击鼓助威,希望与绝望同在。然而,"卡嚓一下,船猛然停住了。鼓停了。纤夫的骂声停了。木船搁在一堆石头上了"。逆水行舟,船行便有生机,击鼓便有希望,即便是咒骂传递出的也是同命运抗争的不屈呐喊。但是,随着一个个看似无情却有情的语气词"了"的不断出现,人们不愿看到却难以避免的情形终于发生了。"了"出现在句末,一般用来表示一种肯定的语气,而又着重说明变化。此处四个短句的末尾连用四个"了",仿佛是在向人们宣告:努力已成为过去,事实无法挽回。前程未卜,吉凶难测,人们的心境随着"了"的相继呈现而逐渐陷于一种近乎绝望状态的心路变化,清晰可辨,不言自明。

聂华苓的用词艺术,还突出表现在对词语的变异运用方面。所谓"词语的变异运用",就是对现成的语言材料所作的符合表达需求的临时性变化处理。《桑青与桃红》的语言活泼跳脱,不拘一格,想象力极为丰富。作者每每不满足于现有的词语系统,而是让语言符号随着情感的旋律不断地变化、调整,在词语搭配方面进行了一系列变异组合。瞿塘峡上一条船打翻了,"水里的人不见了。一点声音也没有了。水荡走了,太阳荡走了"。流亡学生"眼睛冒着火……连人带槌向大鼓一下又一下的捶过去。他捶的不是鼓。他锤着山,天,水"。按照一般的词语组合,水可以荡走,太阳却不能荡走;鼓可以锤,山、天、水却不能锤。作者在这里发挥了自己丰富的艺术想象,巧妙地使用了修辞学上称之为"拈连"的辞格,以看似不合常规的语言手段,来舒散一种特别的心理感受,从而使整个句子呈现出一种变动的美,也酣畅淋漓地表达了流亡学生在这非正常的环境里自然生出的一种不满、怨愤、渴望宣泄的心态。再如桑青幻想一家出逃时的场景:"我们整天躲在舱房里……但是舱里有咸咸的太阳。我们躺在太阳里两天了。还有三天就到香港了。到了香港就自由了。"舱里没有太阳,更没有咸咸的太阳。太阳,那是主人公盼望重见天日的图腾。尽管现在的感觉还如同身下那咸涩的海水,无法体验阳光下的甜蜜,可毕竟已有了一束希望之光透入心底。作者把表示味觉的词语"咸咸的"用来修饰太阳这个视觉形象,看似突兀,实际却丝丝入微地表达了主人公此时此地的真切感受,给人以无限的想象空间。还是写太阳,作者又以她对太阳的特殊感情,而赋予太阳以生命的特征:"桑娃的榻榻米靠近窗子。太阳照在她身上。早上九点。太阳在她身上舔过去。舔着。舔着。"桑娃是主人公十岁的女儿,一个不该被囚禁在阁楼上的年龄。作为母亲的桑青,她无法给自己的女儿带来幸福,但又虔诚地盼望着希望之光能与女儿同在,盼望太阳这大地的母亲能给女儿带来温暖。这种感受,绝不是普普通通的"照射"一类词语所能传达,那是一个母亲饱蘸着甜酸苦辣的独特体验,非"舔"而不能品味。一个"舔"字,饱孕着主人公对女儿的深深祝福与浓浓爱意,其强大的艺术震撼力是不言而喻的。

  词语是文学作品传情达意的基本单位,把握了词语的运用艺术,从一定意义上说,也就是抓住了整部作品的神脉。聂华苓深谙于此。她的作品语言绘声绘色,个性鲜明,创造了一种因人物的情感之潮随文赋形而呈现出来的流动之美。而这种极具特色的动态美的产生,在相当程度上,是与作家用词的艺术紧密联系在一起的。

第三编

教学理论与应用

由表及里,形具神生
——对外汉语成语教学探论①

成语教学在初、中级阶段的对外汉语词汇教学中所占的比例不大。国家汉办汉语水平考试部编写的《汉语水平词汇与汉字等级大纲》②共收词语8822个,成语仅见146条,且多属于丁级词(甲:0;乙:1;丙:20;丁:127);《汉语水平等级标准和等级大纲(试行)》③列出5168个词语,成语只有16条。统计的结果,绝非意味着妇孺皆知、在汉语词汇系统中占据相当比重的成语在对外汉语词汇教学中无足轻重,而是由成语本身所处的地位与性质决定的:成语不属于基本词汇,不是人们语言交际特别是口语交际所必需的,其产生本身即是为了满足修辞上的需要,使语言表达更加凝练、生动、形象。它作为词的等价物,在语言中总是有意义相当的同义词语可以替代。因此,成语教学不同于一般的词语教学,应有其独特的教学方式与方法。

对外汉语教学既是语言教学,又是文化教学;融文化知识于语言教学的始终,已成为对外汉语教学界的共识。而成语由于其所独具的历史、文化价值,由于它的公认的作为一个民族语言精华的特殊地位,更为我们的这种负有双重使命的词汇教学提供了一个得天独厚的天地。

5年来经笔者教授的留学生及外籍教师20余名。他们的国籍、年龄、学习目的各有不同,但无一例外地都对汉语成语产生了浓厚的兴趣,当然也几

---

① 本文载于《安徽大学学报》(哲学社会科学版),1996年第1期。
② 国家对外汉语教学领导小组办公室汉语水平考试部:《汉语水平词汇与汉字等级大纲》,北京:北京语言学院出版社,1992年。
③ 中国对外汉语教学学会等级标准研究小组:《汉语水平等级标准和等级大纲(试行)》,北京:北京语言学院出版社,1988年。

乎共同面临两大难题：

其一，民族文化的干扰。民族性是各个国家的成语所共有的。各种语言的成语都是社会约定俗成的产物，都经历了由其产生到定型定义的不同过程，而这个过程始终与各个民族的历史、习俗、心理乃至价值观念紧密相关。不了解该民族的历史、文化，仅把成语看做一个普通的语言单位来对待，必然无法把握其真切含义。而汉语成语植根于广袤而深厚的华夏文化沃土，经过千百年来世代培育，它生生不息，不仅成为汉民族人民语言使用的结晶，而且成了展示中华文化的一扇奇妙而深邃的窗口。鲜明而强烈的民族特色是海外学习者对汉语成语"一见钟情"的"结"，同时也是横亘在学习者面前的一大羁绊。

其二，知识文化的欠缺。大量的汉语成语是在文言的基础上形成的。千百年来汉语由文言而白话的巨变，首当其冲地表现在反映社会生活最敏感的区域——汉语言词汇系统。然而，成语由于其极强的历史继承性与定形性特征，从而使它"处变不惊"，固守一方，保存了原形原义。当然，后代人们所不熟悉或不常用的古代词语、结构以及特殊用法也就随之流传下来了。对外汉语教学的区域主要是现代汉语，学生耳闻目睹的也是现代语言。自然而然地，这便构成了一对矛盾，给我们的成语教学带来了相当难度。这里有"不曾相识"的新鲜，如带有典故性的"东施效颦、叶公好龙、名落孙山、望梅止渴"，带有文言构词成分及语法构造的"优哉游哉、方兴未艾、唯利是图、时不我待"；也有"似曾相识"的困惑，或由于古今词义不同，已掌握的语素义与成语中的语素义不一致而引起的混淆，如"短兵相接"的"兵"、"亡羊补牢"的"亡"，或由于成语中因使用修辞手段而产生的语义变异所带来的歧解，如"敬而远之、另请高明、溜须拍马"等。

凡此种种，如果仅为了疏导文字，保证交际得以顺利进行，那么简单的方法只需把成语作为一个有固定含义的词语，告诉学生现在的整体含义即可。事实上，对许多现代汉语词语我们无法也无需告诉学生其语素义是什么，只要掌握词语义就行了。但是如前所述，成语又不同于一般的词语。面对如此丰富的语言文化矿藏而弃之不顾，实在是极大的遗憾。如何解决教学的简便与文化信息之间的矛盾呢？我们采取的做法是：从成语的字面入手，偏重于字面分析，抓住形式做文章，"说文解字"，由表及里，由形式而内容，步步推进。

成语本身具有意义的完整性,不能只是从字面意义来理解,但这与教学过程中从字面意义入手并无矛盾。因为,从成语的字面意义与实际意义之间的关系看,有两种情况:一是相一致的,即成语的实际含义与其字面义完全吻合。有些新成语及部分老成语,一望即知,没有任何文字障碍,如"骄傲自满、小心谨慎、三言两语、嫌贫爱富";有的虽有文字障碍,但一经疏通个别文言语素便豁然贯通,如"始终不渝、无稽之谈、汗流浃背、人才济济"。二是不相一致的,或为成语的实际含义要从构成成语的各个组成部分的意义引申、推导而出的,如"浑水摸鱼、先天不足、呜呼哀哉、悬崖勒马";或为实际含义已不能从各个组成部分的意义推寻,字面义往往仅是用做打比方,成语的整体意义是由比喻而来的,如"守株待兔、画蛇添足、铁树开花、调虎离山、四面楚歌、瓮中捉鳖"。即便是后一种情况,实际上也只能从字面入手,因为字面意义毕竟给我们提供了探寻宝藏的途径。

在成语教学实践中,我们从以下方面进行了初步尝试,并取得了较好效果。

(1)清除语言障碍,首先弄清字面含义。语言障碍既有文字的也有语法的。与文字有关的,如:"妇孺皆知、恬不知耻、不速之客、不刊之论",其中"孺"是"小孩子"、"恬"是"安然"、"速"是"邀请"、"刊"是"修改",教学中只要讲清了它们的文言语义,这组成语并不难理解。与语法结构有关的相对来说要复杂一些,因为成语几乎囊括了现代汉语语法的所有格式,如主谓式的"愚公移山"、偏正式的"一衣带水"、动宾式的"顺手牵羊"、补充式的"牢不可破"、联合式的"青红皂白"、兼语式的"望子成龙"、连动式的"守株待兔"、复句结构的"打草惊蛇"、单一结构的"乱七八糟"。此外,还有些保留了古汉语的特有格式,如"时不我待、唯利是图"。成语的语法构造与其意义密切相关,复杂多样的结构形式满足了丰富多彩的意义表达的需要,而要真正理解成语的意义并正确地加以使用,一般说也应该弄清成语的结构。但这里我们应该注意到接受对象的特点,不必作细致分析,原则上只要不影响理解即可,如"时不我待",只要学生知道它的字面义是"时间不等待我们"就行了,没有必要仔细分析古汉语语法结构,否则势必适得其反,越解释越糊涂。

(2)有重点地做好部分语素和成语的启发、设计,引导学生举一反三。成语所由构成的各个语素,从教学的角度看,并非处于同一个平面,有些语素重现率较低,不具有生命力,教学时只需为理解的目的而疏通一下即可,如"无稽之谈"的"稽"、"有口皆碑"的"碑"。学生由知道语素义而掌握了成语含义即可,不要求学生记忆、掌握。但还有相当数量的语素,在现代汉语词汇系统中具有很高的复现率,所由构成的词语较多。对这类语素,备课时就要有意识地做好启发、引导的设计工作,教学时举一反三,由一语素义的重点讲解而串联出一组与之有关的词语。实践证明,这是一种行之有效的帮助学生扩大词汇量的方法。如教授"无价之宝"时,考虑到"之"是文言文里的常用语助词,由此构成的成语极多,教学中便把它列为重点语素,讲清它的意义和用法。这样,像"有识之士、不义之财、难言之隐、成人之美、前车之鉴、灭顶之灾"等成语就不难理解了。再如"闻"字,其本义是"听见",现代义则是"嗅"。讲清这种差别,成语"充耳不闻、闻所未闻、耳闻不如目见、闻风而动、闻过则喜"等,就比较容易理解了。如果辅之以"闻名、传闻、风闻、见闻、奇闻"等词语,就可以扩大词语学习的效果。此外,由于成语是汉语长期发展而形成的凝固结构,因而许多成语在形式上呈现出明显的模式化框架结构。依据一定的格式,通过改换某些构词语素,便可引入一系列同格式的成语。教学时可依据这些具有派生能力的格式,举一反三,让学生掌握更多的新成语。教学的过程是:首先讲清这个格式的基本含义,然后举同格式成语以加深理解,从而取得比较好的学习效果。比如遇到数字对举构成的格式,说明"千×万×"极言其多,"一×半×"极言其少,"七×八×"表明杂乱无章,"九×一×"表示数量悬殊的对比,然后再给出"千变万化、千方百计、一言半语、七零八落、七手八脚、九牛一毛"等成语,学生就比较容易理解了。成语中还有许多采用了文言句式,其中有些由于在汉语词汇系统中沿用时间长、出现频率高,已形成了一种生成能力颇强的常见的句法模式,如"以 NVN"式,讲清"以"表示"凭借、依据",然后再给出一组由此格式构成的成语,如"以身作则、以德报怨、以逸待劳"等。再如"引狼入室、引经据典、引人入胜"等,皆可先给出"引 NVN"式。上述格式无论是古已有之的,还是新出现的,都因反复使用而获得了习用性特征,形式标志明显,改换语素灵活便利,是扩大词汇量的好途径。

(3)有选择地说解一部分成语,既帮助学生理解该成语的实际含义,又可加深对中国文化的了解。汉语成语中有相当部分源自历史事件、古代寓言、神话传说、文人作品,包蕴了无比丰富的历史、文化内涵。但教学时即使是包含有相当文化信息的成语,也不可能逐条讲解,应有所选择。我们的选择范围与原则是:①故事性强的。如:"守株待兔、自相矛盾、画蛇添足、愚公移山、叶公好龙、瞎子摸象、磨杵成针、黔驴技穷、名落孙山、杯弓蛇影、刻舟求剑、指鹿为马、狐假虎威"。这些成语一般都是通过对历史故事、古代寓言等的概括、加工,用比喻或引申的方法构成的。把它们所由构成的"源"说清楚了,成语的比喻义或引申义也就自然而然说清楚了,同时也有利于调动学生的学习积极性。②民族性鲜明的。汉语成语是汉民族的智慧结晶。成语中所反映的褒贬善恶、观念评价,都是汉族人民在长期的实践活动中形成的一种经验的总结,带有极强的民族色彩。教学时选择一部分能够反映民族观念的成语,有利于民族文化的传播。如"守口如瓶、只字不提、三缄其口、欲言又止、绝口不道、闪烁其辞、隐约其辞、支支吾吾"等,反映了汉民族对言语交际一贯持慎重态度,谨言慎辞是人们交际活动遵循的一条重要准则。③浅显易懂的。说解时要考虑到教学对象的特点,切忌作穷尽性探讨,一切以帮助理解该成语含义及所蕴含的中国文化信息为准则,其他可略去不谈。特别是成语的出处,一般不作讲解,否则极可能事与愿违,反而使之误入理解歧途。

(4)抓住空间、时间和用法上的差异进行对比性分析。空间差异偏重于中外对比,指的是汉民族成语所反映的语言文化现象与其他民族的不同。由于各民族的生活环境、历史发展、民族心理各有不同,集中体现了汉民族语言、文化特色的成语必然会呈现出某些有异于他族文化的特点。立足于汉民族文化,尽可能地与所授对象的民族语言进行对比分析,有利于教学过程的深入。以英汉两种语言的对比为例。汉英成语中都有大量以动、植物作喻体的,但同一个喻体所表现的情感色彩却每有不同。如中国历来视"龙"为吉祥、力量的象征,汉语成语中以"龙"为喻体的也多有颂扬意味的,如"望子成龙、龙凤呈祥、龙腾虎跃、龙飞凤舞、鳞凤龟龙、一龙一猪"等,而英民族则视"龙"为一种令人恐怖的怪物。再如"狗"在汉英传统文化中也有截然不同的善恶观念,汉语成语中带"狗"的几乎全有贬义,如"狗急跳墙、狗仗人势、狐群狗党、狼心狗肺",而英语成语中却常常是褒义的用法,如:"a dog of warrensburg"(沃伦斯堡的狗),比喻深得宠爱:"Every dog has his day"(每条狗都有得意的日子),喻人人都有得意的时候。时间差异主要指古今语言的对比。大多数成语千百年来相沿袭用,它们所反映的语言、文化现象因此也就必然会有一定的时代差异。教学时便要注意到古今语言的异同,适时加以分析、比较,以消除学生的困惑心理。如"于"为古汉语常用虚词,成语中用得也极为普遍,有"喜形于色、于事无补、言归于好、青出于蓝、无动于衷"等,讲清了"于"分别相当于现代汉语的"在、对、到、从"等介词,学生便很容易理解了。再如一部分成语反映的体态动作,在成语产生的时代存在过,但由于现时体态动作的流变、更改,其中一部分已不用或很少用了,如"五体投地"是古代表示最恭敬的一种礼节,今天已消失;"拱手"、"作揖"都是过去男子见面时常用的表示恭敬的动作,成语便有"拱手听命、拱手而降、拱手垂裳、打躬作揖、长揖不拜"等,今日常已不见使用。由于历史变迁,时代发展,礼仪民俗随之而异,保存在成语中的那些反映古代民俗礼仪的体态,也就仅仅作为传达某种情感意向的符号,而不具备其原有的意义内涵。还有些成语字面上的体态语与现实中体态语虽然一致,但实际含义有了变化。如"正襟危坐",原本表示庄严恭敬的样子,但现在已有了故作正经的讥讽含义。凡此种种,都要经过与现实体态语的比较,加以仔细的辨析。在进行时空对比分析时,还应根据用法上的差异加强与同义词语的对比。成语的产生既是为了满足修辞上的需要,那么它必然有与之对应的适合一般交际需要的词语。教学时适当作些同义词语的替换,有利于学生通过对比分析理解和掌握所学成语。如:"一干二净——很干净","喜不自胜——非常高兴","四平八稳——十分稳当","如漆似胶——极其亲密","涕泪交流——极为悲痛","形形色色——各式各样"。

(5)加强实践环节,学用结合。成语又称"现成话",言语交际时恰当使用,常常有画龙点睛之妙。但成语既是有修辞意义的固定词组,其语义、色彩、用法往往有其约定俗成性,稍有不慎,便会弄出笑话。如一个学生用"付之一笑"造句:"看着朋友送来的生日礼物,我付之一笑,非常高兴。"这里,学生只掌握了"用一笑来对待回答"的字面含义,而把其"形容不值得理会"的实际含义忽略了。教学时便要从细微处入手,加强辨析,着重用法上的说明。具体做法是:①造句练习。每学一个成语,便给学生几个相关的情形,引导学生用此成语造句。②同义词语替换。有选择地给学生一些同义词语作指定性的替换练习,反复多次,以加深印象。如:"一个巴掌拍不响——孤掌难鸣","一曝十寒——三天打鱼,两天晒网"。

以上诸种教学方法,我们分别施用于偶得式教学与目的式教学之中,效果明显。所谓偶得式,即在教学过程中,对偶见于各种教学材料的成语,采取随机解释、学习的方式,这种方式具有较大的灵活性;目的式即专题讲座的方式,选择有典故性、民族性的成语,从文化入手谈成语,融文化教学与语言教学于一体。一般讲,偶得式偏重于语言教学,以理解词义为主要目标;目的式偏重于文化教学,要根据教学对象的要求、目的,开设不同的热点专题,如"成语与汉民族的体态语"、"成语与汉民族的言语交际观"、"成语与中国民俗"、"成语的演变与中国社会的变革"等等。对外汉语教学有许多待探索的课题,而每一课题的研究都要涉及教学内容、教学对象和教学过程等方面。教学内容和对象则决定着教学过程所采取的不同方法和手段。因此,在成语教学中我们首先注意对成语本体进行了比较系统的研究,并根据对象的不同,作了以上尝试。

对外汉语词语教学的拓展法[①]

胡明扬先生指出:"长期以来语汇教学是对外汉语教学的一个薄弱环节,并且多年来没有显著的改进。原因当然是多方面的。一是语汇本身是一个开放性的系统,每一个词语几乎都有自己的个性,共性不那么多,不便于进行系统的教学。二是语汇教学只能一个一个教,一个一个学,只能逐步积累,逐步加深,在一开始没有像学语音和语法那么多困难,所以引不起重视。三是不同语言语汇之间的差异在初级和中级阶段的影响还不十分明显,因为在这时候学生的语言实践是在教学方案规定的范围内受到限制的,而且实际上还是以理解为主,自由运用的机会少,同时这时候语音和语法问题还比较突出,往往掩盖了语汇教学方面的问题。"[②]

语汇教学不同于语音和语法教学。三者虽然同时起步于语言教学的开端,但由于语音和语法的相对封闭性,易于进行系统教学,虽开始时问题较多,但往往可用打歼灭战的方式集中解决相关问题,见效明显,教学过程也可在一定阶段内基本完成。语汇教学则具有持久战的特点,它伴随着汉语学习的始终,而且由于其在语言系统内所处的建筑材料的地位,难以形成系统教学的规模,"一个一个教,一个一个学"的传统方法使在起始阶段看似容易的词语学习,却渐渐成为继续进步的障碍,也是相当数量的汉语学习者半途而废的主要原因。词语教学可否适当采用相对集中的方式进行,影响到对外汉语教学的整体效果,很值得我们作深入细致的研究。

语汇本身是一个系统,是许许多多语汇成分的聚合体。构成语汇的各个

---

① 原载《华东师范大学学报》(哲学社会科学版),1998 年第 6 期。
② 胡明扬:《对外汉语教学中语汇教学的若干问题》,《语言文字应用》,1997 年第 1 期。

词语虽独具特性,稳守一隅,但绝非各个成分的偶然堆积。词语间彼此在音、义、形关系上,在色彩和应发挥的作用方面,总是处于相互制约、矛盾统一的状态之中,共同服务于其赖以生存的人类生活。既然词语的产生离不开社会文化的土壤,既然每个词语只能在系统所制约的范围与条件下发挥作用,词语与社会生活之间、词语与词语之间,就必然发生各方面的系连,从而也为语汇教学的相对系统性提供了可能。

每个词都有其形式和内容两个方面。词的外部形式即语音形式和书写形式,由此而系连产生同音词与同形词;词的内容也即词义,由意义上的关联而产生了大量的同义词、反义词和多义词。可以说,没有一个词是我行我素的孤立于系统之外的,总是或多或少、或宽或窄、或形式或内容地与系统中的某些词发生一定的联系。若能适时而恰当地利用词语间的这些相互关系,无论在语汇教学的深度与广度方面均大有裨益。

为摸索一条语汇教学的新路子,改变多年来仅靠生词表进行教学的方式,笔者在多年的教学中尝试运用了拓展法从事语汇教学,取得了一定效果。

拓展法与传统教学法的不同在于:基于生词表却不囿于生词表,释义立足于课文中出现的义项又适时加以引申、扩大,在以语言教学为主的同时又注意到文化的导入,重视单个词的学习又时时不忘纳入系统内考虑,把静态的词语学习纳入一种动态的过程。

我们在利用拓展法进行语汇教学时,注意抓住一个词在音、义、形等方面与其他词可能形成的各种关系,因势利导,挖掘词语本身所拥有的文化内涵及在语汇系统内的方方面面的联系与影响,克服随意性,增强目的性,慎重却不失时机地不断扩大学生的词汇量,同时辅以滚雪球式的练习,变被动为主动,化静态为动态,把单词表中看似一个一个孤立的词语有意识地纳入相对系统化的范畴,从而最大限度地发挥成人学生思维能力强、善于模仿并生成词语的优势,力求把语汇学习纳入良性循环的轨道,为语汇教学的相对系统性探索一条新路。我们的具体做法是:①从词语的外部形式入手拓展相关语词;②从词语的语义内涵入手系连、辨析语词;③从词语所包孕的社会文化入手向语词教学的深度开掘。

(一)从词语的外部形式入手拓展相关语词

1. 因字形而拓展的语词系列

不言而喻,生词表中出现的都是语词,学生为了理解课文的需要而应该扎实掌握的也是这部分语词。但每个词最先呈现给人们的,便是它的外部形式,包括其书写形式与语音形式。汉字是汉语词的书写形式,要掌握每一个词的书面表达形式,首先不可回避的便是它的汉字写法。汉语中有不少单音词,一个单音词也就是一个汉字。同一个汉字,却往往可以有不同的读音,并表示不同的含义,如"号",在刘珣等编《实用汉语课本》①(为论述方便,本文所列举的课文均出自此书)中分别出现于第 10 课和第 20 课,都表示次序,但有一般与特指的区别,因此也分别出现于两课的生词表中。第 10 课是一般地表示次序的方法(她住多少号),第 20 课是表示一个月中特定的日子(4 月 28 号是我的生日)。此外,"号"又读"háo",意指大声喊叫(你号什么?谁耳朵也不聋)。教学时可视教学对象的实际水平,即是否有余力来决定增添与否。再如第 31 课中出现了"长"(cháng),"你已经学了多长时间的中文了"。② "长"又读 zhǎng,表示"生长、成长"等意义,如"他长在上海";"你女儿长得真漂亮"。zhǎng 为常用词,且不增加学生记忆的负担,可以在教 cháng 的同时引入课堂教学。这样做,既是为了扩大词汇量,也消除了今后可能出现的误读或误用的隐患,毕竟,通过课堂教学掌握的词汇总是有限的。再如"太好(hǎo)了"与"她好(hào)打扮";"元旦放一天假(jià)"与"他说的都是假(jiǎ)的"等等。对于外国学生,特别是印欧语系的学生来说,汉字的学习往往难于对语音及词义的掌握。在已经掌握了某个汉字的情况下,适度地扩展因字形而系连的一串语词,可以事半功倍地掌握一组语词。

2. 因语音而拓展的语词系列

每个词都有它相对稳定的音、义形式。而语言中音少义多的矛盾,使得同音词的存在成为必然,而汉语同音词众多,又是一个十分突出的特点。汉语同音词包括同形的同音词与异形的同音词两类,在使用拓展法进行语汇教学时,我们一般着眼于同形的同音词,而较少顾及异形的同音词,这也是为了不增加书写形式记忆方面的麻烦。如第 41 课出现了作为副词的"才","你怎么现在才来"。"才"同时又可以作为名词使用,表示"才能",如"他很有才"。再如"会",第 26 课出现时作为能愿动词,"你会说英语和法语";但"会"又可当一般动词使用,"我会西班牙语";作名词使用,"会开了三天"。备课时就可

---

① 刘珣等编:《实用汉语课本》第 1 册,北京:商务印书馆,1981 年,第 88 页,271 页。
② 刘珣等编:《实用汉语课本》第 2 册,北京:商务印书馆,1981 年,第 25 页。

以把这些易于拓展又经常会在日常生活中出现的同音词予以整理,并辅之以尽可能没有生词出现的例句,从而加深学生的印象。对于异形的同音词,在首次出现时我们基本不予考虑,而当学习到一组词中的另一个,特别是一组复音词时,则注意做好辨异工作,如"会话"与"绘画"、"树木"与"数目"、"抱负"与"报复"。

(二)从词语的语义内涵入手系连、辨析语词

词语从产生之初,便有其意义上的规定性。着眼于词语的语义内涵,可以系连相当数量的语词。意义上相关联的词语有多义词、同义词和反义词。

1. 利用一词多义现象拓展语词学习范围

汉语中很多词具有一词多义的特点。国家汉办汉语水平考试部编制的《HSK常用词汇一览表》共收词语5168个,其中多义词1990个,占常用词汇的38.5%;在列为应重点掌握的1011个甲级词中,多义词更是高达519个,占总数的51.3%。一词多义现象是语言发展的必然,也具有人类语言的共同性。但多义现象的产生与运用,却具有民族性。恰当地利用多义词内部意义上的各种系连,是对外汉语语汇教学的一个重要方面。

在利用多义词进行拓展时,要注意几个原则:

(1)说解以课文中出现的义项为主。一个多义词可能有多个义项,但在具体的使用环境中意义却是单一的。教学时应立足于本课文中的义项学习,即使这不是词的主要意义——基本义。如"打"在第23课出现时,用的是其引申义,"发射、放出","我给他打电话的时候,他正上课呢"。教学时首先应讲清学生第一接触的这一义项,然后再视学生情况进一步说明"打"的基本义是"用手或器具撞击物体",并辅之以相关例句。

(2)补充的义项应该是有选择的。如"开"的基本义是"打开",第21课"我去开门"用的便是基本义项。但"开"在汉语词汇系统中非常活跃,引申义有"打通(开路)、开发(开了几亩地)、张开(梅花开了)、化冻(湖开了)、开动或操纵(开汽车)、开拔(队伍朝南开了)、开办(开商店)、开始(这个头开得好)、举行(开座谈会)、写出(开发票)、发付(开工资)、液体受热而沸腾(水开了)、饭菜等摆出来吃(先开四桌饭)、开设(开几门选修课)"等18个义项。教学时我们不可能全面铺开,只能有选择地拓展一些使用频率大、应用范围广的常用义项,如"开"便可选择"张开、开动或操纵、举行、开设"等几个义项重点拓展。

(3)并非课文中出现的每一个多义词都要扩展,义项扩展的范围应根据学生的具体情况决定。一般讲,扩展的多少与学生的汉语程度成正比:学生的汉语水平越高,扩展的范围就越大,原则上以不增加学生的负担为尺度。

(4)课文中出现的义项为引申义或比喻义时,有可能的话上溯其基本义,如"打"。初次接触便为基本义,非必要性很大不作拓展,如"意思","这句话是什么意思",用的是其基本义,即"语言文字的意义;思想内容",其他的引申义项,还有"意见、愿望(家里的意思还是一起吃顿饭);礼品所代表的心意(这不过是我们的一点意思,你还是收下吧);某种趋势和苗头(天有点儿要变阴的意思)"等等,在学习的初级阶段可不进行扩展。

2.利用同义、近义联系拓展语词学习范围

汉语语汇系统中存在着大量的同义词。同义词在丰富词汇、提高语言表达的准确性、生动性方面作用极大。在汉语的语汇教学中恰当利用词语间同义、近义等各种联系,既可以达到生动教学的目的,又可以扩大词汇量。

同义词包括等义词与近义词两种。等义词在词的意义上完全一致,不同仅在于色彩上的相异,包括语体色彩、形象色彩等,如"妈妈—母亲—娘"、"死—逝世—长眠—老了"。等义词在汉语语汇系统中数量不多,但极富表达色彩,特别是课本中出现的常为规范的书面表达法,而留学生普遍地对口语表达兴趣浓厚,在学到一组等义词中的某一个词时,适当地补充其他词语,很受学生欢迎。如课本中较多也较早出现的一个词是"爱人",这也是使用频率极高的一个概念,表示配偶关系。由其同义上的联系,再给出它的一组有同义关系的词语"夫人—太太—妻子—老婆—内人",并分别说明其使用情境与场合,辅之以一组学生熟悉的情景例句,教学效果很好。当然,对于无色彩差别的等义词,教学时切忌哗众取宠,不应纳入教学范围,如"火柴"与"洋火"、"衣服"与"衣裳",后者为词汇规范化的对象,自然不可为了扩大词汇而良莠不分,损害语言的纯洁和健康。

与数量不多的等义词比较,近义词的拓展在语义联系中起着举足轻重的作用。近义词间在语义上存在细微的差别,便于精确表示意义,而且由于近义词中存在大量词素完全相同或部分相同的词语,这就为近义词的拓展在教学中创造了极大的便利。如"产生—生产"、"菜蔬—蔬菜"、"粮食—食粮"、"展开—开展",词素完全相同,仅仅调了个顺序,教学时只要告诉学生二者在词语搭配、使用范围等方面的不同,并给出相关情景会话便可完成教学目标,简便易行。再如"活动—运动"、"房屋—屋子—房子"、"事情—事件—事故"、"希望—期望—盼望—渴望"等等,词素部分相同,在近义词中比例也较大,是我们在扩大词语教学时尤为要重点考虑的对象。

3. 利用词语间的对立或反义关系拓展语词学习范围

客观世界存在着大量矛盾和对立的事物与现象,这些矛盾和对立的事物与现象反映到人们的头脑里,就会形成相互矛盾、相互对立的概念和思想,语言中的反义词就是客观事物矛盾、对立关系在语汇系统中的反映。从语义系统上看,反义词属于同一语义系列,是同种事物矛盾对立的两个方面,二者既相互对立,又相互联系,缺一不可。一方不存在,另一方也就没有存在的必要。反义词在人们的头脑里总是有着鲜明的对立性的联系,教学时学到"好"这一个词,人们意识中便会自然而然地出现"不好"这一个概念,即使并不急于要学习这个词来表达思想。学习的过程是一个双向积极参与的动态过程,学生头脑中潜意识的自觉反映,实际上反映了一种求知的渴望,教师这时便可以不失时机地予以引导,拓展学生已积极准备接纳的反义词语。如上举"好",就可以给出反映"不好"这个概念的词"坏",并可带入用了"好"的原词语或原句中进行替换练习,如"好主意—坏主意"、"好事情—坏事情"、"他是个好孩子吗"、"不,他是个坏孩子"。再如"快—慢"、"长—短"、"真—假"等等。

(三)从词语所包孕的社会文化入手向语词教学的深度开掘

前面所论及的种种,都是着眼于词汇量的扩大,或曰致力于词语教学的广度。从词语所包孕的社会文化入手,关注的是词语本身所包孕的丰厚的社会文化的内涵,是语言教学中一种文化的导入。毋庸置疑,对外汉语教学首先是一种语言层面的教学,学生的词语学习,首先应掌握的也是词语本身在表情达意方面的作用。但词语既是产生于一定的社会文化的土壤,既是一定社会人们的思想、观念在语言中的反映,它就不可避免地带有一定社会赋予它的某种社会的、文化的内涵。教学中适当地予以挖掘,既可帮助学生对词语本体的掌握,又可扩大学生的知识面,引发学生学习的兴趣。教学中,我们特别注意抓住这几类词语从文化层面向深度开掘:①以成语为代表的熟语;②近年出现的新词语;③文化积淀深厚的常用词语。

1. 以成语为代表的熟语

笔者在《由表及里,形具神生——对外汉语成语教学探论》[①]一文中曾较为详尽地介绍了对外籍学生教授汉语成语的方法:从成语的字面入手,抓住形式做文章,"说文解字",由表及里,由形式而内容,步步推进。成语是民族语言的精华,也是社会约定俗成的产物。各种语言的成语在其由产生到定性、定义的过程中,都与各个民族的历史、心理、文化价值观念等密切相关。汉语成语更是植根于深厚的中国文化的土壤,它不仅是汉民族人民语言使用的结晶,也是展示中国文化的一扇奇妙而深邃的窗口。在成语的文化教学中,我们采取的方法是:①有选择地说解一部分故事性强、民族性鲜明,同时又浅显易懂的成语,以帮助学生理解成语含义及所蕴含的中国文化信息为准则,不做穷尽性探讨,如"刻舟求剑、杯弓蛇影、守株待兔、指鹿为马、愚公移山、自相矛盾、狐假虎威"等成语都有很强的故事性,既可以作为故事讲授,也可以设计让学生复述,用于口头的成段表达或短文写作练习。②抓住成语的民族性进行对比性分析。汉民族成语所反映的语言文化现象与其他民族必然有不同之处,如以中英两种语言为例,汉民族历来视"龙"为吉祥、力量的象征,故成语中以"龙"为喻体的也多有颂扬意味,"龙凤呈祥、龙腾虎跃、望子成龙、龙飞凤舞"等,而英民族则视"龙"为一种令人恐怖的怪物;再如两个民族对"狗"的不同好恶观,在各自的成语中都有民族性极强的表现。教学时有意识地作些对比分析,可以深化并搞活看似呆板的词语教学。

对其他熟语,如谚语、歇后语、惯用语、格言等,我们在教学中也基本采取上述原则,在故事性与民族性上做文章,效果也很好。

2. 近年出现的新词语

词语最敏感地反映着社会生活的发展与人们认识能力的提高。近年来随着社会的飞速发展,观念、认识上的不断更新,一大批新词出现在我们的社会生活领域。这些新词语,有的已进入了我们的对外汉语教材,有的即使教材上没有,但不断更新的报刊课、新闻听力课及面向活的语言生活的口语课,都让学生有大量的机会接触新词。由于新词发展的速度较快,加之其刚出现时的不稳定性,一些权威的词典往往没有收录。而留学生因为对国情的陌生,对很多新

---

① 杨晓黎:《由表及里,形具神生——对外汉语成语教学探论》,《安徽大学学报》,1996年第1期。

词,特别是蕴含了浓郁的社会文化信息的新词语自然就无法理解。教学中应抓住这些词语,剖析、挖掘其产生的社会文化背景,向学生展示一个鲜活的语言世界,也让学生真正感受新中国日新月异的变化。比如新词语中的四音节新词语明显占有重要位置。四音节新词语的产生往往与语言中的既有成分密切相关,或通过改造原词语形式而形成新词语,如"打小算盘、吃大锅饭、计算机病、公务员法、中草药热",或通过仿造原词语形式而形成新词语,如"第二职业、大男大女、能上能下、一国两制",或利用词语间语义关系而形成新词语,如"信息倒爷、留守女士、家庭主夫、知识产业、电子通信、环保意识"等等。在教学中可以抓住这些新词语反映的新思想、新文化、新生活深入挖掘,开拓词语教学的新天地。

3. 文化积淀深厚的常用词语

语言是文化的载体,它忠实地记载着一个民族从发生到发展的源远流长的历史足迹。社会的风云变幻、观念的更新发展、宗教的起兴流变、民俗礼俗的差异与统一,无不异彩纷呈地"定格"在了那永久的"瞬间"。这是民族代代相传的奇珍异宝,也是我们传扬历史文化、向世界展示中华之魂的取之不竭的宝藏。语言中文化的积淀主要反映在语汇系统中。汉语词语中的相当部分有着深厚的文化蕴涵,如反映汉民族宗教文化的"仙逝、天书、着魔、魔术、地狱",反映民俗礼俗的"守岁、拜年、除夕、对联、汤圆、尊姓、小女、犬子、不敢当",反映观念形态的"官场、官商、洋货、谦和、和为贵"等等。

对外汉语教学既是语言教学,又是文化教学。融文化知识于语言学习之中,既可调动学生的学习热情,又可促进其对语词的掌握,应该引起教育者的高度重视。当然,我们不可能,也没有必要对每一个有文化内涵的词语不加选择地开掘、讲授,我们采取的办法是:①每课都精选几个讲解,切忌集中安排;②讲解可以在学习生词时随词讲授,也可以作为活跃课堂气氛的手段安插在有某种契机的中间,或根据教学进度,灵活性地安排在下课前;③选取的词语应根据教学对象的实际情况,尽可能是学生普遍感兴趣的内容,最好与正在进行的课堂教学有某种关涉。如学到介绍中国传统节日的《灯笼作好了》一课,结合教学对"除夕、年夜饭、年画儿、新年、拜年、春联、放爆竹、恭贺新禧、元宵节"等文化词语进行讲解,这样做同时兼顾了语言与文化两个方面,效果不言而喻。

语素分析与汉语词汇教学①

语素是构词的单位,汉语词语都是由语素构成的。词汇教学时适当利用语素分析,可以帮助我们解决不少教学难题。

比如对"突然、骤然、忽然、猛然"这一组同义词的辨析,就可以从语素分析入手。"然"为形容词词尾,区别就在一组同义词中的异素"突、骤、忽、猛"。"突"的上古义为犬从穴中突然而出,"骤"为马奔,"忽"表示迅速,"猛"则有凶猛、气势壮等意义。从语素义比较可以看出,在表示来得迅速、出乎意外、突如其来的共同意义上,其受惊程度由轻而重次第为:忽然、突然、骤然、猛然。

再如《汉语词汇教程》中有一道同义词语选择练习:

我昨天下午(一直/一向)在宿舍学习,哪儿也没去。

约翰(一直/一向)喜欢晚饭后去湖边散步。②

教学时通常的做法是借助词典或相关教材、工具书的解释,以词义为单位,先讲解两个词的意义,然后进行辨析,但效果一直不好。先看《现代汉语词典(第5版)》(以下简称《现汉》)对"一向"和"一直"的解释:

一向　①名 过去的某一段时期:前一向雨水多(指较早的一段时期)|这一向工程的进度很快(指最近的一段时期)。②副 a)表示从过去到现在:一向俭朴|一向好客。b)表示从上次见面到现在:你一向

---

① 原文载《智利中文通讯》,2010年第1期。文章发表时有删改。
② 万艺玲:《汉语词汇教程》,北京:北京语言文化大学出版社,2000年,第99—100页。

好哇![①]

一直 副①表示顺着一个方向不变：一直走，不拐弯｜一直往东，就到了。②表示动作始终不间断或状态始终不变：雨一直下了一天一夜｜他干活儿一直很卖力。③强调所指的范围：全村从老人一直到小孩都非常热情。[②]

很明显，仅依靠词义的整体解释很难准确辨析或讲解清楚二者的异同，我们可以用分析语素的办法来教学。首先，对"一直"和"一向"这两个词中的相异语素"向"、"直"进行解释：根据《王力古汉语字典》（以下简称《王力古汉》），"向"有三个义项：①北窗。②朝向，面向。引申为方向，又为归向，又为向某方面发展。③从前，旧时，与"今"相对。[③] "向"的三个义项，在《现汉》中分列为"向1"和"向2"。义项①未见构词，义项②为"向1"，"方向"义；义项③为"向2"，"向来"义。其中与"一向"有关的应为义项③，也是我们在教学中需要向学生介绍的。"直"在《王力古汉》中也有三个义项：①成直线形状，与"曲"相反。引申为正直，使正直，使伸直。②通"值"。当，临。引申为当值，值班。引申为价值，值得。③副词：只不过；特意；直接，一直。"直"在《现汉》中分列出10个义项，其中与所辨词语"一直"有关的为可以作为副词使用的⑧⑨两个义项：

⑧ 副 一直；径直；直接：直达｜直到｜直哭了一天｜直朝村口走去。

⑨ 副 一个劲儿；不断地：他看着我直笑。

对"一直"和"一向"的辨析，我们在教学时可以选择"向"作为突破口。"向"的上古义为"从前，旧时"，与"今"相对，因此，"一向"强调的是从过去到现在的延续性，重点在已经呈现、出现的，是对已有印象、感觉的评价和说明；而"一直"虽然也可以用于过去和现在的情形，但由于"直"本身没有"从前、旧时"的语义，因此"一直"所描写、说明的只是动作或状态的持续、不间断，没有

---

① 中国社会科学院语言研究所词典编辑室编：《现代汉语词典》（第5版），北京：商务印书馆，2005年，第1600页。

② 中国社会科学院语言研究所词典编辑室编：《现代汉语词典》（第5版），北京：商务印书馆，2005年，第1611页。

③ 王力：《王力古汉语字典》，北京：中华书局，2000年，第106页。

对时态的特别强调。

　　在现代汉语词汇系统中,语素大多数是从上古汉语的词演变而来。这些源于上古词语、在现代汉语中作为构词成分而存在的语素,我们称之为传承语素。传承语素是汉语词汇系统中古今联系的纽带。词语教学时注意抓住传承语素,顺藤摸瓜、追溯源流,对我们理解汉语词语、解释疑难问题,意义十分重大。

寻找对外汉语词汇教学的突破口
——利用传承语素进行词汇教学的思考与实践①

一、语素教学与传承语素

词汇教学一直被视为对外汉语教学中的薄弱环节。为了改进词汇教学落后的现状,有学者提出了建立语素教学的构想:"语素教学对外国人学习汉语很有必要。语素教学除了有助于汉字的认记、消除错别字以外,其主要作用是可以大大提高学习词汇、掌握词汇、扩大词汇以及正确运用词汇的能力。"②

语素教学的重要性近年来已为对外汉语教学界所普遍认识,③但如何实施语素教学却一直为学界的一个难题。我们在多年的对外汉语教学实践中引入了"传承语素"的概念,④尝试利用传承语素进行对外汉语词汇教学,取得了较为明显的教学成效。

---

① 本文为"第十届国际汉语教学研讨会"(沈阳,2010)论文,提交时有删节。
② 吕文华:《对外汉语教学语法体系研究》,北京:北京语言文化大学出版社,1999年,第76—77页。
③ 参考李开:《对外汉语中的词汇教学与设计》,《语言教学与研究》,2002年第5期;朱志平:《双音节复合词语素结合理据的分析及其在第二语言教学中的应用》,《世界汉语教学》,2006年第1期;邢红兵:《汉语水平词汇等级大纲双音合成词语素统计分析》,《世界汉语教学》,2006年第3期。
④ 杨晓黎:《传承语素在现代汉语词语构成中使用情况的考察》,《语言文字应用》,2006年第3期。

所谓"传承语素",是指从上古汉语的词发展而来、在现代汉语中作为构词成分而存在的语素。与传承语素相对应的是上古以后出现的"后起语素"。后起语素源于中古直至现代的词语,比如东汉中后期出现的"打",当代新出现的"打的、的哥"中的"的"等,相对于先秦即已产生的"人"、"民"等,都是后起语素。

汉语学界和对外汉语教学界关于语素的分类已有 20 余种,但主要是从共时的角度。在现代汉语词汇系统中,语素大多数是由上古汉语的词演变而来的。当我们观照这样一个庞杂的词汇系统并企图揭示构成这个系统基础的语素的特点与规律时,仅仅采取静态的、共时描写的方式显然是不够的,我们需要有一种历史发展的眼光。"传承语素"正是在这种视角下划分出的新的语素类别。[①]

传承语素在现代汉语词汇系统中具有很强的构词能力。根据我们的统计,《汉语水平词汇等级大纲》[②](以下简称《大纲》)共有语素 3124 个,其中传承语素 2426 个,与之对应的后起语素 698 个,所占比例分别为 77.66% 和 22.34%。《大纲》中构成合成词的传承语素 2183 个,未参与构词的传承语素 243 个,所占比例分别为 89.98% 和 10.02%,传承语素在对外汉语词汇教学中具有无比广阔的应用前景。

二、利用传承语素理解汉语词语

构词具有理据性,是汉语词汇的一大特点,也是我们提倡利用语素进行词汇教学的立论之本。因为汉语的词都是由语素构成的,语素是构词的最小的意义单位。而在所有语素中,由于传承语素历史久远,构成的词语相对较多,传承的意义在发展的过程中也较后起语素呈现出更加复杂多变的情况,往往成为对外汉语词语教学的难点和重点。如果教师在词汇教学中始终坚持利用语素进行教学的观点,时时有利用传承语素进行教学的意识,就可以做到事半功倍,取得教与学双赢的效果。

---

① 杨晓黎:《汉语词汇发展语素化问题刍议》,《汉语学习》,2008 年第 1 期。
② 国家汉语水平考试委员会办公室考试中心制定《汉语水平词汇与汉字等级大纲》(修订本),北京:经济科学出版社,2001 年。

(一)利用传承语素理解词义

传承语素义与词义的关系主要包括三种情况:一是词义由语素义体现的,二是语素义对词义有提示作用,三是语素义与词义没有关系。

对第一种情况,如"女人、病人、客人、朋友、语言、美丽"等,教学时要注意从一开始就抓住有类推潜力的传承语素,有目的有重点地开展语素教学。

对第二种情况,如"白酒"为"用高粱、玉米、甘薯等粮食或某些果品发酵、蒸馏制成的酒,没有颜色,含酒精量较高"[①],而语素"白"在词中只是提示了颜色;"红绿灯"是"指挥车辆通行的信号灯,多设在城市的交叉路口,红灯指示停止,绿灯指示通行",而语素"红"和"绿"在词中也只是提示了颜色。"白酒"、"红绿灯"等词语所表示的意义,仅靠颜色提示显然是不够的,类似的例子如"棒"在"棒球"中只是提示击球工具。对这类语素,教学时就要考虑到语素的多义性问题。如果词中的语素为基本语素义,可以根据教学对象的层次与目的不予展开;如果词中出现的语素为引申义项或非常见义项,教学时就不能仅仅局限于此,应该根据具体情况有所扩展。

对第三种情况,如"红娘"、"鹊桥"一类,教学时学生每每疑问最多,兴趣也最大。我们可以因势利导,通过这些词语进行传统文化教学,以激发学生的学习热情。如"红娘"用作媒人的代称,"鹊桥"比喻为撮合婚姻,其语素及由语素构成的合成词背后,都蕴含了深厚的中国语言文化内容。

此外,利用传承语素还可以更好地理解词语的色彩义。汉语中的色彩义类聚主要包括了形象色彩义、感情色彩义、语体色彩义等。留学生在词语学习中,对色彩义理解的偏差,常常导致语言理解和运用的困难。特别是一些蕴涵了形象色彩义的词语,往往成为对外汉语词语教学的难点。以高级汉语阶段的鲁迅小说教学为例。鲁迅小说文本中有大量用传承语素"然"构成的"~然"类词语。用"~然"的形式构成的形象色彩词语,具有较强的状貌功能,是一种先秦汉语常见的格式,在《论语》、《孟子》等先秦著作中便有很多用例,《大纲》中也构成了"茫然、泰然、毅然"等词语。鲁迅小说文本中"~然"类词语的大量运用,显然是赋予这种古老语言格式以新的生命力。用"~然"形容词来描写人物面部表情,展示特定场合神态各异的众生相,在鲁迅小说文

---

① 中国社会科学院语言研究所词典编辑室编:《现代汉语词典》(第5版),北京:商务印书馆,2005年。

本中有突出的表现,也是作者经常使用的语言材料。阿Q从城里回来后,"据阿Q说,他是在举人老爷家里帮忙。这一节,听的人都肃然了。……什么假洋鬼子,只要放在城里的十几岁的小乌龟子的手里,也就立刻是'小鬼见阎王'。这一节,听的人都赧然了。'你们可看见过杀头么?'……这一节,听的人都凛然了。但阿Q又四面一看,忽然扬起右手,照着伸长脖子听得入神的王胡的后项窝上直劈下去道:'嚓!'王胡惊得一跳,同时电光石火似的赶快缩了头,而听的人又都悚然而且欣然了"。作者连续使用了"肃然"、"赧然"、"凛然"、"悚然"、"欣然"等五个"~然"形容词,分别传递出恭敬、难为情、严肃而可敬畏、害怕、愉快等语义信息,生动传神地勾勒出一幅未庄社会的群生相。对这组语义信息的准确把握,显然离不开对传承语素"然"及其固定格式"~然"的形象色彩义的细致分析。学生对重点词语的传承语素义,特别是对传承语素的色彩义理解是否到位,实际上可以成为我们教学是否成功的一把重要标尺。

(二)利用传承语素辨析同义词语

同义词的学习与使用一直是留学生词语教学的难点,也是让到了一定学习阶段的留学生感到汉语难学的重要原因。比如,汉语水平考试【HSK(初中等)】阅读理解项的第一部分81~100题,考察的就是学生的同义词语选择,占试题比重的11.76%。其样题91、92、96和100题[①]:

91. 我们应该大力提倡写日记,形成写日记的风气。
　　A. 提高　B. 养成　C. 修养　D. 研究
92. 谢军之所以棋下出来了,是因为她拥有自信心和宽阔的胸怀。
　　A. 狭窄　B. 广大　C. 空洞　D. 深刻
96. 在商业或私人交际中,无言也许是最好的选择之一。
　　A. 交待　B. 交情　C. 交通　D. 交往
100. 前不久,一位朋友赴日本留学,临行前,最放心不下的是年近八十的费路路夫妇。
　　A. 担心　B. 想念　C. 原谅　D. 感动

---

① 北京语言大学汉语水平考试中心编制:《中国汉语水平考试大纲(初、中等)》,北京:现代出版社,2004年,第39页。

其标准答案分别是 B、B、D、A:"形成一养成"、"宽阔一广大"、"交际一交往"、"放心不下一担心"。在所涉及选择的 20 个词中,包括了"形、成、提、高、养、修、研、究;宽、阔、狭、窄、广、大、空、洞、深、刻;交、际、待、情、通、往;放、心、不、下、担、想、念、原、谅、感、动"等 35 个语素,无一例外属于传承语素。传承语素在同义词语中的超高构成比例,一方面说明利用传承语素辨析同义词语有着广阔的应用范围和巨大的研究空间,另一方面也提醒我们要仔细观察并深入分析传承语素构成同义词语的具体情况,总结出可供教学参考的一般规律,使辨析工作落到实处。

如"交际"与"交待、交情、交通、交往"的选择。"交际、交通"为乙级词,"交往"为丁级词,"交待、交情"为超纲词。"交"为该组的相同语素,有"交接、交往"义,选择的关键在所构词语的四个异素"待、情、通、往"。"通"有"通达、流通"等义,在《大纲》中也构成了"通过、通知、通讯、交通、普通、通常、通顺、通信、普通话、通报、通道、通风、通告、通航、通红、通商、通俗、通行、通讯社、通用、通货膨胀、畅通、沟通、精通、流通、相通"等覆盖四级的词语,学生理解一般不会有问题。"待、情、往"在《大纲》中也构成了甲级词"情况、事情、热情",乙级词"对待、招待会、接待、招待、情景、情形、情绪、爱情、感情、同情、心情、往往",丙级词"待遇、款待、情报、表情、神情、无情、往来、来往"和丁级词"看待、亏待、情感、情节、情理、案情、恩情、国情、激情、人情、深情、盛情、说情、性情、友情、酌情、合情合理、无情无义、往常、往返、往后、往年、往日、往事、交往、前往、向往、以往"等。"际"是五个相关语素中唯一一个不具单独使用功能的,也是留学生学习的难点。因此本组词语的辨析,重点就要抓住"际"的传承语素义来进行。"际"有"间"义,表示彼此之间,或曰人事之间、地域之间,而"往"为"来"的反面,来来去去,自然也就有了交际、往来义,现代汉语中也有"往来、来往"这样一组同义同素异序词。另外,我们在进行教学时,《大纲》中的乙级词"国际"和丁级词"国际主义"也可以帮助我们对"交际"和"交往"这一组同义词的理解。再如"形成一养成"之所以成为我们的最后选择,也可以从"形"和"养"的传承语素义辨析入手:"养"在上古有"养育、饲养、教育、修养、养护"等义项,在《大纲》中构成了丙级词"养成、养料"和丁级词"养分、养活、养育、养殖、保养";"形"在上古有形象、形体义,《易·系辞上》"在天成象,在地成形",引申为"形状、容貌、形势、显露、表现"等,在《大纲》中构成了乙级词"形成、形容、形式、形势、形象、形状、情形",丙级词"形态、地形"和丁级词"形而上学、变形、图形、外形"。"养、形"与"成"结合,都体现了"成"的"过程",其构成的词语"养成、形成"是同义关系,而且都可以与"风气"搭配使用。其余可以仿此类推。

同义词辨析一般教科书采取的都是从词义、用法、色彩等方面入手,对此我们没有异议。我们要讨论的是辨析时应该以何种语言单位作为切入点。毋庸置疑,既然是"词"的辨析,词义的分析和比较不容忽视。但词义的模糊性、多义性常使我们的辨析无从下手,特别是面对汉语作为第二语言的学生。在第二语言教学中,我们需要的不是详尽无遗,而是拨乱反正,直指肯綮。我们对《大纲》中可以构成合成词语的同义语素进行考察,同时选取了上述有代表性的若干组进行分析后得出的体会是:传承语素在同义词语辨析方面具有无可比拟的优势,也是迄今为止任何一种传统的词语辨析法所无法超越或替代的。

(三)利用传承语素进行多义词教学

多义词教学一直为对外汉语教学界所重视。多义词是通过何种途径产生的,多义词的多义性又是怎样表现的,如何在语言运用中避免多义词带来的歧义,多义词教学的最佳方式是什么,凡此种种,都是语言学界,特别是对外汉语教学界密切关注但至今没有得到很好解决的难题。我们认为,对多义词的研究,可以从语素入手,对语素,特别是对传承语素的剖析,可以为解决多义词问题提供便利。个中理由很简单:词是由语素构成的,而词在产生之初都是单义的。如"见",本义和基本义都为"看见",而表示"见解、见识"等意义是对本义引申的结果。如果我们了解了传承语素的引申与发展线索,教学时就可以追本溯源、按图索骥,做到游刃有余、得心应手,既能有效解决词语理解的问题,又可以满足成人学生知其所以然的渴望。

如前所述,传承语素"红"的基本义为"像鲜血的颜色",其引申义项"象征喜庆的红布"(披红戴花)、"象征顺利、成功或受人重视"(开门红、红人)、"红利"(分红)等,与汉民族关于颜色的文化观念有关,而"又红又专、红色政权、红心"等代表的"象征革命或政治觉悟高"的义项,则传递了中国人民对革命和进步的肯定与支持的信息。通过对多义语素"红"的引申线索的剖析,留学生再遇到类似"红白喜事、红角、走红、红运、红区"一类词语就很容易理解了。类似的如"黑车、黑帮、黑道、黑人、黑市、黑户、黑话、黑手、黑手党、黑社会"中的"黑"所表示的"秘密、非法、不公开的"含义,"白军、白区、白色恐怖"中的

"白"所代表的"反动"义等,都是汉语的独创,教学时应该注意并重视对其本义和引申义的源流关系的讲解。

在对多义语素进行教学时,要注意掌握几个原则。第一,教学应以课文中出现的义项为主。一个多义语素可能有多个义项,但在具体的使用环境中意义却是单一的。教学时首先应立足于本课文中的义项学习,即使这不是语素的主要意义——基本义项。这里实际上关系到我们进行语素教学的目的:教师进行传承语素教学是为了帮助学生掌握词义,而学生之所以对学习语素感兴趣,一个很重要的原因也是因为语素学习可以帮助他们更好地理解词语、拓展词语。因此,疏通最先出现在学生面前的语素义以确切理解词义,应该为教学中首先要考虑的。第二,对补充的义项应该有所选择。比如"口"的基本义项是人或动物进饮食的器官,《大纲》中也构成了"口语、口号、口头、口气、口试、口腔、可口、一口气、有口无心"等词语。但"口"还有口味(口重)、人口(户口)、容器通外面的地方(碗口)、出入通过的地方(出口)、长城的关口(口外)、口子(伤口)、性质相同或相近的单位形成的管理系统(归口)、刀剑等锋利器具的刃(刀口)、马驴等的年龄(马口),以及作为量词使用等11个义项。教学时我们不可能全面铺开,必须有所选择。根据《大纲》收词的情况,我们在教学时重点选择了"出入通过的地方"这一义项,以帮助学生理解"门口、出口、进口、窗口、港口、口岸、渡口、入口"等一批《大纲》词语以及"海口、关口、港口、山口、道口、路口、十字路口、三岔路口"等现代汉语常见词语。第三,义项扩展的范围应根据学生的具体情况决定,原则上以不增加学生的负担为尺度。如上举的"口",也可以根据学生实际水平,再扩展到"人口"这个义项,构成的词如"户口、人口、家口、两口子、拖家带口"等。而有些语素,如"舅",在《现汉》中有"①舅父:大舅 ②妻的弟兄:妻舅 ③〈书〉丈夫的父亲:舅姑(公公和婆婆)"三个义项,教学时只需根据《大纲》词语"舅舅、舅母",并适当拓展如"大舅、二舅、舅妈"等词语即可,对义项②③,特别是③可以忽略,否则会无谓增加学生的负担。

传承语素多为上古汉语中的常用词,是现代汉语词汇系统中古今联系的纽带。古今联系中传承语素有变化,而这个变化造成了古今理解的差异,词语教学时若能注意抓住传承语素,顺藤摸瓜、追源溯流,对我们理解词语语义、解释疑难问题,将会有很大帮助。我们的教学实践充分表明,对同一教学内容采取不同的教学法进行试验,利用传承语素进行教学的效果明显要好,学生都普遍反映这种教学由于从源头上理解了词语的意义,所以不仅印象深刻,而且易于掌握和运用,再错率也很低。

三、利用传承语素拓展汉语词语

词汇教学历来被认为由于不便于进行系统教学而困难重重。利用传承语素在音、义、形等方面的系联,构建一个以传承语素为核心的语素场,因势利导,把词典或生词表中看似孤立的一个个词语纳入相对系统化的范畴,将有效地改变这一局面。

(一)同音语素和同形语素

因语素的外部形式关联而发生相互影响和作用的语素包括同音语素和同形语素。由于合成词中的同素现象而构成的同素词也可以纳入"形"的范围。

每个语素都有它相对稳定的音、义形式,而语言中音少义多的矛盾,则使得同音语素的存在成为必然。汉语同音语素众多,这也是汉语言的一个十分突出的特点。与同音词一样,同音语素也可以分为同形同音语素和异形同音语素两种。在使用传承语素拓展法进行词汇教学时我们一般着眼于同形的同音语素,而较少顾及异形的同音语素,如"刚才"的"才"与"才能"的"才","晚会"的"会"和"误会"的"会"都属于同形同音语素,教师备课时就要尽可能把这些常用来构成合成词又易于拓展的同音语素予以整理,以便使词语教学有序、有效。至于异形的同音语素及其构词,在首次出现时我们基本不予考虑,但当学习到一组词中的另一个时,则会根据具体情况注意做好辨异工作,如"会话"与"绘画"、"树木"与"数目"、"抱负"与"报复"等。

根据我们的统计,《大纲》中与传承语素相关的同音语素有124组,涉及257个语素,占全部语素总数的8.23%。与传承语素相关的同形语素有97组,涉及206个语素,占全部语素总数的6.59%。数字本身就足以显示以同音语素和同形语素为主体的语素形场是一个可供挖掘和利用的丰厚教学资源。

同音语素与同形语素在对应关系上都有一个共同点,即每组大多为两个语素,形成一对一的关系,如同音语素"面包"的"面"(面1)与"面子"的"面"(面2)。"面1"有"面粉"义,在《大纲》中也构成了"面包、面条儿、面粉"等词,同时"面1"还可以作为甲级词单独使用;而"面2"表示"脸、当面、部位或方面"等意思,在现代汉语中一般只用作构词成分,如《大纲》中的"见面、面对、面孔、面子、面目、面容、爱面子、迎面、方面、一面……一面一方面……一方面、面对、面临、当面、露面、局面、体面、正面、四面八方、面面俱到、迎面"以及用作方位词后缀的"西面、南面、里面、外面、上面、下面、前面、后面"等。甲级词"面包、面条儿"和"见面、方面"同时出现于教学的初级阶段,由于这是两个构词能力都很强的语素,我们认为应该在教学之初便要说明二者的区别,一方面帮助学生理解词义,另一方面也可以确保词语拓展正确而有效地进行。再如"复习、答复、报复、复活节"分别由四个同音语素构成,利用字形的系联学习有关语素,既可以省去汉字教学的环节,又由于几个语素放在一起学习、比较,容易加深学生的印象。

汉语中还有不少同形语素。如"行 háng"与"行 xíng"等,在《大纲》中构成了"银行、行列、行业、外行、内行、各行各业"和"进行、旅行、行动、行李、不行、举行、实行、送行、执行、行人、行驶、行为、行星、行政、发行、飞行、航行、可行、流行、平行、试行、一行、游行"等。再如"恶 è"、"恶 wù"和"恶 ě",则分别构成了"恶化、厌恶、恶心"等词语。

同形语素一直是对外汉语词语教学的难点。我们曾于 2007 年 11 月 13 日在安徽大学国际教育学院高级班的《汉语词汇》课上对来自意大利、加拿大、印度尼西亚、埃塞俄比亚、俄罗斯、日本、韩国等 7 个国家的 13 个学生进行了一次与同形语素相关的词汇测试。

测试题一 下列各组词中读音完全相同的,请用"√"标出:

1	好处 y 到处 y 处分 y 处理 y	9	一切 j 密切 y 亲切 y
2	干净 j 干杯 y 干活儿 y 干吗 y	10	青年 j 年青 y 青菜 b
3	率领 y 效率 y 草率 d	11	朝三暮四 d 朝代 d
4	避免 y 免得 b 不免 b	12	传播 y 传统 y 传记 d
5	宁静 d 安宁 d 宁可 b 宁愿 d	13	当然 j 当时 y 上当 y
6	少年 y 少数 y 不少 y 缺少 y	14	打倒 y 倒霉 b 反倒 d
7	参观 j 参加 y 人参 d	15	供给 y 给予 b 给以 b
8	差不多 y 差别 b 出差 d	16	年轻 j 轻松 y 减轻 y

测试题二　请给画线的字注上拼音：

当然 j	调查 y	部分 j	假如 b
上当 y	调整 y	充分 y	放假 j
房间 j	降低 y	觉得 j	步行 j
间接 d	投降 b	睡觉 j	银行 j

我们用 j、y、b、d 分别表示甲级词、乙级词、丙级词、丁级词。测试结果，24 个同形语素组，学生答案全部正确的为零，出错最少的有 3 组，最多的为 20 组。出错比较多的同形语素依次为"给、朝、参、率、倒、当、宁、传、差、分、假、处、间、降、调"，出错比较少的依次为"免、切、青、轻、行、觉、干"。我们让学生标注的词语 69% 为甲级词和乙级词，全部来自《大纲》中由传承语素构成的词语。学生出错率之高，也从一个方面说明了同形语素的迷惑性与我们前期教学的不足。

我们在测试后进行的教学思考是：同形语素教学要引起对外汉语教学界的高度重视。一般情况下，同形语素教学应该在一组中的第二个语素出现时立即进行。这样做，既可以帮助学生复习巩固已学的知识，又可以在一定程度上消除今后可能出现的误读或误用的隐患。对于汉语水平较高的教学对象，如果一组中的同形语素是常见且极易误读的，我们甚至建议在一组中的第一个同形语素出现时便同时告诉另一个同形语素的读音与意义。毕竟，通过课堂教学掌握的词汇总是有限的。而且对于外国学生，特别是印欧语系的学生来说，汉字的学习往往难于对语音及词义的掌握。在已经掌握了某个汉字的情况下，适度地扩展因字形而系联的一串语词，可以事半功倍地掌握一组词语。当然，是否进行以字形为系联的拓展，最终还是要根据教学的实际情况而定，如教学对象的接受程度、教学时间长短与教学目的等等。

另外，利用同素词的素序关系来拓展相关词语，在对外汉语教学中具有可拓展的空间。根据我们的统计，《大纲》中的同素词全部与传承语素相关，其中全部由传承语素构成的有 44 组，传承语素和后起语素共同构成的有 4 组。由于《大纲》中的同素词只是现代汉语中很少的一部分，我们在教学时就要以传承语素教学的层次观为指导，注意适度扩展。以传承语素"心"构成的一组词语为例。在进行同素词教学时我们可以将"心"组词语分为相应的三个层次来进行拓展：一是同素词均在《大纲》中出现的，如由乙级词"中心"拓展到丁级词"心中";二是有一方在《大纲》中出现的,教学时可以《大纲》词语为基点而拓展到《现汉》词语,如由"细心、安心、心爱、灰心、甘心、狠心"系联到《现汉》相对应的"心细、心安、爱心、心灰、心甘、心狠"等同素词;三是在现代汉语中使用频繁而《大纲》中没有出现的同素词,如"心烦—烦心、心寒—寒心、心黑—黑心、心焦—焦心、心静—静心、心宽—宽心、心醉—醉心"等,我们则要根据教育对象和教学目的的实际情形予以系联,以拓展词汇教学的范围。

(二)同义语素和反义语素

汉语词汇系统中存在着大量的同义、反义语素,这些语素相互间存在着因语义关涉而构建起来的千丝万缕的联系。在对外汉语词汇教学中恰当利用传承语素间同义、反义等各种联系,可以快速有效地扩大学生的词汇量。

以同义语素"屋"和"房"为例。"屋"和"房"在《大纲》中分别构成了甲级词"屋子"和"房间"。参与构成"屋子"的虚语素"子"构词能力很强,在甲级词中构成了"杯子、本子、儿子、孩子、饺子、橘子、句子、日子、袜子、屋子、样子、椅子、桌子、帽子"等14个词语,是学生接触最早并易于接受的构词方式。我们在学习甲级词"屋子"和"房间"时,便可以向学生讲明"屋"和"房"的同义关系,从而带出乙级词"房子"。而同义语素联合构词又是汉语构词的一个特点,甲级词中便有"看见、朋友、人民、语言、喜欢"等由同义语素构成的合成词,这样我们在将本该在中级汉语阶段出现的丙级词"房屋"提前引入初级汉语时,就显得非常自然。其他如"书屋—书房",虽然是没有在《大纲》中出现的超纲词,但由于"书"这个词学生非常熟悉,教学"房屋"时顺便以滚雪球的方式扩充,没有给学生增加任何负担,效果非常理想。当然,我们在进行同义语素关联拓展时,也要提醒学生注意不可随便换用,或换用后语义有别的情况。如甲级词"房间"不可换为"屋间",而乙级词"同屋"换为"同房"后,意思整个就变了。

再如"见"和"看"也同时为甲级词,使用频率极高。"看见"也是甲级词,为同义语素并列构成。"见"在《大纲》中构成了甲级词"见面、看见、听见、意见、再见",乙级词"会见、接见、碰见、遇见",丙级词"见解、不见、不见得、可见",丁级词"见识、见效、常见、由此可见、显而易见、罕见、偏见、预见"等;"看"在《大纲》中构成了甲级词"好看、看病、看见",乙级词"看不起、看法、看来、看样子、难看",丙级词"观看、眼看",丁级词"看待、看起来、看望、看作、从……看来"等。学生学习了"见"和"看",同时又学习了其联合构词"看见",知道这是两个同义词,同时也是同义语素。在接下来的学习中,《大纲》中又有"观看、看望"等也是由两个同义语素构成的合成词,这样,"看、见、观、望"就形成了扩大的一组。以此类推,《大纲》中"监视、注视、凝视"的"视","参观、观看、观光、观赏"的"观","游览、阅览室"的"览","目睹"的"睹",以及未在大纲中参与构词,但作为丁级词出现的"瞥",没有在《大纲》中出现,但经常作为超纲词或语素在课文中出现的"窥"、"瞟"等也是"看"的意思,如"瞥见、窥见"等。我们在学习这一组语素时,就可以分层次、有重点的予以安排,或以集中讲授,或以滚雪球的方式,拓展与此有关的语素和词语。这种拓展也可以突破传承语素的界限,如与"看"相关的还有后起语素"瞧、瞪、盯"等。

另外,同素词中也有不少属于同义语素构词的,如甲级词"生产"与乙级词"产生",乙级词"开展"与同级的"展开",乙级词"粮食"、"蔬菜"与超纲词"食粮"、"菜蔬"等,语素完全相同,仅仅调了个顺序,教学时只要告诉学生二者在词语搭配、使用范围等方面的不同,并给出相关情景会话便可完成教学目标,简便易行。

除了我们上面谈到的同义语素系联,利用反义语素所能创设的词语间的对立或反义关系拓展词语学习范围,也是语素场构建的重要一环。《大纲》中的反义语素众多,仅《王力古汉语字典》明确标明的就有 75 组。在 75 组反义语素中,有 54 组可以联合构词,如"男女、大小、生死"等,这都为语素的多方系联开辟了四通八达、可以广泛拓展的渠道。如"好"与"坏"为反义语素,学到甲级词"好处",很自然就可以拓展出"坏处",再如"好人、好事、好话"与"坏人、坏事、坏话"等。值得注意的是,"好"与"坏"可以联合构词"好坏"(名词,丁级词),与此相近的,还有"好歹、好赖",由于"歹、赖"都为后起语素,其所构成的合成词,语体色彩也更接近口语。

四、利用传承语素传播文化知识

汉语词语蕴含了丰厚的中国历史文化知识,而传承语素的特性更是使之成为汉民族历史文化的重要承载者。因此,无论就文化教学还是语言教学而论,传承语素都是可资利用的宝藏。

我们倡导在对外汉语教学中使用文化语素与语素文化的概念。这里首先要区别几个相关术语:文化词语、文化语素、语素文化。

文化词语是从词义的角度分析出的概念,如"推敲、名落孙山",都是文化词语,"推敲"源自唐代诗人贾岛作诗的故事,"名落孙山"则见于宋代范公偁《过庭录》,婉言考试不中。这两个词语都蕴含了中国文化的内容,反映了中华民族严谨认真、委婉礼貌等传统美德。一般讲,文化词语的文化义不是所由构成的每个语素义的相加,也不是通过字面义引申出来的修辞义,而是由文化典故积淀并形成的整体意义。

文化语素不同。文化语素是从语素角度做出的分类,是对语素,特别是对传承语素所携带的文化因子的发掘与归纳。比如《大纲》中的动植物语素"狗、犬、龙、马、龟、松、柏、桃"和颜色语素"红、黑、白、黄、紫"等所蕴含的象征意义,"姑、叔、伯、嫂"所代表的汉民族的特有称谓系统,都具有浓郁的中国文化色彩,蕴含着丰厚的民族风情。而上述"推敲、名落孙山"中的语素"推、敲、名、落、孙、山",分别开来后就没有什么文化意蕴,只是一般语素,它们只有组合在一起后才能表示一种文化含义。

在对外汉语词汇教学中,由文化语素又可以导出语素文化的概念。所谓语素文化,就是通过传承语素的教学,将隐含在语素以及所由构成词语背后的文化因素挖掘出来,一方面可以帮助学生对词语的真正掌握,不易出错,另一方面也可以更好地实现语言教学与文化教学相结合、文化教学通过语言教学得以实现的目的。

语素文化是从语素的文化义发展而来,但二者不是同一个概念。语素的文化义是从词语解释的层面总结出的语素义的一种,旨在帮助学生理解词义;而语素文化是另一个层面的概念。它基于语素文化义的分析,但又上升到了中华传统文化教学的高度,从而使公认作为第二语言教学特点的文化教学真正进入学生的日常语言学习,可望可及,而不是处于凌空状态、脱离具体的课堂教学。

进行文化语素教学的方式有多种,具体使用要根据教学对象的特点而定。教学对象的汉语程度、学习目的、国别情况等,都会影响到教学方式的选择。我们在教学中采取的方式主要有以下几种:(1)随机式教学:即在教学过程中,对偶见于各种教学材料的传承语素,采取随机解释、学习的方式。(2)集合式教学:也即在进行了一段时间的词语学习以后,精心选择并归纳出与教学对象的学习材料、学习程度相适应的一组或若干组文化语素,集中起来进行讲解,如我们进行过的"称谓语素组"、"颜色语素组"、"动植物语素组"、"数字语素组"的教学。集合式教学既要坚持以传承语素为中心和立足点,同时也要注意将相关的后起语素纳入教学范围,从而保证文化知识的系统性和连贯性。(3)专题式教学。这种教学形式的特点是围绕一个专题,以传承语素的讲授为切入点,深入探讨一个社会文化问题,如我们安排过的"传承语素与汉语新词语的构造"、"传承语素与汉语民俗"等。专题式教学一般在每学期安排整体教学计划时就应该有所考虑,根据教学内容和教学对象的实际需要精心设计。

综上所述,传承语素教学是以理据性为主线,以文化元素揭示为切入点,以词语拓展法为重要手段的词语教学,经历过多年汉语词汇教学实践的检验,也受到了参与教学实验的教师和学生的普遍欢迎。对外汉语词汇教学中如果教师有了利用传承语素进行教学的意识,备课时能够有的放矢地做好传承语素的梳理和分析,就可以极大地改进汉语词汇难教难学的现况,取得教与学双赢的效果。

词语的色彩义与对外汉语词语教学①

汉语词义系统包括了理性义和色彩义。语言中每一个词语都有它相对固定的理性义,它们反映了人们对客观事物及事物间相互关系的理性认识,为社会的全体成员所共同遵守,具有较强的规约性与封闭性。与作为词义核心的理性义相比,色彩义是一种非理性的意义要素,具有很强的主观性与开放性。色彩义在词义中处于次要的附属地位,附丽于反映客观事物、现象的本质特征与本质联系的理性义之上,给词增添些许耐人咀嚼、回味的情调、意蕴,是由主体对客观存在的一些伴随属性的感性反映。色彩义具有类义的性质。汉语词语的色彩义类聚主要包括了形象色彩义、感情色彩义、语体色彩义、地方色彩义和时代色彩义等,本文重点探讨尚未引起对外汉语教学界广泛关注的形象色彩义。

词语的形象色彩义又叫词的形象色彩,是指词语除了代表一定的对象这种理性义之外还同时具有的对于所指对象的某种形象感觉。相对于一般意义上的词语理解与学习,反映了作家个性特征的文学作品中的词语,特别是蕴涵了形象色彩义的文学词语,常常给留学生的词语学习带来困惑。他们常因对色彩义认识的偏差,导致语言理解和运用的困难。这个问题在对外汉语教学中长期存在,也是教师关注的难点和重点之一。

以鲁迅作品为例。由于鲁迅在中国现代文学史上的崇高地位及其语言运用的卓越功力,鲁迅小说已成为留学生高级汉语综合课的常选篇目。作为一门高级阶段的基础必修课及语言技能课,词语教学在整个教学过程中无疑占有相当的比重,但实际教学情况却难以尽如人意。我们曾在 2003 年、2004

---

① 本文为"第七届语体风格学学术讨论会"(合肥,2011)论文。

年、2005年的春季第二学期连续三次对在安徽大学国际教育学院学习的高级班学生进行过有关《药》的问卷调查,旨在了解学生在学习《药》前后对鲁迅作品的了解程度。参加问卷调查的包括来自韩国、美国、蒙古、乌克兰、越南、日本、泰国、斯里兰卡、毛里塔尼亚、哈萨克斯坦等国的共36位留学生。

问卷一 请在下边相应的选项下打√(可以多选):

1. 来中国以前,你知道鲁迅吗?
    A. 知道 B. 不知道 C. 如果知道,是通过什么方式?
    a. 汉语教科书 b. 翻译作品 c. 电视/电影 d. 讲座 e. 朋友
    f. 其他

2. 来中国以后,你是怎么知道鲁迅的?
    A. 课堂上 B. 电视 C. 书刊 D. 朋友 E. 其他

3. 鲁迅曾经到哪个国家留学?
    A. 日本 B. 美国 C. 英国 D. 其他

4. 你读过鲁迅哪些作品?
    A.《药》 B.《祝福》 C.《阿Q正传》 D.《藤野先生》 E.《孔乙己》
    F.《故乡》 G.《社戏》 H.《狂人日记》 I. 其他

5. 你听说过鲁迅小说中的哪些人物?
    A. 阿Q B. 祥林嫂 C. 闰土 D. 孔乙己 E. 其他

问卷二 请在下边相应的选项下打√:

1. 我觉得《药》理解起来:
    A. 很容易 B. 有点儿难 C. 很难

2. "药"指的是:
    A. 给华小栓治病的人血馒头 B. 医治人们思想的良药

3. 华老栓买革命者的血为儿子治病:
    A. 可悲 B. 可恨

4. 夏瑜的革命行为:
    A. 没有人理解 B. 他妈妈理解

5. 夏瑜坟上的花:
    A. 夏瑜显灵 B. 他的亲戚送的 C. 他的革命同志送的

6.《药》的主题是:
    A. 亲子之爱 B. 反对封建迷信 C. 唤醒民众起来斗争

从问卷一显示的情况看,来自韩国、越南、日本的学生来中国前一般都知道鲁迅,也读过鲁迅一些作品,而来自美国、蒙古、乌克兰等国的学生大多数在来中国前没听说过鲁迅,来中国以后也是在课堂上才知道了鲁迅的名字。关于问卷二,我们是在对课文进行字面上的一般梳理之后进行的,学生选项的具体数据为:

表1

题号	A		B		C	
1	0		29人	81%	7人	19%
2	22人	61%	14人	39%		
3	30人	83%	6人	17%		
4	12人	33%	24人	67%		
5	25人	69%	0人		11人	31%
6	8人	23%	25人	69%	3人	8%

从问卷情况看,学生在读完《药》后感觉很难的只占19%,普遍反映可以明白课文意思,但在随后的自测题中却暴露了他们在理解上的偏误。这种情况的发生,据我们的调查了解,与学生对课文词语的色彩义不了解有密切关系。

以两种常见的对外汉语教材的生词收录与注释为例。[①] 姜德梧主编的《高级汉语教程》和马树德主编的《现代汉语高级教程》均收录了鲁迅的小说《药》。据《高级汉语教程》的《修订说明》:"将课文原来的注释分为生词和注释两部分。生词部分解释语词,是学生应该重点学习和掌握的。生词部分参照《汉语水平词汇与汉字等级大纲》的等级,属于《大纲》丁级及超出《大纲》的词语尽量注出,属于丙级及丙级以下的词语一般不注。注释部分解释知识性语词,以便于学生理解课文。"我们查阅了该教材《药》的生词和注释部分。课文列出生词51个,注释5个,词义辨析4组,词语例释4个,详见表2:

---

① 姜德梧主编《高级汉语教程》第二册,北京:经济科学出版社,2002年,第169页;马树德主编《现代汉语高级教程》(上),北京:北京语言文化大学出版社,2002年,第244页。

表 2

生词 51 个	名词 21 个	洋钱、丁字街、号衣、镶边、匾、夹袄、肩胛骨、阳文、点心、炒米粥、玄色、信息、痨病、乖角儿、牢头、底细、油水、关、官地、丛冢、纸锭
	动词 13 个	弥满、蹩进、攫取、徘徊、撮(方言)、拗(方言)、搭讪、结果、绽、盘、受用、庚毙、根究
	形容词 5 个	黯淡、板滞、褴褛、跄跄踉踉、吃吃
	量词 2 个	通、簇
	副词 3 个	宛然、煞是、悚然
	兼类词 1 个	油腻(形、名)
	成语 2 个	置之度外、低声下气
	未标词性 4 个	十世单传、落腰包、老虎头上搔痒、显灵
注释 5 个		鲁迅、白圆圈、古□亭口、满门抄斩、大清
词义辨析 4 组		安排——安置(动)、格外——分外(副)、不免(副)——难免(形)、冤枉——委屈(动/形)
词语例释 4 个		一旦(副)、就是了(助)、骨头、硬着头皮

马树德《现代汉语高级教程》的《编写说明》："注释内容包括作者、课文中出现的重要人名、地名、事件、引文、方言词等。""针对一般工具书释义多而谈用法少的现状,教材贯彻以用法为主的方针。词语表所收是本课需要掌握用法的词语;词语例释重在讲解用法,以虚词为主,也包括少量实词;同义词辨析重在区别常用同义词的用法差异;词语说明属于词汇知识介绍,但着眼点也在于使用。"该教材的词语表未标词性,总数 74 个,其中成语 6 个;注释 15 个,词语例释 5 个,同义词辨析 5 组,详见表 3:

表 3

词语 74 个 (未标词性)	一般词语 68 个	夜游、油腻、候、料、一前一后、爽快、一旦、神通、攫取、古怪、定睛、眨眼、无形、动摇、眼光、慌忙、焦急、踌躇、移植、黯淡、凸出、阳文、整顿、火焰、应、姓名、依、信息、恭恭敬敬、包(好)、脸色、搭讪、觉察、合伙、越发、赏、独自、不住、依旧、瞥、造反、底细、攀谈、天下、油水、神气、贪、便道、界限、死刑、层层叠叠、阔人、祝寿、分外、等候、褴褛、跄跄踉踉、零星、空虚、根究、本家、冤枉、显灵、坑、报应、上坟、卸、重担
	成语 6 个	一无所有、三三两两、置之度外、低声下气、恍然大悟、无精打采
注释 15 个		洋钱、大白圆圈、鲜红的馒头、古□亭口、结果、落腰包、乖角儿、满门抄斩、大清、贱骨头、清明、纸、他、纸锭、硬着头皮
词语例释 5 个		倒(副)、一旦(副、连)、只是(副、连)、就是(助)、未(文言副词)
同义词辨析 5 组		古怪——奇怪、分明——清楚、不免——难免、分外——格外、冤枉——委屈

从两种教材对课文词语的处理情况看,编者对词语色彩义明显没有给予足够的重视。

以课文的颜色词语为例。据我们初步统计,《药》约 4500 字,颜色词语出现次数达 37 处,其中 35 处属基本颜色词系列"黑、白、红",见表 4:

表 4

\<药\>的基本颜色词系列	
黑	黑沉沉(的街)、黑色(的人)、黑(的人)、黑(东西)、乌黑(的圆东西)、黑(眼眶)、玄色(布衫)、乌蓝(的天)
白	青白(的光)、青白(小花)、灰白(的路)、明明白白(的街)、大白(圆圈)、(馒头中的)白气、花白(胡子)、雪白(的银子)、白(得多的短发)、半白(头发)、惨白(的脸)
红	暗红(的镶边)、鲜红(的馒头)、红(的血滴)、红(眼睛)、朱(漆圆篮)
黑+红/白+红	红黑(的火焰)/红白白白(的破灯笼)、红白(的花)
其他	碧绿(的包)、黄(土)

很明显,这些颜色词语的频繁使用构成了《药》的基本色调,具有一定的象征意义。"白""黑"的大量呈现,使得《药》笼罩在灰暗阴冷的色调之中。即便是暖色调"红",也主要是与滴滴下落的鲜活的人血紧密联系在一起。如华老栓去买人血馒头时"黑沉沉的"的街面与"一条灰白的路",交货时"一个浑身黑色的人"拿着的一个"鲜红的馒头",回家后"老栓便把一个碧绿的包,一个红红白白的破灯笼,一同塞进灶里","黑东西"人血馒头与拗开后窜出的"一道白气",等等,使作品氤氲着阴冷、凄厉的氛围。作者借助人们对色彩的习惯联想,采用白描的手法,将"白"的清冷、惨淡,"黑"的凝重、神秘,以及"红"的怪异、恐怖同时呈现,以极富象征意味的渲染与描写,揭露出杀人者的可怖嘴脸及魑魅魍魉横行的世界的阴森可怕。"颜色在表现所选对象的全部个别特殊细节方面,有着最广阔的发挥作用的场所"。① 由于色彩词语本身所具有的审美特性,这些极易让人产生抑郁、沉闷、凄凉情绪的冷色调词语,与鲁迅结集《呐喊》的主旨一致——"夹杂些将旧社会的病根暴露出来,催人留心,设法加以疗治的希望"。② 作者将自己对社会及病态人生的种种感受形象化地寓于颜色词语的使用之中,使读者通过这些颜色词语运用所形成的主色调,更为真切地感受到作家笔下的现实和人生。对与颜色相关的词语,《高级汉语教程》仅在生词部分列出了"玄色",注释中出现了"白圆圈";《现代

---

① [德]黑格尔:《美学》第 3 卷(上册),北京:商务印书馆,1981 年,第 236 页。
② 鲁迅:《南腔北调集·〈自选集〉自序》,《鲁迅全集》第 4 卷,北京:人民文学出版社,1981 年,第 455 页。

汉语高级教程》也只是在注释部分出现了"大白圆圈"和"鲜红的馒头",其他颜色词语则没有关注。即使提到的颜色词,也没能注明其色彩义。而在《药》中对颜色词语色彩义的把握,在某种程度上,会直接影响到学生对课文本身的理解。因为,如同黑格尔所说,颜色"宜于表现观念性较强的内容"。① 比如文中"红"与"白"组合构成了"红红白白的破灯笼"和夏瑜坟前"红白的花"。这两处"红""白"的词义明显不同。"红白的花"与下文"青白小花"等主要是对颜色词本身的理解,而"红红白白"需要突出的则是对色彩义的解读:雪白的灯笼纸罩,因裹过人血馒头而红迹斑斑,伴随着"碧绿"的荷叶及随后升起的"红黑"的火焰,"红红白白"的纸罩在革命者的壮死与愚昧者的求生、作者的极度失望与主人公的渺茫希望之间翻腾,其形象色彩义与感情色彩义都极为鲜明,是我们在教学时必须重视的方面。

再以《药》中的重叠词语为例:"老栓正在专心走路,忽然吃了一惊,远远里看见一条丁字街,明明白白横着。""明明白白"和前边提到的"红红白白"都为 AABB 式构词。作为汉语所独具的构词形态,AABB 式词语在《诗经》中就已得到广泛应用,并为历代文学语言所继承和发扬。鲁迅充分利用了这种具有浓郁民族特色的构词形式来增强词语的艺术表现力,但也因此给对外汉语词语教学增添了难度。比如"明明白白"的表达,学生就不太容易理解其意义和用法。实际上,"明白"作为常用词,学生在进入高级阶段学习时已不陌生,所以课文生词表也未收入。但值得注意的是,《药》中的"明明白白"并不是双音形容词"明白"的重叠形式,而是由跟"暗"相对的语素"明"与表示"明亮"义的语素"白"分别重叠后再并列而成的。"明明白白"的街道,却成为革命者夏瑜即将血染的刑场,也是愚昧麻木的看客来观赏杀人"盛举"和懵懵懂懂的华老栓来"收获许多幸福"的场所。"明明白白"这一重叠形式对作者积郁于心底的忧愤与感伤无疑给予了形象的强化和宣泄。其他如"层层迭迭"的坟冢以及坟场中间那"歪歪斜斜一条细路",凸显了集中着死刑、瘐毙者与穷人的墓地的拥挤与无序,而夏瑜坟前"跄跄踉踉退下几步,瞪着眼只是发怔"的夏四奶奶,则表现了怀念却并不理解儿子的革命者母亲的痛苦与迷茫。

其他如与听觉相关的象声词语和感叹词语的运用。鲁迅小说文本所展示的环境每每给人以窒息的感受,可与之形成强烈反差的是音像感很强的象

---

① [德]黑格尔:《美学》第 3 卷(上册),北京:商务印书馆,1981 年,第 236 页。

声词语的使用,如《药》的结尾处乌鸦那令人悚然的"哑——的一声大叫",在沉闷与压抑之中对声响的描摹更能产生震撼力;感叹词语在汉语的词类系统中属于特殊的一类,与摹拟事物声音的象声词语不同,感叹词语是通过摹拟发出声音的具体人的语气口吻,从而再现人物的神情声貌。如"喂"的基本用途是用来表示招呼的声音,但"喂!一手交钱,一手交货",这是粗鲁、凶残的刽子手康大叔对善良胆小的华老栓吼出来的招呼之语。"喂"后紧跟的叹号,加重了吼的力度,活现着一个杀人不眨眼的刽子手的狰狞嘴脸。

词语的形象色彩义是所有语言的词汇系统中最灵活的要素,色彩义在具体语境中呈现出的千姿百态,与语言使用的人文社会环境、民族习俗和文化传统密切相关。对外汉语教学的对象来自不同的国度,有着与中国文化不尽相同的经验认知与人文背景。我们在教材编写和实际教学中如果不充分考虑到第二语言教学的特点,词语教学仅仅着眼于具有人类共通性的理性义的疏通和讲解,就必然不能适应留学生教学的实际需要,也不可能达到理想的教学效果。尤其是选自文学作品的那些课文,色彩义的讲授更是准确理解课文内涵的关键。因为"文学的表达是个人的、具体的","个人表达的可能性是无限的,语言尤其是最容易流动的媒介"。[1] 每个创作者都有着自己鲜明的个性特征,每种文学作品都需要通过语言符号这个"最容易流动的媒介"去激发读者丰富的联想和想象,完成文学作品从符号到形象之间的转化。在特定的作品和情节之中,一些带有形象色彩义的词语,往往委婉曲折、隐含不露地寄寓着作者本人深切的人生感受,并成为某种思想情感的形象标志,这也必然会成为留学生理解作品人物和作家创作主旨的障碍,需要我们在教学时予以特别关注。

实践表明,在对外汉语教学中,对词彩义的分析和讲授,是使学生体会汉语精妙、学到地道汉语的不可忽视的环节,而对词彩义的理解是否到位,实际上已经成为我们教学成功与否的一把重要标尺,应该引起对外汉语教学界的高度重视。

---

[1] [美]爱德华·萨丕尔:《语言论》,北京:商务印书馆,1985年,第198页。

双赢:对外汉语本科毕业实习的探索①

实践教学活动在对外汉语本科专业建设中占据极为重要的地位。从总体看,高校所有本科专业都包括理论课程教学和实践教学两大部分,二者相辅相成,缺一不可。但对于以培养对外汉语教师为长远目标的对外汉语专业来说,实践教学环节,尤其是其中的毕业实习部分,特别要引起我们的高度重视。如果说,对外汉语专业在培养目标确定、培养规格选择、专业课程设置等方面要更多地考虑到宽口径,那么,实践教学特别是毕业实习环节就要更加突出专业性和针对性。因此,如何安排好对外汉语专业学生的毕业实习,如何使学生的实习活动达到预期的教学效果,实际上已成为检验对外汉语本科专业能否培养出合格毕业生的重要标尺。

安徽大学于2001年获准设立对外汉语本科专业,是安徽省首家设立对外汉语本科专业的高校。自2002年开始招生,至今已招收7届本科学生。2002～2005级的4届本科学生安排了毕业实习。为体现学校"三基并重,全面发展"的人才培养模式,在历年不断修改完善的基础上,几年来,随着学分制的实施与不断改进,对外汉语专业课程体系结构也进行过多次调整。如2008级对外汉语专业课程系统包括四个模块,即公共基础教育、专业核心教育、专业拓展教育和实践教育,最低学分统一设定为160学分,学分比例分别为23.1%(37学分)、46.3%(74学分)、20.6%(33学分)、10%(16学分)。从上面的数据可知,实践教学部分在整个教学环节中占有相当重要的位置。《2008级对外汉语专业人才培养方案》实践教学活动共计1064学时,安排有军事技能训练、课程实践与上机、毕业论文、毕业实习等,占总学时数4022的

---

① 原载《安徽大学学报》(哲学社会科学版),2009年第2期。

26.5%,其中专业实习8周,共320学时,占整个实践教学的30.1%。毕业实习作为对外汉语专业实践教学中最重要的部分,在安徽大学一直受到高度重视。

为落实专业实践教学,安徽大学对外汉语专业建立有安徽大学国际教育学院等4个专业实习基地。通过几届学生的毕业实习活动,我们逐步探索出一条对外汉语本科专业实践教学之路,也在工作中深深体会到了专业实习的复杂性和重要性。

一、双赢:对外汉语本科毕业实习的设计思路与理念

作为一个实践性很强的本科专业,如何安排好毕业实习,我们经历了不断摸索的过程,其间有探索时的困惑,创新时的艰辛,也有在不断完善过程中的思考。我们将自己的实践过程归纳为三个时期:探索、创新、提高。

(一)探索:以听课为主,适当安排实习生走上讲台

安徽大学中文系对外汉语专业的毕业实习始于2006年。作为安徽大学首届对外汉语专业毕业生,2006届的全部49位同学参加了毕业实习,除3人被送往实习合作单位之一的上海进华中学实习外,其余46位同学全部安排在安徽大学国际教育学院实习。实习时间共8周,有8位教师参与了实习指导。

实习方式有两种:一是在实习过程中让实习生以听课为主,只选择少数优秀的实习生走上讲台。这种方式主要是考虑到留学生的感受,意在避免与任课教师课堂教学效果反差太大的场面出现。但由于每次上课总有为数不等的"旁观者"出现在教室后排,留学生仍然感觉不太自在。而且因为只能安排为数有限的几个人讲课,其他实习生也普遍反映找不到实习的感觉。

二是仍让实习生以听课为主,但在实习过程中,安排所有实习生分期分批地进行课堂教学。由于实习生较多,时间也相对集中,所以教学时间一般不多于一节课,很多实习生只能上半节课。采用这种方式的出发点是为了让每个实习生都有讲课的机会,但却没有充分考虑留学生的利益与感受,因而留学生意见很大,觉得是将他们当成了试验品,效果自然不太理想。

上述实习方式遇到了来自实习生和留学生两方面的质疑,实习改革势在必行。

(二)创新:组织文化兴趣小组,由实习生主讲文化课程

在对第一年的教学实习进行了认真的总结和思考后,我们体会到:之所以实习生与留学生对毕业实习都感觉不满意,是因为双方都感觉自己并没有得到自己希望得到的东西,只是在被动地听命于安排,缺少主动性和积极性,主动参与的意识也较为淡薄。如何变被动为主动,变听从安排为积极参加,是我们在进行毕业设计时首先要考虑解决的问题,我们因此提出了以"双赢"为目标的实习理念。

所谓"双赢",就是要设身处地地将实习生与留学生放在同等重要的位置来考虑,变"一厢情愿"为"两情相悦",通过行之有效的实习安排提高中外学生对教学实习的满意度。为了实现"双赢"的实习目标,从实习生的实际需要出发,教学实习必须让学生真正走上讲台,真正成为课堂的主导,而不只是走过场、"意思一下"完事;从留学生的实际需要考虑,既能不因实习教学影响正常的汉语教学秩序,又能通过实习教学促进留学生的汉语学习,这样的安排就会受到中外学生的欢迎。我们在实践中体会到,作为课堂教学的延伸,博大精深的中国文化知识一直是留学生希望学习了解的。为了满足留学生的要求,我们曾经开设了"中国文化知识系列讲座",但由于讲座时间有限,内容又主要为知识介绍,留学生每每有"意犹未尽"之感,希望深入学习的愿望非常强烈。为此,我们将组织中国文化兴趣小组进行中国文化教学作为实习的重点来安排。这样,一方面可以让实习生根据自己所长,在教师的指导下作为主讲者走上讲台,充分发挥自己的主观能动性和创造性;另一方面由于是在留学生汉语教学计划之外无偿开设的课程,留学生以自愿报名的形式参加,他们不仅不会产生抵触或排斥心理,而且还非常欢迎。

为了让此项改革方案顺利实施,我们根据已有的经验和现有条件,首先设计了几个可供选择的兴趣小组,包括"中国书画"、"中国烹饪"、"太极拳"、"中国棋牌"、"热门话题"、"中国曲艺"、"中国流行音乐"、"民族舞蹈"等,分别请实习生和留学生同时进行选择。实习生根据自己的特长可以同时报名参加两个兴趣小组的实习,留学生也可以根据自己的兴趣同时报名参加两个或多个兴趣小组的学习。最后,在综合考虑报名情况的基础上,我们确定了在2007届首先开设"书画兴趣小组"、"烹饪兴趣小组"、"太极拳兴趣小组"和"棋牌兴趣小组"。根据实习生的人数,每个组安排一至两位指导教师,具体指导学生的实习活动。

按照教学计划的要求,学生实习时间为 8 周。在实习的第 1 周,我们在前期相关准备(包括中文系和国际教育学院分别进行的实习安排和动员)的基础上,首先安排两个见面会:一是实习生与指导教师见面,详细讨论 8 周的教学实习内容和实施计划,将教学任务具体落实到每个实习生;二是实习生与留学生见面。见面会一般由指导教师组织,实习生和留学生分别在兴趣小组做自我介绍,有些小组根据具体情况还可以结成一帮一或一帮二的对子,以利于实习教学的顺利实施。见面会后,教学实习就可以正式展开了。每次教学活动都由课堂教学和实践教学两部分构成,时间分配一般为课堂教学 1 课时,实践教学 2 课时。实习生在指导教师的帮助下经过个人搜集相关资料、小组内部讨论授课讲稿和多媒体课件、课堂讲课、课后总结等多个教学环节,熟悉了一整套教学环节。由于教学任务明确、具体,教授的内容又是自己所熟悉和擅长的部分,因而实习生在教学时普遍感到得心应手,觉得较好地发挥了自己的潜能,树立了教学的信心,有一定的成就感。而留学生报名参加的文化小组活动都是自己最感兴趣、同时也是最愿意学习的中国文化内容,感觉文化兴趣小组成了自己汉语学习的重要补充,既弥补了《中国概况》等课程重知识讲授、少教学实践等学习方面的缺憾,又使自己通过两个月的兴趣小组学习,切实掌握了某一门或数门中国传统技艺,自我感觉普遍很好,学习的主动性与积极性也很高,与实习生的配合自然就较为默契,从而使教学实习得以顺利实施。实习生与留学生"双赢"的目标得到初步实现。

文化兴趣小组的模式得到了肯定,特别是受到了留学生的热烈欢迎。但我们同时也在思考:单一的实习模式可以完全满足对外汉语本科专业的实际需求吗?安徽大学中文系曾用随机抽取的方式,对 2006 届和 2007 届对外汉语专业的 83 位同学做过一个"对专业教学质量满意度"的问卷调查,其中评价项目之一的实践教学部分共有"很满意、较满意、基本满意、不满意" 4 种。调查结果显示,达到"较满意"及以上的只占总数的 57%,这表明单一的实习教学模式并未受到实习生的广泛认可,还需要进一步完善。

我们在第二届毕业实习结束后及时召开了专业教师和相关方面参加的毕业实习工作专题研讨会。经过充分的讨论,大家认识到,兴趣小组教学固然可以锻炼实习生的教学能力,在一定程度上达到毕业实习的目的,但对外汉语教学毕竟是以语言教学为主体的教学活动,文化教学只是语言教学的重要补充,却不能取而代之。常规的汉语课堂,是对外汉语专业学生非常重要的实习场所,不能因为出现了一些问题而放弃。解决问题的关键还是两个字:双赢。于是,在设计第三届(2008届)对外汉语专业学生毕业实习计划时,我们又进行了新的探索。

(三)提高:个别教学、兴趣小组教学、课堂教学统筹安排

对外汉语教学首先是语言教学,而语言教学的形式可以是多种多样的。课堂教学是一种常态的教学形式,个别教学的历史却更为久远且长盛不衰。教学实习的方式不应该单一化,完全可以采取多种组织形式以达到"双赢"的教学目的。于是,我们推出了个别教学实习、兴趣小组教学实习、课堂教学实习统筹安排,有计划推行新的实习方案。

所谓个别教学,即一对一、一对二或一对三的个别授课模式,区别于集体的课堂教学。个别教学是课堂教学的重要补充,也是实习生可以大显身手的一种教学模式。我们将个别教学纳入毕业实习的总体设计之中,是出于这样的考虑:一方面是留学生有很大的需求。安大国际教育学院常年开设的班级包括基础班(零起点班)、初级班、预科班(一年汉语学习后即直升本科学习的)、中级班和高级班。由于留学生进校时汉语程度参差不齐,尽管分班时已充分考虑到每个学生的具体情况,但一个班中的学生程度仍难达到整齐划一。同时由于学生来自五大洲30多个不同的国家,汉语学习的难度也每每因国别不同而呈现各异的情况。如欧美学生对汉字的熟悉程度和掌握情况远不如日本、韩国、越南等地处汉字圈的学生,而日、韩、越等国学生在语音方面的"化石化"现象又明显比欧美学生突出,课堂教学很难针对每个学生的具体问题予以彻底解决。留学生渴望有针对性的具体指导,但任课教师却往往心有余而力不足。另一方面个别教学也满足了实习生的实践教学需求。"个别教学"又称为"微型课堂教学",[①]就授课内容而言,是课堂教学的浓缩版;就形式安排来看,又可看作是课堂教学的袖珍形式。对外汉语专业学生的毕业实习,就如同医学院的学生分科室实习一样,理想的安排当然是将听力、口语、读写等技能课类型完整地体验一下,但限于时间、场所等原因,学生的实习需求一般都难以满足。而个别教学作为一种特殊的教学形式,本身难以准确地定位于听说读写中的某项技能,它既可以看作是各项技能的综合课,同

---

① [美]梁新欣:《对外汉语微型操练课的设计原则与技能》,"新世纪对外汉语教学——海内外的互动与互补学术演讲讨论会"上的发言提要,北京,2004年。

时又可以因教学对象的特别需求而随时调整为听力课、口语课、写作课、报刊阅读课、中国概况课、HSK 辅导等等。它既可以锻炼实习生全面应对各种教学问题的能力，同时又可以最大限度地调动实习生的工作热情与创新精神。2008 届一些学生曾结合毕业实践的体会，将实习过程中的一些常见问题加以总结归纳，写出了有一定见解的毕业论文，如《汉语一对一授课的策略研究》《汉语个别教学难点分析及对策》等，取得了很好的实习效果。

为了解决实习生过于集中的问题，同时也为了满足留学生的实际需求，我们与学校教务部门协商，将"对外汉语专业人才培养方案"中规定的"第八学期安排专业实习 8 周"，调整为在第七、第八学期分批进行。第七学期主要安排个别教学实习，同时辅之以课堂教学实习。由于个别教学的时间相对灵活，一般都安排在下午，实习生可以根据自己本科修课的时间自愿报名。而第七学期作为新学年的开始，新来的留学生很多，希望个别辅导的愿望也很强烈。我们请国际教育学院相关人员首先在留学生中摸底，了解需要参加个别教学的留学生的人数、国别、汉语程度等，然后与中文系联系，提出可以安排实习的人数。2008 届我们集中安排了 14 位学生，2009 届安排了 11 位同学。每次个别教学都安排了一个领队教师和两个指导教师。实习的第一周我们一般先安排实习动员会议，由领队教师和指导教师同实习生谈实习的意义与注意事项，对实习生提出明确的实习要求和目标，同时解答实习生提出的各种问题。动员会后马上安排实习生与留学生见面。组织形式一般为一对二，即一个实习学生与两个留学生分为一组，也有一对一或一对三的组合。分在一个小组的留学生我们会尽量考虑到汉语程度的相近，同时会兼顾到国别、习俗等情况。对实习时间和场所我们有一个总的要求，比如时间一般是在周一至周五的下午，地点在国际教育学院提供的几个教室，但具体时间和场所则由实习生与留学生共同商定后报到国际教育学院办公室，指导教师再根据实习生的具体安排，定期或不定期的检查指导，发现问题及时解决。实习总结安排在实习结束时进行，但为了全面了解教学情况，也为了便于参与个别教学的实习生相互间交流，我们还安排了中期研讨、汇报等环节，这样既可解决实习生因"孤军作战"带来的一些教学方面的困惑，也可以预防个别实习生教学安排时随意性过大的问题。实习总结会是所有学生都必须认真准备并参与的活动。每个实习生根据自己教学的实际情况，向与会者详细介绍自己小组个别教学的情况。实习生和教师普遍认为，实习总结会是教学实习过程的重要一环,对教学实习,特别是相对分散的个别教学实习意义尤为重大。

在总结利用文化兴趣小组开展实习取得的经验基础上,我们在统筹安排中尽可能弥补其不足,对其进一步改进和提高。将文化兴趣小组实习方式安排在第八学期,同样是充分考虑到留学生和实习生的实际需求。留学生在中国学习的时间很多为一年。刚来的半年,留学生普遍感觉到汉语学习的压力,也非常需要"朋友加老师"的实习生的帮助,个别教学实习就成了非常受欢迎的方式。在经过半年的语言能力培养和生活环境适应以后,留学生对一般的课堂学习开始感到不满足,了解中国文化的愿望变得非常强烈。组织中国文化兴趣小组,恰好迎合了留学生渴望深入学习中国传统文化的心理,因此报名都非常踊跃。从实习生方面讲,文化兴趣小组是对外汉语专业学生参加人数最多的一种实习形式。将专业最为集中的实习安排在学校统一要求的第八学期进行,既遵守了学校的统一规定,避免了与常规的教学活动相冲突,同时也符合实习生此时的心理:期盼对自己的综合素质有一个全面的检验,渴望证实自己独立走向社会的能力。如前所述,与个别教学比较,文化兴趣小组一是可以充分发挥自己的特长,展示自己的才能,另一方面由于实习生参加兴趣小组的教学内容都是自己所擅长的方面,因而教学时表现得非常自信,也特别易于激发自己的创造热情,因而很多实习生都乐意在毕业前的最后一个学期参与文化兴趣小组的实习活动。

与前面谈到的两种实习方式相比,课堂教学是一种最常见的实习形式。课堂教学与个别教学、兴趣小组教学的最大不同在于它是一种有严格教学模式和要求的常规化教学。尽管我们在课堂教学中一直鼓励和提倡创新、改革,授课者也完全可以自由选择适宜于所授内容的方式和方法,但一些基本的程序和规则却在教与学双方的头脑中根深蒂固,难以改变。在常规的课堂教学中,教师和学生作为教学活动的主体,二者的关系应该是以学生为中心,以教师为主导。教师的主导地位是建立在权威性基础之上的,学生首先要尊重你、信服你,然后才能建立起正常的教学秩序和互动关系。而实习生走上讲台,却在相当程度上打破了这种潜在的规约,留学生不适应、不配合也完全在情理之中。如何解决实习生进课堂难的问题,我们的解决方案仍然是两个字:双赢。

在对第一阶段的实习方式进行了反思后,大家意识到,第一阶段的毕业实习之所以未取得预期效果,是由于我们在安排实习生走进教室直至走上讲台时,考虑最多的只是实习生单方面的需要,而没有充分顾及留学生的利益和感受。从实习生的实际需要出发,课堂教学是不能放弃的重要阵地,但如果安排不合理,仅仅蜻蜓点水般地走一个过场,实际也没有达到预期目的,甚至会给实习生未来的教学生涯留下首战未捷的阴影。实习教学要取得实效,首先需要留学生的配合,要从留学生利益最大化的角度考虑对外汉语本科专业实习改革的方案。

我们设计的课堂实习方式包括:

(1)课堂内的教学实习。让实习生进入课堂,分两个阶段完成实习任务。第一阶段是以助教的身份,与主讲教师密切配合,在讲台下参与课堂活动。如"口语"课上与主讲教师共同设计、表演情景对话,然后与学生共同练习;"汉语综合"课等则可以通过批改留学生作业等环节,了解所在班留学生汉语学习的问题所在,有针对性地在课间或课上进行辅导,使实习生和留学生有更多接触的机会,缩短二者间的距离,从而使实习生能够较快地融入新的环境。第二阶段的实习活动是在讲台上进行。有了第一阶段的基础,实习生对所在班级的情况有了较深入的了解,与留学生之间也有了近距离的接触,不再是"看客",留学生从情感上消除了抵触情绪,教学时一般也能够积极配合。课堂内的教学实习能否顺利进行,实习生和指导教师的配合也非常重要,而且每节课安排的实习生也不可过多。以20人的班级为例,实习生数量一般不可超过3人。另外,从两个阶段的时间分配看,第一阶段实际是贯穿实习教学始终的。实习生的助教身份无论讲台上下都没有任何改变,讲课长短与教学内容则可以根据具体的教学情况进行安排。

(2)作为课堂教学延伸的课外实习。课外活动形式不一,内容繁多,我们说的课外实习主要是指与课堂教学内容相关的部分。如参与"写作"课的实习生,可以在随堂听课的基础上,先帮助教师批改留学生作文,再经任课老师指导给留学生进行课间或课后的帮助;"报刊阅读课"针对留学生上课时的难点和重点,精心选择相关内容,以"课后读报小组"等方式,帮助留学生消化课上内容,并展开相关讨论。这类课外活动,也可以与个别教学实习形式结合起来进行,既与课堂教学密切相关,是课堂教学的有机组成部分,同时也可以锻炼实习生独立完成教学工作的能力。

在实习过程中,采用何种实习方式需要统筹规划。我们将个别教学实习安排在第七学期,文化兴趣小组教学安排在第八学期,而课堂教学的实习时间不做明确规定,有一定的灵活性,一般根据指导教师的课型或教学的需要灵活安排。很多参加个别教学或文化兴趣小组教学的实习生,特别是参加个别教学的实习生,每每有进入大班进行课堂教学的要求。指导教师可以根据自己的教学情况,将适当安排实习生进入课堂教学作为实习活动的一部分,尽可能让实习生在多种教学体验中顺利完成实习任务。

二、实现双赢:对外汉语本科毕业实习面临的问题与思考

根据我校的实际情况和我们的观察,国内高校对外汉语本科专业毕业实习普遍存在以下问题:

一是缺少足够的实习场所。 近年来随着"汉语热"的兴起,对外汉语本科专业受到了社会的广泛青睐。很多高校纷纷上马对外汉语本科专业,仅安徽省就有7家,但是招收留学生并可以成规模接纳实习生进行教学实习的单位却屈指可数,这就在很大程度上影响了专业实习的安排。

二是缺乏合适的指导教师。 指导教师缺乏的问题在很多高校都存在。出现这个问题的原因,一是有资质的指导教师本来数量就有限,而兼职教师良莠不齐,水平不一;二是由于教学、科研等多种原因,让很多专业教师年年承担本科实习指导有实际困难。由于缺少专业实习需要的指导教师,专业实习的质量也就无法得到保证。

三是实习生必要的授课时间无法保证。 留学生教学是个庞大的市场,为了吸引和留住生源,每个从事留学生教育和培养的单位都想方设法,积极采取多种措施,其中保证留学生教学质量的上乘或一流,是所有从事留学生教育单位的承诺。实习生的课堂教学水平自然难与有经验的教师相比,于是在教室后排坐着听课,偶尔上讲台感受一下,就成了对外汉语专业学生毕业实习的常态。

四是实习内容缺乏明晰要求,实习效果缺乏客观评价标准。 每个高校对本科专业实习都有明确的规定,如《安徽大学2008级对外汉语专业人才培养方案》对专业实习的要求是:"引导学生将专业知识转化为动手能力,掌握跨文化沟通能力、教学能力以及其他能力。"但如何将方案上的要求进一步明细化并落在实处,如何客观评价实践教学所取得的效果,各派出单位和实习单位大都付诸阙如,教学实习效果的评价还没能落到实处,敷衍应付的情况也

时有发生。这里既有对外汉语专业实践教学尚处于初步阶段等客观原因,也有不容否认的主观上对教学实践认识不到位、重视不够的问题。

针对这些问题,我们在4年的实践过程中逐步厘清了实习思路,提出以"双赢"为目标的实习理念,探索建构对外汉语本科专业教学实习模式。总结4年来毕业实习的经验和教训,我们有以下思考和体会:

(1)"双赢"的实习理念是指导对外汉语本科专业实习的准则。4年来实践教学的探索使我们获得了一个看似浅显却又来之不易的结论,那就是对外汉语本科专业实习必须坚持以"双赢"为最终目标,采取"个别、小组、课堂"统筹规划的组织模式,转变传统的"培养观",变"一厢情愿"为"两情相悦",使实习不仅成为中国学生的需要,而且要成为留学生教学的重要补充。如安徽大学2008届对外汉语专业一位实习生在自己的"实习总结"中写到:"开始在进行课堂教学时,同学们大多是照本宣科地解读,而忽略了留学生现有的知识水平和接受能力,在课堂上互动比较少,以至于后来留学生上理论课的比较少,直到进入烹饪实践环节时才可以把他们重新吸引回来。我想这也告诉我们,教学,有教有学,是一个极为注重互动的过程。站上讲台,关键不是把今天备的课,准备说的话全部念完就万事大吉了,而是要让留学生真正理解,能够转化为他们自己的知识,这样才算是一堂有效率的课。教语言理解上有困难的学生,更须如此。""双赢"的实习理念使对外汉语本科教学实习得以顺利实施,也成为指导整个教学实习过程的重要准则。

(2)"双赢"的目标定位符合第二语言教学的特点。"第二语言习得不具有第一语言习得的天然动力。如何不断增强学习者的动力,成为第二语言习得的关键。"[①]儿童习得第一语言是一种生存的需要,有着天然的动力,不需要外力的督促;而成人习得第二语言却有着各种各样的目的,其中兴趣是催发学习动力的重要方面。"双赢"的目标定位契合了第二语言教学的特点,留学生因此学到了自己希望掌握的知识和技能,而实习生由于留学生的积极配合而顺利完成了实习任务,同时对自己的专业有了许多新鲜的感悟,一位实习生说:"这次实习让我更深刻地认识到我将来所要从事的职业——对外汉语教师的性质。对外汉语教师担负着教授语言和传播文化的双重任务。不仅仅需要过硬的专业知识,还需要有宽泛的知识面,对于中国文化历史的了

---

① 刘珣:《汉语作为第二语言教学简论》,北京:北京语言文化大学出版社,2002年,第8页。

解,以及作为教师的各方面的技能。因为外国留学生对有关中国的任何一方面都有可能感兴趣,而一个称职的教师则需要有能力尽可能地解答他们的问题。实践过程会遇到很多书本上没有的状况,我们需要有灵活的头脑,随机应变,及时调整,以取得最好的教学效果。"

(3)"双赢"实习目标的实现要以跨文化交际理论为指导。对外汉语本科专业教学实习的对象是来自不同文化背景的留学生,实习生与留学生间的接触与交流就形成了跨文化的交际行为。有实习生谈到:"在指导留学生练习书法的过程中,我逐渐发现文化对于教学的潜在影响。韩国学生由于自小便对中国文化耳濡目染,对汉字也不陌生,所以他们练起书法来往往得心应手,不仅能听懂我们的讲解,而且在练习时也不嫌枯燥,努力争取把一笔一画都写好。有些甚至还能在练字过程中融入他们自己的感觉。来自其他亚洲国家的留学生们也一样……相对于来自亚洲国家的留学生而言,欧美国家的留学生在学习书法时往往表现出比较急躁、焦虑的倾向。他们也很喜欢书法,但由于文化距离较远的缘故,他们的汉字基础不是特别好,接受书法知识的速度也没有亚洲留学生快。"跨文化交际中出现文化的差异与沟通障碍都很正常,这也是对外汉语本科专业进行毕业实习时必然会遇到的问题。毕业实习过程中如何培养实习生的跨文化交际意识,如何引导实习生正确对待不同的文化,恰当地应用礼貌原则,正视跨文化交际中的文化障碍并掌握克服对策等等,这些都需要跨文化交际理论的指导。跨文化交际理论的理解与掌握是保证"双赢"目标顺利实现的前提,也是提升实习生理论素养的重要方面。

(4)"双赢"的连锁效应使专业实习之路越走越畅。"双赢"的实习理念使对外汉语本科教学实习步入良性循环。留学生兴趣高涨,实习生的创造性和探索精神也得到极大发挥。如有的实习生总结说:"由于我们棋牌教学更多的是要通过反复操练的,而留学生刚开始可能还比较感兴趣,但时间长了,基本的玩法也学会了之后他们就可能产生厌倦感。为此,我们成员经过讨论,制定了举行麻将和象棋初赛、复赛等计划,并举行了小小的颁奖典礼。这个做法收效很好,激发了留学生学习的兴趣,得到了留学生和老师的赞扬,为此大家都很有成就感。"在实习生的不懈努力下,在指导教师的帮助和实习单位的全力协作下,目前的安大对外汉语本科专业在国际教育学院的毕业实习基本做到了留学生欢迎、实习生满意、派出单位放心、实习单位支持,专业实习之路越走越顺畅。

朝鲜中文教科书《图像注解千字文》的功能定位及其启示[①]

一、引言

《图像注解千字文》(以下简称《图注》本),朝鲜汉阳人赵庆勋注解并手书,大正六年(1917)在京城[②]出版发行。该书是由当时朝鲜总督府警务总监部认可的适于儿童使用的朝鲜中文教科书,版权页上明文标示:"此书购览后,解义明白,纸质坚厚,谚解图像,童文先习。"该书对《千字文》进行了逐字注释,并在每页上部配以有助于正文理解的插图。由于当时的朝鲜半岛正处于日本殖民统治时期,因此该书在对正文注释时,每字下均列出朝鲜语、汉语和日语三种语言:中间一行为汉语释义,右边为朝鲜语释义和注音,左边则为日文发音。本文主要从研究读本中文注释和插图呈现的一些现象入手,分析《千字文》作为朝鲜中文教科书使用之后的功能定位情况,进而谈谈它对当前对外汉语教材编撰的一些启示。

[①] 《图像注解千字文》和《续千字文》读本均为南京大学域外汉籍研究所所长、中文系博士生导师张伯伟教授觅得并慨然提供研究。导师李开先生、韩国博士生同门李晓英和张伯伟教授都对本文提出过宝贵的意见,谨此一并致谢。本文发表于《世界汉语教学》,2006 年第 4 期。

[②] 即韩国汉城,旧称汉阳,因处于日本统治时期改为此称,今音译为首尔。

二、《图注》本有悖常规的注释现象

《千字文》为南北朝时期周兴嗣奉梁武帝之命编成的童蒙读物。全书包括1000个常用汉字,编者对这些字做了匠心独运的精巧安排和处理:形式上将零散的汉字连缀成韵文,4字一句,便于儿童诵习;在散字成句的基础上,竭力使内容连贯,构成完整的篇章,使自然、社会、历史、教育等诸多方面的知识得到介绍,让儿童在识字的同时,接受中国博大精深的历史文化教育。由于《千字文》不仅"千字"成"文",而且还是一篇朗朗上口的韵文、文辞优雅的美文和内容丰富的知识读物,所以自问世到清代末期的1400多年间,它久盛不衰,广受喜爱,成为中国历史上使用时间最长、影响最为深远的识字课本;同时它还被译成多种文字传播于世界各地,在海内外均享有极高的声誉,朝鲜、日本、越南等汉字文化圈国家更是将它作为本国儿童学习汉语的启蒙课本。

研读赵庆勋的《图注》本,注释中的这样一些现象引起了我们的注意:

第一,对单个字的注释往往是多义项并列。如"乐殊贵贱,礼别尊卑,上和下睦,夫唱妇随",在16个字中有11个字为多义项并列释义,如"殊,异也,绝也";"尊,高也,贵也";"睦,敬和也,亲也";"唱,导也,发歌也"。再如开篇"天地玄黄,宇宙洪荒"中对"洪"与"荒"的注释:"洪,阔也,大也,洚水";"荒,田不熟也,大也"。多义项并列,本是字典编纂处理字义的一般方法,而当一个字进入文本系统之后它只能是单义项的。《图注》本这种多义项并列的释义,表明注释者在给《千字文》作注时解构了编者精心构建的文本,让这些字又回到了静态的字典状态。

第二,注常用义项而违背了文本义项。如"律"在词典中有"乐律"、"法律"等多种义项,而在"律吕调阳"中的"律"则为"乐律"的意思。中国古代把乐律分为阳律和阴律各六种,阳律曰"律",阴律曰"吕",合称"十二律",又称"律吕"。《图注》本在"吕"下遵循文本义项,注为"阴律为吕",但在"律"下却打破常规,注为"所以定分止争",用了更为常见的义项"法律、法则",而置文本义"乐律"于不顾。再如"日月盈昃,辰宿列张"中"宿"字,无疑为"星宿"义,但《图注》本却注为"夜止处曰宿",把"宿"解释为"住宿"、"过夜"的地方,虽然"宿"作为"住宿"义较表示"星宿"的意思更为常见、常用,但注释却完全违背了文本的含义,脱离了《千字文》的内涵。编写者甚至忽略了这两个"宿"其实并不是一个字(词),"星宿"的"宿"发音为 xiǔ,而"住宿"的"宿"发音为 sù,二者音义均有异,仅仅是同形而已。

第三,肢解专有名词,将专名割裂为单字后一一出注。如"剑号巨阙"的"巨阙",本为春秋时越王勾践的宝剑名,后也用为宝剑的统称,在这儿只能是一个意义无法分解的专有名词。但《图注》本却将"巨"和"阙"肢解开,分别注为"巨,大也";"阙,宫门也,失也"。这样若将二者连读就成为"大的宫门",让人无论如何也难与剑的名称联系到一起。再如"孟轲敦素,史鱼秉直"两句中,孟轲、史鱼均为人名,但《图注》本却注为"孟,长也,始也","轲,车接轴也";"史,记事者也","鱼,鳞虫总名也"。将人名分解开后按每个字的常用义来注释,这就完全脱离了文本的含义。

第四,分解复音词语,只注意对语素的分别注释而忽略词语的整体含义。如"仁慈隐恻,造次弗离"中的"造次"为"仓促、匆忙"的意思,整句意思是"仁慈恻隐的心,就是在最匆忙急迫的情况下也不可偏离"。但从《图注》本的注释看,作者却没有考虑到词的含义,而是就每一个语素的常见义来解释,注为"造,作也,就也,始也";"次,亚于上者"。再如作者对"爱育黎首"中"黎首"的注释:"黎,黑也,众也";"首,头也,始也"。这就很难让人明白"黎首"是表示"百姓"的意思。再如将"孤陋寡闻"的"孤"字注为"幼儿无父也",也是违背了成语的本义。

上述种种现象,表明《图注》本在许多方面违背了文本注释的一般规则,这些注释在某种程度上甚至给文本理解造成了干扰:因为文本注释的目的是解释疑难字句,疏通文理,以便准确地理解原文含义,因此必须坚持释义的单一性原则,而释义的单一性又是由进入文本的词语表义单一性所决定的。任何一个词语一旦进入文本,它所表达的意义必须是明确而单一的。为一个文本作注,其任务只能是注释它的文本义,也即正确的释义选择只能是唯一的。上述《图注》本出现的 4 种注释现象,客观上给文本理解提供了许多错误信息,使《千字文》作为一个文本整体而被割裂肢解。

三、《图注》本对《千字文》功能的重新定位

根据人们早已熟悉并认同的文本注释方式,《图注》本的做法难免令人不

解。但是当我们的认识跳出教科书的一般模式和文本注释的常规后,就可以猜测并理解注释者的可能意图了,那就是:作为一种引进的童蒙识字课本,注释者对《千字文》在朝鲜的使用进行了功能的重新定位,即把《千字文》的功能基本定位在识字教学的层面,而不过多考虑中国文化的内容,或者说是把文化的理解与传授放在次要的位置了。正因为编者将《千字文》定位在识字的层面,使《千字文》的功能单一化,因此也就解构了原来编者精心构造的文本,只为了满足汉字教与学的需要,而采取了一字之下多义项并列、注解常用义而违背文本义项以及裂解专名和复音词语而就字解字等做法。因为只有当识字成为首要任务的时候,多义项并存才不会形成干扰;既然文本注释不涉及完整句子的理解,而且,由于对学生来说,认字是第一位的,把专有名词等排除掉以后,必然更能集中注意力于字的常用义和实际用法的掌握,这就可能比泛泛掌握一般文本含义更有实用价值。

我们对《图注》本重新定位《千字文》的使用功能的看法,还可以从以下三个方面获得进一步证明。

一是注释者对中国文化信息的有选择的过滤。《千字文》包含了丰富的中国历史文化内容,《图注》本对这些内容并非一概视而不见,而是有所取舍,采取了过滤的办法。作者对文化内容取舍的总体标准表现在:一些对朝鲜人而言比较陌生的、难度比较大的、深奥的历史文化内容,如典故、传说、历史事件、特有名称等尽皆过滤,甚至不惜曲解文本含义,比如上面提到的对专有名词的割裂,实际上就是对中国传统文化某些方面的有意识的扬弃,只有作者将《千字文》定位在识字的层面,这些专名本身的含义才显得不那么重要了。另一方面,对那些朝鲜民族特别熟悉的,或者是现实生活中与朝鲜本土比较接近的内容,《图注》本却尽可能地通过文字和插图的方式予以注解,如对"孝当竭力,忠则尽命"的"忠"、"孝"二字,编写者一方面使用文字注释的方法疏通:"善事父母曰孝";"尽心不欺曰忠";另一方面又通过图像加以强化,如在"孝"字下为一个成年男子跪在一位老人面前聆听教诲的画面,"忠"字的绘图则为一位壮士骑在奔腾呼啸的马背上奋勇前行。再如"外受傅训,入奉母仪"中的"傅"、"训"二字,作者先是用文字注释:"傅,师也";"训,说教也,诲也"。然后配以图像展示:一个带有黑板和课桌的教室,学生们正在认真听老师讲课,这就把意思解释得非常明了。由于朝鲜重视儒教,儒家思想在朝鲜非常流行,所以《图注》本的192幅图中有很多是表现儒家和儒家思想的,如对"五常"(父义、母慈、兄友、弟恭、子孝)、对"八音"之总名"乐"和"圣、贤、忠、孝、学、仕、士、礼、节、义、友、谦、赏、诚、经、典、书、兄弟、四大"等字词都有生动的图像说明。很明显,这些字词涉及的都是重要的、日常的文化现象,而掌握这些文化现象也是有利于朝鲜儿童识字教学的。

二是《图注》本在图像处理方面对中国文化与朝鲜文化的移植和嫁接。配以图像是本书的一大特点,其目的自然是为了对《千字文》相关内容作进一步说明,以弥补文字注释的不足。一般讲,注释的对象既然是中国传统文化,图像呈现的也就应该能反映中国文化的内容。但我们发现了这样的情况:《图注》本的图像裹挟着浓浓的朝鲜文化的信息,从人物服饰到器物造型等,很多都是朝鲜人熟悉的生活习俗。这些插图旨在帮助学习汉语汉字,但在相当程度上却改变了汉字汉语中原来的中国文化的内容,把大量朝鲜文化的信息补充、移植进来,使朝鲜民族的文化和中国文化形成了移植和嫁接。比如"衣"、"裳"、"冕冠"等图像就是朝鲜人的装束;"璧",画了一大一小两张图,小图的形状接近中国的,为中心有孔的平圆形玉器,但大图的"璧"就和中国的形状完全不同了。再如"爵",中国常见"爵"的形制为三足、深腹、圆底,口沿上有分立的两柱,而《图注》本中的"爵"像是一个敞口带把的饭碗,同中国传统意义上的"爵"完全不同。其他如"囊"、"箱"、"角带"、"金颗粒"、"玉颗粒"等,都应当是朝鲜人熟悉的物品和形状。这种处理实际上表明这也是与《千字文》的功能再定位有关的。既然文本是被定位在识字的层面,那么一切都将围绕这个主要任务来完成,而图像只是帮助文字学习的辅助手段。用朝鲜儿童熟悉的日常生活现象绘图,更有利于儿童理解并加深印象。目的语文化与当地文化的适度移植和衔接有利于儿童识字,也有利于巩固汉字学习的效果。

三是从注解所呈现的特色看,也可以证明《图注》本的功能是定位在识字层面的。《图注》本在文字注释方面的特点可以概括为三性,即互补性、系联性和通俗性。

"互补性"主要表现为图文互补。为了儿童集中注意力于识字,有时也由于篇幅所限,编写者在做文字注释时常常舍弃了许多重要的文化信息,但考虑到有些信息对识字教学有帮助,因此编写者每每就通过图像来补上这些内容,如对"曦晖朗曜"中的"曜"字做了"光明所照也"的文字注释后,同时在图像中又以"曜"字为中心环列出了"日、月、火、水、木、金、土",形成"七曜"图,一方面直观易解,另一方面又对前文出现的"弁转疑星"下关于"星"的注解"天空诸曜曰星"作了补充说明。再如"推位让国"的"位",文字注释为"凡所当立曰位",图像中再以王位为中心,按一品至九品的顺序依次排出,居中出以"位"字,十分醒目。其他如"四大"、"五常"、"礼"、"乐"等莫不如此。值得一提的是,"宠增抗极"的"极",尽管其表示"顶点"的文本义与太极无关,教科书却用图像形式绘出"太极",以帮助学生识字,这显然与"太极"图在朝鲜的流行相关,也表明作者一切服从于识字需要的功能定位。

"系联性"主要是通过正反词义互注等方式呈现的。编写者在作注时十分注意通过反义联想等方式来帮助儿童记认汉字。根据我们的统计,全本中有48处是通过反义词或反义表述的方式来注释的,其中有18个汉字为互相作注,包括"此/彼、外/内、静/动、左/右、重/轻、多/少、曲/直、是/非、短/长"等,如"此,彼之对也","彼,此之对也","多,不少也","少,不多也";14个为《千字文》中有相对反义词,但只有一方在做注时使用反义表述的,如"女,男之对为女","密,疏之对","坐,行之对也","恶,不善也",对"女、密、坐、恶、贱、主、难、烦、颇、近、沉、默、无、异"等14字分别用了"男、疏、行、善、贵、宾、易、简、平、远、浮、语、有、同"等作反义注释,而"男"等出于各种考虑却不再重复;另外还有16个为用作反义注释的词不属于千字之中的,如"生,死之对也","弱,强之反也","薄,不厚也","愚,不智曰愚"中的"死、强、厚、智"等都不见于《千字文》。通过注反义词的办法来解释这个字,正反相对出现,易于对儿童形成一种反义联想,特别是当反义字词重复出现的时候,实际也构成了教学上的一个系连,便于儿童学习记忆。除正反词义互注以外,作者还采用了同义互注或联绵词重复出注等形式来加强字与字之间的系连,如"贵,高也尊也","尊,高也贵也";"逍,远也","遥,远也";"徘,彷徨不进也","徊,彷徨不进也",但数量相对较少。

"通俗性"则表现为注意注解的浅近易懂。如对于数字的注释,可能带有作者本人的理解,或朝鲜民族的理解,如:"二,偶一为二","四,倍二为四","百,十十曰百";再如一些表示计量单位的,像"尺,十寸曰尺","寸,十分曰寸",也都是采用了通俗易解的方法。此外,作者在注释时还注意到前后字的照应,常常选用同一句式来注解,以帮助儿童加深印象,如"秋,继夏曰秋","冬,继秋曰冬";"东,日出方曰东","西,日入方曰西";"禽,二足而羽曰禽","兽,四足而毛曰兽"。

以上几点表明,《图注》本通过对中国童蒙读物《千字文》的注释,确实对它有意识地进行了功能的重新定位,即将《千字文》原本集识字教学与文化传统教育于一体的功能单一化地定位在识字层面上,而文化知识的学习仅成了识字教学的辅助手段。那么,究竟是什么原因导致作者重新进行这种功能定位呢?《千字文》早已传入朝鲜,《朝鲜王朝实录》世宗七年(1425)已记录当时有篆书《千字文》和大字《千字文》行世,颁赐予成均馆、校书馆和四部学堂,① 刊行于朝鲜朝后期高宗年间(1864~1906)的汉语会话课本《华音启蒙》、《你呢贵姓》也分别在正文前后附载有《千字文》。② 朝鲜金海人金錬泰昭和十五年(1940)出有《续千字文》,其置于书后的"千字跋文"很能说明《千字文》在朝鲜的广泛影响:"夫千字是初学之权舆也。虽字画简约,而详究其旨意,则有深奥者存焉。天地之道,人事之理,莫不毕该。日月星辰,风雨霜露,四时运行,天之道也;岳渎河海,昆虫草木,品汇动植,地之道也;至于人事,则孝悌忠信,礼义廉耻,福善祸淫,勤俭劳逸,自古王伯将相,辅佐得失,是非荣辱,莫不毕具。使初学童子挟册而读之,则灵窍始开,聪明渐进,如时雨之霑注,南风之养物,以至于成就之域,则莫非千字之有功也。虽樵童牧竖,妇人幼子,莫不歌颂,岂以卑近而易之哉?"③ 这些表明《千字文》在传入朝鲜后,它在中国的功能定位被朝鲜接受并延续了。而赵庆勋能为《千字文》作注,也应该熟知《千字文》作为识字课本的完整功能。④ 因此,我们认为,赵庆勋的注释体现了深刻的用意和明确的目的,实际上可能是他对从目的语国家引入的原版读物在用为当地儿童教科书之后如何发挥最大效益的一个尝试。这种尝试,无论成败得失,都能给我们以有益的借鉴与启示。

---

① 本条资料为张伯伟教授提供。
② 汪维辉:《朝鲜时代汉语教科书丛刊》(全4册),北京:中华书局,2005年。
③ 金錬泰:《续千字文》,朝鲜:三陟郡芦谷面上斑川闲斗谷书塾,昭和十五年(1940)。
④ 《图像注解千字文》在韩国三省出版博物馆等处有藏本,但赵庆勋生平资料不详。南京大学韩国博士生李晓英在查阅大量资料后告诉笔者,从1910年到1943年间在朝鲜发行的十余种《千字文》注解本中,明确标明著者的只有《图像注解千字文》一种,而用发行者自己的名字命名的发行所(出版社)当时也只有三个。该书的印刷者曹命天因出有多种与《千字文》有关的图书而在韩国享有盛名,《图像注解千字文》又是官方认可发行的儿童读物,因此我们有理由推测赵庆勋对《千字文》有相当的了解。

四、《图注》本存在的不足及其启示

《图注》本将原《千字文》功能定位单一化之后,其存在的不足是明显的。其一,它丢失了《千字文》本身蕴含的许多重要的东西,甚至动摇了《千字文》之所以成为历久不衰的优秀童蒙读物的根基。中国传统意义上的识字教学从来是与文化的传授紧密相连的,从来是字、词、文化教学一体化的,这也是周兴嗣编纂的《千字文》的一大特点,以及《千字文》能广泛流行并被奉为识字课本精品的根本原因所在。但当《图注》本功能定位单一化、仅作为识字教材使用以后,文本原有的长处便自然丢失,或说是体现得不那么充分了。从语言习得的角度看,单个的认字、记单词同放到一定语境中来识记相比,当然是后者效果更好,也更符合认字规律。其二,《图注》本功能定位单一化之后,很容易使朝鲜儿童产生一种误解,认为中国文化莫过如此,同朝鲜文化差别不大,这就很容易模糊两种文化的区别性,对学习者未来学习可能会造成负面影响,而这种负面影响的长久性有时是难以估量的。其三,一些割裂专有名词的注释或违背文本义的注释,对这类专名的习得和一些词语的准确理解同样会产生长远的负面干扰。随着学习者学习的深入,这些违背文本义的注释就自然而然地变成了正确接受和理解中国语言与历史文化的障碍,这一点也是不言而喻的。其四,功能定位单一化是为了将教学任务变得简单,但作者并没能将这个原则贯彻到底,如有许多字多义项并存,使得识字教学从一开始就要教授和解释各种义项,面临负担过重的问题;而且如果要联系整句说解又必须面临义项选择问题。从教学一般规则看,教师是不可能完全回避这样的选择工作的。此外,作者有时舍弃文化内容不作注释或脱离文本义作注释,有时又注出文本原有的文化内容,体例的不一致,对教与学都会带来困惑。

《图注》本虽然有以上不足,但同时也给我们带来不少启示。

第一,语言和文化背景的改变对原有读物的功能定位可能会产生相应的影响。《千字文》最大的特点就是它不局限于识字层面,而是在语言和文化的背景中学习汉字,字、词与文化的学习同步进行,融为一体。但值得思考的是,如果教授对象是生于斯、长于斯,在中国语言文化的背景下长大的中国儿童,将零散的汉字编成一个完整的汉语文本,将发生在自己土地上的历史、文化、人物事件等贯穿进去,以文统字,自然有利于提高认字效果。但是当同样的文本传到域外,在语言和文化背景都发生了根本变化的情况下,《千字文》所设计的有利于汉族儿童学习的编纂方法,很可能又会变成不利于汉字学习的因素。试想,一个既不懂汉语又鲜知中国文化的朝鲜儿童,一下子要他在识字的同时,还要明白"巨阙"为何物,还要知道"孟轲"、"史鱼"为何人,一方面确实没有必要,另一方面也会徒增其学习的负担。因此,为了适应朝鲜儿童汉字学习的实际需要,赵庆勋对《千字文》的功能定位进行必要的调整和改变是有其合理性的,是一个值得重视和肯定的尝试。赵庆勋对《千字文》的功能再定位也给我们以启发,那就是在编写对外汉语教材,特别是使用中国的优秀传统读物名著时,一定要特别注意语言背景和文化背景的差异,要目标明确地根据使用对象的特点来确定编排原则,而不能不加取舍地照搬原作。

第二,有选择地过滤文化信息更符合域外儿童学习汉语汉字的认知规律。如前所述,外国儿童对中国文化的理解是有限的,在汉语学习的初始阶段,过多负载的文化义,只能导致学生压力增大,影响对语言文字本身的学习和掌握。即使对成人,也有一个通过语言学习逐步了解文化的过程。如果教学一开始就将文化内容全面展开,不仅教学的知识信息量增大,难度势必也同时增大,这并不利于提高教学实际效果。当然我们必须认识到,任何语言的教学同时也伴随着文化的传播,汉语汉字的教学更是如此。汉语汉字本身就携带着丰富的中国文化内容,适当的文化信息的输入有利于汉语学习,不加选择地过滤文化信息,把语言和文化完全割裂开来的做法既不合理也不现实。这里实际上牵涉到一个适度的问题,也就是说文化信息的输入要适度,超过了这个度就会变成负担、影响学习效果。如何才能做到适度而不干扰主要任务的完成呢?我们认为,要根据受教育者的接受能力、根据学习者所进入的不同学习阶段来把握文化信息量的适度问题。对于初学者,主要任务还是学习汉语汉字本身,文化的传授要服从语言文字教学的需要。

第三,适量的文化信息的移植与嫁接有利于跨文化的语言学习。在引进或推出原有读物时,教学界一直比较强调"原汁原味",强调正宗、地道。从《图注》本的处理看,编写者突破了这种模式,通过朝鲜文化与中国文化的有效连接与融合,实现了两种文化的移植和嫁接。这种改变,虽然有悖原文内涵,可能造成文化的误解,但对外国儿童早期的汉语学习是有帮助的,也适应了儿童语言发展一定阶段的需要。因为儿童的语言学习实际上离不开文化的介入,过滤文化信息只是出于对异域儿童减负考虑的一种不得已的选择。而文化信息的移植与嫁接实际上是对原作文化过滤和取舍间的一种变通处理,或说是一种带有变异性质的文化现象。这种看似违背常规的图解方式,是编写者在跨文化语言学习中针对学习对象特点总结出的带有相当可操作性与实用性的尝试,值得我们在编写对外汉语教材时借鉴。关键是文化的移植和嫁接要注意做到恰当和合理,而且在教学说明中应有明确的交代,以免在方便语言教学的同时造成不必要的文化误解。

第四,词的常用义的介绍在教学中应放到更为重要的位置。《图注》本把对词的常用义的注解放在了首要的位置,有时宁可丧失它的文本义,也要突出常用义的介绍,这种处理方式对我们当前的留学生词语教学和教材编写也颇有启发。我们目前的教材编写,常规的做法是采取文化捆绑的方式随文出词,然后再依据词的文本义重点疏解。生词表中即使有常用义的介绍,也每每放在次要位置,以读懂文本,理解全文为首要任务。这种做法,很值得我们反思。因为学生通过教师和课本学习到的语言现象十分有限,如果我们完全围绕文本中出现的义项讲解,以语言疏通为第一任务,就很可能坐失教学良机,也无法体现对外汉语教学中学以致用的原则。因此,从第二语言学习的特殊性考虑,也基于方便学生实际运用的教学理念,在教授语言字词时,对字词的常用义我们应当予以更多的关注和介绍。

国际汉语教师培养要重视实习教材建设[①]

一、引言

对外汉语本科专业设置的初衷,无疑是为了培养国际汉语教师。国际汉语教师的培养有其特殊性,离不开一整套设计合理、量身定制的专业教材。综观对外汉语教学界,尽管专业教材出版了许多,却显得品种单一:现行教材主要集中于专业理论教学部分,包括教学通论与教学法讲解,而对实践教学特别是对在专业人才培养中占据着重要位置的毕业实习却关注不够,专用于指导本科教学实习的教材更是难以寻觅。实习教材的缺乏,直接影响了国际汉语教师培养的质量,应该引起我们的高度重视。

二、实习教材编写的意义与作用

(一)实践教学在专业培养中的地位得以彰显

实践教学活动在对外汉语本科专业培养中占据极为重要的位置。对于以培养对外汉语教师为长远目标的对外汉语专业来说,实践教学环节,尤其是其中的毕业实习部分,尤其要引起我们的高度重视。[②] 如果说,对外汉语

[①] 本文为"第十一届国际汉语教学研讨会"论文,获世界汉语教学学会颁发的"第三届创新论文奖"(2012年8月,西安)。

[②] 杨晓黎:《双赢:对外汉语本科毕业实习的探索》,《安徽大学学报》(哲学社会科学版),2009年第2期。

专业在培养目标确定、培养规格选择、专业课程设置等方面要更多地考虑到宽口径,那么实践教学,特别是毕业实习环节就要更加突出专业性和针对性。实习教材的推出有利于彰显实践教学在专业培养中的地位,也在客观上强化并促进了实践教学工作的顺利开展。

(二)专业指导过程衔接自然且系统完整

从总体看,高校所有本科专业都包括理论课程教学和实践教学两大部分,二者相辅相成,缺一不可。但在教材编写问题上,教育界与学界似乎早有共识,理论课程教学离不开教科书指导,实践教学却无需教材。这种理念导致专业指导过程因书面指导的"断链"而显得很不完整。应该认识到,作为人才培养有机组成部分的实践教学,与理论教学并非"1+1=2"的关系,应自然衔接,前呼后应。实践教学有其本身的特殊性与规律性,我们应认真研究并总结成书,从而更好地指导实践教学。

(三)教学实习中的共性问题易于集中解决

实践教学过程中有很多共性的问题。这些问题,因学生的实习单位分散,教师指导滞后、不及时等,常常会给学生的教学实习带来很多困惑,影响了教学实习的顺利进行。实习教材的编写因聚焦于实习本身,故较之一般理论教材更有针对性,可以集中并有效解决实习过程中频现的诸多共性问题,有着不可忽视也无法替代的价值与作用,值得我们用心用力做好此项工作。

三、实习教材编写的理念与架构

(一)实习教材编写的理念与原则

实习教材用于指导学生的教学实践,不同于一般意义上的教科书。实习教材的编写,应贯彻"四个结合"的理念,即:理论与实际结合、课内与课外结合、语言与文化结合、教师与学生结合;同时要坚持"三性"原则,即:实用性、可操作性、示范性。

1. "四个结合"的理念是编好实习教材的前提

实习教材的编写首先要贯彻理论与实际结合的观念。学生在进入实习阶段时,已有过至少3年的课堂学习,对相关的语言教学理论和各种教学法也有了一定了解,因此我们的实习教材编写应在前期理论学习的基础上拓展并深化,既不可割裂已有的理论知识体系,同时又要紧扣实践教学的主目标,使二者有机结合、互为补充,浑然一体。

课内与课外结合是由于教学实习的特殊性。教学实习的情形相对复杂,实习场所也不会仅局限于课堂。为了最大限度地满足实习者的需求,我们应将实习教材的内容从课堂内延伸到课堂外,从集体授课延伸到个别"一对一"授课,从语言知识与能力的传授延伸到文化知识与技能的教授,尽可能延展我们的实习空间,从而扩大实习教材的使用范围。

对外汉语教学本身即是语言与文化的结合,这种结合,体现在实习教材编写的层面,可以从两个方面理解:一是语言教学中要重视文化的因素,文化教学服务于语言教学;二是文化教学与语言教学分开进行,以留学生所欢迎的文化班的形式组织教学。为了便于实习者使用,我们的教材编写应同时考虑两个方面,同时应将重点放在分开授课的模式。

教师与学生的结合特别要关注的是实习者身份的转换。应该说,国际汉语教师培养过程中的实践教学与理论教学最大的不同在于被教育者身份的变换。实习者作为学生,需要有指导教师的帮助;但实习过程中教师身份的呈现,又使实习者处于指导者的位置,这种角色的变换对我们的教材编写提出了不同寻常的要求,也需要我们刻意为之。

2."三性"原则是编好实习教材的关键

实习教材的编写要坚持实用性、可操作性和示范性原则,这也是确保实习教材有用、好用、受实习者欢迎的关键和保障。

实用性为实习教材的性质所规定,也是教材编写的基础与根本原则;可操作性是实习教材的使用对象所要求,也是教材能否推广开来的重要条件;示范性是对以往实习成果的总结与展示,也是教材的亮点所在与点睛之笔,值得我们认真编排与处理。

(二)实习教材的设计与架构

笔者所在的学校于2001年经教育部批准设置对外汉语本科专业,自2002年开始招生,至今已招收10届对外汉语本科学生,有7届本科学生(2006—2012)参加了统一安排的教学实习[①]。有感于在教学实习中出现的诸多共性问题,我们在多年指导教学实习的基础上,尝试编写了用于指导教

[①] 由笔者作为第一完成人申报的"对外汉语本科专业教学实习环节的探索与实践",2012年获得安徽省教学成果一等奖。

学实习的教材。①

实习教材的设计遵循"四个结合"的理念和"三性"原则,将全书分为个别教学实习、文化兴趣小组教学实习、课堂教学实习三个部分。其中的文化兴趣小组教学实习是我们在"双赢"的理念下创设的一种实习方式,已连续运作7年,受到中外学生的一致欢迎。所谓"双赢",就是要设身处地地将实习生与留学生放在同等重要的位置来考虑,变"一厢情愿"为"两情相悦",通过行之有效的实习安排提高中外学生对教学实习的满意度。各章节理论与实践相结合,既考虑到对外汉语专业理论教学和人才培养的特点,同时又注意到作为实习教程使用的方便性与可操作性,各章每个小节下均附有思考题、参考文献和网络资源。教材的具体架构如下:

第一部分"导论",指明对外汉语专业的特殊性与对外汉语教学实习的重要性,阐明对外汉语毕业实习的设计思路与理念,同时说明实习面临的主要问题与解决问题的路径。

第二部分"个别教学实习",首先简要介绍个别教学实习的地位、特点和原则,然后再分别讲解个别教学实习中的语音教学、词汇教学和语法教学,对教学的目的、内容、方法等逐一进行讨论。

第三部分"文化兴趣小组教学实习",着重介绍中国书画、棋牌、烹饪、曲艺、太极拳等文化兴趣小组教学实习的内容安排和实施细则,同时提供各个兴趣小组教学实习的教案设计,具有很强的可操作性。

第四部分"课堂教学实习",重点介绍听力课、口语课、汉字读写课、综合课这四种基本课型课堂教学实习的组织管理与基本环节,同时提供各门课的教案设计,指出教学中经常出现的问题与解决方法。

最后为附录部分,精选优秀实习生的实习教案、实习总结和实习论文等,对参加实习的学生可以起到很好的示范作用。

四、实习教材编写的反馈与思考

(一)实习教材编写的反馈

我们的实习教材编出后,已连续4年用于本校对外汉语本科专业的教学

---

① 杨晓黎主编:《对外汉语实习教程》,合肥:安徽大学出版社,2009年。

实习指导,取得了较为显著的教学效果。使用者的反馈意见主要有三:

一是针对性强,避免了教学实习的随意性。实习教材不同于学生已经学习并拥有的"对外汉语教学概论"或"对外汉语教学法"等教科书,完全可以通过自学的方式解决实习中遇到的很多问题。比如"个别教学实习"是对外汉语专业实习中一种较为重要的实习形式。由于此种实习方式分散且多样,教师指导往往难以及时跟上,客观上导致了实习过程的随意性。有了实习教材的指导和帮助后,实习过程中很多共性问题可以得到顺利解决,个别具体问题的处理也有了很好的参照,从而避免了教学实习的盲目性。

二是"抓手"明显,方便且实用好用。比如教材在每个章节下提供的网络资源、参考文献、思考题等,增大了教材的使用功能,延展了教材的应用空间,经济而实用;教材针对不同的实习方式和内容,考虑到不同实习者的需要,提供了多种具体教案供学生参考,方便而好用;再如文化兴趣小组的教学实习,教材尽可能提供有用信息,包括各种特色文化的概述与教学实习的基本环节,既减轻了实习者搜集资料之劳,同时又可以规范实习教学。

三是贴近实习者,让使用者感觉真实而有趣。教材的很多内容是对以往实践教学经验的总结与展示,既有教师的指导理念与实践,也有往届实习者的经验与体会,包括实习生自己写的教案、总结,以及源自教学实习的研究论文等,这都给后来的教材使用者以动力和激励,也因此大大增强了教学实习的信心,提升了教学实习的兴趣。

(二)关于实习教材编写的思考

实习者的反馈意见是对我们探索的鼓励和鞭策,同时也促使我们进一步理清思路,努力做好实习教材的修订和编写工作。我们的体会是:

1.实习教材建设是国际汉语教师培养的重要方面,应认真反思,积极推动;

2.实习教材编写要突破一般教材编写的樊篱,坚持用"三性"原则来指导教材编写;

3.实习教材内容要特别重视实习案例的分析与指导,一定要有往届实习生的总结与声音。

第四编

言语交际认同

试论汉民族言语交际准则[①]

　　言语交际是人们运用有声语言及其相伴随的辅助性语言符号进行信息传递和沟通的活动。由于不同民族的人文、自然环境的影响,作为人类社会的普遍行为的言语交际活动,既有着某些共同性原则,又有着各个民族在交际过程中逐渐形成并固定下来的、为交际者共同遵守的一整套准则,而且这些准则贯穿于各民族的言语教育、言语活动和言语评价之中。有着悠久文明历史的汉民族也有着一套指导、规范本民族的言语交际准则。长期以来,由于我国语言学研究者较为注重言语作品的静态分析和描述,对这些被普遍遵循并广泛运用于言语交际活动的准则,却缺乏必要的总结和阐述,本文试对此进行初步的探讨。

一、谨言慎辞——重视言语交际的功能效应

　　汉民族对言语交际行为一贯持慎重态度。谨言慎辞是人们交际活动遵循的一条重要准则。远在先秦时代,这一准则就已被明确提出。《诗经·大雅·抑》云:"质尔人民,谨尔侯度,用戒不虞。慎尔出话,敬尔威仪,无不柔嘉。白圭之玷,尚可磨也;斯言之玷,不可为也!"《论语·学而》在论及君子的修养时,也指出君子要"敏于事而慎于言"。《礼记·缁衣》则说:"君子道人以言,而禁人以行,故言必虑其所终,而行必稽其所敝,则民谨于言而慎于行。"不论是侯伯君子,还是庶民百姓,几乎都自觉或不自觉地以谨慎的态度来约束自己的言语行为。延续到现在,不同层次的人们在言语交际中也都同样不

[①] 原载《江淮论坛》,1993 年第 2 期,人大复印资料《语言文字学》1993 年第 8 期转载。

违背这一准则。

"谨言慎辞"准则的提出和遵循,是汉民族高度重视言语交际功能效应的自然反映。汉民族不仅较早地认识到"言为心声",语言是思维的工具和载体,而且也十分重视在交际活动中言语所具备的巨大的社会功能。鲁定公询问孔子:"一言而可以兴邦,有诸?"又问:"言而丧邦,有诸?"孔子对鲁定公"一言而可以兴邦"、"一言而丧邦"的解答,恰如其分地从正反两方面肯定了言语活动对国家存亡安危的意义。而真正能发挥言语交际功用的,莫若春秋战国的游说之士了。他们正是凭借高超的言语交际能力,纵横于诸侯之间,对各国政治、军事发挥着影响。历史上这些游说之士对言语交际功能的充分利用和发挥,更加使人们相信"一言之辩,重于九鼎之宝;三寸之舌,强于百万之师"(刘勰《文心雕龙·论说》)。

言语的巨大功能,决定了谨言慎辞的必要。《左传·襄公二十五年》曰:"晋为伯,郑入陈,非文辞不为功,慎辞哉!"而《吕氏春秋·审应览》在论及"人主之言不可不慎"时,则以高宗即位,"唯恐言之不类"而三年不言为证,说明"古之天子其重言如此,故言无遗者"。

"谨言慎辞"的提出,有利于人们在交际过程中深思熟虑,讲究言语技巧,追求交际效果,从而提高汉民族的言语交际水平,数千年来为汉民族人民所遵循,其积极意义不言而喻。但是,如果将"谨言慎辞"作为束缚人的规戒,在言语交际活动中就会谨小慎微,甚至"钳口不言",从而影响言语交际功能的发挥和言语交际水平的提高。如刘禹锡《口兵诫》:"我诫于口,唯心之门。毋为我兵,当为我藩。以慎为键,以忍为阍。口以多食,勿以多言。"(《全唐文》卷六〇八)这是对"谨言慎辞"的准则作了极端片面的理解和运用。为记取不慎言语而惹出灾祸的教训,以为"言为祸母"而"杜口结舌"(《焦氏易林·否》),"斤斤严口舌之戒而弛口腹之防"[①],完全弃置言语这一最重要的交际工具,则是对"谨言慎辞"准则的根本背离。

其实,孔子不仅强调"慎于言"这一准则,而且认为"可与言而不与之言,失人;不可与言而与之言,失言;知者不失人,亦不失言"(《论语·卫灵公》)。韩非也认为"不知而言不智,知而不言不忠"(《初见秦》)。汉民族历来提倡"知无不言,言无不尽",告诫人们"忠言逆耳"、"苦言为药",体现了对待"谨言

---

① 钱钟书:《管锥编》第1册,北京:中华书局,1994年,第24页。

慎辞"准则的辩证观点。

"谨言慎辞"的准则不仅规范着人们的言语交际活动,而且也是衡量和评价言语交际品格的重要尺度,汉民族对信口开河、夸言饰辞、恶语苟言历来持否定、贬斥的态度,就是因为这类言语品格不符合"谨言慎辞"的基本准则。人们在言语修养的形成进程中,也一直接受着"慎尔出言"的教育。因此,"谨言慎辞"对不同阶层人们的言语交际活动总体上产生了积极的影响。

二、言行相应——讲求言语交际的实际效果

"言行相应"是汉民族言语交际的另一重要准则。"言必信,行必果"(《论语·子路》),言而有信,言行一致,既是言语交际追求的最佳境界,也是中华民族的一大美德。

"言行相应"的准则,在言语交际中首先表现为"言而有信"。所谓"信",包含了言语交际的真切、诚实、准确等语义成分,为历代言语实践所推重。《穀梁传·僖公二十二年》:"言之所以为言者,信也。言而不信,何以为言?"诚信被看作言语存在的基础,可见对"言而有信"的重视程度。"言而有信"的观念源于汉民族对为人品格的认识,"人而无信,不知其可"(《论语·为政》);"人先信而后求能"(《文子·上德》),表明汉民族在为人处事方面一贯重视诚信,言语交际中对"信"的强调和重视与此是一致的。为了追求最佳的语言交际效果,首先必须不失信于人,"可言而不信,宁无言"(《曾子·立事》)。

检验言语交际信度最重要的依据,就是"行",《礼记·缁衣》:"言从而行之,则言不可饰也;行从而言之,则行不可饰也。""言行相应,则谓之贤"(《论衡·问孔》)。在言语交际活动中,人们注意对交际者的行为予以细致的观察,不只是"听其言而信其行",更重要的是"听其言而观其行"。对交际活动中的言行关系及其社会功能,古人早有精彩的评述。荀子说:"口能言之,身能行之,国宝也;口不能言,身能行之,国器也;口能言之,身不能行,国用也;口言善,身行恶,国妖也。治国者敬其宝,爱其器,任其用,除其妖。"(《大略》)依据其言行是否协调相应,荀子将言谈者分等别类,这些见解反映了古代对言语交际中言行关系的深刻认识。

汉民族在言语交际活动中遵循和推重言行相应的准则,并以此作为评价个人言品格修养的标准和追求的目标。比如言语交际活动中的"巧言"、

"夸言"等现象,从根本上违背了"言行相应"的准则,属于恶劣的言语品格,历来受到人们的贬斥,并由此生发出大量的警告、劝诫之辞,反映了人们在交际过程中一种明显的防范心理。

"巧言乱德"(《论语·卫灵公》),把巧于言辞者的行为上升到败坏道德、有害国家利益的高度予以斥责,并告诫人们"以人言善我,必以人言罪我"(《韩非子·说林上》);"好面誉人者,亦好背而毁之"(《庄子·盗跖》);"信言不美、美言不信"(《老子》);"巧言虽美,用之必灭"(曹植《矫志》诗),充满了对言语关系的辩证思考,更是对人生的深刻体验。"巧言"的另一种表现,则为交际中丧失主体作用,没有主见、拾人牙慧、随声附和。对此,人们则送之以"巧言不如直道"(元无名氏《硃砂担》)的忠告,希望人们去伪饰,待人以诚,直言相告。唯唯诺诺的结果,只能永远将自己置于被动的、附着的地位,甚至遭到歧视。

"扬言者寡信"(《逸周书·官人》),"扬言"即夸言虚辞,它违背言语交际中必须遵守的"信实"原则。在汉民族看来,夸言虚辞,"不自谦其行者,言滥过"(《荀子·大略》)。"大言不惭,则无必为之志"(宋朱熹《论语集注·宪问》)。这不只是无知无识的表现,也是言语品格修养不够的反映。"不知而自以为知。百祸之宗"(《吕氏春秋·听言》),不仅难以达到预期的交际目的,而且还会导致严重的后果。

对"巧言"、"夸言"等言语行为的否定,表现了对言语交际所应遵循的"言行相应"的维护和追求。在言语交际实践中,由于种种原因,常会出现言行不相应的情况,比如言语交际能力较差者,或笨嘴拙舌、木木讷讷、词不达意;或思路不清、颠三倒四、语无伦次;或语言干瘪、令人生厌。语言能力的缺欠成为交际的障碍,直接影响一个人在社会中的地位和作用。对这类言行不相应的情况,人们认为尽管不善辞令,若能身体力行,仍然能成为社会的有用之人,并从而弥补自己言语的缺憾,赢得他人的尊敬与爱戴。言语交际能力突出,或口齿伶俐、能说会道、口若悬河;或才思敏捷、出口成章、巧发奇中;或修辞艺术高超、引人入胜、妙语惊人,言谈者个人虽有时不尽能身体力行,但其言可行,用之而利国利民,同样能获得人们的赞赏。"口言善,身行恶",人们评之为佛口蛇心、花言巧语,是一种虚伪低劣的品格修养,应予摒弃。由此可见,在言行关系方面,汉民族的理想追求是"言行一致",在言行不相应的情况下更注重"行"和"可行",言行背离则是大忌而务必去之。这些都反映了汉民族对"言行相应"准则的深刻认识和全面把握。

汉民族对"言行相应"准则的倡导和遵循,是为了更好地发挥言语交际的社会功能,提高言语交际的实际效果。孔子告诫子张:"言忠信,行笃敬,虽蛮貊之邦行矣;言不忠信,行不笃敬,虽州里行乎哉?"(《论语·卫灵公》)已清楚地阐明了"言行相应"的功能和效果。汉民族的言语交际准则与人格修养是相一致的,"君子以言有物而行有恒"(《易·家》),"君子耻其言而过其行"(《论语·宪问》),持仁守信是所谓君子人格修养的基本追求,"言行相应"的言语品格正是这种人格修养的表现。

三、言谈适度——注意言语交际的表达技巧

言语交际良好效果的获得,与言语的表达技巧密切相关。所谓"言谈适度",就是切合不同的题旨情境,灵活运用各种言语表达手段,把握分寸,取其适中,以期收到好的交际效果。

题旨是交际活动的总目的。言语交际的过程中始终贯穿着预期的交际目的与实际交际效果是否统一这一基本矛盾。"言谈适度"正是汉民族为解决这一基本矛盾而遵循的交际准则,其具体表现为对直说与婉言、合理与入情、简约与繁密、严肃与谐趣等表达环节中相关矛盾的辩证处理。

1. 直说与婉言的适度

直说是汉民族历来提倡的优良的言语交际品格,言语交际中的明快爽直、开诚布公,往往给人以坦诚、可靠之感,可以在交往时迅速缩短与对方的距离,为交际的成功铺平道路,一直受到社会的普遍赞誉。但舌无留言、和盘托出式的快语直言,未必适应所有的交际对象,开门见山、直截了当导入正题的表达方式,也未必适用于所有场合。针对不同对象、不同的交际情境,采用含蓄、委婉的表达,效果有时会更好。清梁廷枏《曲话》卷二云:"情在意中,意在言外,含蓄不尽,斯为妙谛。"婉曲的表达或迂回曲折、旁敲侧击,绕着弯子说话;或借此说彼、指东道西,假借他事表达真意;或含而不露、话里有话,留下弦外之音让人体味揣摸。直说与婉言是一对矛盾,它们对立统一于一切为了交际效果的总目的之下。汉民族在言语交际中对曲直显晦、隐约明朗的好坏优劣之判定,就是看其是否切合于题旨情境的要求。

2. 合理与入情的适度

言语交际时晓之以理,借助清晰、明确的谈吐,利用充足的理由、严密的逻辑和透彻的分析,使交际对象接受所传送的信息,达到交际目的,固然是言语交际时经常采用的方法。"有理走遍天下,无理寸步难行",反映了汉民族对交际过程言之有据、言之成理的重视。以理服人是言语交际的基础。然而,要使交际对象完全认同,直至心悦诚服地接受说话者传递的信息、表露的思想和观点,仅仅靠合理还是不够的。"动人心者莫先乎情"(白居易《与元九书》),通情才能达理,感情是人际沟通、理解的重要因素,以情动人的能量不可忽视。汉民族几千年的传统文化造就了人们一种讲人情、重人性的心理。人们对某种观点是否接受、对某件事是否认可,不仅看是否合理,更重视是否合情,对言语交际中情与理的把握,主张入情入理、情理交融。

3. 简约与繁密的适度

《仪礼·聘礼》:"辞无常,孙而说。辞多则史,少则不达。辞苟足达,义之至也。"对于简约与繁密的矛盾,汉民族以"辞达"来调整,即适合切近传辞达意的需要。宋陈骙《文则》卷上云:"事以简为上,言以简为当。"强调言语使用时力戒啰嗦,简明扼要,用尽可能少的言语表达尽可能多的内容,话中无赘语,言约而义丰。与"简约"相比照,细密繁丰的表达方法也是言语交际的一种技巧。繁密并非言之无物、空话连篇,而是切合表达的需要,或引经据典、旁征博引、不厌其详地表述;或酣畅淋漓、明细入微、纤悉无遗地陈说;或不吝词句、千叮万嘱、反反复复地交代。繁简本身无所谓优劣,"状情写物,在辞达。辞达,则二三言而非不足,辞未达,则千百言而非有余"(明苏伯衡《空同子瞽说二十八首》)。汉民族在言语交际中,一贯提倡当繁则繁、当简则简,有话则长、无话则短。

4. 严肃与谐趣的适度

严肃沉稳的谈吐与诙谐风趣的表达是一对矛盾。但二者并非水火不容,绝对对立,完全可以互为补充、和谐统一地完成既定的交际任务。认真严肃、不苟言笑地表达自己的思想,议论某个话题,在言语交际的许多场合被广泛采用,特别在重大事件的阐发、严肃主题的议论、科学道理的论证、沉郁情怀的抒发等方面,有其不可替代的作用。但是庄严的交际手法并不适合于一切情境,与之相对立的谐趣的表达手段往往有其独特的交际作用。它在融洽人际关系、消除窘困局面、激发听者兴趣等方面可以发挥重要作用。汉语成语中诸如"谈笑风生、妙趣横生,妙语天成、情趣盎然"等,都凝结了汉民族对交际中言语谐趣的褒美。谐趣本身也有"度"的限制。超过了某种限定,就会滑向插科打诨、油嘴滑舌一面,这便是言语交际之大忌了。交际中严肃与谐趣的把握,也必须适应题旨情境,寓庄于谐,寓谐于庄,亦庄亦谐,互为统一。

上述诸对矛盾,既相互对立,又相互依存,辩证统一于"适度"这一交际准则。这里我们只是就表达方面来说明这一情形,从言语交际过程接受信息的一方来看,同样也要切合交际的题旨情境,否则交际就无法进行。《周易·系辞下》:"将叛者其辞惭,中心疑者其辞枝,吉人之辞寡,躁人之辞多,诬善之人其辞游,失其守者其辞屈。"人情不同,其辞各异。听话者只有依据对象的特定情境,才能准确把握这些各异之辞。因此,"言谈适度"是交际双方共同遵循并制约整个交际过程的一条基本准则。

四、举止得体——发挥体态语言的辅助作用

语言是人类最重要的交际工具,言语交际只能在语言的基础上进行。但是,言语交际是一个动态的过程,静态的语言符号一旦进入交际领域,就必然有体态语言的伴随。所谓"情动于中而形于外",或通过颜面肌肉的变化达意传情,或依靠身体动作直观表露,或利用声音变化有所暗示,或借助服饰装扮渲染气氛。言语交际活动中脱离体态语言辅助的纯语言的形式几乎是不存在的。

"举止得体"的准则,在这里实际上就是指在言语交际过程中,根据不同的交际目的、适应特定的交际情境和具体的交际对象,谐调得体地辅之体态语言而取得预期的交际效果的原则。

尽管体态语言学兴起于西方,但是汉民族对体态动作在言语交际中的作用及其与交际效果的关系却早有论述,并有着一整套合乎礼仪的规范。《荀子·大略》:"坐视膝,立视足,应对言语视面。"《仪礼·士相见》:"子视父则游目,无上于面,无下于带,若不言,立则视足,坐则视膝。"这些说的都是体态(视线)在一定场合的运用。古代礼仪制度对体态仪容的规定,显然来自言语交际活动中体态举止的抽象,其目的自然也是规范举止体态,以使"文貌情用,相为内外表里"(《荀子·大略》)。《孟子·离娄上》说:"存乎人者,莫良于眸子。眸子不能掩其恶。胸中正,则眸子瞭焉,胸中不正,则眸子眊焉。听其

言也,观其眸子,人焉廋哉?"这段著名的话说的正是交际者如何通过对眼睛的观察来获取信息。上述表明汉民族对体态语言的观察和利用由来已久。

由于文化背景的差异,使得体态语言的运用具有鲜明的民族特色;又由于言语交际活动的题旨情境的差别,故使同一民族的体态语言又显得丰富多彩。比如属于体态语言重要方面的汉民族的服饰语言,遵循"得体"的准则,在一定的交际情境下就体现出不同的要求。穿红着绿、盛妆饰容表露了欢快、愉悦之情,适合于喜庆、祝福的环境;着素穿孝、白衣黑纱,常见于哀丧、悲痛的场合;而在庄严的处所,人们则正冠礼服、仪表堂堂。凡此种种,均配合了一定的交际情境,起着语言所不可替代的作用。《孝经·丧亲》:"子曰:孝子之丧亲也,哭不偯,礼无容,言无文,服美不安,闻乐不乐,食旨不甘,此哀戚之情也。"《荀子·哀公篇》:"鲁哀公问孔子曰:绅委章甫,有益于仁乎?孔子蹴然曰:君号然也。资衰苴杖者不听乐,非耳不能闻也,服使然也;黼衣黻裳者不茹荤,非口不能味也,服使然也。"以上所引均说明服饰与交际场合互相制约的关系。

交际总是在信息的发出者和接受者之间进行,这就要考虑交际双方的具体情形,如性别、年龄、文化程度、社会地位、双方关系亲疏远近等。在言语交际过程中必须适应交际对象的差异,以使体态语言举止得体。

适应具体的交际对象,这是交际活动能否成功的关键。汉民族在这方面有着丰富的体验与深刻的见解。《论语·乡党》篇对孔子适应不同交际情境、对象所表现出的各种体态动作的详细记载和描述,真令人惊叹不已,而不能不转引如下:"孔子于乡党,恂恂如也,似不能言者。其在宗庙朝廷,便便言,唯谨尔。朝,与下大夫言,侃侃如也;与上大夫言,訚訚如也。君在,踧踖如也,与与如也。君召使摈,色勃如也,足躩如也。揖所与立,左右手,衣前后,襜如也。趋进,翼如也。宾退,必复命曰:'宾不顾矣。'入公门,鞠躬如也,如不容。立不中门,行不履阈。过位,色勃如也,足躩如也,其言似不足者。摄齐升堂,鞠躬如也,屏气似不息者。出,降一等,逞颜色,怡怡如也。没阶,趋进,翼如也。复其位,踧踖如也。执圭,鞠躬如也,如不胜。上如揖,下如授。勃如战色,足缩缩如有循。享礼,有容色。私觌,愉愉如也。"孔子在"乡党"、"宗庙"、"朝廷"、"公门"等不同的场所,面对"乡里"、"下大夫"、"上大夫"、"君主"、"宾客"等不同的对象,他的言谈之貌分别是"恂恂如"(恭顺之貌)、"侃侃如"(和乐之貌)、"訚訚如"(中正之貌)、"踧踖如"(恭敬之貌)、"色勃如"(矜持庄重貌)等等,有着丰富的变化,他的行为举止如"揖"、"立"、"进"、"退"、"复命"、"鞠躬"、"过位"、"屏气"等,动静适宜,举手投足无不符合礼仪规范,表现出高超的交际技巧。

汉民族在言语交际活动中,重视言谈和举止的统一、有声语言与辅助语言的谐调,并以此作为评价人物的标准。《诗·小雅·都人士》:"彼都人士,狐裘黄黄。其容不改,出言有章。行归于周,万民所望。"从"衣"、"容"、"言"、"行"四方面赞誉"彼都人士"。《礼记·表记》:"君子服其服,则文以君子之容;有其容,则文以君子之辞;遂其辞,则实以君子之德。是故君子耻服其服而无其容,耻有其容而无其辞,耻有其辞而无其德,耻有其德而无其行。是故君子衰其则有哀色,端冕则有敬色,甲胄则有不可辱之色。"这里也将"服"、"容"、"辞"、"德"、"行"的协调一致作为评价"君子"的准则,即荀子所谓"文貌情用,相为内外表里",充分表现了对"举止得体"准则的遵循。

一般说来,一个民族的言语交际准则总是统摄着本民族的整个言语交际活动,为交际者自觉或不自觉地遵循着。本文讨论的汉民族言语交际的有关准则,在汉民族言语交际中发挥着同样的作用。由于言语交际准则的形成有着历史的悠久性,世代相沿,作为一种社会语言规范,这些准则已深深地融入交际者的心理底层,规范着人们的言语行为,指导着人们的言语教育和言语评价,以致遵循者反而司空见惯,习焉不察。因此,尽管本文讨论汉民族言语交际有关准则时,为论述的方便,对历史上的经典言论,多有征引,但并不意味着这些准则只存于古代经典或文人雅士之中,它们实实在在依然在影响和指导着我们民族的现实的言语交际实践。

鉴貌辨色,意在言外
——从成语看汉民族的体态语[①]

起源于西方的体态语言学研究在我国方兴未艾。体态语作为非语言的交际工具,较之有声语言在全人类更有其共通性,但也十分明显地打上民族历史、文化的烙印。本文以极具民族特色的成语中的体态语为考察对象,对成语中体态语的基本类型、表义功能、古今异同等略作分析,并进而探讨汉民族体态语的主要特点。

一

汉民族用于传情达意的体态动作在成语中有着广泛的分布。据笔者粗略统计,汉语成语中与体态语有关的约 860 条,分见于面部表情、身体动作、声音暗示、服装容饰等四大基本类型之中。其中面部表情约占总数的 48.8%,身体动作约占 24.5%,声音暗示约占 14%,服装容饰约占 12.8%。上述每种类型又可分为若干细目。如面部表情类便囊括了颜面肌肉变化、哭、笑、眼、眉、牙(齿)、口、舌、鼻、耳等多种动作,尤以表现眼眉动作的最丰富,达 140 多条,表现颜面肌肉变化的也达 110 余条。位次于面部变化的身体动作也是一大类型,在这一类动作中,又以手部最为重要,有 100 多条成语反映了各种手部动作,差不多占该类总数的一半。其次是头部动作和脚部动作,前者 30 余条,后者 20 余条。声音暗示类中表现音质变化和声调高低变

[①] 本文载于《宏观语言学》,1992 年第 2 期,又收入胡文仲主编:《文化与交际》论文集,北京:外语教学与研究出版社,1994 年。

化的均有50多条,反映语速变化的10余条。服装容饰类涉及服装体态的70余条,与容饰有关的40余条。

　　汉语成语反映了汉民族体态语的丰富性和广泛性,那些极有表现力的差别细微的体态动作,在成语中都有概括。甚至对同一个身体部位呈现出的差异很小而传达信息有别的体态动作也作了反映。如成语中反映眉毛动作的有扬眉吐气、眉飞色舞、展眼舒眉、挤眉弄眼、菩萨低眉、死眉瞪眼、眉头一皱,计上心来、攒眉苦脸、撑眉努眼、横眉立目、柳眉倒竖、抡眉竖目等等。包括扬眉、飞眉、舒眉、挤眉、低眉、死眉(眉飞不动)、皱眉、攒眉、撑眉(抬起眉毛)、横眉、竖眉、抡眉(挥动眉毛)等10多种类型,表现了各种眉毛动作的细微差别。

　　再如头部动作,也是多种多样,包括低头(俯首称臣)、仰头(昂首挺胸)、抬头(企足矫首)、点头(心折首肯)、摇头(摇首顿足)、扭头(扭头别项)、伸头(探头探脑)、叩头(磕头如捣)等多种,反映了同一动作部位体态的各种变化。

　　无论从数量、类型的广泛分布,还是同一动作体态呈现的各种细微差别,我们都不难看出,汉民族的各种体态动作在汉语成语中有着较为充分的表现和反映。

二

　　汉语成语是汉民族人民长期以来语言使用的结晶。成语中丰富的体态动作,不仅反映了它们在一条成语中所具有的传达语言信息的功能,也是对汉民族体态语表达语言信息的抽象概括。因而,通过成语中体态动作传达语言信息的分析,可以揭示不同的体态动作所具备的传情达意的功能。下面以面部表情中的颜面肌肉变化和眼部动作为例,将成语中反映的体态动作传达语言信息的情况排列对照如下:

传达信息	颜面肌肉变化	眼部动作
高兴	喜笑颜开	展眼舒眉
哀愁	惨然不乐	愁眉锁眼
愤怒	忿然作色	瞋目切齿
惊愕	大惊失色	目瞪口呆
害怕	色若死灰	伈伈睍睍
得意	神气活现	顾盼自雄
傲慢	颐指气使	睥睨物表
谄媚	奴颜婢色	奴颜婢睐
慌乱	疾言遽色	闪烁不定

这里只是列举了传达情感意向的部分成语，可以看出通过体态动作，各种不同情感都能生动直观地表达出来。

服装容饰，同样具有传达一定信息的功能，如盛装饰容可以传递高贵、富有或隆重等信息(珠围翠绕、珠光宝气、珠翠罗绮、衣冠赫奕、衣冠济济、浓妆艳抹)，朴素无华也可表现清高大方之貌(衣不完采、衣不重采、荆钗布裙)。"鹿裘不完、衣不布体、衣冠褴褛、踵决肘见"反映了生活的贫困，"不衫不履、冠履倒置、不修边幅"则表现了着衣人不拘小节的洒脱之性。此外，发饰、面容的整洁与否，也可以传递丰富的信息。丑陋不洁者"蓬头历齿、蓬头垢面、披头散发、乱首垢面、乱头粗服"；随便、装狂者可以"科头跣足(光头赤足)、披发佯狂、解发佯狂"。

成语中许多体态语还反映了同一体态动作细致入微的变化表达出不同的信息的功能，如"笑"便有开心的笑(笑逐颜开)、得意的笑(抚掌大笑)、甜美的笑(嫣然一笑)、客气的笑(笑脸相迎)、尴尬的笑(啼笑皆非)、鄙夷的笑(付之一哂)、有趣的笑(憨状可掬)、不怀好意的笑(皮笑肉不笑)、谄媚的笑(胁肩谄笑)，以及不由自主的笑(忍俊不禁)、狂笑(捧腹轩渠)等等。

成语中体态动作可以表达的情感和意向多种多样，据大概统计便有 60 余种。除前面已提及的，还有表现镇静(不动声色)、严肃(直言正色)、失意(忽忽不乐)、迷惘(怅然若失)、不安(心神恍惚)、凄伤(楚楚可怜)、贪婪(见钱眼开)、专横(撑眉努目)、害羞(烟视媚行)、恭敬(拱手听命)、佩服(心折首肯)、顺从(俯首称臣)、期盼(延颈企踵)、焦急(搔头摸耳)、感动(感激涕零)、后悔(捶胸顿足)、冷漠(死眉瞪眼)、思考(眉头一皱，计上心来)、凶狠(张牙舞爪)、蔑视(嗤之以鼻)、厌恶(掩耳蹙额)、犹豫(趑趄却顾)、做作(忸怩作态)、亲昵(挨肩搭背)、庆幸(举手扣额)、卖弄(搔首弄姿)、激动(攘臂而起)、赞赏(拍案叫绝)等等几十种。

成语中体态动作可以传递出的信息是大量的，而每一种信息，每一种情感、意向又往往可以由几种乃至几十种体态动作来表现，充分显示了汉语成语对汉民族体态语的巨大包容性，我们以喜、怒、怕、急等几种常见的情绪为例进行分析。

表示喜悦的：扬眉抵掌、眉飞色舞、展眼舒眉、眉开眼笑、笑逐颜开、喜形于色、笑容可掬、忍俊不禁、拍手称快、手舞足蹈、摇头晃脑、仰首伸眉、欢声雷动、语笑喧呼、穿红戴绿、乐不可支、喜跃抃舞。出现的体态动作包括扬眉、飞眉、舒眉、展眼、开颜、笑、鼓掌、拍手、舞动手脚、晃头、抬头、洪亮的声音以及盛妆饰容、全身性体态等多种,囊括了四种体态分类的大部。

表示愤怒的:柳眉倒竖、横眉立目、抢眉竖目、瞋目切齿、努牙突嘴、咬牙切齿、忿然作色、疾言厉色、握拳透掌、戟指怒目、攘袂扼腕、拍案而起、大发雷霆、河东狮吼,体态动作出现了耸眉、横眉、挥眉、瞪眼、撅嘴、咬紧牙关、神色变化、紧握拳头、手指指人、捋衣袖、握手腕、拍桌子以及音量的大幅度增高等等。

表示害怕的:目瞪舌僵、伈伈睍睍、张口结舌、钳口挢舌、色若死灰、面如土色、掩面失色、抑头缩项、胁肩累足、重足而立、踟蹰不安、饮泣吞声、敛声息气,体态动作包括了睁大眼、不敢睁大眼(伈伈);张大嘴巴、紧闭嘴巴(钳口);口舌僵滞、舌头翘起(挢舌);如死灰、似泥土的面色;抱头、缩脖、耸肩、弯腰(踟)、两脚紧挨一起站立、噙泪(饮泣)、咽住哭声、抑制语声和呼吸等。

表示焦急的也有瞪眼、搓手、跺脚、搔头、摸耳、抓耳、挖耳、挠腮等数十种动作,如瞠乎其后、搓手顿脚、搔头摸耳、搔首踟蹰、抓耳挠腮、抓头挖耳等。

通过成语中体态语传情达意情况的分析,可以看出,成语中的体态动作不仅类型多样、分别细微,而且传递信息的功能也很强,为我们研究、探讨汉民族体态语提供了难得的材料。

三

由于成语具有凝固性和模式化,大多数成语千百年来相沿袭用,它们反映的语言文化现象因此也就具有一定的时代和文化差异。成语中的体态动作以及与之相应的意义关系,自然也是如此。分析成语中的体态语,有必要进一步辨析它们与现实体态语的异同。通过与现实体态语的比较,我们发现,成语中体态语与现实体态语的异同大致分为四种情况:

1. 完全一致的

这种情况所见极多,或为通过生理变化以传情达意的。比如来源于《尚书》、《诗经》、《史记》的"栗栗危惧"、"战战兢兢"、"不寒而栗"等成语,表达了紧张、害怕、恐惧等意义,颤抖作为一种生理现象,是人体因寒冷或心理恐惧等原因引起的自然反映,古今基本一致。其他如"面红耳赤"是急躁或害羞的反映;"面无血色"表现受到极大惊吓;"气急败坏"中呼吸急促,上气不接下气的"气急"现象所显示的慌张或恼怒等心理,也是古今一致的。这种古今相同均是人类生物本能的体现。人体发出的体态信号,作出的反映、行动均和其他生物种类一样,受到生物准则的支配。因此,成语中由生理因素传递信息的,与现实中体态语基本一致。

或与情感流露有关的。不高兴就哭,高兴则笑,如"痛哭流涕、涕泗纵横、号啕大哭、饮泣吞声、破涕为笑、嫣然一笑、哑然失笑、笑容满面"等,古今基本相同。再如叹气,一般都是由于心里不痛快而呼出长气,发出声音,成语中也有"唉声叹气、长吁短叹、仰屋窃叹"等。

此外,像"搓手顿脚"表示焦急,"扭头别项"表示不高兴,"扬眉抵(击)掌"表示高兴,"昂首挺胸"表示情绪高昂,"举手扣额"表示庆幸等,这些身体动作所表示的情感意向也古今无别。

2. 不相一致的

这种情况多为时代的差异所造成,有些体态动作,在成语产生的时代存在过,但由于历史变迁、时代发展,这些体态动作到今天已经基本不用或极少使用了。如"拱手"是过去男子相见时表示恭敬的一种礼节,作为传统的汉民族文化现象,成语中也有所反映,如"拱手垂裳、拱手听命、拱手而降"等。现在基本上已无此体态,取而代之的是握手(握手言欢)、鞠躬等动作。再如"五体投地",是古代表示最恭敬的一种礼节,发展至今也由于礼仪的演变而消失了。再如"打躬作揖"、"长揖不拜"中"作揖"这种体态动作的消失,也属这种情况。成语中有许多类似的情形,由于现实体态动作的流变和更改,成语中的体态只是作为传达某种情感意向的符号,已不具备实际的意义。

3. 字面一致而含义有别的

成语字面上的体态语与现实中体态语一致,而成语的实际含义有了差异,或语义范围有了变化。如"龇牙咧嘴",一直用来形容面目狰狞或因疼痛、惊恐等而失态的模样,现在成语使用时语义有了扩大,也可表现嬉皮笑脸的模样。"抓耳挠腮"形容人喜悦、焦急或苦闷时无法可想的样子,现在成语使用时语义逐渐缩小,较少用来形容喜悦的情绪。或为褒贬色彩发生变化的。如"正襟危坐",一般用来传递庄严、恭敬的信息,但如今成语使用时褒贬色彩发生了变化,常用来形容故作正经的样子,有了明显的讥讽含义。再如"眉来眼去"、"道貌岸然"等成语,在产生之时基本上为中性体态语,但如今在使用时贬义色彩则较为鲜明了。

4. 古今均无此体态,成语产生时便是出于修辞的目的

源出《史记·项羽本纪》的"发指眦裂",开始便是出于修辞需要;再如形容声音高亢嘹亮的"穿云裂石"、形容歌声优美的"余音绕梁,三日不绝",这些都是修辞中的夸张,古今均不可能存在。也有许多成语是采用了比喻方式,如形容面目的"蜂目豺声、目若悬珠、贼眉鼠眼、虎视眈眈"等成语都只是一种比喻手法,对其形容的体态动作很难从喻体作直接的推寻。

从上述比较可以看出,体态语既有着古今相当的一致性,又有着十分明显的时代特色。时代的更替,人们的思想观念、礼仪习俗的变化,对体态、行为都发生着直接或间接的影响。研究汉语体态语,必须特别注意揭示这种影响。

四

在现实言语交际活动中,由于特定的语言环境、交际者个人习惯、文化修养、社会地位、生活背景的不同,交际过程中体态语会呈现千差万别的个性特色。成语中的体态语具有一定的概括性,或是汉民族某种长期存在的为大家所共同运用和理解的体态动作在成语中的反映,或由于成语的长期使用使某些个别、典型的体态动作成为某种普遍意义上的表义符号。无论怎样,成语的体态动作,都可以视为汉民族体态语的概括的反映。通过成语中体态语的考察,我们认为汉民族体态语大致有以下几个主要特点。

1. 传情性体态是体态语的主体

体态语传达信息,主要为两大类型:一是表义的,如点头表示同意、赞许,摇头表示否定;一是传情的,如"扬眉吐气"表示高兴,"横眉立目"表示愤怒。上文我们在分析成语中体态语的表义功能时指出,成语中的体态动作能表达60多种情感意向,各种情感类型几乎都包括于其中了。传情达意,可谓绘形绘声,而表达"肯定"、"否定"、"顺从"、"期盼"、"庆幸"、"赞赏"等意向的体态动作则相对较少,即使是这类体态语,"表义"的功能也是较微弱的,更主要的仍是表达情感"意向"。因此,可以认为成语中体态语的主体是传情性的。通过体态动作的辅助,将交际过程中的情感意向更加直观生动地表现出来,从而增强言语交际的效果,这是汉民族体态语传达信息的主要功能。

2. 同义体态较为丰富

从成语中体态语反映的情况看,汉民族体态语中有着较丰富的同义体态动作,如前文所述,表示喜悦、愤怒、害怕、焦急等情感,每一种情感都可以用10多种不同的体态动作表达,丰富的同义体态动作,表明汉语体态语在汉民族言语交际活动中运用的广泛性。同义体态语越丰富,体态语运用的空间就越广阔。现实语言活动中表达同一情感意向,可以用不同的体态动作,性格不同、修养不同、性别不同、身份不同往往表现出体态动作选择的差异。而不同的言语情境,也制约着对体态动作的选择,如表示"愤怒"之情,"柳眉倒竖"和"攘袂扼腕"在选择时会表现出性别差异,"瞋目切齿"与"拍案而起"则有性格的差别,"大发雷霆"一般只能出现在某种特定的交际情境。丰富的同义体态动作,为不同的人们、不同的场合选择不同的体态动作创造了条件,这也是汉民族体态语高度发达的重要标志。

3. 发挥体态动作的综合效应

在表达某种情感意向时,体态动作往往不是孤立出现的,有时会伴随出现两种以上的体态动作,以增强体态语的表达效果,这种现象,我们称之为"体态动作的综合效应"。成语中的体态语充分表现了汉民族体态语的这一特点。就我们的考察,相当一部分体态动作是相伴随出现的,如"眉"与"眼"相伴随的:"挤眉弄眼、撑眉怒眼、眉开眼笑、展眼舒眉";"目"与"齿(口、舌)"相伴随的:"瞋目切齿、目呆口哑、目瞪舌僵";"手"与"脚(足)"并用的:"搓手顿脚、缩手缩脚、手忙脚乱、手足无措"等等。

4. 体态动作遵循礼仪规范

成语中的体态语十分明显地表达了汉民族体态动作对礼仪规范的遵循。如对目光的规范要求是"目不妄视、目不斜视、目无流视",像"挤眉弄眼、贼眉鼠眼、睥睨窥侧"等体态动作则不合规范,有着明显的贬斥之意;对人体服饰的要求是"文质彬彬、仪表堂堂、衣冠楚楚",而"张牙舞爪、蓬首垢面、油头粉面"则不足取。对不同性别的要求也有区别,女性要"笑不露齿、嫣然一笑、掩面而笑",男性才可"抚掌大笑、敞怀大笑、捧腹大笑";女性谈话要"轻声细语",男性则可"声如洪钟",等等。许多成语在褒贬之间,表明了对不同体态动作的规范要求。体态动作的规范要求,依据于中国传统的风俗习惯和礼仪制度,正是这一点使汉语体态表现出鲜明的民族特色。

以管窥豹，蔚为大观
——从有关成语看汉民族的言语交际观①

成语不仅是一个民族语言的精华，也是展现不同民族文化的一个奇妙而深邃的窗口。汉语成语更是包蕴了无比丰富的历史文化内涵。汉民族的言语交际观念在成语中有着充分而生动的体现。

一

我国自古便十分重视言语交际的社会功能。《周易·系辞》说："君子居其室，出其言善，则千里之外应之，况其迩者乎？居其室，出其言不善则千里之外违之，况其迩者乎？言出乎身，加乎民，行发乎迩，见乎远。言行君子之枢机，枢机之发，荣辱之主也。言行，君子之所以动天地也，可不慎乎？"汉民族对言语交际社会功能的看法，还充分地表现在有关的成语中，如：一言兴邦、一言丧邦、一言九鼎、言重九鼎、口含天宪、仁言利博，等等。言语可以主荣辱、系利义、兴邦国、动天地，其巨大的作用与功能是其他东西无可比拟的。另一方面，古人也认为"乱之所生也，则言语以为阶"（《周易·系辞》），言语也可以成为兴风作浪、飞短流长的工具。无中生有、凭空捏造、颠倒是非、摇唇鼓舌、妖言惑众等成语，就是对言语消极作用的概括。

有关成语不仅反映出汉民族对言语交际正反两方面作用的认识，还可以看出汉民族言语交际活动的两个重要准则。其一，言语交际必须以"诚信"为基本原则。来源于《论语》的成语"人而无信，不知其可"、"言必信，行必果"、

---

① 本文载于《营口师专学报》（社科版），1991年第1期。

"言而有信"、"言必有中"就表达了这种观念。他如金口玉言、一诺千金,一言为定,说一不二、坐言起行、季路一言、讲信修睦、驷不及舌等成语,也都突出地体现了一个"信"字。"信"包含了言语交际的真切、诚实、准确、实在等语义成分,是言语交际最基本的原则。这在古代典籍中也可以得到印证。如"信者,言之瑞也"(《左传·襄公九年》);"志以发言,言以出信,信以立志,参以定之"(《左传·襄公二十七年》);"言之所以为言者,信也。言而不信,何以为言"(《穀梁传·僖公二十二年》)。言而有信、言行一致,不仅是言语交际的基本原则,而且一直作为中华民族的传统美德世代相沿。

其二,言语交际要遵循"谨言慎行"的准则。表现"谨言慎行"的成语数量十分丰富,如:隐忍不言、杜口木舌、三缄其口、欲言又止、守口如瓶、钳口不言、只字不提、绝口不道、闪烁其词、隐约其辞、支吾其词、支支吾吾等成语,均是"谨言慎行"的生动写照。《礼记·缁衣》:"君子道人以言,而禁人以行,故言必虑其所终,而行必稽其所敝,则民谨于言而慎于行。诗云:'慎尔出话,敬尔威仪。'"这段话可以看做对谨言慎行的注释。

言语交际的经验,使我们的祖先认识到并非所有的交际者都能遵照言而有信、谨言慎行的原则,口蜜腹剑、耳食之谈之人在交际活动中是司空见惯的。因此,汉民族在言语交际中有一种明显的防范心理。这种防范心理凝聚在大量的成语中,如:口是心非、口惠而实不至、口蜜腹剑、甜言蜜语、佛口蛇心、花言巧语、一簧两舌、阿谀逢迎、巧言令色,等等,这类成语在使用中均具有贬责色彩,既表现了人们对言语交际活动中这些违背交际准则现象的鄙夷与挞伐,也体现了人们的防范意识。违背事实的虚诞之辞,更是人们所深恶痛绝的。如:无稽之谈、齐东野语、怪诞不经、不经之谈、奇谈怪论、海外奇谈、欺人之谈等成语,都表现了人们对不信实的交际语言的厌恶态度。言语交际的防范心理,又衍化出许多提醒、告诫之语。有积极的劝诫,如:"忠言逆耳"、"良药苦口"、"药石之言"、"金玉良言"、"言者无罪,闻者足戒";有善意的提醒,如:"耳闻不如目见"、"听其言而观其行"、"兼听则明,偏听则暗"、"一人传虚,万人传实"、"众口铄金";也有消极的应付,如:"少说为佳"、"言多必失"、"直言贾祸"、"祸从口出",等等。

高度重视言语交际的功能和作用,以言而有信和谨言慎行为交际准则,并从中发出对口是心非、虚诞之辞的防范意识,折射出汉民族的某些文化特征,表现了汉民族对言语交际活动的基本看法。

二

对言语交际活动的基本看法,决定了汉民族对言语交际能力和品格的评价。评价言语交际能力的成语为数不少。口齿伶俐、能说会道、能言善辩、头头是道、口若悬河、滔滔不绝、侃侃而谈,是对具有突出言语交际能力者的褒奖;妙语惊人、扣人心弦、引人入胜、咳唾成珠、巧发奇中、出口成章、顽石点头、娓娓动听、绘声绘色,则是对具有高超讲话艺术者的誉美。对言语交际低下者,嘲讽为:笨嘴拙舌、语无伦次、颠三倒四、自相矛盾、驴唇不对马嘴、木木讷讷、期期艾艾、词不达意、不知所云。具备表达能力但是缺乏言辞艺术者,也评以索然寡味、单调乏味、味同嚼蜡、令人厌烦、言语迟钝、不善辞令。交际中也常会出现张口结舌、哑口无言的尴尬情况。总之,缺乏言语能力和艺术,都会成为言语交际的障碍。因此,汉民族一直重视对言语交际能力的培养和水平的提高。"白圭之玷,尚可磨也;斯言之玷,不可为也"(《诗经·大雅·抑》)。言语交际的修养和能力,在汉民族人民心目中,一直占有重要的地位。

言语不仅是表达思想的载体、沟通交际的媒介,而且言如其人、言人人殊,一个人的言谈举止,是其品格修养的直接显现。汉民族崇尚礼仪,讲究个人品格修养,也就特别重视个人的言语品格和修养。许多贬义色彩的成语概括了言语交际活动的不良品格,实际是对言语交际的规范和限定。这种规范和限定,可以将言语交际活动的品格修养导向良好的一面。如带有善意的批评性的成语,就有以下系列:

A组:呶呶不休、喋喋不休、刺刺不休、一口三舌、百舌之声、空话连篇、言之无物、言不及义、不着边际、博士买驴;

B组:自吹自擂、大吹法螺、大言不惭、夸夸其谈、言过其实、过甚其词、浮语虚词;

C组:人云亦云、随声附和、鹦鹉学舌、拾人牙慧、唯唯诺诺;

D组:唯我独尊、偏执一词、强词夺理、固执己见、听而不闻、言之谆谆,听之藐藐。

这四组成语是对言语交际中"废话连篇"(A组)、"言过其实"(B组)、"人云亦云"(C组)、"固执己见"(D组)等现象的批评。这些批评也是对言语交际活动反面教训的总结,对良好的言语能力和品格的培养与形成有警劝作用。废话连篇、言之无物,不可能产生好的交际效果;言过其实、浮语虚词,会被人们藐视;人云亦云、唯唯诺诺,只能将自己置于被动的、附着的地位,不可能成为交际活动的积极参与者;固执己见、唯我独尊,其结果将是阻碍言语交际的深入,把自己置于孤立的境地。这些都是善于言语交际者不应有的品格。

有些言语现象则需要加以摒弃、抨击,是言语交际的大忌。如下列各组成语:

A组:污言秽语、污秽不堪、不堪入耳、泼妇骂街;
B组:出言不逊、出口伤人、恶语伤人、血口喷人;
C组:调嘴学舌、搬弄是非、说长道短、贫嘴贱舌;
D组:信口雌黄、信口开河、胡言乱语、大放厥词;
E组:出尔反尔、自食其言、矢口抵赖、食言而肥。

上述成语概括的言语活动中的种种恶劣现象,从根本上违背了言语交际的准则,甚至缺乏起码的言语修养,是一种低劣的言语品格,反映了言语者本身修养的低下。这些带有强烈贬责色彩的成语,透露出汉民族对一种高尚的言语品格的追求。

三

言语交际在社会生活中恰似江河之水,可以载舟,亦能覆舟。成功的言语交际引人驶向胜利的彼岸,蹩脚的谈吐足以令人坠入失败的深渊。重视言语交际的技巧是汉民族的优良传统,古代就有许多人在这方面作过概括和论述。战国时荀子就认为:"谈说之术,矜庄以莅之,端诚以处之,坚强以持之,分别以喻之,譬称以明之,欣欢芬芗以送之,宝之,珍之,贵之,神之,如是则说常无不受。虽不说人,人莫不贵。"(《荀子·非相》)从成语这个小小窗口,我们即可领略汉民族言语交际技巧之一斑。成语反映的汉民族言语技巧,主要有以下四个方面:

1. 理与情

言语是人们交流思想、传情达意的手段,说话者传递的信息,表露的思想、观点能否使对方准确地接收,直至心悦诚服地接受,可以说是交际成功与否的重要标尺。准确地接收信息、理解话语的前提是表达一方清晰明确的谈吐,做到言之有序、顺理成章。成语中便有表明这方面要求的,如:"言之有序"、"由远及近,由此及彼"、"由浅入深,由表及里"、"有条有理,有条不紊"、"出言有章"等。条理章法仅为言语交际的最一般要求,要使接收信息一方能受其影响,心悦诚服地接受或认同,取得令人信服的效果,具有充足的理由、严密的逻辑和透彻的说理更显得重要,成语中就有所谓以理服人、喻之以理、鞭辟入里、言之有据、言之确凿、持之有故、言之成理等。"理直"则"气壮","理屈"便"词穷",只有"据理"方能"力争",利用强大的逻辑力量和充足的道理取胜,在成语中反映得极为充分。

与"合理"相比照,汉民族几千年的传统文化又培养了人们一种讲人情、重人性的心理。人们对某个人、某件事、某种观点是否认可、接受,不仅看是否合理,更重视是否合情。"动人心者,莫先乎情"(白居易《与元九书》)。以理服人是言语交际的基础,然而通情方能达理,感情是人际沟通、理解的重要因素,以情动人的能量不可忽视,合情合理才是最成功的交际。对这方面的认识,有关成语的反映是多方面、多层次的,重在突出一个"情"字。如:情见乎辞、以情动人、以情相归、直举胸情、人之常情、情不可却、情面难却、情恕理遣;或强调"情"与"理"的融合,如:"动之以情,晓之以理"、"合情合理"、"入情入理"、"揆度情理"、"知情达理"、"通情达理"、"情理交融"。对不通情理、不近情理、不近人情、蛮不讲理等,则表示了强烈的否定。"理与情"相互映衬是汉民族言语交际的一种重要技巧。理能服人,情可动人,情理相融,便可左右逢源,无往而不利。

2. 简与繁

简洁是汉民族历来所推崇的一种语言技巧,所谓"言不在多,达意则灵"。宋陈骙《文则》卷上曰:"事以简为上,言以简为当。"均强调用尽可能少的言语输出尽可能大的信息量,达到以少胜多、以简驭繁、言约而义丰的效果。成语中有不少体现这方面观点的。或要求话中无赘句、句中无赘字,避繁就简的,如:删繁就简、陈言务去、毋庸赘述、言之有物、长话短说、要而言之、要言不烦、三言两语;或作更高层次的要求,所谓"意惟期多,字惟期少",炼字炼句的,如:言简意赅、言约义丰、言约旨远、简明扼要、片言居要、字字珠玑等等,均揭明以少胜多之理。

简洁的言语表达固然为人们所欢迎,而与之相对的繁丰或曰细致的表现手法也是言语交际时经常采用的一种方式。繁丰绝非啰嗦、冗长,空话连篇,而是切合表达的需要,毫不吝惜词句,反反复复地陈说,纤悉无遗地表述,使人感到明细入微、酣畅淋漓。成语中表现这方面技巧的,便有淋漓尽致、酣畅淋漓、引经据典、旁征博引、不厌其详、不厌求详、横说竖说、好说歹说、千叮万嘱等。

繁丰与简约本身无所谓好坏优劣,关键在于能否做到"初写黄庭,恰到好处",切合所要表达的事物、对象。明·苏伯衡《空同子瞽说二十八首》:"(为文)宜繁宜简?曰:不在繁,不在简。状情写物,在辞达。辞达,则二三言而非不足,辞未达,则千百言而非有余。"明·胡应麟《少室山房笔丛·史书占毕一》:"简之胜繁,以简之得者论也;繁之逊简,以繁之失者论也。要各有攸当焉。繁之得者,遇简之得者,则简胜;简之失者,遇繁之得者,则繁胜。执是以论繁简,庶几乎?"古人对繁简问题的认识的确是精到恰当的。当繁则繁,当简则简,或繁或简,量体裁衣,用一则成语来概括,即"有话则长,无话则短",侔色揣称,繁简各有所宜。

3. 直与曲

直即直言。有话直说,明快爽直,开诚布公,不绕弯子,是汉民族的优秀言语品格,也是言语交际的一种技巧。心直口快的人受到社会的普遍赞誉,拐弯抹角的交谈则常常给对方留下不佳的印象。因此人们提倡直言,即所谓"巧言不如直道"。《史记·商君列传》:"千羊之皮,不如一狐之掖(腋),千人之诺诺,不如一士之谔谔。武王谔谔以昌,殷纣墨墨(默)以亡。"把謇謇谔谔,即忠正不阿、敢于直言的举止提到了安邦昌国的高度,足见古人对直言的重视。成语"知无不言,言无不尽"、"直言其事"、"直言不讳"、"直言进谏"、"直抒己见"、"畅所欲言"、"舌无留言"、"和盘托出"、"直言无忌"、"毫不讳言"、"无可讳言"、"謇謇谔谔"等就是对直言的总结。当然,"口快"离不开"心直",不拐弯抹角、直率脆落的表达与爽直的性情、坦诚的胸襟总是紧紧联系在一起的,开诚布公、开诚相见、推诚相见、推襟送抱、推心置腹、直抒胸臆、口陈肝胆,这些成语从一个侧面反映了汉民族对这种关系的认识。心直口快之人在表达方式上也往往是直截了当的。或直来直去,一下就导入正题,成语以开门见山、开宗明义、单刀直入、脆快了当、利落干脆来表明;或以尖锐犀利、直中要害、一针见血、一语道破、一语破的、舌锋如火、百无禁忌、痛快酣畅来称誉。

"直言"与"曲说"看似相互矛盾,但人们在倡导直言时,也并不排斥在适当的时候采用"曲说"的方式。曲说也即含蓄委婉地表达,有话不直接说出来,而是采用委婉曲折的方法,意在言外,情在意中,让人揣摩咀嚼,显得深沉而有味。含蓄、婉曲的表达自古就是人们喜爱和追求的言语技巧。战国时代能言善辩的孟子认为:"言近而旨远者,善言也。"(《孟子·尽心下》)宋·姜夔《白石道人诗说》云:"语贵含蓄。东坡云:'言有尽而意无穷者,天下之至言也。'"清梁廷枏《曲话》卷二亦云:"情在意中,意在言外,含蓄不尽,斯为妙谛。"成语里反映含蓄婉曲有种种表达方式:假借他事表达真意思的有借此说彼、指东说西、指黑道白、指山说磨、另有所指、借古讽今、借题发挥、醉翁之意不在酒等;关于迂回曲折,绕着弯子说话的有拐弯抹角、旁敲侧击、谈言微中、婉言谢绝等;关于说话含而不露、耐人寻味的有意在言外、言外之意、弦外之音、话里有话等等。

直言往往给人以爽直、真诚之感,可以在言语交际时迅速缩短双方的距离,与对方在情感上达到高度一致,为交际的成功铺平道路。但在特殊的场合,面对不同的对象,有时含蓄、委婉的表达,效果则更佳。明暗曲直、隐约显豁,很难判别孰高孰低、孰优孰劣,关键在于是否切合所要表达的内容,是否与说话时的环境、气氛、对象相宜。

4. 庄与谐

庄即庄严稳重,不苟言笑,认真严肃地对待所谈论的话题,给人郑重其事、谨严肃穆之感。庄严的谈吐适宜于表达重大的事件,阐释严肃的主题,论证科学的道理,抒发沉郁的情怀,是言语交际时经常采用的一种表达方式。成语中体现这种技巧、风格的便有语重心长、义正词严、疾言厉色、严词拒绝、声色俱厉、字挟风霜等。

谐即诙谐幽默、俏语逗人,言辞风趣且耐人寻味,具有极强的感染力。诙谐幽默的谈吐不仅使话语生动有趣,激发起听者的浓厚兴趣,而且在融洽人际关系、消除窘困局面、嘲讽丑恶现象等方面均可起到严肃的交谈所起不到的作用,所以被人称为"谈吐的调味品"、"交际的润滑剂"。我国自古以来就有诙谐幽默的传统,它是我们民族高度文明的体现。古人也历来重视谐趣的表达方式。明·袁宏道说:"世人所难得者唯趣。趣如山上之色、水中之味、花中之光、女中之态,虽善说者不能下一语,唯会心者知之……夫趣得之自然者深,得之学问者浅……入理愈深,然其去趣愈远矣。"(《序陈正甫会心集》)汉民族言语交际时重视诙谐幽默表达的成语很多,如谈笑风生、饶有风趣、情趣盎然、妙趣横生、妙语解颐、妙语天成、妙语如珠等等。谐趣要适度,插科打诨、油嘴滑舌、油腔滑调不是言语的谐趣技巧,而是不良的品格反映,则应加以否定。

庄严稳重的谈吐与诙谐幽默的表达是一对矛盾,庄有庄的作用,谐有谐的妙处,但二者间并不是泾渭分明、井水不犯河水,而是互为渗透,起互补作用的。成语寓庄于谐、寓谐于庄、亦庄亦谐等,就表现了汉民族对这一对矛盾的辩证观点。

"理与情"、"简与繁"、"直与曲"、"庄与谐"既是相互对立的,又是相互依存的。对立统一的法则贯穿于汉民族言语交际的各种技巧中,许多成语就直接地将两种相对立的技巧辩证地融为一体。既讲求入情,也讲求入理,当繁则繁,当简则简,亦直亦曲,亦庄亦谐,表现了汉民族运用言语交际技巧的极大的灵活性。不同言语技巧的运用则是根据题旨情境,"在官言官,在府言府",取其适中,求其辞达而已,这也反映出汉民族运用言语交际技巧的基本原则。

汉语成语是汉民族的智慧结晶,通过历代人们习以为常的沿用,得以定型。从有关言语交际的成语看言语交际观念,是一个非常有代表性的角度。这类成语是汉民族人民对语言交际活动进行长期观察、选择和总结的结果,凝练、概括地反映了汉民族对言语交际的基本看法,无论正反褒贬,都是一种经验的积累。经验的东西一旦凝固在成语中,便成为获得普遍性意义的原则,为人们所认同和遵循,不仅是人们言语交际的追求目标,也是衡量言语交际成败得失的尺度。本文仅仅对这类成语进行了初步的观察和研究,可以看出,汉民族在言语交际活动中,遵循言而有信和谨言慎行的准则,重视对交际能力的评价和品格的培养,特别讲求言语交际的技巧。汉民族的言语交际观念与其他民族相比,既有其共同性,更具其特殊性。这种特殊之处,只有深入汉民族悠久丰富的历史文化层面,才能获得全面而透辟的解释。这一点尚有待于我们作进一步的发掘和研究。

关于"言语社区"构成基本要素的思考[①]

源自西方的社会语言学术语 Speech Community 在引进中国后有不同的翻译,常见的如"言语社团"、"言语社区"、"言语共同体"、"语言集团"、"语言社团",等等。祝畹瑾认为:"'社区'含有地区的意思,'社团'可以理解为社会集团。而 Speech Community 既包含地域的一面,也包含社团的一面,而且它不一定就是一个实体,所以笔者把它译成'言语共同体'。"[②]言语社区理论的提倡者徐大明先生为了避免就术语而术语的争议,主张:"在有关理论体系和概念还不完全清楚的情况下,重要的是澄清有关的理论问题。'言语社区'的译法是一种直译,可以作为目前讨论有关问题时使用的一个方便的标签。"[③]

"言语社区"是社会语言学的一个重要概念,术语翻译的不同,从一个方面反映了人们在言语社区界定上的不一致性。而要消除"言语社区"概念上出现的种种分歧,最根本的解决途径是分析和确定这个概念的构成要素。徐大明先生认为,"言语社区"是一种符合社会学定义的社区,同时又是一种具有语言特性的社区,社会学的社区要素,在语言上都有相应的表现。"如果我们确认言语社区具有人口、地域、互动、认同、设施这些要素,那么言语社区的发现和鉴定就要从这些要素入手"。[④] 社会学的社区要素能否在很大程度上与言语社区要素重合,这些要素需具备什么样的前提和条件才能用于鉴定和

---

① 原载《学术界》,2006 年第 5 期。
② 祝畹瑾:《社会语言学概论》,长沙:湖南教育出版社,1992 年,第 29 页。
③ 徐大明、陶红印、谢天蔚:《当代社会语言学》,北京:中国社会科学出版社,1997 年,第 266 页。
④ 徐大明:《言语社区理论》,原载《中国社会语言学》(澳门),2004 年第 1 期,人大复印资料《语言文字学》,2004 年第 8 期转载。

发现"言语社区",是本文打算讨论的问题。

我们的主要观点是,确定一个言语社区,需要具备三个基本元素:可以大体圈定的区域,相对稳定而适量的人群,由区域群体成员共同认可并使用的、与其他群体或与整个社会语言有所区别的符号体系或曰语言变体。"互动"和"认同"存在于一切言语交际活动之中,而"设施"同言语活动没有直接关联,它们可以分别看做言语社区语言变体的构成基础和立体参照。

社区首先要牵涉到"地域"的概念,强调区域性特征是言语社区研究有别于一般语言学研究之处,也是我们在确定言语社区时首先要考虑的方面。如同社会学上通常采取的社区划分的灵活性原则,言语社区在区域大小上也并无特别限定,只要能符合研究的目的和需要即可。但言语社区的区域圈定与社会学上的社区划分又有很大不同。社会学上的"社区"概念虽然没有范围大小的绝对限制,但社区边界相对容易划定,河东河西,街南街北,甚至一条线、一堵墙都可以明确界定社区边际,言语社区却要复杂得多。语言是整个社会的广泛参与,一个言语社区与另一个言语社区之间,与整个社会语言之间,浸润性都很强,因此很难对一个言语社区的边界进行清晰的划分。

徐大明先生提出的"社区第一,语言第二"的原则,[①]使言语社区的边际界定具有了更大的可操作性。徐大明先生认为,言语社区虽然并非总是,但可以在很大程度上与一般意义上的社区产生重合,言语社区可以通过实证和量化的方法来确认。付义荣对安徽省无为县傅村言语社区的调查,就较为成功地运用了言语社区理论,也对言语社区的区域限定提供了可以参考的模式。[②] 但尽管在言语社区界定中实证和量化有其必要性,是否所有东西都可以量化还需要进一步研究。[③] 综观当今言语社区的研究成果,无论从理论的探讨还是实际运作的结果看,言语社区的边界划分都是相对的,都只能是一个可以大体圈定的地域范围。地理位置上的区域和某语言变体之间,很难达到完全等值的重合。

其次,作为一个有别于其他群体的独特聚合,言语社区需要一个相对稳

---

① 徐大明:《言语社区理论》,人大复印资料《语言文字学》,2004 年第 8 期。

② 付义荣:《傅村语言调查:言语社区和语言变化研究》,南京大学 2005 年博士论文,第 20—25 页。

③ 郭熙:《中国社会语言学》(增订本),杭州:浙江大学出版社,2004 年,第 60 页。

定而适量的人群。社会学上的社区要素首先是拥有在一定区域聚集的人口,这同时也是言语社区存在的前提。美国语言学家布龙菲尔德(Bloomfield, L.)早在1933年的《语言论》中就把言语社区定义为"凭借言语互相来往的一群人"。但他同时又认为,"哪些人归属同一个言语社区,在任何情况下都很困难或者无法确切限定,这并非偶然,而是由言语社区性质决定的"。① 言语社区的性质究竟是什么,布龙菲尔德并没有给出一个明晰的解释,而如何界定社区成员却成了延续至今、争议颇多的问题。

美国社会语言学家拉波夫(Labov, W.)在进行著名的纽约市居民发音调查时,以"土生土长的纽约人"为参照,将研究范围基本局限在出生于纽约并以英语作为第一语言的城市居民,而将大约1/3的纽约居民撇在一边,语言标准大大缩小了社会团体,这种完全从语言出发的做法造成了一些问题。② 付义荣在进行傅村语言调查时,将那些母语即为无为方言并且与傅村仍保持密切联系的傅村人确定为傅村言语社区的成员,而将已在傅村生活约40年之久,但第一方言并非无为方言、仍带有外地口音的人(1个蚌埠人、1个上海人、3个宝应人)排除在傅村言语社区之外。由此带来的一个问题是:一个并非生活在孤岛上的正常人可以不属于任何言语社区吗?如果答案是否定的,那么傅村社区中具有世界独一无二发音的蚌埠人和上海人可以找到她们隶属的言语社区吗?③

我们认为,言语社区成员的考察要综合多方面因素,第一语言或第一方言不能作为阻止获得成员资格的门槛。言语社区是视研究的目的和需要而设定的语言调查的基本单位,一个社区成员可以同时隶属多个言语社区。确定言语社区成员,与其在言语社区中停留时间的长短关系密切,也是我们在考察时不容忽视的重要条件。每个言语社区都有其相应的语言变体存在,而语言变体非但在形成时需要一个日积月累的过程,具体落实到成员间的认可使用,也需要一个潜移默化的阶段。没有时间的铺垫,就难以形成语言习惯的延续和认同,也就无法建立共同的言语交际观。从这个意义上说,留学生

---

① Bloomfield, L.: Language. New York: Holt, Rinehart & Winston, 1933, p.42, 45.
② [法]路易-让·卡尔韦:《社会语言学》,北京:商务印书馆,2001年,第90页。
③ 付义荣:《傅村语言调查:言语社区和语言变化研究》,南京大学2005年博士论文,第26页。

就不太可能形成一个言语社区。因为都带着一定语言背景而来的留学生群体，不仅语言混杂，而且流动性也很大，要在短期内形成一种有别于其他群体的语言变体是不可能的。

　　此外，人群数目的适量也是要考虑的。所谓"适量"，是指这个群体既要有一定的规模，体现出"区"的特点，同时也要考虑大小适度，易于掌控把握。美国社会语言学家甘柏兹认为："大多数持久的集团，不论是小到面对面交往的伙伴，还是大到尚可分为地区的现代国家，或是同业协会、地段团伙，只要表现出值得研究的语言特色，均可视为言语共同体。"[①]我们的看法是，社区总是一定范围之内的群体活动，没有一定的人员规模，不可能成为社区。所谓"小到面对面交往的伙伴"，这只是非常态下的特殊情况，不具有通用性和普遍性，因而不能作为定义的基础；而"大到尚可分为地区的现代国家"又嫌过于宽泛，与社会语言学公认的言语社区作为语言调查基本单位的限定有所不符。至于在一个什么样的规模和范围中才能有效确认言语社区成员，从目前的研究现状看，学界的认识还比较模糊。我们觉得，人群范围的圈划无绝对标准，只能根据研究的目的和实际需要而确定，同时也要综合考虑其他要素，人口地理学上既利用空间概念来限制人群，又利用人群数量来限制区域，地域范围和人口数量相互参考的综合分析手段，对我们有一定的启发作用。

　　最后，一个在这个言语社区中由群体成员共同认可、遵守的，与其他社区或与整个社会语言有所区别的符号体系。这个体系的构成元素，可以是语音的，也可以是词汇、语法的，它们是一个言语社区存在的标识，同时也是言语社区区别于一般社区的关键性因素。这套标志性符号也可以看做一种语言变体，它完全是言语社区内部约定俗成的产物，每个社区成员都自觉或不自觉地参与了该符号系统确立、巩固和实际使用的过程，并据此获得进入该言语社区的资格。这个符号系统的构成元素，每个言语社区都可以在感性认识的基础上通过进一步的调查和测试来验证，即这些元素是否为这个社区所独有，或是否为这个社区多数人认可，而在其他社区为多数人所不认可。当我们把这些元素发现并确定以后，我们实际就找到了这个社区语言的本质性的

[①] Gumperz, J. J. The Speech Community. In International Encyclopedia of the Social Sciences, Volume 9, London: Macmillan. 1968, p. 381. 译文见祝畹瑾《社会语言学译文集》，北京：北京大学出版社，1985年，第36页。

东西。至于确定一个言语社区需要多少标志性的符号,目前在认识上还没有取得一致。我们认为,统一的定量标准确实很难制定,关键是看能否足以将一个言语社区与其他言语社区或社会语言区分开来。

可以预测的是,在验证的过程中,对某些符号的认同程度会与社区成员的分区与分层状况有关。分区牵涉到成员在社区中所处的地理位置,即当这些符号的使用处于社区的边际状态时,其认可度肯定没有核心区域的认可度高;而分层与成员自身因素有关,即成员的不同社会地位或社会层次,会导致对某个特定符号不完全一致的认识,某些人高度认同,某些人却不太认同,这其实很正常。因为社区成员内部,特别是区域范围较大的言语社区,一定会有更小的言语聚合体存在,成员之间并不处于一个完全相同的社交平面,"圈子"中的言语符号完全有可能存在。但可以肯定的是,这些同中有异的不和谐部分,并不会从根本上动摇一个言语社区整体的存在,我们也不能因此就将一部分人从这个社区排除,毕竟,言语社区成员的组成牵涉很多因素,而不仅仅是对某个具体符号意义的认同或排斥。

至于互动和认同,我们认为它们都属于带有共性的言语行为,与上述"三要素"不在同一个层面,因而不具有构成言语社区基本要素的资格。

注重交流互动被当今社会语言学界公认为甘柏兹对言语社区界定的重要贡献。甘柏兹指出,言语社区,即"凭借共同使用的言语符号进行经常的有规则的交流,并依据语言运用上有实义的分歧而区别于同类集团的人类集合体"。[①] 我们并不否认互动在言语社区形成和发展中的重要作用。互动即所谓互相作用、互相影响,一个人的言语行为会影响另一个人的言语行为,这种影响的表现形态就是交流互动。任何一个言语活动都含有互动,没有互动就没有言语本身。但必须指出的是,作为言语交际的通常表现形态,互动并不限于言语社区内部,不在一个言语社区也必然存在交际者之间的互动,因而它是共性的,不具有社区内外的区别性特征。

认同也是如此。如果说互动是所有言语活动的基础,那么认同便是有效言语活动的基础;互动是一种客观的言语交际行为,而认同是主观的言语评

---

① Gumperz, J. J. The Speech Community. In International Encyclopedia of the Social Sciences, Volume 9, London: Macmillan. 1968, p. 381. 译文见祝畹瑾《社会语言学译文集》,北京:北京大学出版社,1985 年,第 36 页。

价行为。拉波夫(Labov,W.)强调言语社区的首要之处便在于对语言变异有一致的态度和相同的评价标准,①这在当今的言语社区界定中被广泛接受并推崇,我们对此持有不同看法。

我们认为,言语社区赖以区别的并不是互动和认同本身,而是互动和认同所关涉的对象:互动所说出来的言语,认同涉及的在这个社区内约定俗成的、独特的、赖以区别于别的言语社区或公共语言系统的符号体系。这个有别于其他社区的独特的符号系统或语言变体,比如独有的发音规则、特殊的词汇项目,之所以能在这个社区中流行,就因为大家在自觉或不自觉中都认可并遵循了这样一个规则,主观评价上一致,或说是具有一种言语认同。认同是在约定俗成的经验积累基础上建立起来的,体现了一种集体意识。没有认同就没有语言规则本身,这也是语言的交际工具性质决定的。这就如同广东话的"哇"成了商界和年轻人常用的表示夸张的符号,在某种程度上表现了社会对广东人经济地位的认同。而我们之所以能判断出这个认同,又是通过语言形态上的表现符号"哇"来认识的。认同潜伏在规则的背后,很难通过实证和定量指标来测定,这同"三要素"所具有的易于实现的量化特征有很大不同。至于拉波夫所进行的对纽约市居民的发音调查,其实也只是以检测作为一个验证性手段,对社区中某些感觉到存在但尚不明晰的规则作一个量化调查,以便判断所验证元素是否属于该言语社区的特殊符号系统。例如拉波夫在调查后得出了元音后的辅音"r"发卷舌音的人社会地位相对较高的结论,这实际是对已有假设的一种验证与检测,检验过程固然利用了社区潜在的认同意识,但这同要素本身并不是一个概念。

设施也不宜作为言语社区构成的基本要素来考虑。徐大明先生认为:"一个言语社区往往有一些解决言语问题的途径和方法,这些也可以视为言语社区的公共设施。正像目前城市中小区型社区所拥有的会所等服务设施一样,有关的语言权威机构、语言典籍、成文标准、舆论压力,等等,只要成员都有一定程度的参考沿用的途径,自然也就成为言语社区共同的财产和设施。"②这里的语言权威机构、语言典籍、成文标准等等,我们理解还是属于语

---

① Labov,W. Sociolinguistic Patterns. Philadelphia: University of Pennsylvania Press. 1972,p.120.

② 徐大明:《言语社区理论》,人大复印资料《语言文字学》,2004年第8期。

言规则范畴,而且这些规则并不为某个言语社区所独立拥有,它们服务于整个社会,并且蒙有官方运作的浓厚色彩。它们以不同的表现形态诠释并制约着全社会言语活动中必须遵循的基本规则,或是以有一定约束力和导向作用的文本形式,或是以行政命令的手段。它们是我们认识到语言变体之所以为"变"的参照,也是我们在进行包括言语社区活动在内的所有语言活动中不可忽略的"设施"或曰"装备"。它们对言语社区的形成和发展有相当的影响力,但这个影响力的发挥层面主要表现在对某语言变体的观照,可以作为我们理解言语社区特殊符号体系的参考。

综上所述,独特的人群、区域与语言变体,是确定言语社区必须考虑的三个基本要素。根据徐大明先生"社区第一,语言第二"的原则,最基础的要素应该是区域范围,其次为生活在这个区域中的群体,以及由该区域中的群体因互动交流而形成并使用的言语形式。这个言语形式因社区成员的普遍认同而得以存在和延续,同时在发展过程中也受到带有普遍规范作用的相关文本形式的影响。"言语社区"的翻译兼顾了"三要素"的各个方面,内涵丰富且简明易懂,完全适合作为通用的术语而存在。

第五编
汉语国际推广

"汉语热"带来的机遇与挑战①

很高兴也很荣幸能成为"安徽大学第九届博明论坛"开坛讲座的报告人。我今天讲座的内容包括三个部分:第一部分是关于全球汉语热的观察和分析,主要是介绍一下目前海内外汉语学习的情况;第二部分重点介绍当前中国政府为了汉语国际教育正在采取的一些重要举措,第三部分谈谈我们所面临的机遇与挑战。

第一部分:关于全球汉语热的观察和分析

《人民日报》2012年3月1日第一版发表文章《文化交流的"中国样本"——探访四国孔子学院》,文章开头:

"全世界学习汉语的人有多少?数据显示,已经超过5000万。而推动世界范围内汉语学习热潮的主力,就是孔子学院。自2004年11月21日全球第一所以汉语国际推广为主要使命的孔子学院在韩国首尔揭牌以来,占世界人口86%的105个国家已建立358所孔子学院和500多个中小学孔子课堂。孔子学院正在各国落地生根,推广汉语教育,传播中华文化,成为中华文化走出去的成功案例和世界文化交流的中国样本。"

《光明日报》2012年1月5日头版头条,"在纽约时报广场户外显示屏上,水墨动画形象的孔子复活了——他笑意盈盈地作揖行礼,谦谦君子之风传递给每一位与他相逢的路人。而遍布全球五大洲的孔子学院,更是让中国的语

---

① "安徽大学第九届博明论坛"开坛讲座(2012)。相关内容也曾在南京大学(2005)、安徽农业大学(2006)、合肥学院(2007)、苏州科技学院(2011)作过演讲。

言文化在世界焕发出生机"。"中国选择了孔子,作为连接世界的大使。以他名字命名的孔子学院,成为迄今为止中国最好最妙的一个出口产品——7年时间,孔子学院已在占世界人口86%的105个国家落地生根。中国巨大的发展潜力凝聚并形成了汉语热。这是一种沟通的开始,尘封在西方记忆中的东方文化日渐清晰,对中国的印象从猜想变为现实感触。"

有些同学对孔子学院可能还不是很熟悉,我先做一个简单介绍。

中国政府一直非常重视对外汉语教学工作,早在1987年就成立了"国家对外汉语教学领导小组"(2006年更名为"国家汉语国际推广领导小组"),由国务院12个部委组成,下设办公室,简称"国家汉办"。进入21世纪后,随着中国经济的快速发展和国际交往的日益广泛,全球范围内的"汉语热"不断升温,世界各国对汉语学习的需求不断增长。为了适应世界汉语教学发展的新形势,中国政府借鉴德国歌德学院(1951~)、西班牙塞万提斯学院(1991~)、法国法语联盟(1883~)、英国文化协会(1934~)等的办学经验,决定在海外设立非营利性汉语推广机构孔子学院。中国的海外汉语推广机构以孔子的名字命名,是因为孔子在中国历史上的特殊地位和重要影响。2004年11月21日,全球第一所孔子学院在韩国建立。时任教育部部长的周济为首尔孔子学院揭牌。2005年7月20日,中国政府在北京召开首届世界汉语大会,来自65个国家和地区的623名代表出席会议,人大副委员长许嘉璐、国务委员陈至立在闭幕式上为全球27家孔子学院授牌,会后孔子学院项目全面展开。

根据孔子学院章程总则,孔子学院是中外合作建立的非营利性教育机构,致力于适应世界各国(地区)人民对汉语学习的需要,增进世界各国(地区)人民对中国语言文化的了解,加强中国与世界各国教育文化交流合作,发展中国与外国的友好关系,促进世界多元文化发展,构建和谐世界。

自2006年7月起,孔子学院总部每年召开一次孔子学院大会,已连续召开6届,孔子学院也进入了一个蓬勃发展的时期。截至2012年3月,中国已在全球105个国家建立了358所孔子学院和500多个中小学孔子课堂,孔子学院的发展令世界瞩目。

我们安徽大学目前已建成三所孔子学院,包括智利圣托马斯大学孔子学院、乌克兰哈尔科夫国立大学孔子学院、阿塞拜疆巴库大学孔子学院。这三所孔子学院目前都有我们的教师和研究生在进行汉语教学。智利圣托马斯大学孔子学院2008年4月揭牌后开展了大量工作,2009年度、2010年度连续两年获得全球先进孔子学院称号,也是2010年度唯一一所连续两年跨入先进行列的孔子学院。2011年,孔子学院所在的智利维尼德尔马市市长亲自授予圣托马斯大学孔子学院"政府荣誉奖章",以褒奖孔子学院在促进维尼德尔马市多元文化发展方面所做出的杰出贡献。

关于全球汉语热的情况,我们可以看一组数字。以美国为例。美国中小学到2003年开设中文课程的只有200多所(除周末学校),而至2010年,美国公立学校开设汉语课的大中小学超过5000所。马里兰大学2004年11月创办北美第一家孔子学院,目前美国已有48个州区共开设76所孔子学院和287个孔子课堂。全美学习汉语的大中小学生超过20万,是6年前的10倍。在英国,5200多所中小学开设汉语课。在法国,中小学学汉语人数连年增长40%。在德国,学汉语人数在5年内增长了10倍。如今,已有美国、英国、法国、智利等40多个国家颁布政令,将汉语教学正式纳入国民教育体系。在日本、韩国、泰国和蒙古国,汉语已跃升为第二大外语。

上面我们谈到的是海外的汉语学习,下面我们再来看一下中国国内的情况。随着世界范围"汉语热"的兴起,中国国内的对外汉语教学也在迅速发展。中国的对外汉语教学开始于新中国成立初期,近几年发展迅速。根据中国教育部发布的"2011年全国来华留学生数据统计":2011年,全年在华学习的外国留学人员总数首次突破29万人,共有来自194个国家和地区的各类来华留学人员,分布在全国31个省、自治区、直辖市的660所高等院校、科研院所和其他教学机构中学习。与2010年相比,2011年来华留学生总人数增长27,521名,同比增长10.38%。来华留学生总人数、生源国家和地区数、我国接收留学生单位数及中国政府奖学金生人数4项均创新中国成立以来新高。教育部表示,今后将继续贯彻《国家中长期教育改革和发展规划纲要》精神,切实落实《留学中国计划》,到2020年,争取全国当年外国留学人员数量达到50万,使我国成为亚洲最大的国际学生流动目的地国家。

分析一下当前"汉语热"形成的原因,总的看有以下几点:

1. 中国经济的持续增长与国际地位的不断提高

任何语言都与经济和文化分不开,经济越发展,文化越发达,其语言的地位与作用就越大。世界大气候的影响是"汉语热"形成的主要原因。

来自英国中小企业联合会2011年的调查显示,英国企业界对掌握中文雇员的需求急速上涨:2009年是第三位,到2010年升至第二位,仅次于法语。在韩国,汉语水平考试成绩已经成为许多大企业用人、升职的标准之一,超过50%的企业愿意优先录用懂汉语的求职者。

国家汉办主任许琳到美国访问,罗得岛大学校长卡鲁茨跟着她跑,最终在纽约的会场截住了她。"给我1分钟时间,就看一张图!"那是一张罗得岛大学孔子学院的效果图。卡鲁茨说,罗得岛大学是培养工程师的,现在中国的各种大工程的数量是世界上最多的,学了汉语,我的毕业生才能有更好的机会。

美国犹他州州政府通过立法,要求全州所有公立中学从2001年起必须把中文作为必修课。犹他州之所以选中了汉语进行普及,身为犹他州政府中国贸易与事务总代表的胡向前先生说了其中原因:"选中汉语,其中一个最重要的原因是美国主流社会对中国的重视和认可。中国这些年在经济发展中取得的各种成就,中国在全球经济中所起到的越来越重要的作用,都使美国的主流社会不再轻视中国。"而在犹他州内进行的汉语普及也顺应了这一历史发展的潮流。

2.海外华人华侨的努力

2009年第四届孔子学院大会上我们智利圣托马斯大学孔子学院在参会的282所孔子学院中脱颖而出,成为全球20所先进孔院之一。国家汉办指定我在院长论坛上发言,介绍在海外开展中国文化推广工作的经验。我谈的其中一点就是要尽力依靠当地的华人华侨帮助我们开展工作。

2009年至2011年我在智利圣托马斯大学孔子学院任中方院长。在中国驻智利使馆文化处的支持和帮助下,我们组织召开了"首届智利中文教师大会",并创建了"智利中文教师协会"。自然,教师的主体是华人华侨。也许有人说,他们教汉语是为了谋生。这有一定道理,但不是全部。何况,还有大量并不是直接从事汉语教学的华人华侨,他们同样为"让世界了解中国,让汉语走向世界"做了很多工作。我们在孔子学院开展的很多工作,都得到了当地华人的无条件的支持,也是我们依靠的重要力量。

2000年至2002年我在澳大利亚维多利亚州教育部做汉语顾问。因为汉语顾问的特殊身份,我走访了很多有汉语项目的学校,接触了大量的汉语教师,他们中的很多都是华人华侨,有些来自中国大陆。澳大利亚有一支较为活跃的汉语教师队伍。澳大利亚首都直辖区、西澳大利亚州、南澳大利亚州、昆士兰州、新南威尔士州、维多利亚州均有以华人华侨为主体的中文教师协会,仅维多利亚州中文教师协会会员当时就达到208人。他们为汉语教学的海外推广做了很多工作,包括创办很多的周末中文学校。他们对祖国的依恋和关切,对中国日益强盛、强大的骄傲与自豪,每每让人感动。可以说,以华人华侨为主体的汉语教师在扩大海外汉语教学阵地方面所表现出的巨大热情与信心,让人深深感受到了中华民族巨大的凝聚力,感受到了"海外汉语教学兵团"的巨大能量与创造力。

3. 中国文化的独特吸引力

不容否认,中国文化的独特魅力,是"汉语热"形成的一个极为重要的方面。中国是一个有着几千年历史的文明古国。中国悠久的历史与灿烂的文化,对海外的汉语学习者有着很大的吸引力。我1995年至1997年在美国教汉语时,多次对班上学汉语的学生做过问卷调查。亚洲学生,如来自日本、韩国的学生,一般是希望今后与中国做生意,或回国教汉语。而美国本土的学生,绝大多数是由于中国文化的吸引,如宗教(佛教、道家学说等)、武术、绘画、书法、烹调。有人就因为自己或家人、朋友到中国旅游了一次,就决定选学汉语,希望更多更好地了解中国文化。与其他语言相比,外国学生普遍感到汉语难学,但正因为如此,很多外国学生愿意学中文。不少学生告诉我,学中文很富有挑战性,特别有学外语的感觉。

4. 中国政府的重视

新中国成立以来,中国政府一直非常重视、关心对外汉语教学工作,不断提升对外汉语教学事业的地位,把发展对外汉语教学作为国家和民族的事业,将对外汉语教学工作作为中国外交工作的一部分,并以此来促进中国国际地位的提高。

2005年7月,适应全球范围汉语热的情况,中国政府在人民大会堂召开了首届世界汉语大会,这次大会也引起了世界范围的广泛关注。

中国政府对这次世界汉语大会极为重视,筹备工作也非常充分。会前由国务院新闻办公室组织新闻发布会,介绍世界汉语大会的筹备情况。出席大会的各国代表十分广泛,规格也相当高。有66个国家和地区的近600名代表参加了大会。国外代表的层次包括外国政要、教育部部长、主管汉语教学的政府官员以及大学校长、汉学家和汉语教师;国内代表主要来自各省、市、自治区教育厅、高校以及其他教育机构的负责人、专家、学者。可以说,国内外涉及汉语教学和推广工作的各个方面的代表都参加了此次大会。我当时是作为澳大利亚维多利亚州教育部的曾任汉语顾问,应邀参加了会议。

7月20日下午4点,会议开幕式在人民大会堂隆重举行。时任教育部部长的周济主持开幕式,国务委员陈至立作为世界汉语大会主席在开幕式上作主题发言。陈至立在主题讲演时称,这次会议是中国政府以汉语为主题召开的一次最高层次的国际研讨会,也是世界汉语教学领域中规模和影响力最大的国际性交流盛会,无论规模还是影响都是前所未有的。

根据《孔子学院章程》,孔子学院总部设立理事会。理事会是总部的领导机构,由中外人士共同组成。现任总部理事会主席是中华人民共和国国务委员刘延东。副主席分别是:教育部部长袁贵仁、国侨办主任李海峰、国务院副秘书长江小涓、财政部副部长张少春。常务理事13名,分别是:外交部副部长宋涛、发改委副主任朱之鑫、教育部副部长郝平、商务部副部长李金早、文化部副部长赵少华、广电总局副局长李伟、新闻出版总署副署长邬书林、国侨办副主任赵阳、国新办副主任王仲伟、外文局局长周明伟、中央电视台台长胡占凡、国际广播电台台长王庚年、国家汉办主任兼孔子学院总部总干事许琳。

大家可能也注意到,国家领导人对孔子学院工作非常重视,胡锦涛、温家宝、吴邦国、习近平、李克强出外访问时,去过多所孔子学院。国家主席胡锦涛2011年初访问美国时,专程去芝加哥佩顿中学孔子学院看望师生,7月又在中南海接见孔子学院师生。刘延东国务委员2010年12月访问智利时还专门观看了我们孔子学院表演的节目,并与孔院师生交谈。

第二部分:中国政府的重要举措

中国政府为了应对当前汉语国际教育的新形势,采取了一系列重要举措,主要包括:

1. 大力支持中外双方继续办好孔子学院

第六届孔子学院大会的主题是"孔子学院的未来十年"。教育部副部长郝平在大会的总结讲话中谈到,孔子学院在未来发展中,一是要尽快发布孔子学院发展规划;二是要组建中方专职院长和教师队伍;三是要加强各国本土师资培养培训;四是要实施"国际汉语教材工程";五是要启动"新汉学国际研修计划";六是要扩大文艺巡演、文化巡讲、教材巡展规模;七是要围绕《规划》提出的孔子学院四个发展方向,建立样板和典型,在五大洲建设 10 所示范孔子学院;八是要继续办好网络孔子学院和《孔子学院院刊》。目前,孔子学院总部已经制定了未来 10 年孔子学院的发展规划,计划引导孔子学院向 4 种类型发展。一是针对全球"汉语热"持续升温的状况,绝大部分孔子学院以汉语教学为主要任务,全程提供从零起点到攻读学位的课程,成为所在国的汉语教学中心、本土师资培训中心、师资质量权威认证中心和考试认证中心;二是支持一批世界知名大学的孔子学院,开展高级汉语教学,培养新一代汉学家和本土汉语教师;三是在亚非拉发展中国家,开展有针对性的职业培训,帮助学生既掌握汉语又掌握谋生本领;四是根据所在国家学习和了解中华文化的特殊需求,兴办以中医、武术、烹饪、艺术、旅游教学为主要特色的孔子学院。

2. 加大教师派出和培训力度

2009 年,录取了 19 个语种 602 名非英语语种海外志愿者,分派到 23 个国家 53 所孔子学院参加各语种培训和汉语教学志愿服务。

2010 年孔院总部的三大培训:一是孔子学院中外院长教师培训 3000 人,来自 92 个国家;二是中方教师和志愿者岗前培训 2000 人;三是开展外国本土教师使用教材培训,来自 77 个国家,其中来华培训 2500 人,赴外培训 2500 人。三项合计培训 1 万人。

2010 年共向 114 个国家选派教师 3000 人,向 80 个国家选派志愿者 3000 人,其中派往各国孔子学院教师和志愿者 2000 人。

2011 年,有 8000 多名教师和志愿者奔赴 100 多个国家教授汉语。

截至目前,孔子学院总部累计为 80 多个国家培训了汉语教师 10 万人次。目前在海外的教师和志愿者总数达 1 万多人,国外本土教师也有 1 万多人。

3. 实施"国际汉语教材工程",多语种教材开发力度加大

近几年,孔子学院总部花大力气解决教材问题,多语种教材的开发力度加大,各国自编本土教材渐成时尚。

2010 年,编写出版了 45 个语种的 9 套汉语教材和工具书,向各国孔子学院赠送图书 40 多万册,有 104 所孔子学院编写出版了 77 种本土汉语教材。

目前已有 45 个语种对照的核心教材出版,160 多个国家、4 万多所大中

小学的500多万名学生目前在使用孔子学院总部的统编教材,向国外配送和销售的教材图书也超过了1200万册。

网络孔子学院2010年已开通9个语种频道,制作课件超过1.5万个,注册用户达10万人。

4. 重视汉语教学法探讨与创新

国务委员刘延东在第六届孔子学院大会开幕式上致辞,特别强调以提高质量为核心,要把教师、教材和教法作为办好孔子学院最关键的基础能力建设好。

2010年8月第十届国际汉语教学研讨会在沈阳召开。大会的主题为:"世界汉语教学的新教材与新教法"。教学模式与教学方法探讨成为大会主要议题之一。大会开设了"国际汉语教学示范课演示课堂",集成了来自海内外一线教师的优秀课程,分享不同国家、不同层面的教学经验,突出展示了各国一线教师的教学经验。

第三部分:面临的机遇与挑战

毋庸置疑,汉语正在对世界发生着重要的影响,我们正处在向世界推广汉语的前所未有的大好时机。教育部2010年颁布的《国家中长期教育改革和发展规划纲要》(2010～2020)明确提出要支持国际汉语教育。但我们应该清醒地意识到,机遇与挑战并存,我们仍然有很多需要解决的问题。

在世界语言的大家族中,汉语有优势也有劣势。汉语的优势首先是人口优势,海内外以汉语为母语的有13亿人,是世界上使用人口最多的语言。其次,汉语具有文化优势,它负载着悠久的对世界充满魅力的文化。再次,汉语具有潜在的经济优势。但应该看到,在人类进入信息时代的今天,汉语的劣势也非常明显:首先,汉语内部的一致性较差,方言分歧严重,语言的规范标准不健全,书写系统不一致,有繁体字与简化字之别,普通话推广任务艰巨,在升学、晋级等领域,实际存在轻汉语重英语的政策规定或心理倾向等等,都对汉语的发展造成了一定的阻碍;其次,必须看到,汉语在国际语言生活中并不占优势。将汉语作为国家通用语言和工作语言的并不多;联合国虽然将汉语列入工作语言,但是地区性、国际性的组织或会议真正使用汉语的还不多;汉语在地区或国际上的重要交际领域,如外交、贸易、科技、教育等,使用也十分有限;外国人学汉语的人数虽然在增加,但真正了解汉语或在社会生活中使用汉语的却很少,绝对数目也不是很多。要使汉语真正走向世界,我们还有漫长的路要走;而进展的速度,则取决于我们民族、我们国家自身的努力。

为了加速汉语的传播,当前要特别努力的方面,我们概括为"三个提高",即真正提高对汉语国际推广的认识;切实提高自身的汉语言文化水平;努力提高跨文化交际意识。这"三个提高",也可以理解为我们如何在新形势下应对即将到来的挑战。

1. 真正提高对汉语国际推广的认识

真正,即实质跟名义完全相符。如果问到汉语国际推广是否重要,大家的回答可能都是肯定的。但要真正做到从中央到地方,从语言到行动,都能把汉语国际推广作为国家和民族的事业来对待,恐怕就不是那么容易了。

世界各国都非常重视语言的推广。我 2000 年 10 月至 2002 年 11 月受国家汉办派遣,任澳大利亚维多利亚州教育部非英语语言处(Language other than English Unit,简称 LOTE Unit)汉语顾问。该处共设汉语、印尼语、日语、朝鲜语、阿拉伯语、法语、德语、希腊语、意大利语、西班牙语等 10 个外语语种,每个语种最多为两个顾问。其中一个顾问为澳籍雇员,称为 Consultant;另一个为外国政府所派,称为 Adviser。教育部其他部处的人员都戏称我们外语处为"小联合国",23 个雇员来自 16 个国家,包括一些行政人员(来自美国、奥地利等)。维多利亚州教育部对语言顾问没有什么具体要求,也没有规定的工作任务,但可以说每个外国顾问都是尽了自己最大的努力在工作。因为作为联邦制国家,澳大利亚的教育主权在各州区。外语与艺术、英语、健康和体育、数学、科学、社会与环境学、技术一起构成了澳大利亚中小学校课程设置的 8 个重点学习领域。也就是说,每个中小学校都应该开设一门外语,但究竟开哪一种,没有规定,可以由各校根据社区、师资等情况自行决定。因此,以推广自己语言为目的的各国语言顾问之间就有很明显的竞争。我在澳洲工作的两年多,基本上没有休过一个完整的周末,总是利用周末时间开展多种形式的汉语教师培训、出席各种与推广中国文化及汉语教学相关的活动。没有人要求你这么做,但你确确实实觉得只能这么做,因为我们每个语言顾问都能感觉到自己肩上的责任,都有一种为推广自己的母语、为国家争得荣誉的强烈的使命感让你全身心地工作。

2. 切实提高自身的汉语言文化水平

2005年复旦大学汉语言文字大赛,外国留学生代表队夺得冠军,在社会上曾引起较大反响,这也从一个侧面反映了我们母语教育的缺失。比赛评委陈光磊教授谈到,得知比赛结果时,心情颇为复杂。语言是一个民族的特质标志,留学生队夺冠说明外界正在积极关注着汉语及中华民族,对此我们应该感到欣慰。但同时,我们也应该不断提升自己,了解自己的民族文化。中国学生在把目光转向其他语言的时候,在母语的学习上也应该投入更大的热情,至少在常用、基本的知识和技能方面应该掌握得更扎实一些。

北京某中学老师做过一个统计,在全班同学的作文里,平均每篇出现成语不到3个,其中还有许多用错的。很多学生可以在不同场合说一口流利的英语,却不能说一口漂亮的中文,汉语言文字学习不仅在大学生中不受重视,即使在中小学也越来越不受重视了。这种现象确实值得我们注意并反思。

为了加快汉语走向世界的脚步,我们必须切实提高自身的汉语言文化水平,重视并加强对汉语本身规律性的研究。语言本身是有规律可循的。汉语国际教育要取得实效,对汉语本身的认识与掌握非常关键。外国学生最忌讳老师说,"这是汉语的习惯,你记住就行了"。要让汉语走向世界,首先要使学习者感觉这是一门科学的语言,是有章可循的文字表达。这就需要我们加强对汉语本体的认识,掌握汉语语音、词汇、语法的基本规则,不但要知其然,更要知其所以然,这也是我们从事汉语国际推广工作的基础和前提。

3. 努力提高跨文化交际意识

所谓跨文化交际,是指不同文化背景的人们之间的交际行为。这种交际主要是通过语言来进行的,所以又称为跨文化语言交际。

汉语国际推广是要与不同国别、有不同文化背景的人打交道,这就需要我们有跨文化交际的意识和能力。我们要尽力开阔自己的国际视野,尽可能了解不同国家的习俗和文化,理解并认真处理好语言教学和文化教学的关系,为世界文化的和谐发展做出自己的贡献。

最后,我引用第九届博明论坛通知上的一句话来结束讲座:"今天这个时代,再次站在世界舞台的中国面临着巨大的挑战。要实现全面发展,增强国际竞争力,我们不仅要提高经济、科技、军事等硬实力,还要提高文化软实力。"

汉语已经大步走向世界,前面的路还很长,希望大家共同努力!

澳大利亚汉语教学的调查与建议[①]

一、澳大利亚维多利亚州教育部汉语顾问的工作情况

澳大利亚维多利亚州教育与培训部(Department of Education & Training)教学革新处语言策略组(Languages Strategy Team of Learning and Teaching Innovation Division)至今共有三任汉语顾问,本人的前任为华东师范大学潘文国教授。我的任职时间为2000年10月至2002年11月,在任期间开展的工作主要包括以下六个方面:

(一)深入维多利亚州中小学校,采取多种方式指导并支持学校的中国语言文化项目

在维多利亚州教育部的支持下,两年来,本人访问了全州近三分之一设有汉语课程的公立学校及部分私校与周末中文学校,采取多种方式给学校的汉语文化项目以切实有力的支持。进行的活动主要包括:

1. 观察不同年级的汉语课堂教学情况,并在事先安排好的课上时间回答学生提出的各种与汉语学习及中国文化相关的问题;

2. 课后与汉语教师及学校相关人员座谈,了解汉语教学在该校开展的情况及迫切需要解决的问题,接受咨询并提出指导性意见;

3. 应邀做旨在引发学习汉语、汉文化兴趣的各类专题讲座,如为高中生、初中生、小学生分别做的"中国的传统节日";"中国中学生的一天";"中国的

[①] 本文为呈交中国国家汉办、教育部国际司、中国驻澳大利亚墨尔本总领事馆的专题调研报告与工作总结(2002年,墨尔本)。

小学教育"等；

4. 参加学校举办的"中国日"(Chinese Day)活动,在全校大会上介绍中国文化,同时帮助汉语教师开展各种趣味性活动；

5. 参加汉语教师在不同学校轮流举办的地区性教学研讨会,了解各校汉语教学开展近况,并提供汉语教学方面的咨询与指导；

6. 以评委、嘉宾等多种身份参加学校或州中文教师协会举办的汉语竞赛、颁奖典礼等,扩大中国政府在各级各类学校的影响。

(二)大力开展师资培训活动,努力提高汉语教师的业务水平

开展师资培训活动(Professional Development Activities,简称 PD)是州教育部对语言顾问的主要期待之一,也是本人在任期间用力最多的方面。两年来,本人参与组织并主讲的师资培训活动达 50 余次,主要内容包括：

1. 汉语口语训练系列课程；

2. 远程汉语学习系列辅导；

3. 口语与听力理解教学的若干策略；

4. 汉字教学的若干方法；

5. 汉语词汇、语法常见问题释疑；

6. 趣味汉语教学；

7. 如何利用汉语熟语开展汉语课堂教学活动；

8. 汉语词语的文化含义；

9. 从新词语看今日中国；

10. 中国第一部语言文字法的诞生与当前的汉语教学；

11. 中国政府新近赠书介绍。

很多活动反响热烈,有些还应邀在多处重复举办。培训效果十分明显,在汉语教师中的影响面也很大。

(三)参与多项汉语教材和教学资料的建设工作

1. 参加了由州教育部统一组织的汉语教师教学参考材料(The Curriculum and Standards Framework Ⅱ:Chinese Sample Unit of Work)的改写与修订工作；

2. 参加了由州教育部组织的"新金山金矿中文资料盒"(Sovereign Hill Museum Chinese Resource Kit)汉语部分的修改工作；

3. 作为澳联邦政府基金资助的全国汉语视听教材(CD-ROM)的特聘

顾问而对拟在全澳高中英语课堂使用的教学材料进行审读并提出批评性建议;

4. 配合维多利亚州国家美术馆编写与中国画展相关的中小学汉语学习支持材料;

5. 为维多利亚州课程与评估机构(VCAA)组织编写的网上汉语教学参考资料提供支持与帮助;

6. 帮助维多利亚州教育部"语言与多元文化资料中心"建立汉语书目资料卡片。

(四)面向澳洲社会,组织丰富多彩的宣传中国文化的活动

这些活动的对象包括一般市民、学校的老师与学生。主要活动如:

1. 在墨尔本水族馆举办的"中国关于海的传说";

2. 在中国城及澳华博物馆举办的"走进中国"活动;

3. 由"亚洲基金会"组织的项目:"聚焦中国——中国的信仰与禁忌";

4. 2001 年至 2002 年间在墨尔本展览中心举办的:

(1)趣味汉字;

(2)为你制作中国生肖姓名卡;

(3)中国的传统游戏——踢毽子,跳皮筋。

(五)作为维多利亚州教育部的一员参与部门各项工作

1. 代表教育部或作为教育部的一员参加各种会议、活动。如在全国外语会议上做接待与宣传工作;在地区性外语大会上举办讲座;参加亚洲文化周活动;出席名目繁多的开幕式、颁奖典礼等;

2. 与其他语言顾问一起对 LOTE 一个阶段的工作发展提出建议与实施计划。如参加"高年级外语教学策略小组",为维多利亚州外语教学的总体发展献计献策;

3. 按要求撰写各种工作报告。如审读相关材料后的评论性报告;某些调研项目可否在学校进行的可行性报告;本人两周一次的例行性工作汇报等;

4. 接受来自各个方面的有关中国的口头与书面咨询。

(六)接受领事馆领导,认真完成领事馆教育组交付的各项工作任务

1. 配合领事馆教育组就中国教育部国际合作与交流司"关于在国外建立汉语教学中心进行调研的函"进行调研,并以书面报告的形式向领事馆教育组做了汇报;

2. 协助领事馆教育组选定中国政府给维多利亚州教育部语言与多元文化资料中心的赠书书目,并积极帮助资料中心为两次共 1,400 册赠书做书目卡片;

3. 作为领事馆的代表参加 2001 年度和 2002 年度维多利亚州优秀汉语教师及获奖学金资助的 10 年级学汉语优秀学生的选拔工作。

(七)工作中存在的问题

汉语顾问所任职的部门目前共设汉语、印尼语、日语、朝鲜语、法语、德语、希腊语、意大利语、西班牙语等 9 个外语语种,每个语种多为两个顾问。其中一个顾问为澳籍雇员,另一个为外国政府所派。

各个语种内部都普遍存在如何协调处理澳籍顾问和外籍顾问的工作配合问题。同其他语言顾问和历任中国顾问一样,本人来后也一直面临如何与澳籍汉语顾问协调好工作关系的问题。总体上能配合工作,但也有不同看法。

二、澳大利亚及维多利亚州中小学汉语教学开展的情况

(一)澳大利亚中小学汉语教学开展概况

1. 澳大利亚 82% 的小学开有外语课程,开设汉语课程的学校占总数的 3.4%。

外语与艺术、英语、健康和体育、数学、科学、社会与环境学、技术一起构成了澳大利亚中小学校课程设置的 8 个重点学习领域。据 2002 年 4 月"澳大利亚小学校长联合会"(APPA)的调查问卷,目前全澳 82% 的小学开有外语课程,其中学习东南亚语言的超过 50%,排在前 6 位的外语语种分别为日语、意大利语、印尼语、法语、德语和汉语。开有汉语课程的小学占开有外语课程小学总数的 3.4%。

1	2	3	4	5	6	7
日语	意大利语	印尼语	法语	德语	汉语	西班牙语
25%	24.1%	22.2%	9.2%	6.7%	3.4%	2.5%

2. 全澳开有汉语课程的中小学校目前共达 569 所。

据由澳联邦政府资助的"澳大利亚学校的亚洲语言教学与亚洲课程研究"(NALSAS)2002 年报告显示,至 2000 年,全澳开有汉语课程的中小学校

已达569所,其中政府学校338所,私立学校79所,教会学校152所。

政府学校	338所
私立学校	79所
教会学校	152所
总数	569所

3. 澳大利亚学习汉语的中小学生总数目前约为10万人。

随着中国经济实力的不断增强与国际地位的日益提高,澳大利亚中小学生学习汉语的人数近年来呈明显上升的势头。据澳大利亚国家统计局与NALSAS的统计,1990年,澳大利亚6州2区预备班至10年级(义务教育阶段)学汉语的中小学生不足7000人,1996年达到4.6万余人,到2000年则猛增为8万人。加上周末中文学校的学生,目前澳大利亚学习汉语的中小学生总数约为10万人。

	1990年	1996年	2000年
新南威尔士州	708	12418	19707
维多利亚州	804	11315	25331
昆士兰州	4551	12717	18450
西澳州	0	991	2167
南澳州	0	7528	11559
塔斯马尼亚州	202	50	563
首都直辖区	399	1263	1219
北部地区	0	32	64
总数	6664	46314	79060

该统计范围包括全澳的公立、私立、教会学校。周末学校没有统计在内。加上周末中文学校的学生,目前澳大利亚学习汉语的中小学生总数约为10万人。

(注:2001年的统计数字按常规要到2002年10月份以后才能出来)。

4. 澳大利亚中小学汉语教师的总数接近1000人。

澳大利亚有一支较为活跃、协同作战的中小学汉语教师队伍。澳大利亚首都直辖区、西澳大利亚州、南澳大利亚州、昆士兰州、新南威尔士州、维多利亚州均有以中小学汉语教师为主体的中文教师协会。各州区的中文教师协会1994年又共同组成了"澳大利亚中文教师联会",各协会的成员便为联会的当然会员,其中仅维多利亚州中文教师协会的会员便达208人。据现任"澳大利亚中文教师联会"会长吴坚立介绍,目前澳大利亚中小学汉语教师的总数接近 1000 人。

"澳大利亚中文教师联会"每学期出有一份会讯"澳大利亚中文教师",通报、交流各地汉语教学信息,同时自 1995 年起每年在各协会所在地轮流举办全国性联会。墨尔本(1995 年;2001 年),悉尼(1996 年;2000 年),阿德莱德(1997 年),布里斯班(1998 年;2002 年),堪培拉(1999 年)。2003 年联会——"第九届澳大利亚中文教师联会"初步定于在南澳州首府阿德莱德举行。(澳联会网址:http://www.cltfa.asn.au)

(二)维多利亚州中小学汉语教学现况的调查

1. 在维多利亚州公立学校开设的 39 种外语中,汉语注册人数排位第 6;但在维多利亚州高考中选择汉语作为考试科目的近年来则稳居所有外语语种的第 1 位。

根据维多利亚州教育部的年度统计报告,自 1994 年至 2000 年,维多利亚州公立学校从预备班到 10 年级共开设了 39 种外语,汉语注册人数排在第 6 位。其中:

小学 18 种,注册排位依次为:

语言	1994 年	1996 年	1998 年	2000 年	总比例
印尼语	19557	57798	79945	85394	30.7%
意大利语	33772	66104	75575	77914	28%
日语	18945	48205	56796	56732	20.4%
德语	12200	20686	22830	24230	8.7%
法语	5775	11278	14540	15761	5.7%
汉语	2191	5639	6410	7669	2.8%
希腊语	3675	2659	2902	2696	1%

中学 17 种,注册排位依次为:

语言	1994 年	1996 年	1998 年	2000 年	总比例
印尼语	14539	23838	29100	27959	22.9%
法语	29177	26314	23547	23584	22.9%
意大利语	25910	25070	23227	22223	18.2%
日语	15075	20757	21801	21824	17.9%
德语	19105	18784	18503	17182	14.1%
汉语	2827	3399	3679	3615	3.0%
希腊语	3175	2154	1156	1042	0.9%

州教育部主办的维多利亚州语言学校（VSL：Victorian School of Language 周六上课）开设外语39种，注册人数依次为：

1	2	3	4
汉语	越南语	土耳其语	希腊语
1,116	808	759	546

值得注意的是，在维多利亚州高考中选择汉语作为考试科目的近年来一直稳居所有外语语种的第一位。据了解，今年参加"维多利亚州高中学历资格证书"（VCE）汉语考试的学生已达2100多人，其中汉语为母语的考生1563人，汉语为非母语的考生563人。法语紧随汉语之后，考生接近2000人。日语第三，有1200名左右考生。

2. 维多利亚州目前开设汉语课程的小学共82所，中学77所，学习汉语的中小学生总数约为37,430人。

小学		中学		周末中文学校	维多利亚州语言学校中文部
公立小学	43所	公立中学	33所		
私立小学	20所	私立中学	34所		
教会学校	19所	教会学校	10所		
总数	82所		77所	30所	16个教学中心

小学生		中学生		周末中文学校学生	总计
公立小学	7,669	公立中学	3,615		
私立小学	3,971	私立中学	6,061		
教会学校	3,358	教会学校	1,870		
维多利亚州语言学校中文部	1,116	维多利亚州语言学校中文部	1,470		
总数	16,114	总数	13,016	8,300	37,430人

注：所统计的学校数目为2002年最新数字，学生人数为2001年底统计数字。

3. 维多利亚州中小学汉语教学时间及使用的汉语教材。

维多利亚州小学汉语教学时间平均每周70分钟；中学教学时间平均每周115分钟；12年级教学时间平均每周233分钟。

维多利亚州教育部对外语教材没有统一的规定，但颁布了在一定教学阶段应该完成的教学大纲。如对预备班至10年级，定有"The Curriculum and Standards Framework(CSF)"（教学大纲与标准参比依据），教师须根据大纲要求准备教学内容。11 至 12 年级为学生准备参加高考阶段(VCE),相关部门又根据学生汉语为第一语言或第二语言的情况,分别制订了 Study Design—Chinese first Language;Study Design—Chinese Second Language,供教师与学生学习汉语时参考。

根据本人访校时了解的情况,维多利亚州小学一般不使用正规汉语教材,上课时由教师根据具体情况自行准备教学材料。中学比较通行的教材有三种:

1. 《汉语》(共 4 册,第 1 册 1985 年,第 2 册 1986 年,第 3 册 1990 年,第 4 册 1998 年)

   出版社:*Longman Australia* Pty Limited

   作者:Peter Cheng;Alyce Mackerras;Yu Hsiu-Ching

2. 《你好》

   出版社:*China Soft Australia*(1993 年出版)

   作者:Shumang Fredlein;Paul Fredlein

3. 《中国通》

   出版社:Curriculum Corporation,1992

   作者:The National Chinese Curriculum Project Team。

三、建议

澳大利亚中小学汉语教学阵地的进一步巩固与扩大,需要中国政府采取切实有效的措施予以强有力的支持。目前可以考虑的方面:

1. 春节前夕以国家汉办的名义制作一批表现中国城乡新貌或传统文化的招贴画,通过领事馆教育组或中文教师协会分发有中文教学项目或对中国文化感兴趣的学校,扩大中国政府在各级各类学校的影响,同时也为很多学校都有的汉语教室增添色彩。

2. 改变新近采取的赠书形式,精选特色图书资料直接送给学校。汉办 2001 年给维多利亚州教育部的第三次赠书计 1000 册。由于部分资料不是急需,且资料中心分配给汉语的书架有限,效果不如以往。访校时发现很多学校教学材料严重匮乏,去资料中心借阅也极不方便。建议精选一些资料,通过领事馆教育组或中文教师协会直接送给学校。如列入 2001 年赠书的

《边学边唱:汉语民歌 28 首》,①很多教师都表示极有兴趣。

3. 把组织、安排包括大陆背景的汉语教师去国内进修学习,列入经常性工作计划。此次维多利亚州 8 名汉语教师 1 月份赴沪学习的安排,在汉语教师中影响较大,很多教师都表达了希望类似活动能继续下去的愿望。

4. 组织编写或推荐适于小学教学的汉语课本及相关资料。澳大利亚教师自编的几套中学课本,目前基本可以满足澳洲中学教学的需要,但一直没有适于小学使用的课本。得知汉办正在与英国方面合作编写《快乐汉语》,可否在编写时就考虑到今后或也可以推介到澳大利亚使用。

本报告呈:
中国国家汉办师资处
中国教育部国际司专家处
中国驻墨尔本总领事馆教育组
中国安徽大学中文系

2002 年 11 月于澳大利亚墨尔本

---

① 赵守辉、罗青松编著,北京:北京语言文化大学出版社,1997 年。

汉语教学在澳大利亚[①]

外语与艺术、英语、健康和体育、数学、科学、社会与环境学、技术一起构成了澳大利亚中小学校课程设置的 8 个重点学习领域。据 2002 年 4 月"澳大利亚小学校长联合会"(APPA)的调查问卷,目前全澳 82% 的小学开有外语课程,其中学习东南亚语言的超过 50%,排在前 6 位的外语语种分别为日语、意大利语、印尼语、法语、德语和汉语。在维多利亚州,96% 的公立小学和 99% 的公立中学开有外语课程,其中开设汉语课的中小学校及注册学习汉语的中小学生人数在政府学校所开设的 39 种外语中均排位第 6,而在高考中选择汉语作为考试科目的近年来则稳居所有外语语种的第 1 位。另据由澳联邦政府资助的"澳大利亚学校的亚洲语言教学与亚洲课程研究"(NALSAS)2002 年报告显示,至 2000 年,全澳开有汉语课程的中小学校已达 569 所,其中政府学校 338 所,教会学校 152 所,私立学校 79 所。随着中国经济实力的不断增强与国际地位的日益提高,澳大利亚中小学生学习汉语的人数近年来呈直线上升的强劲势头。1990 年,全澳学汉语的中小学生不足 7000 人,1996 年达到 4.6 万余人,到 2000 年则猛增为 8 万人。加上周末中文学校的学生,目前澳大利亚学习汉语的中小学生总数约为 10 万人。

作为联邦制国家,澳大利亚的教育主权在各州区,因此在汉语课程安排、汉语教学目标及评定标准等方面,全国 6 州 2 区均有不同情况。以全澳中小学校汉语教学规模最大的维多利亚州为例。维多利亚州目前共有 3.7 万余名中小学生在包括周末中文学校在内的各类学校学习汉语课程。学校的汉语教学时间小学平均每周 70 分钟,初中 115 分钟,12 年级 233 分钟。各校没

[①] 原载上海社会科学院主办《社会科学报》,2003 年 1 月 16 日。发表时有删节。

有统一的汉语教材,但维多利亚州教育部制定了在一定阶段应该完成的教学目标与评估标准,教师必须在大纲规定的范围内选择教学材料并组织教学活动。如在学前班至10年级的义务教育阶段,维多利亚州教育部2000年颁布实施了新修订的"汉语教学大纲与标准参比依据"(CSFII),将汉语达标水平分为6级:要求6年级小学阶段结束时达到4级,10年级初中阶段结束时达到6级。每级则分为听、说、读、写四个方面,分别列有详细的教学内容说明与教学结果评定标准。11至12年级为学生准备参加"维多利亚州高中学历资格证书"(VCE)考试阶段。维多利亚州教育部从2001年起修订实施了有效期至2004年底的中文VCE教学大纲。大纲根据学习汉语的学生语言背景与汉语基础的不同,又分为母语组与非母语组两种。母语组包括来澳前曾在汉语为主要交际语言的国家和地区学习过一年以上学校课程的学生,非母语组则为澳洲出生,或虽来自澳州以外,但来澳前没接受过一年以上以汉语为第一语言进行学校教学的学生。对非母语组的学生,大纲确定了学生应掌握的419个简体汉字,同时规定在2003年前,学生在回答问题和写作时可以用少量拼音来代替不曾列出的汉字。另外,虽然简体字为政府认定的规范汉字,但考虑到当地汉语教学的实际情况,大纲允许所有学生可以灵活选用简体或繁体来答题与写作,只是两种字体不得混用。

澳大利亚有一支较为活跃、协同作战的汉语教师队伍。澳大利亚首都直辖区、西澳大利亚州、南澳大利亚州、昆士兰州、新南威尔士州、维多利亚州均有以中小学汉语教师为主体的中文教师协会。维多利亚州中文教师协会会员达208人,新南威尔士州和西澳大利亚州也各有会员50名。协会活动非常频繁,维多利亚州中文教师协会每年的4个学期都定期举行大会,会前分小学、初中、高中三个教学段组织各类汉语教学活动,同时在州教育部资助下开办了中文教学网站,深受广大中文教师的欢迎。新南威尔士州中文教师协会也是每学期召开会议,举办包括汉语言、中国文化在内的丰富多彩的各类活动。1994年,为促进全澳汉语教学的协同发展,各州区的中文教师协会又共同组成了"澳大利亚中文教师联会",各协会的成员便为联会的当然会员。联会每学期出有一份会讯"澳大利亚中文教师",通报、交流各地汉语教学信息,同时自1995年起每年在各协会所在地轮流举办全国性联会。笔者曾应邀在2001年的墨尔本年会及2002年的布里斯班年会上分别做"从新词语看今日中国"的讲座和《国家对外汉语教学领导小组办公室:支持并组织海外汉语教学方面的交流与合作》的专题发言。来自中国大陆、台湾、香港及澳洲本土、马来西亚、新加坡、越南等多个国家与地区,具有不同母语背景的澳大利亚中小学汉语教师在努力加强全国教师间的团结合作,进一步扩大澳大利亚汉语教学阵地方面所表现出的巨大热情与信心,让人深深感到:随着"中国热"的不断升温,澳大利亚中小学汉语教学的明天必会更加美好。

从新词语看今日中国[①]

感谢"澳大利亚中文教师联会"的邀请,有机会出席在墨尔本举行的"第七届澳大利亚中文教师年会",也很荣幸能做大会发言,跟大家一起探讨有关汉语新词语的问题。我们希望通过这次讲座,能够向大家敞开一扇了解当代中国社会的窗口,同时也希望对大家的汉语教学有所帮助。

先来看一封我刚刚收到的老同学来信。我们今天的讨论,就可以从这封信开始。

晓黎:

你好!贺卡收到了,谢谢你的新年祝福。

上周末在合肥的老同学聚会,好多人都是多年不见了。李飞现在是<u>联想人</u>,找了个<u>女记</u>太太,都住进<u>高知楼</u>了,还说要<u>充电</u>,正在<u>攻博</u>,我看主要是帮老板做事;玉萍还在黄梅剧团担纲,<u>人气</u>挺旺,<u>走穴</u>赚了不少,对<u>股坛</u>、<u>瘦身</u>特感兴趣;王云<u>下岗</u>后当过<u>姐</u>、<u>吧娘</u>,现在做<u>房嫂</u>,一个劲儿说她那儿户型多,鼓动我<u>按揭</u>购房;楚楚前几年<u>孔雀东南飞</u>,现在可是<u>VIP</u>,办了个<u>猎头公司</u>,很有点儿<u>大姐大</u>的气派。可听说丈夫是个<u>柳爷</u>,儿子又<u>二进宫</u>,看得出也不痛快;卫进没来,早入了<u>都市隐士族</u>,我总觉得他得了<u>互联网中毒症</u>。

我们就是这个样子。立伟你知道的,<u>官呆子</u>一个,<u>灰色收入</u>有也不多,没事就写他的<u>拇指小说</u>,跟我这<u>吃粉笔末</u>的倒是一对。下午上街为儿子买了台<u>绿色电视机</u>,还直缠着要<u>VCD</u>、<u>DVD</u>。没办法,一个假期就是听

[①] 该内容在澳大利亚"2001年全澳中文教师年会"上作过专题演讲,后载于《中文教学通讯》(澳大利亚,悉尼),2001年第4期。

<u>主打</u>、<u>爬网</u>，昨天还让我问你，"<u>雅柏文</u>"是什么？"<u>雪梨</u>"就是悉尼吗？

　　附上我刚开的<u>伊妹儿</u>地址。也许，我这个<u>电脑盲</u>也可以试试<u>网络聊天</u>。祝

　　一切顺利！

寒薇
2001 年 1 月 28 日

大家可以看到，这封信大约有 200 个词（包括虚词"了""的"等），其中新词有 37 个，约占总数的 1/5，而且不少为多音节。这种新词语密集出现的情况，在今天的中国社会实际非常普遍。从这 37 个新词语，我们可以大概看出汉语新词语呈现的一些主要特色。

一、新词语大量涌现的原因

(一)剧烈的社会变革带来的大量新事物的出现，是新词语产生的直接原因

　　大量新事物出现，必然会导致新词语的产生，这很容易理解。如"分时度假"，这是一种目前在欧美十分流行的度假休闲新概念，即由多位消费者共同拥有旅游地的一处房产，约定在一年内不同时间享有使用权。目前，由于国内每年节假日的天数达到 115 天，商品房空置面积超过 8,000 万平方米，急需盘活，而且，高收入阶层的休闲度假需求日益强烈，这些都导致了"分时度假"在国内旅游市场出现。其他如"空嫂、都市隐士族、试管婴儿、猎头公司、虚假广告、超市、热线"等，新词语产生都是源于新事物的出现。汉语历史上有过多次新词语产生的高峰期，如"五四"时期，新中国成立初期及"文革"时期，基本上都是为了满足称代新事物、新概念的需要。

(二)追新、求简、从优的心理因素，使汉语词汇中增添了大量平行使用的词语

　　从当前新词语产生的情况看，有些并不仅仅是因为新事物产生引起的，它实际上与人们的心理追求密切相关。

　　追新。社会变革引起人们心理激荡，表现在语言上是一种追新求异的创新心理。如人们说"拜拜"、"OK"而不说"再见"、"好，行"；说"吃粉笔末的"而不说"教书的"，这其实都是为了寻找一种新的感觉，与西方文化的渗透及求新求

异的心理有关。再如:滋润(舒服)、信息(消息)、派对(聚会)、搞定(一定完成)。

求简。随着人们生活节奏的加快,语言表达的快捷方便成了人们的追求,音译外来词,特别是直用原文现象较为普遍,如 BP 机(传呼机,亦称 CALL 机)、VIP(重要人物)、CEO(首席执行官)、CD(激光唱盘)、VCD(激光视盘)、DOS(磁盘操作系统)、WC(盥洗室)。此外,简称构词也大量出现,如博导(博士生导师)、耗资(耗费资金)。

从优。新词语中对外文直译及对方言的采纳,有一种明显的从优心理。外语词一般都为英语来源,而方言则多选自经济文化比较发达的地区,如港台粤语,北京方言等。如来自港台粤语的"大排档"(饮食摊)、"埋单"(结账)、"煲电话粥"(在电话中长聊);来自北京方言的"侃"(闲聊、吹牛)、"托儿"(冒充顾客帮助卖主销售的人)。

据国家语言文字工作委员会专家统计,汉语几乎每天都有新的词语或者新的表达方式出现。如"双赢"诞生于 1999 年 11 月 15 日。双赢源于英语(winwin),即你也赢,我也赢,大家都赢。新华社电讯稿在报道于文莱举行的亚太经合组织第八次会议时多次使用了这个词,从此媒体上便常常出现。再如"空嫂",1994 年至 1995 年的岁末年初,上海航空公司在上海纺织系统招收 18 名 28 岁至 36 岁已婚已育的女工去担任空中乘务员,这样,"空嫂"这个新名词便产生了。

据相关部门的统计,汉语每年随机出现的"新面孔"有七八百条,相对稳定使用的三四百条。从 1978 年至 1998 年的 20 年间,大约有 7000 条比较固定的新词语产生。中国社会科学院语言文字应用研究所从 1991 年起出年鉴本新词语工具书,如《1991 汉语新词语》,收词 335 条;《1992 汉语新词语》收词 448 条;《1993 汉语新词语》收词 461 条。2001 年 1 月初面世的《新华词典》修订版(1980 年首版,1988 年第 1 次修订,2000 年第 2 次修订),删去 2,000 余条过时词条(如:步犁、扬场机、果子露、纺绸、人造毛),同时增加新词上万条。以环保词条为例,原来只有 22 条,此次修订增加到 129 条,如:绿色革命、全球变暖、沙漠化、致癌物、化肥污染、温室效应,与人类对环保的关注程度密切呼应。其他如:网吧、千年虫、可视电话、电子出版、非处方药、精子库、试管婴儿、单位犯罪、虚假广告、著作权等新词,更为大家所熟悉。再如《现代汉语词典》1996 年修订 3 版跟股票、股市有关的词语只有 10 条,现在涌现的速度惊人,如以"股"开头的就有:"股资、股权、股种、股类、股势、股民、股盲、股指、股值、股经、股圈、股友、股群、股评、股价、股书、股运";"股"在词末的就有:"老股、新股、个股、活股、死股、旺股、险股、持股、分股、配股、拆股、退股、抛股、送股、认股、玩股、炒股、弄股、合股、国企股、法人股、原始股、二手股、热门股、成长股、强势股、高价股、绩优股、亏损股"等;再如"套牢"出现后又有"被套、吃套、套友、浅套、深套、解套"。新词语已深入中国的方方面面、千家万户,成为当今中国社会一种无处不在的独特景观。

二、新词语产生的主要途径

(一)音译外来词,特别是直用原文现象普遍

音译词涉及的领域相当广泛,包括经济、通讯、文化教育、体育、医学、日常生活等,显示了我国对外开放的特点。其中直用原文现象比较普遍,如VIP(Very Important Person,意为"要人;贵宾")、CEO(Chief Executive Officer 的首字母缩写词,意为"首席执行官")、DIY(是英文 Do it yourself 的首字母缩写词,意为"自己动手做")等。DIY 于 90 年代前后从台港传入大陆,开始主要用于电脑方面,后使用范围逐步扩大,出现了音乐 DIY,健康 DIY 等,并有了 DIYer(喜欢自己动手做的人)的用法。

也有意译的。如:猎头(head hunting)、瘦身(slim,即用节食、运动等方法使身体苗条)、热线(hotline)——红娘热线、投诉热线、黑盒子(black box)、血库(blood bank)、代沟(generation gap)、信用卡(credit card)、公共关系(Public Relations)、跳蚤市场(flea-mark)等。

音译词的大量出现,除了与现代人们求新求简的心理有关,同时也表明了改革开放以来外语教育在中国取得的进展。今年初面世的《新华词典》,在词典正文后部,收录了长达两个页面的以西文字母开头的词语,如 TMD(导弹防御系统)、WAP 手机(无线应用协议手机)、E-MAIL(电子邮件,电邮,伊妹儿)。

需要指出的是,国内关于音译词,特别是直用原文或混杂原文的问题,最近有很多争议。有人认为夹用外国字母,不仅仅是文字规范化的问题,它关系到国家、民族的文化尊严,应该继续使用以往音译外来词的方法,采用汉字音译或意译的方式,如用"音乐电视",不用"MTV";用"艾滋病"不用 AIDS。

(二)采用方言俚语

新词语中有不少来源于方言俚语,特别是源于港台词语、粤语的较多,有

人称之为汉语词汇中刮起了东南风,如炒鱿鱼(被解雇)、"冲凉"(洗澡)、"发烧友"(狂热的爱好者)等。

也有些来自北京方言:如"扎款"(搞钱);"托儿"(冒充顾客帮助卖主销售的人);"侃"(闲聊、吹牛);"整个儿"(完全)。

其他地区不多,如上海话,"上品(质高)"、"大跌眼镜(大吃一惊)"、"大气(大方气派)"、"倒浆糊(和稀泥)"。

这些词语在普通话里大都可以找到相应的表达,但又不完全相同,它们透露出不同的意味、色彩和格调,给人们一种新异感,于是就能被人们接受。

(三)旧词增加新义

有一些旧词语在新的历史条件下被赋予了一种新义。如"老板"现在用于称谓特别流行,连博士生导师、大学系主任都被叫做"老板",以往只用来指资本家;"小皇帝"指被娇惯宠爱的儿童;封建社会做官拿俸禄的"吃皇粮",引申为工作人员拿国家工资。

再如"板块",原为地质学的科技名词(全球共分为六大板块),现使用范围扩大到股票市场、电视、文艺节目、刊物内容等方面,指具有某些共同特点或内在联系的个体的组合;"充电"原为科技术语,指把直流电源接到蓄电池的两极上使蓄电池获得放电能力,现在有了比喻义,指"补充、学习知识、技能";"出局"原为体育方面词语,指棒球、垒球比赛击球员或跑垒员在进攻中因犯规等被判退离球场,失去继续进攻机会,现使用范围不断扩大,不仅适用于各种体育赛事,而且还应用于商业竞争、证券交易等。

(四)按汉语构词方式新造词语

这在新词语中占了多数。汉语新造词语,在构成方式上有一些明显的特点,特别是仿拟造词、语缀构词比较普遍。此外,也有相当数量的简称构词,以及用常用语素构词、用修辞方式造词等。

1.仿拟造词

仿拟造词是通过模仿已有词语创造新词的方法。以"空嫂"为例。前面谈到,"空嫂"模仿"空姐"产生。据招考单位称,"空嫂"比起"空姐"来,更为成熟、肯干、善解人意。随着再就业工程的发展,大批下岗女工转岗,使得"×嫂"形成一个系列:乘嫂——公共汽车上的女售票员、护嫂——服侍病人的、物嫂——管理物业的、婚嫂——婚姻介绍所的、房嫂——房地产公司的、商嫂——从事商业工作的、纺嫂——纺织女工、环卫嫂—从事环卫工作的。

也有为类义仿造的,即新造词语与原有词语的替换语素间有类义关系,如:"文盲"(指不识字的成年人)与"科盲"(指缺乏科学常识的成年人)、"法盲"、"舞盲"、"股盲";"国际"(国与国之间)与"省际"(省与省之间)、"厂际"、"校际"、"人际"。

或为反义仿造。即新造词语与原有词语的替换语素间有反义关系。如:"冷饮"与"热饮"、"冷门"与"热门"、"富翁"与"富婆"、"吃大锅饭"(分配上的平均主义)与"吃小锅饭"(小范围的平均主义)等。

2. 词缀(类词缀)构词

汉语近年产生了不少词缀或类词缀,并由此派生了大量新词语,如"绿色"。有人说近年汉语新词语中有一股"绿色风潮",相关的"绿色词汇"大量涌现。如绿色电脑(其特点是节约能源,其能耗只有普通电脑的25%)、绿色冰箱(指的是无氟冰箱)、绿色包装(其特点在于包装原料可以回收与再生)、绿色服饰(用天然彩色棉织出的棉布制成的服饰)、绿色电视机(其特点是画面无闪烁,能减缓对视力的损伤)、绿色胶卷(不用化学药剂冲洗,只要在日光下简单加热就能形成逼真图像的胶卷)、绿色气球(以残骸落到地面后不出一周即能分解,对环境不会造成任何污染为特征)、绿色食品(无污染、无公害、安全营养型食品的统称)、绿色产品(指在生产和使用过程中,不会污染环境和破坏生态的产品的总称)、绿色证书(指发给受过农业科技和农业管理专业教育并参加过一定时期农业劳动的农民的一种证明文件)、绿色营销(指重视生态平衡、减少或消灭污染、保护环境、维护人类长远利益的市场营销)、绿色运动(亦称"生态运动",最初目标即为维护生态平衡,实现环境保护)、绿色管理(把环境保护纳入企业的经营决策之中的一种管理方式)、绿色汽车(一种低污染的、具有保护环境作用的新型汽车),其他还有绿色化肥、绿色家电、绿色科技、绿色意识、绿色教育、绿色论丛、绿色风潮、绿色词汇、绿色革命等。

再如以"人"作为后缀的新词语,近年出现的特别多,有深圳人(建设深圳的人)、联想人(制造联想电脑的人);有广告人(指从事广告工作的人)、音乐人(指从事音乐工作的人)、戏剧人、电影人、文化人;有时尚人(指具有时尚这种鲜明特征的人)、网络聊天人、自由撰稿人……跟汉语中传统的"人"族词语比较,这类新"人"族词语一般都带有赞誉色彩,代表的是某个让人尊敬或羡慕的群体。

其他如"大牌":大牌歌星、大牌歌手、大牌作家、大牌导演、大牌主持人、大牌球星、大牌球员;"中心":构物中心、娱乐中心、医疗中心、体育中心、技术中心、服务中心;"超级":超级市场、超级明星、超级模特、超级震撼、超级替补;"族":追星族、上班族、月票族、打工族、退休族、租房族;"的":打的、面的、摩的、的哥、的姐;"风":送礼风、摊派风、人情风、麻将风、贿赂风;"软":软读物、软科学、软环境、软通货;热:出国热、文化热、下海热、经商热、电脑热;"感":失落感、任同感、危机感;"坛":泳坛、拳坛、举坛、乒坛;"难":入托难、入厕难、乘车难;"霸":电霸、水霸、路霸。

3. 简称构词

简称作为一种语言现象由来已久,它省时省力,符合经济快捷的要求,在汉语中使用普遍。近年的新词语中也有很多用简称的方式构成的,如博导（博士生导师）、公关（公共关系）、打非（打击非法出版物）、防近（防止近视）、大本（大学本科）、平米（平方米）等。

4. 用常用语素构词

用常用语素构成的新词语,如待岗（被动地离开工作岗位的人,等待重新上岗或重新安排工作岗位）、顶级（最高级别的;水平最高的）、飙升（急速上升）、抢手（货物等很受欢迎）、弱智（指智力发育低于正常水平）等。这类词语近年呈上升趋势,很值得我们关注。

5. 用修辞方式造词

用修辞手法创造新词语的,以比喻手法多见,如以"菜篮子"借指副食品供应,就衍生出"抓菜篮子"、"菜篮子工程"等一批用语。再如"豆芽学科"指不很重要的课程或科目,多指学校的副科;"植物人企业"喻指挂空牌子的企业（只有企业牌照、财务账号等）;"孔雀东南飞"则是把南下的科技人员比作"东南飞"的"孔雀"。

20多年的改革开放,给中国社会带来了前所未有的巨大变化。语言作为人类交际的工具,作为社会生活的一面镜子,直接而真实地反映了新时期中国社会发展的进程。而在由语音、词汇、语法构成的语言系统中,词汇作为发展变化最活跃的因素,作为对社会生活改变最为敏感的部分,又自然而然地在反映当前社会、服务现实需要方面扮演了最为重要的角色。新词语反映了中国改革开放的进程,记载了当代中国的变化与发展,是我们了解当代中国的一扇绝佳的窗口。

智利汉语教学现状与思考[①]

目前中国是智利在全球的最大贸易伙伴,智利是中国在拉美的第二大贸易伙伴,在此背景下学习汉语的需求呈快速增长之势。

一、智利汉语教学发展概述

2004年5月1日中智两国在智利首都圣地亚哥签署了《中智两国教育领域合作谅解备忘录》,这是智利汉语教学发展史上具有里程碑意义的大事,智利汉语教学也由此进入了一个蓬勃发展的时期。

在《备忘录》签署之前,智利的汉语教学主要在一些社会语言教学机构利用周末进行,如智中文协、智利(京)中华会馆中文学校、圣地亚哥台湾中文学校等,教学对象以华人子女为主。《备忘录》签订之后,国家汉办开始派遣汉语教师和志愿者来智利进行汉语教学,圣地亚哥、瓦尔帕莱索、维尼德尔马、奇廉等一些市政中学从2005年开始教授汉语课程。随着智利汉语教学的不断升温,智利教育部于2009年5月将汉语列为国家中等教育外语选修课程,智利也成为拉美地区第一个将汉语引入国家教育体系的国家。2008年之前,智利共有6所市政中学开设汉语课程,2009年增至15所,其中包括智利最南端的蓬塔市和北方重镇伊基克市。截至2010年10月,由国家汉办选派来智的汉语教师和志愿者达到39名,开设汉语课程的公私立中学及语言培训中心等超过了20所。

与中学的汉语教学发展基本同步,2005年,智利首都圣地亚哥的天主教

[①] 原文载于《世界汉语教学通讯》,2011年第1期。

大学、太平洋大学等开始教授汉语课程,至2007年,圣地亚哥已有8所大学开设汉语课程;2006年,智利第五大区的大学开始开设汉语课,目前第五大区共有6所大学,包括圣托马斯大学、圣玛利亚技术大学、瓦尔帕莱索天主教大学等开有汉语选修课;2006年10月,位于第八大区首府的康塞普西翁天主教大学开设汉语班;2008年4月,智利圣托马斯大学和中国安徽大学合办的孔子学院在维尼德尔马市揭牌;2009年5月,智利天主教大学与中国南京大学合办的孔子学院在圣地亚哥成立。孔子学院的相继建立引起智利全国乃至南美的广泛关注,对汉语学习感兴趣的学生和各界民众也迅速增加。截至目前,智利全国已有20多所大学开设了汉语课程。

此外,社会语言教学机构在智利的汉语教学发展中也发挥了重要作用。目前在智利开设汉语的社会办学机构主要集中在首都圣地亚哥,如智中文协的智利中国文化学院;智利(京)中华会馆中文学校;2005年成立、2007年同时成为国家汉办设在智利的HSK考点的智利中华文化中心;2005年起开始教授汉语课程的私立语言教学机构Tronwell语言学校;成立于1992年、由台湾华人创办的圣地亚哥中文学校,以及圣地亚哥长江学校等。其他地市也有,如伊基克华商联谊会中文学校、维尼德尔马的智利中国文化中心等。

二、智利汉语教学现状分析

智利的汉语教学从总体看,起步比较晚,教学基础较为薄弱,本土师资极为缺乏,教材使用也存在诸多需要解决的问题。

1. 智利的汉语教师情况

智利的中学汉语师资,基本上都是由国家汉办派来的汉语教师和志愿者;大学多为在当地聘请汉语教师授课,国家汉办/孔子学院总部派来的教师和志愿者主要限于目前已启动运行的两所孔子学院。社会语言教学机构的师资情况较为多样,如智利(京)中华会馆中文学校,现有10名教师,包括专职汉语教师、在校华人大学生、有教学经历的侨胞和国家汉办派来的志愿者;圣地亚哥中文学校的10名教师,部分来自台湾,同时接受中国内地和台湾侨委会的教师培训。

智利的汉语教学,得到了中国国家汉办的鼎力支持。从2005年12月至今,国家汉办已连续五次派汉语教学专家来智利举办汉语教师培训活动。

2010年10月1日,由中国国家汉办/孔子学院总部资助、智利圣托马斯大学孔子学院主办、中国驻智利使馆文化处协办的首届智利汉语教师大会在智利圣托马斯大学孔子学院举行,来自北部地区伊基克、拉塞雷纳、奥瓦耶,中部地区维尼德尔马、瓦尔帕莱索、圣地亚哥、卡塔海纳、圣安东尼奥、奇廉,南部地区奥索尔诺、蓬塔阿雷纳斯等12个地市的50余位汉语教师出席了本次大会。智利圣托马斯大学孔子学院中方院长杨晓黎教授发表主题演讲"世界汉语教学新趋势与智利的汉语教学",另有18位代表在会上介绍了所在地区和学校的汉语教学情况。大会期间还成立了智利中文教师协会,全体与会代表表决通过了智利中文教师协会章程和学会第一届理事会理事,理事会随后推举中国驻智利使馆文化处李保章参赞为协会顾问,杨晓黎为协会会长。孔子学院总部理事、智利圣托马斯大学校长 Jaime Vatter 到会祝贺,李保章参赞在闭幕式上盛赞此次大会写下了智利汉语教学发展史上浓墨重彩的一笔,并相信将对智利汉语教学的进一步发展起到重要的推动作用。

2. 智利的汉语课堂教学及教材使用情况

智利中学的汉语课,包括选修课和兴趣课两种。确定为选修课的,多数学校可以自由报名参加,但也有些学校做了一定规定。如维尼德尔马市的 Jose Francisco Vergara 高中有四个年级,第二语言课程包括中文、德语、法语等。校方规定每个年级可以有80人选修汉语,选择的标准为已具备较好英文基础的学生。拉塞雷纳、奥瓦耶、卡塔海纳等中学主要为兴趣班,开课时间2~4年不等,每周教学时数多为2课时。

智利大学的汉语课,很多是学校规定的选修课程,一般都有学分,如智利天主教大学、圣托马斯大学、太平洋大学、圣玛丽亚技术大学、瓦尔帕莱索天主教大学等。授课时数各校不等,如圣玛丽亚技术大学每学期48小时,圣托马斯大学每学期60小时。教学层次分初级、中级、高级三种,有些在每个大级别下又分为三个小级别,如天主教大学孔子学院目前每学期有学生130多人,分为9个级别在三个校区上课。很多大学都面向成人授课,开课类型也不仅限于基础汉语,如圣玛丽亚技术大学开设的"贸易汉语",圣托马斯大学孔子学院开设的"中华厨艺"等。

社会语言教学机构一般为周六授课,教学时数多为4个小时。学生情况多种多样,如智利(京)中华会馆中文学校学生主要是在智利各大中小学学习的华裔子女,也有非华裔儿童,年龄在6~20岁左右,学生按中文水平和年龄分班,学校现有7个年级8个班,2009年在校生达到了110人;Tronwell语言学校自2005年至今已有学汉语的学生600多名,目前注册学生100多名,汉语学生已超过法语和德语,位居第二,国家汉办从2007年起每年派遣3名汉语志愿者在该校任教。

汉语教材使用情况。目前智利使用的汉语教材主要为《今日汉语》、《体验汉语》、《汉语乐园》、《快乐汉语》、《跟我学汉语》,其中以《今日汉语》为多,其他如《中文》、《汉语会话301句》等。圣托马斯大学孔子学院使用的教材包括《体验汉语》、《今日汉语》、《汉语乐园》,目前也在试用《当代中文》。圣地亚哥中文学校使用的教材为台湾出版的《五百字学华语》和《生活华语》,采用繁体字教学。

三、对智利汉语教学发展的思考与建议

智利汉语教学近年发展迅速,汉语在智利目前已成为仅次于英语的第二热门外语。如何保持汉语教学强劲升温的势头并切实推进智利汉语教学的不断发展,笔者有如下思考和建议:

一是要采取特别措施,加大对智利本土教师培训的力度,以保证智利汉语教学的可持续发展。从智利首届汉语教师大会的情况看,国家汉办/孔子学院总部派来的教师和志愿者为智利汉语教学的重要力量,本土的专职汉语教师极为缺乏,兼职教师的汉语水平参差不齐,亟须改进与提高。

二是要有政策方面的倾斜,鼓励更多的智利人到中国学习或参观,以调动学习者或相关人员参与汉语学习或推广工作的积极性。一些志愿者反映,所在学校的校长参加了教育部中学校长访华团归来后,对汉语教学的支持力度明显加大;另外,汉办近年组织的汉语夏令营及孔子学院奖学金等项目,都对当地的汉语学习与推广产生了积极而深远的影响。圣托马斯大学孔子学院学生数量今年增长迅速,一些学习者明确表示是为了争取获得孔子学院奖学金去中国学习。

三是要重视汉语教材的推荐使用与教材到位问题。目前西语版汉语教材陆续推出,但教材的宣传推广力度不够,一些教师不熟悉、甚至不知道国内已出版的西语版汉语教材,手边只有使用多年的《今日汉语》。此外,一些志愿者教师反映所在学校没有汉语教材,严重影响了汉语教学的质量。

四是要加强智利全国汉语教师间的交流与合作,形成汉语教学发展的合力。多年来智利汉语教学界相互间的联系不多,汉语教师渴盼有一个交流与互助合作的平台。2009年圣托马斯大学孔子学院曾举行第五大区汉语教学研讨会。今年首届智利汉语教师大会的召开和智利中文教师协会的成立在一定程度上满足了汉语教师多年的愿望,但如何发挥中文教师协会的作用仍是一个需要探讨的问题。

智利中文教师协会的创建与影响①

智利是距离中国最遥远的国度,却与中国有着多年的友好交往。成立于1952年的智利中国文化协会(智中文协)是拉丁美洲第一个对华友好组织,其创始人之一阿连德在1970年当选智利总统后马上做出与中国建交的决定,从而使智利成为南美洲第一个与中国建交的国家。近年来,在两国政府的重视和支持下,中智间的政治互信不断加强,经贸往来日益频繁,汉语教学呈现快速发展的势头,汉语教师也迫切希望有一个相互交流的平台。

为了促进各个汉语教学机构和汉语教师间的了解和合作,2010年10月1日,由中国国家汉办/孔子学院总部资助、智利圣托马斯大学孔子学院主办、中国驻智利使馆文化处协办的首届智利汉语教师大会和智利中文教师协会成立大会在维尼德尔马市举行,来自北部地区伊基克、拉塞雷纳、奥瓦耶,中部地区圣地亚哥、瓦尔帕莱索、维尼德尔马、卡塔海纳、圣安东尼奥、奇廉,南部地区奥索尔诺、蓬塔阿雷纳斯等12个地市的50余位汉语教师代表出席了本次大会。孔子学院总部理事、智利圣托马斯大学校长Jaime Vatter和中国驻智利使馆文化处李保章参赞也到会祝贺并发表讲话。

全体与会代表表决通过了智利中文教师协会章程和学会第一届理事会理事。根据协会章程,智利中文教师协会(西文译名Asociación Chilena de Profesores de Chino Mandarín,简称ACPCM)是由智利各地从事汉语教学和推广的人员自愿组成的非营利性社会团体,宗旨为促进智利汉语教学发展,加强智利各地汉语教师间的联系,增进相互了解和友谊。协会的业务范围包括组织智利汉语教学综合性、专题性活动;组织开展智利汉语教学研究、教材

---

① 原文载于《世界汉语教学通讯》,2011年第2期,发表时有删改。

编写与出版、教师培训、教学质量评价、人员交流、教学图书展览等方面的合作;加强与中国国家汉办和世界汉语教学学会的沟通与联系,促进智利汉语教师与世界各国汉语教师间的交流与合作;为协会会员提供与汉语教学相关的多方面帮助和支持;出版会刊《智利中文通讯》等。

智利中文教师协会设立理事会、常务理事会和秘书处。理事会是会员代表大会的执行机构,对会员代表大会负责;常务理事会由理事会选举产生,对理事会负责;秘书处是协会的常设办事机构,负责处理协会日常工作。在当天召开的第一届第一次理事会上,当选理事们讨论通过了由圣托马斯大学孔子学院中方院长杨晓黎、天主教大学孔子学院中方院长段妮燕、中华会馆中文学校校长韩平伟、智利中华文化中心主任黄素贞、汉语教师吴青军、鲁正凤、罗莹、孙丽芬组成的常务理事会,同时推举中国驻智利使馆文化处李保章参赞为协会顾问,杨晓黎为协会会长,段妮燕、韩平伟、黄素贞、吴青军为副会长,罗莹为秘书长。会议一致同意将秘书处设在位于智利中部的维尼德尔马市圣托马斯大学孔子学院。

智利中文教师协会成立后已连续召开两次理事会议。第一次理事会讨论通过的与圣托马斯大学孔子学院合办会刊《智利中文通讯》(每年两期),目前已顺利出版。《智利中文通讯》是在中智建交 40 周年之际,顺应智利汉语教学快速发展之需,同时也为了满足智利汉语教师和汉语学习者渴望有一个相互了解和交流园地的愿望而编辑出版的。协会会长杨晓黎任主编,副会长段妮燕、韩平伟、黄素贞、吴青军等为刊物顾问。刊物的"焦点新闻"版块,主要报道智利各地汉语教学与中国文化推广的情况,"教学平台"则为汉语教师交流教学体会、获取教学资源提供了方便,如刊出的"汉字教学之我见"、"语素分析与汉语词语教学"、"在智利汉语教学的几点体会"、"新汉语水平考试 HSK(一级)备考"、"中文网络资源介绍"等,均受到了智利汉语教学界的广泛好评。而"我看中国"栏目,是为智利的汉语学习者设立的,如第八届汉语桥观摩选手的"我的中国行"、希望能有机会去中国学习的"我的梦想"、对中国历史文化有浓厚兴趣的"透过历史看中国"、小学生的汉语习作"爬黄山",都从各个不同的角度,表达了自己对汉语和中国文化的喜爱,推出后反响热烈。

第二次理事会议于 2010 年 11 月 12 日在智利天主教大学孔子学院召开。会议讨论了 2011 年协会工作,计划开展的项目主要包括:与智利天主教大学和圣托马斯大学孔子学院合作,组织召开第二届智利汉语教师大会和全国性汉语教学研讨会、开展本土汉语教师培训、参与组织第三届全智中文竞赛、全力支持编写《智利汉语教师课堂教案精选》等。

智利中文教师协会成立后在智利华界影响很大,智利华人网及当地多家媒体对智利中文教师协会开展的工作做过报道,本土汉语教师与汉语教师志愿者更是积极参与协会组织的各项活动,协会工作对智利汉语教学的推进和发展做出了贡献。2011年1月,智利中文教师协会入选"2010年度智利华界10大新闻"。

关于孔子学院主题文化实践活动[①]

作为"国家汉办 2011 年第二批孔子学院/课堂志愿者储备培训班"的学员,大家很快将奔赴世界各地的孔子学院。孔子学院的日常工作会有哪些?志愿者教师在孔子学院是怎样工作的?怎样才能成为一个受到各方欢迎的汉语教师志愿者?我想,这都是大家在赴任前会思考的一些问题。为了帮助大家有个直观的感受,我以我们智利圣托马斯大学孔子学院为例,首先向大家介绍 2010 年我们孔子学院所做的工作,然后向大家展示我们的一个志愿者教师在日常的一周以及一周中的某一天所做的事情。

智利圣托马斯大学孔子学院 2010 年常规教学活动

智利圣托马斯大学孔子学院开设的课程内容包括中国语言与文化。其中语言课程有汉语初级班、汉语中级班、汉语高级班、初级汉语学分班、暑期汉语入门班、HSK 考前辅导班等;文化课程包括中国烹饪班、太极班、剪纸班、书法班等。课时不等,包括 60 小时、48 小时、36 小时、20 小时、18 小时等多种。2010 年开设教学班总数为 29 个,学员人数 412 人。教材使用西语版的《体验汉语·生活篇》、《今日汉语》和《当代中文》。

智利圣托马斯大学孔子学院 2010 年汉语和文化交流推广活动

2010 年度开展汉语和文化推广活动 41 次,其中大型活动 16 次,包括赴智利地震重灾区开展以"与智利人民共建美好家园"为主题的地震赈灾活动;举办"中智建交 40 周年暨第二届孔子学院周";承办第二届伊比利亚美洲孔子学院联席会议;承办第九届"汉语桥"世界大学生中文比赛智利赛区预赛;

[①] 在"国家汉办 2011 年第二批孔子学院/课堂志愿者储备培训班"上的讲座(2011 年 4 月 28 日,北京)。

主办"第一届智利汉语教师大会"并创立智利中文教师协会等。此外,创建于2009年4月的汉语俱乐部每周四下午在固定时间开放,参加各项活动的人数全年总计达8232人,社会反响热烈。

孔子学院一周活动展示

2010年8月28日—9月4日:

2010年8月28—29日(周六日):在市购物广场举行中华文化推广活动。

2010年8月30日(周一):与天主教大学孔子学院商讨联合主办第二届智利中文大赛安排。

2010年8月31日(周二):智利中学生参观孔子学院(三批)。

2010年9月1日(周三):启动孔子学院图书分类上架工作。

2010年9月2日(周四):俱乐部汉语角活动:汉语会话:中国服饰之变迁。

2010年9月3日(周五):上午在智利议会所在地协办上海世博会宣传片发布会,下午接待智利教育部官员,谈孔子课堂建设。

2010年9月4日(周六):举办HSK一级考试。

志愿者小何的一天:2010年10月14日(周四)

8:00am—9:30am 汉语初级班教学。

9:30am—11:30am 为学生辅导答疑、备课。

11:30am—13:00pm 与办公室秘书一起去超市为孔子学院活动购物。

13:30pm—14:30pm 午饭。

14:30pm—15:00pm 布置下午的汉语俱乐部活动场地。

15:30pm—17:00pm 汉语俱乐部活动:中国书法欣赏并学习。

18:30pm—20:00pm 成人班中级汉语课。

志愿者小何的感受

——在我任职的一年中,我一共承担了4个初级班和4个中级班的教学任务,另外2011年1月暑期班课程中还有1个月的入门课程。1年下来我接触的学生也有上百人了。

——每次的俱乐部活动都围绕一个主题进行。其中我主持进行的主题日有:电影日、书法日、太极拳日、汉语会话日等。在Facebook上打广告,制作宣传海报,现场组织活动,撰写活动报道,每一次两个小时的活动背后往往浓缩了好几个星期的努力。对于天生有些腼腆的我,刚开始组织活动的时候,需要克服的不仅是语言的障碍,但是整个孔院集体给予的支持,学生们快乐兴奋的表情,都成为辛勤工作的动力。

通过上面的介绍,大家对志愿者在孔子学院的工作已经有了一点印象。印象最深的,我想,除了常规的汉语教学,就是志愿者教师们在孔子学院开展的各种文化活动。文化活动的方式有多种,其中影响最大、效果也最好的文化活动,我们认为是主题文化实践活动。这也就是我们今天要讲的重点内容,即"孔子学院主题文化实践活动"。

一、什么是主题文化实践活动?

孔子学院作为海外中国语言文化的推广机构,可以举办形式多样的文化宣传活动。每次活动都应该有自己鲜明的主题,比如中国烹饪、中国剪纸、中国旅游、太极、书法、麻将、戏曲等等,这就是所谓主题文化。需要强调的是,同为主题文化,但文化活动的参与方式却有不同。一种方式为非实践性的,即参加者只是一个旁观者,一个文化活动的被动的接受者,没有参与到实践之中的,比如观看中国电影、听中国音乐、看中国世界文化遗产图片展等;还有一种就是我们所说的主题文化实践活动,也就是活动的积极参加者,并非简单的旁观者,而是作为一个积极的参与者、一个实践的主体,来亲身感受、体验中国文化。比如,在中国教师的帮助下,学打太极拳、学习中国书法、学唱京剧等等。简言之,所谓主题文化实践活动,就是一种以活动参加者积极参与为特征的、主题明确的中国文化推广活动。

二、为什么要特别重视主题文化实践活动?

开展主题文化实践活动,可以归纳为四个有利方面:

1. 有利于提升孔子学院的影响力,创设鲜活的孔院品牌;
2. 有利于满足社会不同层面的需求,提升活动的社会关注度;
3. 有利于创设真实的文化情境,凸显中华文化的魅力;
4. 有利于调动参与者的积极性。

一句话,这与孔子学院的定位、目标紧密相关。

在 2009 年第四届孔子学院大会上,汉办指定我在院长论坛做个发言,介绍如何在海外设计和实施中国文化推广活动的经验和体会。我发言的题目是"强化基地意识,打造鲜活的孔院品牌——设计和实施中国文化推广活动的思考与实践"。在发言中,我特别谈到了自己对孔子学院定位、目标的理解,以及根据孔子学院的定位和目标我们可以开展的文化活动。

定位:每一个孔子学院都是总部派往世界各地的中国语言文化推广基地,而基地就应该有它的辐射性和导向性。

目标:打造一个不同于一般语言文化机构的鲜活的孔院名牌。

手段:以高质量、高品位、高社会知晓度的文化活动促进基地建设,同时带动汉语教学广泛而深入的开展。

我们开展的文化活动有"孔子学院欢迎你"系列活动、每周一次的"汉语俱乐部"活动、中国电影欣赏、中国传统节日介绍、学唱中国歌、品尝中国茶、练习汉语会话、广场舞龙舞狮表演、"国庆60周年及孔子学院周"、"第一届全智中文比赛"等等。这些文化活动,其实都是我们所说的"孔子学院主题文化实践活动"。这些活动可以说是极大地提升了孔子学院的影响力。2010年度共有44家中外媒体发出了有关我们孔院活动的102篇/次报道。智利圣托马斯大学孔子学院已经成为智利民众了解中国语言文化的重要场所,我们也因此在2009年和2010年,连续两年获得全球先进孔子学院的称号。

三、怎样开展主题文化实践活动?

我谈三点:一是如何确定主题,二是如何保证主题文化实践活动顺利进行,三是活动组织的具体环节和步骤。

1. 如何确定主题?

主题选择时要考虑的因素包括所处环境(因地制宜)、特殊时段(因时制宜)、对象需求(因人制宜)、以文化活动促汉语教学开展等等。

(1)所处环境(因地制宜)

我们所说的环境,有国别的因素,也包括不同地区、不同活动区域等。比如,我在澳大利亚墨尔本工作时,在当地海族馆做"中国关于海的传说"主题活动;智利人特别爱喝茶,有关茶文化的活动我们就会不止一次地去安排。这种有文化的相似点,但又呈现明显不同文化因素的内容,特别有利于参加者的积极参与。

(2)特殊时段(因时制宜)

我们说的特殊时段,既有自然时间顺序的,也包括在某个特殊时期发生的事情。比如,我们的俱乐部活动,很多根据中国传统节日(中国的12个月)安排,每年做工作计划时查日历,就把这一年中的很多活动确定下来了,如春节、端午节、中秋节等。还有一种是在某个特定时期出现的事情,这就会给我们的活动带来某种契机。比如2010年的中国世博会,我们安排了"开幕式归来谈世博"讲座,然后在俱乐部汉语角上设计专题会话活动;智利大地震,我们奔赴重灾区开展以"与智利人民共建美好家园"为主题的赈灾活动,等等。

(3)对象需求(因人制宜)

要注意举办特色活动以适应不同人群的需要。比如中文比赛、教学研讨会、广场语言文化推广(学生,教师,市民)。

(4)明确孔子学院的工作性质,做到以文化活动促汉语教学开展。

孔子学院首先是个汉语教学推广机构。以文化活动促汉语教学开展,是我们在设计各项活动时都应常常注意的方面,如"孔子学院周"安排的"体验汉语"课程,"汉语俱乐部"中的"汉语角"等。我们的努力得到了回报。由于对汉语感兴趣的学生逐渐增多,从2009年7月起,汉语课被我们所在的大学确定为纳入国民教育体系的学分课程,我们的孔子学院也因此发展成为办学种类齐全的中国语言文化推广单位。

2. 如何保证主题文化实践活动顺利进行?

有两点需要注意:一是要尽早确定主题并向社会广泛宣传;二是要调动各方人员积极性帮助实施主题活动,包括孔院学生、所在地区汉语教师志愿者、华人社区和所在校区人员、中国驻外使馆等,尽可能形成合力。

孔子学院的在编人员毕竟有限。为了工作的顺利开展,我们要尽力熟悉当地社会,努力编造一支需要时就可提供帮助的编外队伍。在我们的编外队伍中,有志愿者教师,有孔子学院学生,有当地的汉语教师,还有热心的华人群体和热爱中国文化的智利民众。这支编外队伍非常重要,我们的很多活动都得到了他们的全力支持。

此外,我们应该注意,孔子学院的工作往往需要来自多方面的支持,合作共赢的方针是我们与各相关单位建立密切联系的基础。这些相关单位包括孔子学院所在的大学、当地的汉语教学机构和中华文化中心、所在国家的其他孔子学院等。另外,与大使馆文化处建立密切联系,对我们工作的顺利开展也非常重要。

3.活动组织的具体环节和步骤

❖ 确定主题

❖ 内容与情景设计

❖ 制作宣传海报

❖ 活动场所布置

❖ 现场活动组织（场面操控）

❖ 激励措施（奖品等）

❖ 撰写活动报道

以一次活动为例：2009年5月27日端午节

智利圣托马斯大学孔子学院举办端午节庆祝活动

在中国的传统节日端午节到来之际，智利圣托马斯大学孔子学院于2009年5月27日精心组织了丰富多彩的庆祝活动。活动面向所在地区的大学，同时邀请了当地的汉语教师志愿者参加。为了方便并吸引更多的学生参与，活动分为三个时间段重复举办。组织者首先安排了中国传统节日的介绍，然后借助汉办赠送的有声挂图，寓教于乐，现场教授与活动有关的词语。在品尝了中国传统美食粽子以后，活动再掀高潮："北京欢迎你"的旋律在全场响起，参加者在学唱中国歌曲的同时，徜徉于中国的传统与现代之间，感受着中国文化的厚重与神奇。（汉办新闻）

四、志愿者教师的感受和体会

——书法日、太极拳日、汉语会话日等：在Facebook上打广告，制作宣传海报，现场组织活动，撰写活动报道，每一次两个小时的活动背后往往浓缩了好几个星期的努力。

——2010年7月16日伊比利亚美洲地区孔子学院大会在维市举行，我们孔院荣幸地成为本次会议的组织单位，为此大家都既兴奋又紧张，怎样才能展示孔院学生的风采呢？大会两个星期前我接到了组织学生排演节目的任务，于是从节目策划、挑选演员、组织排练到带队演出，从来没有任何这方面经验的我，居然一步步做到了。那天当学生们表演结束，我们都激动地互相拥抱，我由衷地对他们说："你们真的很了不起！"

——当我回首这一年的时候,心中总是充满了温暖和力量。志愿经历是长长的生命线中一段宝贵的磨砺和收获,光荣感、使命感、责任感是志愿生活留下的印迹,我愿竭尽所能,不辜负"志愿者"这一光荣的称号,不辜负祖国母亲对我们这一代人的期待。

五、中方院长的思考和寄语
——怎样成为一个优秀的汉语教师志愿者

一是认识上要高度重视。汉语国际推广是国家和民族的事业,而孔子学院则是让世界了解中国、让汉语走向世界的重要平台。孔子学院的建设和发展是国家政治、经济、外交的需要,也是中华民族腾飞的重要举措。能在中国政府着力打造孔子学院品牌的今天奔赴各地孔院,既是一种至高无上的荣誉,更是一份沉甸甸的责任。严格地说,我们每一个志愿者都是代表国家出征,容不得半点闪失。

二是上任前要有充分的准备,包括业务上和心理上。对于将要赴任的志愿者教师,行前的准备如同上阵前对自身作战武器的检测。大后方可以提供充足的给养,我们要想方设法,利用一切可能的渠道和方式,全方位地装备自己,包括业务上的补差补缺,未来工作方案的预先谋划。"凡事预则立,不预则废。"我们可以轻装上阵,但切不可轻易上阵。孔子学院的工作毕竟是远离后方作战,我们一定会遇到许多意想不到的困难和阻碍,这就要求我们有良好的心理素质和应对各种复杂局面的思想准备。

三是要善于沟通,学会与人相处。包括与中外方院长、汉语教师、工作人员、学生等。要尽力协调好与各方的关系,工作上多协商,加强相互间的理解和信任,遇到问题时既坚持原则,又能灵活、包容,求同存异。

四是要尽力发挥所长,有乐于奉献、无私奉献的精神。在国内培训时大家可能觉得是很平常的一句话,但到了海外,在实际工作考验面前,并不是所有人都能做到。希望在座的各位可以经受考验,拿出自己最佳的风貌迎接考验。

当好汉语教师志愿者,这是祖国和人民的重托,也是我们必须完成的使命;而如何做好汉语教师志愿者,却是摆在我们面前需要认真思考的问题。我相信大家会不辱使命,为祖国争得荣誉;同时也真诚地祝福大家,一切顺利,载誉而归!

孔子学院中方院长集中培训的特点与启示[①]

2008年10月至11月,孔子学院总部在北京外国语大学举办了"2008年孔子学院中方院长培训班"。本次培训班特点突出、成效显著,有许多值得我们认真总结并推广之处。

一、培训班的特点

1. 培训内容丰富多彩

本次培训课程由"汉语国际推广和孔子学院建设形势与能力培训"、"管理能力与跨文化沟通技巧培训"、"外事纪律与外事礼仪培训"、"太极拳学习"等四个单元构成,内容十分丰富,也具有较强的实用性和针对性,如多个已任或在任孔子学院中方院长的讲座,使大家有身临其境的实战感觉;汉办领导和各职能部门的工作介绍,加深了学员对孔子学院总部的了解,也有利于今后顺利开展工作;而太极拳课程的开设,既使大家掌握了一门应该掌握的中华传统技艺、丰富了课后业余生活,同时也融洽了学员间的关系,增进了相互间的了解。

2. 培训形式多种多样

培训采取了理论讲授、专家论坛、专题报告、案例分析、教学观摩、参观学习、座谈交流等多种形式,对即将奔赴汉语国际推广一线的孔子学院中方院长进行了一次精心设计的培训。培训形式的多样化有利于教学效果的增强,也使培训本身显得紧张却不觉乏味。

---

① 本文为提交"2008年孔子学院中方院长培训班"的总结报告(2008年11月,北京)。

3. 组织安排严谨周密

本次培训总教学时数为 192 学时,周学习时间 6 天,学习强度相对较大。但由于组织者合理而有序的安排、工作人员恪尽职守的努力,整个培训生活显得忙而不乱、井井有条,这其实也为即将独当一面的中方院长们提供了一个组织安排大型活动的成功范例。

二、学员的收获与启迪

1. 对孔子学院中方院长所肩负的神圣使命有了更深刻的认识

孔子学院的建设和发展是国家政治、经济、外交的需要,也是提升中国软实力的重要举措。能在汉语国际推广呈风起云涌之势、中国政府着力打造孔子学院品牌的今天出任孔子学院中方院长,既是一种至高无上的荣誉,更是一份沉甸甸的责任。孔子学院中方院长代表的是一个国家的形象,她呈现给世界的是自尊、自强、自信的微笑,她扮演的角色是搭建和平与友谊之桥的民间使者,她的神圣职责是向世界推广中国的语言文化,展现当代中国的勃勃生机。

2. 对一些知之不多的跨学科领域有了更全面的了解

汉办领导在开班仪式上曾谈到孔子学院中方院长应该是一个全能者,扮演的角色包括外交家、教育者、管理者、文化者和教师。而这些身份的成功扮演需要多方面的知识储备。培训班开设的诸如"国际形势与热点问题"、"中国软实力评估"、"中国国情分析"、"从国际视野看中国教育发展"、"当前台海热点问题透视"、"中国的民族理论与民族政策"、"京剧常识及欣赏"、"中国古代山水画赏析"、"歌德学院介绍"等等,开阔了学员的知识视野,对一些平时关注不多或知之甚少的领域也有了较为系统的认识,在一定程度上提升了大家的理论素养和知识水平。

3. 对汉语教学的新理念和新方法有了更深入的思考

孔子学院本身是一个新生事物,在创新中求发展是学员们在培训中感受最深之处。培训中有许多孔子学院办学的案例分析,其中不乏汉语教学的新观念、新尝试与新思考的展示。如美国密歇根州立大学孔子学院关于汉语学习软件的开发、美国堪萨斯大学孔子学院的远程汉语教学、泰国宋卡王子大学孔子学院的汉语教师培训与"孔子学院开心夏令营"、德国埃尔兰根－纽伦堡大学孔子学院的创立过程和"中国日"活动的设计等等,都给人以耳目一新之感。培训过程中学员们与讲课老师有过观点的交流、理念的碰撞,但也因此使大家的认识重上了一个新的台阶:汉语要大步走向世界,习惯的教学模式必须改变,创新和发展将是孔子学院保持旺盛生命力的不竭之源。

4. 对如何提高自身管理水平和能力有了更细致的考虑

很多学员都在派出单位担任一定的行政工作,有着较丰富的工作经验。但本次培训使大家深切地感受到,要当好孔子学院中方院长,仅靠自己曾有的经验与认识是远远不够的,新的使命、新的工作环境对我们的孔子学院管理和汉语文化推广工作提出了新的要求,这其实也是对我们既有管理水平和能力的挑战。如何应对新的工作和环境,如何切实提升自己的管理水平和能力,培训班给学员们提供了很好的学习和交流的机会,让大家感觉受益匪浅。如赵勇关于"孔子学院对中方院长的期待"、梁志群关于"孔子学院工作的几点体会"、马峙关于"孔子学院的日常管理与规章制度的建立"等等,都对学员们今后将要从事的新的管理工作有很好的启发与借鉴作用。

5. 对专业教学与研究有了更深入的认识和体会

培训使中方院长们对所从事的专业教学与研究有了更进一步的认识,也获得了许多研究的灵感与课题。比如如何正确认识汉语本体研究与对外汉语教学的关系,非目的语环境下汉语教学究竟该如何进行,海外汉语教师培训的重点与难点在哪儿,语言与文化的相互联系与促进作用体现在哪些方面等等,都是培训中涉及较多的方面。有时对同一个问题,专家们的观点也时有不一致之处,比如汉字笔画的顺序是否要强调准确,什么才是海外汉语课堂教学的有效手段等等。这都促使大家在原有认识的基础上重新思考,对很多专业问题也因此有了更深入的认识与体会。

此外,培训班安排的太极拳学习、"长城汉语"教学观摩、"中国文化体验中心"参观、"鸟巢""水立方"游览,孔子学院总部访问等等,都让大家增长了技艺,开阔了眼界,结识了领导和朋友,这对今后顺利开展孔子学院工作是很有益处的。

三、尚待完善之处

培训班取得的成绩有目共睹,也较为圆满地完成了预定的目标和任务。

但既然是首届,毋庸讳言,培训班也还有一些可以改进之处:

1.培训内容的安排略显零散,不够紧凑。有些相关内容还可以相对集中,有条件时最好安排为几大板块进行,做到一段时间集中解决某一方面的问题,从而达到重拳出击、各个击破的效果;

2.有些培训内容显得重复,可以精简。如孔子学院办学的案例分析,安排较多,讲授的内容也互有重复,可以挑选一些更有代表性的;

3.学员间互动、交流不足。培训时未能充分挖掘学员本身的特长与优势,这在一定程度上使学员们失去了了资源共享的机会。

瑕不掩瑜。集中培训给中方院长们未来工作与发展带来的影响是积极而深远的,这也是孔子学院总部赠予将要奔赴世界各地的中方院长们的一笔弥足珍贵的精神财富,很值得我们认真总结经验并予以长期坚持。

提升孔子学院在当地社会影响力的思考与实践①

智利圣托马斯大学孔子学院于 2008 年 4 月揭牌,合作院校为中国安徽大学。圣托马斯大学在智利不是一所著名大学,孔子学院所在地的维尼德尔马(Viña del Mar.)分校设在一个旅游城市,政治文化气息不是很浓厚,市民对中国文化的了解也很少。如何尽快地打开局面,扩大孔子学院在当地乃至整个智利的影响,是我们一直在思考并实践着的一个课题。

我们的设计思路是:孔子学院本身固然是个语言文化推广机构,可在我们的孔子学院运作之前,智利社会乃至当地也有一些功能相近的机构,如何才能在众多机构中脱颖而出,让孔子学院的功能作用最大化,我们觉得首要的一点就是要树立一个全新的形象,着力打造一个不同于一般语言文化机构的鲜活的孔院名牌。而要实现这个目标,我们首先就要给自己一个明确的定位,那就是:每一个孔子学院都是总部派往世界各地的中国语言文化推广基地,而基地就应该有它的辐射性和导向性,就应该在所在国或地区发挥它引导或者说是主导中国语言文化推广的作用。我们的具体做法是:

1. 举办系列活动以引起民众持续关注

孔子学院首先要让民众熟悉,要让民众持续地关注它的存在。为了达到这个目的,我们采取了举办系列活动的举措。2009 年 4 月,我们首先创设了"汉语俱乐部"。俱乐部面向学生和社区民众,每周在固定的时间举行活动,

---

① 本文为笔者在"第一届世界比较教育研究与孔子学院"国际研讨会上的发言(2012 年 5 月,波兰,波兹南)。相关内容曾以"强化基地意识,打造鲜活的孔院品牌——设计和实施中国文化推广活动的思考与实践"为题,在第四届孔子学院大会院长论坛发言(2009 年 12 月,北京)。

同时通过媒体向社会广泛宣传。我们的俱乐部活动包括中国电影欣赏、中国传统节日介绍、学唱中国歌、学习中国书法和剪纸、打太极拳、品尝中国茶、练习汉语会话等，很受民众欢迎。另外，我们举办了"孔子学院欢迎你"系列活动，包括走入所在校区的20多个教室，与千余名学生面对面推介中国语言文化；开设体验汉语课程，让学生和民众感受汉语汉文化的魅力；广场舞龙舞狮表演，彰显中国传统文化；布置活动宣传栏，吸引民众观看等等。

2. 主办大型活动以形成轰动效应

孔子学院要提高社会的知晓度，要创造孔子学院名牌。为了达到这个目标，我们需要精心设计一些综合性的大型活动以形成轰动效应。我们主办的大型活动包括"国庆60周年暨第一届孔子学院周"、"中智建交40周年暨第二届孔子学院周"、"中国世界文化遗产图片展"、"第一届全智中文比赛"等，我们同时还承办了第九届"汉语桥"世界大学生中文比赛智利赛区预赛。活动面向社区民众，地点也不限于所在校区，如"中国世界文化遗产图片展"和随后的"中国图片展"，我们分别在当地的购物中心广场和市文化中心举办，经媒体宣传后产生了很大的社会影响，也因此极大地提升了孔子学院的社会知名度。

3. 创办特色活动以迎合不同群体需要

孔子学院要有自己的特色，要自觉服务于社会的不同层面，以迎合不同群体的需要。我们的特色活动包括：赴智利地震重灾区开展慰问活动，传递中国人民对智利灾区民众的关爱之情；主办"智利第五大区汉语教学研讨会"和"首届智利汉语教师大会"，以满足当地和全国汉语教师的需求；不定期举办"孔子学院开放日"，让中学生和更多民众零距离了解孔子学院；举办"我的中国行"报告会，让参加了汉语桥观摩夏令营的孔子学院学生走上讲台，用智利人的眼光告诉民众一个真实的中国；组织"孔子学院学生汉语节目表演"，以提高学生学汉语的热情，等等。我们同时还在中国驻智使馆文化处的建议与帮助下创办了"智利中文教师协会"并承担秘书处工作，出版了会刊《智利中文通讯》。

为了各项活动的顺利实施，作为中方院长，我的体会是：

1. 平时用力，着力打造一支肯干也能干的团队

由孔子学院群体组成的团队是否肯干、能干，直接影响到工作的成败。作为院长，要注意发现并发挥每个成员的长处，尽可能地让每个人都能在不

同活动中充当主角,充分调动每个人的工作热情,使每个成员都能有一种荣辱与共的团队意识。

2. 未雨绸缪,拥有一支需要时就可提供帮助的编外队伍

孔子学院的在编人员毕竟有限。作为院长,我们要尽力熟悉当地社会,努力编造一支需要时就可提供帮助的编外队伍。在我们的编外队伍中,有志愿者教师,有孔子学院学生,有当地的汉语教师,还有热心的华人群体和热爱中国文化的智利民众。要组建这样一支特殊的队伍,需要中方院长有心、用心。首先要有尽可能在平时帮助他人的意识,这样在你需要帮助时就会有一群招之即来的编外人员与你携手工作。

3. 合作共赢,与各相关单位建立密切联系

孔子学院的工作常常需要来自多方面的支持,合作共赢的方针是我们与各相关单位建立密切联系的基础。这些相关单位包括孔子学院所在的大学、当地的汉语教学机构和中华文化中心、所在国家的其他孔子学院等。另外,与大使馆文化处建立密切联系,对我们工作的顺利开展也非常重要。我们的很多活动都得到了来自中国驻智利使馆的大力支持,这个平台有相当的号召力,也让我们受益匪浅。

4. 引导得法,调动孔子学院学生参与活动的热情

我们的所有活动都得到了孔子学院学生的大力支持,他们已成为我们开展各项活动不可或缺的重要力量。要使学生能够长时间地乐于参与,首先是要让学生有一种成为孔子学院学生的光荣感,要让学生感觉到自己也是孔子学院的一个成员。另外,每次活动前后教师积极帮助学生理解与活动有关的语言文化内容,这也让学生感觉自己通过活动学到了很多课堂以外的知识,觉得自己的付出非常值得。

5. 相辅相成,以文化活动促汉语教学开展

孔子学院首先是个汉语教学推广机构。以文化活动促汉语教学开展,是我们在设计各项活动时都常常注意的方面,如"孔子学院周"安排的"体验汉语"课程、"汉语俱乐部"中的"汉语角"等。我们的努力得到了回报。由于对汉语感兴趣的学生逐渐增多,从 2009 年 7 月起,汉语课已被所在大学确定为纳入国民教育体系的学分课程,我们的孔子学院也因此发展成为办学种类齐全的中国语言文化推广单位。

目前,圣托马斯大学孔子学院作为智利汉语教学和中华文化推广基地的

功能日渐突出,在当地社会的影响力也不断增强。2010 年 7 月 17 日至 19 日,由中国国家汉办和孔子学院总部主办、智利圣托马斯大学孔子学院承办的第二届伊比利亚美洲孔子学院联席会议在智利举行。来自西班牙、葡萄牙、古巴、墨西哥、巴西、哥伦比亚、哥斯达黎加、秘鲁、阿根廷、智利等伊比利亚美洲地区 25 所孔子学院和中国北京大学、中国人民大学、北京语言大学、北京外国语大学、复旦大学、南京大学、吉林大学、中山大学、安徽大学等国内合作高校,以及中国驻阿根廷、巴西、智利、哥伦比亚、葡萄牙使馆的约 100 名代表出席了本次会议。智利政府提供在智利新总统曾宣誓就职的议会大厦厅安排大会相关活动,当地政府也在市中心悬挂了参加会议的 10 国国旗并滚动播出会议新闻,在当地社会产生了积极而深远的影响,同时也从一个侧面反映了孔子学院在当地影响力的快速提升。

智利圣托马斯大学孔子学院 2009、2010 年连续两年被评为全球先进孔子学院。2011 年,孔子学院所在的智利维尼德尔马市市长亲自授予圣托马斯大学孔子学院"政府荣誉奖章",以褒奖孔子学院在促进维市多元文化发展方面所做出的杰出贡献。

世界汉语教学的新形势与未来发展[①]

【编者按】2012年11月24日,第二届智利汉语教师大会在智利维尼德尔玛市举行。首届智利中文教师协会会长、智利圣托马斯大学孔子学院前中方院长杨晓黎教授为与会代表作了题为"世界汉语教学的新形势与未来发展"的主旨演讲。此为演讲的整理稿,略有删改。

各位代表:

很高兴能在离开智利近两年后重返这片美丽的热土,也很荣幸能为大会作主旨发言。我今天要谈的主要是两个内容,首先是剖析并宏观描述当今世界汉语教学的新形势,然后再谈谈我对未来汉语教学发展的思考与认识。

关于世界汉语教学的新形势,我们可以从以下6个方面来观察。

一是孔子学院带动全球"汉语热"持续升温。自2004年11月第一所孔子学院在韩国首尔揭牌,截至2012年11月,短短8年间,已经有400所孔子学院和500多个孔子课堂分布在五大洲的108个国家。孔子学院以其全新的办学模式与合作共赢的先进理念带动了全球汉语教学的发展,例如美国中小学2003年开设中文课程的只有200多所,而至2011年,美国公立学校开设汉语课的大中小学已超过5000所,学习汉语的人数突破20万,是5年前的10倍,同时有1000多所大学开设了汉语专业,招生规模达5万余人;英国有5200多所中小学开设汉语课,法国中小学学汉语人数连年增长40%;而在日本、韩国、泰国和蒙古国,汉语已跃升为第二大外语。据统计,全世界学习汉语的人数目前已超过5000万,孔子学院带动世界范围内的汉语热持续

[①] 原文载于《世界汉语教学通讯》,2013年第1期。

升温,发展速度令世界瞩目。

二是世界华文教育加快发展。华文教育是中国面向数千万海外侨胞、尤其是华裔青少年这一特殊群体开展的民族语言学习和中华文化的传承工作,被誉为中华民族在海外的"留根工程"。当今全世界华侨华人总数已超过5000万,华文教育也已有300多年的历史。近年伴随着汉语热的持续升温,华文教育的外部环境不断改善,发展步伐明显加快。据第二届世界华文教育大会(2011,西安)发布的信息,目前海外华文学校已超过5000所,华文教师达2万多名,华侨华人社会发展华文教育的热情空前高涨。在2011年10月召开的全国侨务工作会议上,中国政府对未来5年的海外华文教育工作作出谋划:5年内建设300所华文教育示范学校,培训5万名华文老师,邀请10万名海外华裔青少年来华参与各类夏(冬)令营活动,华文教育迎来了快速发展的大好时机。

三是中国国内汉语国际教育发展迅速。中国国内汉语国际教育始于新中国成立初期,近年呈跨越式发展。据中国教育部发布的"2011年全国来华留学生数据统计",2011年,外国留学人员数突破29万,来自194个国家,创新中国成立以来新高。从洲别看,亚洲占首位,其次为欧洲、美洲、非洲和大洋洲;从国别看,居前5位的分别是韩国、美国、日本、泰国、越南,其他依次为俄罗斯、印度尼西亚、印度、巴基斯坦、哈萨克斯坦、法国、蒙古、德国;从类别看,学历生达118,837名,占来华生总人数的40.61%,包括了专科生和本科生(40.61%)、硕士研究生(19.74%)、博士研究生(5.83%)等不同类别;非学历生173,774名,占来华总人数的59.39%。教育部的未来规划与目标是:继续贯彻《国家中长期教育改革和发展规划纲要》精神,切实落实《留学中国计划》,争取到2020年全国当年外国留学人员数量达到50万,使我国成为亚洲最大的国际学生流动目的地国家。

四是汉语国际教育队伍不断扩大。旨在培养精通汉语作为第二语言教学技能、具备良好跨文化交际能力的汉语国际教育硕士专业,2007年开始招生时只有24所高校,目前已达到81所,总招生数达16000余人,目前在校生有9000人左右。2010年国家汉办/孔子学院总部向114个国家选派汉语教师3000人,向80个国家选派志愿者教师3000人;2011年有8000多名教师和志愿者奔赴100多个国家。2012年加大汉语教师培训力度,2012年9月22日中国外派汉语教师培训班在厦门大学举行结业典礼,来自120余所高校、30余所中小学的275名学员,随后将被派往世界五大洲60多个国家执教;2012年8月10日至9月3日,137名来自北京大学、清华大学等全国85所高校的孔子学院中方院长参加了由国家汉办/孔子学院总部主办,大连外国语学院承办的岗前培训班,随后将奔赴56个国家的孔子学院,履行汉语国际教育的神圣使命。

五是国际汉语教材开发与推广取得突破性进展。总体看国际汉语教材呈现出"4个多":(1)注释语种多,汉语教材的注释语言已达50多种,包括英语、俄语、法语、德语、日语、西班牙语、阿拉伯语、意大利语、瑞典语、葡萄牙语、韩国语、柬埔寨语、越南语、老挝语、缅甸语、泰国语、印尼语等;(2)产品形态多,国际汉语教材近年呈现出丰富多样的产品形态,包括纸质版、光盘版、网络在线版、局域网版、单机版等,比如在全球90多个国家300多所孔子学院(课堂)作为主干教材使用的《长城汉语》,就是一套基于网络多媒体技术的立体化教材资源体系;再如深受欢迎的汉语教学有声挂图、词语卡片与点读笔等;(3)国别化、本土化产品增多。据2011年统计,全球共有104所孔子学院编写出版了77种本土汉语教材。智利圣托马斯大学孔子学院编写的《中国的十二个月》,出版后在相当程度上满足了智利开展中国语言文化教学的需要,受到多方好评。(4)适应人群多,国家汉办的版权教材已达120多种,3500多册,适应了不同年龄和层次的学习者需要,包括幼儿版、少儿版、成人版、教师版;中小学教材、大学教材、短训班教材以及丰富多彩的文化教材等,极大地满足了多方面的需求。

六是世界汉语教学学会促进国际汉语教学推广。世界汉语教学学会成立于1987年,成立至今已连续举办10届国际汉语教学研讨会,同时拥有电子刊物《世界汉语教学学会通讯》和会刊《世界汉语教学》,在海内外汉语教学界有很大影响。学会设有网站,为会员及广大汉语教学工作者提供汉语教学的各类学术信息及教学资源,有力地促进了世界范围的汉语教学、研究与推广。学会现有会员4000多名,遍布全球68个国家和地区,在海内外拥有很高声誉。2011年10月,学会与联合国教科文组织建立了合作关系,学会对世界汉语教学的引领作用已引起广泛关注。智利中文教师协会今年新当选为常务理事单位,这是在座各位的荣誉,更是一份沉甸甸的责任。希望大家齐心协力,更快更好地促进智利汉语教学发展,同时带动南美乃至伊比利亚美洲地区汉语教学的开展。

上面我们从6个方面分析了世界汉语教学的新形势,下面再简要谈谈世界汉语教学的未来走势与发展。

世界汉语教学的总趋势简言之可以用一句话概括,即世界汉语教学将迎来更快更好的发展。理由主要有二:

一是中国政府的大力支持与国家汉办等部门富有成效的工作。新形势下中国政府采取了一系列重要举措,有力地支持并保证了世界汉语教学更快更好的发展,突出表现在:大力支持中外双方继续办好孔子学院,同时为世界华文教育发展提供尽可能多的帮助;进一步加大汉语教师派出和培训的力度,汉语教师的执教能力不断提升;加快实施国际汉语教材工程,汉语教材短缺的现象得到极大改善;重视新形势下汉语教学法的探讨与创新,非母语环境下汉语教学的探讨不断深入;成功开发新汉语水平考试,学习者汉语学习的热情空前高涨;连续举办"汉语桥"系列比赛、启动"汉语桥"外国校长和教育官员访华之旅、组织"汉语桥"夏、冬令营等等,所有这些,都为世界汉语教学快速平稳的发展提供了切实有力的保障。

二是世界各地汉语教学的迫切需求。智利圣托马斯大学孔子学院2008年揭牌时仅有40余人报名参加汉语学习,如今有大约6000人在学习汉语;新汉语水平考试起步不久,2011年全球参加汉语考试的总数就已经达到200万人次,2012年预计将达到300万人次;截至2012年7月底,有62个国家的160多所大学排队申请开办孔子学院,到2015年,孔子学院预计将达500所。国际汉语教学的巨大市场,潜力无限,前景诱人。

毋庸置疑,汉语正在对世界发生着重要的影响,我们正处在向世界推广汉语的前所未有的大好时机。但我们也应该清醒地意识到,机遇与挑战并存,我们仍然有很多需要解决的问题,当前特别需要关注的问题包括:

(1)孔子学院办学与世界华文教育的协调发展问题;

(2)国际汉语教材,包括本土教材编写的适用性与区域内可推广性问题;

(3)本土汉语教师的优质选拔与富有实效的针对性培养问题;

(4)汉语教师志愿者的选拔、培训与未来发展问题;

(5)新形势下汉语教学法的切实改革与理念创新问题,等等。

我们正在做着前人不曾做过也无法做到的事情,我们的使命艰巨而光荣。让我们一起努力,共同创造并迎接世界汉语教学更加美好的明天!